프로이트와의
대화

프로이트와의 대화

이창재 저

학지사

들어가며

1990년대 초반의 어느 날 7년 동안 철학을 가르쳐 온 모 대학에서 학생들이 찾아왔다. "문화의 위기의식을 극복하고자 실시한 투표에서, 학생들이 가장 필요로 하는 분으로 선생님이 뽑히셨어요. 기쁘시죠?" "……"

그 당시 나는 삶의 '뿌리와 목적'을 알아야 한다고 외치던 고상한 선생이었다. 그런데 정작 마음의 한 구석엔 원인을 알 수 없는 불안과 분노가 자욱하여, 삶을 마지못해 살아가고 있었다. 모종의 불안과 유치한 욕구들이 해소되지 않는 한, '선생'은커녕 '어른'이 될 수조차 없었다. '선생'이라는 명칭은 내 삶의 기형성을 은폐하는 허영스런 족쇄였던 것이다.

중년에 접어들자 대학 강단에 서는 일이 점점 갑갑하게 느껴져 왔다. 학생들 앞에서 엄밀하고 고상한 모습을 보여 줄 순 있었다. 그러나 학문적 대화가 '출세'에 의해 영향 받는 경험들과, 묻어 둔 욕구들의 압박에 자주 심란해졌다. "이것이 새롭고 획기적인 힘을 갈망해 온 학문 생활의 마지막 모습이란 말인가?"

철학에는 상식을 넘어서는 뜻밖에 경탄할 물음과, 정신의 한계를 확장시켜 주는 독창적인 사유와 이상적인 의미 모델들이 존재한다. 그런데 거기엔 유치함에 이르는 흔적들이 유난히 소실되어 있었다. 자존감의 온전한 발달을 위해서는, 근원적 욕구들이 '제대로' 충족되었다는 느낌이 필요했다. 진정 고상해지려면, 그 '유치함'과 수치스런 상처들에 더욱 적나라하게 자신을 드러내는 '과정을 거칠' 필요가 있었다. 이 단순한 진실을 왜 그토록 오랫동안 직면하지 못해 왔던가?

오래된 보호막을 벗어던지지 않는 한, 더 이상의 인생 변화는 좀처럼 가능해 보이지 않았다. 그래서 철학 강의들을 모두 내려놓고 정신분석에 몰두하기 시작했다. 짜증낼 법한 물음에도 예외 없이 답해 주던 시카고 대학 정신분석 수업 John Gedo의 인상과, 카우치에 누워 자유연상하던 순간의 묘한 신체변환 경험은 공부를 돕는 고마운 배경이 되었다. 불안과 유치한 욕구들의 원인에 대한 '정서적 인식'의 깊이에 자신감이 축적될 무렵, 대중들을 향해 정신분석 강의를 시작했다. 거기서 다양한 굴곡을 지닌 낯설지 않은 인간들을 접할 수 있었고, 이론과 실재가 합일되는 풍성한 체험들이 밀려왔다. 정신분석의 언어는 개개의 상처를 녹이는 청량제로 흡수되었고, 빛을 되찾는 눈들과 미소를 보며 이국적인 정신분석 관념들을 일상 언어로 푸는 작업에 흥미를 유지할 수 있었다. 마치 고독했던 프로이트가 자신을 제대로 필요로 하는 임자를 만나 공명하는 듯한 느낌이었다.

이 책은 여러 학술단체에서 지난 5년간 지속해 온 프로이트 원전 해석 강의의 가장 기초에 해당되는 부분이다. 또한 여기에서 말하고 있는 지식들은 나 자신의 삶에 돌출했던 정신·신체적 고통들을 극복하고자 좌충우돌 노력해 온 경험 흔적들을 내포한다. 고통은 그 자체로는 수치스럽거나 무가치하지 않다. 그럼에도 불구하고 많은 인간들은 고통에 덧씌워진 병리적 해석으로 인해 자신의 고통을 수치스럽게 여기며, 인생을 무기력하게 낭비하곤 한다. 나의 정신분석 공부는 상당 부분, 고통의 원인과 의미에 대해 내 안에 이미 각인된 부정적 편견들과 대결하는 과정이었다. 정신분석학의 생명은 고통에 직면하여 그것의 의미를 변형시키는 독특한 관점과 기법으로부터 나온다.

현대 정신분석학계에는 프로이트, 융(C. G. Jung), 클라인(M. Klein), 위니컷(D. Winnicott), 코헛(H. Kohut), 라캉(J. Lacan) 등의 다양한 입장들이 공존하고 있다. 그들 각각은, 뜻밖의 순간에 나타나 우리 삶을 당혹스럽고 무기력하게 만드는 증상들의 원인과 의미를 이해하는 데 각기 다른 차원에서 도움을 준다. 그중에서도 프로이트의 이론과 관점은 여전히 현대인의 무의식을 이해하고 변화시키는 데 가장 무게 있는 호소력을 지닌다. 나는 이러한 사실을 나 자신과 내담자들에 대한 분석 및 정신분석학 강의에서 접한 생생한 반응들을 통해 확인할 수 있었다.

프로이트의 이론과 정신은 결코 지나간 시대의 유물이 아니다. 독자는 이 책에서 그가 걸어 오는 특이한 유형의 생생한 대화를 만나게 될 것이다. 그 만남이 원인도 모른 채 억울한 고통을 겪어 온 사람들의 정신에 변화의 싹이 되기를 희망한다.

책의 목차는 정신분석에 입문하는 데 가장 효과적이라고 생각되는 순서대로 배열하였다. 여기에 소개된 기본 개념들을 천천히 음미하라. 그러면 꿈과 예술 작품에 대한 정신분석적 접근의 첫발을 내디딜 수 있다. 그리고 최종적으로 삶의 고통과 증상이 어떤 원인들에 의해 발생하는지 윤곽을 파악할 수 있다. 이 책은 현재 연구·저술 중인 프로이트의 '꿈·작품 해석론' 과 '증상의 원인·의미론' 을 이해하기 위한 기초가 될 것이다.

민감한 무의식을 건드리는 정신분석은 '가치' 의 성질을 다각도로 고심해 온 철학과 결합해야 한다. 그래야 '자기 분석' 과정에서 이미 자신이 부정하고 억압했던 사태에 뜻밖에 직면하게 될지라도 "도대체 내 삶이 어디로 흘러가는 거야!" 라고 당황하거나, 그에 대해 편협한 가치판단을 성급히 내리지 않을 수 있다. 이 책이 자기 삶의 뿌리를 정신분석의 눈으로 파헤치고 철학의 눈으로 유연하게 조망하는 차분한 걸음이 되었으면 한다.

2004년 10월

이창재

차 례

9장 삶 본능과 죽음 본능 ——————— 265

10장 역동적 정신 구조론 ——————— 287

서문
프로이트의 '정신분석 정신' – 진지한 솔직성

프로이트 정신분석의 근본정신은 무엇인가? 프로이트의 이론은 해석하는 사람의 학문적 배경에 따라 그 이해 양상을 달리한다. 철학자, 심리학자, 정신의학자의 지적 배경은 사뭇 다르다. 그로 인해 각기 다른 분야의 전공자가 해석한 프로이트의 이미지는 서로 다른 모습으로 나타난다.

프로이트는 자신이 의학의 대변자로 평가받는 것을 결코 원치 않았다. 또한 의식을 중시하는 심리학과 무의식을 주시하는 정신분석학은 매우 다른 학문임을 강조했다. 나아가 철학의 지나친 사변성을 경계했기에, 철학자라고 불리는 것을 달가워하지 않았다. 그는 자신이 인간 정신에 대한 심층 인식을 추구하는 '정신과학자' 내지 '정신분석학자'로 불리길 원했으며, 정신분석학이 기존 학문들과 차별되는 독특한 탐구 대상과 독창적인 관점 및 방법을 지녔음을 세인이 알아주길 바랐다. 프로이트의 이러한 의도를 존중하기 위해 이 책은 정신분석학의 고유한 탐구 주제와 관점을 드러내는 데 역점을 두었다. 그리고 프로이트의 정신분석 정신이 오늘날 한국인에게 어떤 현실적 의의를 갖는지를 고려해 가며, 그의 이론을 기초부터 차근차근 소개할 것이다.

프로이트의 이론은 내용 차원에서 세 유형의 주제로 분류할 수 있다.

첫째는 무의식을 비롯해 유년기, 유아 성욕, 성욕동 발달 양태, 오이디푸스 콤플렉스, 사후 작용, 죽음 본능, 역동적 정신구조 등의 정신분석 기초 개념들에 대한 설명이다.

둘째는 꿈과 예술작품의 발생 과정과 발생 구조 및 심층 의미에 대한 해석이다.

셋째는 신경증 증상들의 발생 원인과 의미 그리고 치료 방법에 대한 이론 설명과 사례 분석이다.

위의 세 주제는 상호 밀접한 연관성을 지닌다. 가령 꿈, 예술작품, 신경증 증상은 발생 구조와 발생 과정 및 목적에서 근본적 유사성을 지닌다. 따라서 자기 자신의 꿈에 대한 심층 해석은 곧 자신 및 신경증자들이 지닌 증상의 무의식적 의미를 해석하는 데 중요한 열쇠를 제공한다. 그리고 무의식을 비롯한 정신분석 기초 개념들의 의미를 충분히 음미한 만큼, 꿈과 예술 작품, 증상의 심층 의미에 대한 접근과 해석이 가능해진다.

정신분석은 의식의 질서를 뒤집는 충격적인 내용들과 어색한 대화법으로 가득 차 있다. 바로 여기에 정신분석 정신의 생명력이 존재한다. 그것은 대중으로 하여금 정신분석에 가까이 다가가길 꺼리게 만드는 동시에, 한번쯤 정신분석에 빠져 보고픈 기분이 들게 한다.

정신분석이 우리에게 두려우면서도 매력적인 대상으로 다가오는 이유는 그것이 우리 마음속 깊은 곳에 억압된 관념과 욕망을 자극하기 때문이다. 정신분석은 우리가 늘 휘둘러 왔으면서도 정작 잘 알지는 못하는, 욕망으로 가득 찬 '또 다른 나'에 주목한다. 그리고 그 '나'가 좌절된 욕구 때문에 느끼는 억울함과 수치심과 불안을 성숙한 주체의 마음과 관점에서 재해석하게끔 도와준다. 그럼으로써 소외되고 상실된 '나' 자신을 회복시켜 준다. 일상적 차원의 의식에 안주하는 일반인들은 이 '또 다른 나'에 접근하는 방법을 모른다. 그것은 암기를 통한 지식 습득이나 명상 혹은 본능적 행동에 의해 접근할 수 있는 것이 아니다. 자신의 무의식에 접촉하여 '그것'과 대화하기 위해서는, 정신분석 지식에 대한 절절한 '정서적 인식' 체험이 병행되어야 한다.

서양의 학자들은 어떤 두려움 때문에 무려 2,000여 년간 '무의식'을 외면해 왔다. 이런 상황에서 '무의식'을 학문의 대상으로 격상시켜 탐구한 프로이트의 발상과 활동은 그 자체로 인류 정신사의 혁명적 사건이다. 그렇다면 무엇이 그로 하여금 여타의 철학자들과 의학자들이 외면하고 엄두도 내지 못했던 일에 수십 년 동안이나 집요하게 매달리도록 만든 것일까? 무엇이 그로 하여금 당대 의사들과 학계, 종교계 인사들의 냉대와 도덕적 비난과 생활의 불이익을 감수하면서까지 정신분석의 진실성을 고집하게 했을까? 오늘날 우리가 프로이트의 정신에서 배워야 할 점은 무엇인가? 이 물음들은 이 책이 다루는 주제들을 하나하나 해석해 나가는 과정에서 계속 제기될 것이다.

프로이트의 정신분석학은 인간 정신에 관한 당대의 관념과 관점에 대립되는 낯설고 괴상한 관점으로 등장했다. 정신분석은 인간이 자신도 모르게 억압해 온 '또 다른 나'를(정신적 불안과 혼란을 무릅쓰면서까지) 얼마나 솔직하게 대면할 수 있는지 시험하는 상징 기호이다. 프로이트 이후 무의식에 휘둘리는 제반 증상들을 극복하기 위한 여러 새로운 정신분석 이론과 방법들이 등장했다. 그러나 이들 가운데 그 어느 학파도 프로이트만큼 무의식에 대한 솔직한 직면과 자기성찰의 가치를 집요하게 강조하진 않았다. 또한 프로이트만큼 자기 견해의 진실성을 고수하기 위해 오랜 기간 현실적 불이익을 감수한 정신분석학자는 찾아보기 힘들다. 고통스러운 상황을 견디어 내는 힘의 이면에는 '진지한 솔직함'이라는 유별난 정신적 특성이 있었다. 바로 이 독특한 정신성 때문에 그는 누구나 대면하기 꺼려하는 '무의식' 연구에 몰두할 수 있었다. 그리고 그 때문에 제도권에 안주하던 동시대의 의사 집단과 학자들로부터 따돌림을 받게 된다.

전통적인 인문학 정신 역시 '진리'를 인식하고자 진지한 솔직함의 태도를 끝까지 유지하려 노력해 왔다. 그런데 프로이트는 기존의 솔직함에는 어떤 한계와 함정이 있음을 날카롭게 지적한다. 그것은 의식 안에서만 통용되는 제한된 솔직함일 뿐이다. 의식은 무의식적 방어 작용 너머에 있는 '그것'에 대해서는 더 이상 솔직함을 주장할 수 없다. 프로이트의 온 관심은 사람들이 두려워하며 다가가길 꺼려 온 의식 너머의 무의식이 지배하는 영역에 접근하는 데 집중되었다. 이 과정에서 발견된 낯설고 섬뜩하며 묘한 흥분마저 느껴지는 사실들을 토대로 그의 정신분석 이론이 구성된다.

우리나라에 발간된 정신분석 관련 책들에는 '-병(病)', '-증(症)'이라는 용어들이 난무한다. 그로 인해 정신분석 책들은 오직 정신병자나 그 치료자만을 위한 것인 듯한 오해를 불러일으킨다. 정신분석학과 정신의학은 전혀 다른 지식 기반 위에 서 있다고 프로이트가 그토록 역설했음에도 불구하고, 한국의 정신분석학 서적들은 여전히 각종 질병에 대한 정신의학자들의 해석들로 가득 차 있다. 거기엔 '결함 없는' 인격자인 정신의학자들이 불완전하고 이질적인 정신질환자들을 대상으로 행하는 치료를 뒷받침하는 개념들만 존재한다. 그리고 정신분석학의 창시자가 인간 정신과 신경증을 근본적으로 어떻게 이해했는가에 대한 온전한 소개나 해석은 좀처럼 눈에 띄지 않는다. 프로이트는 오이디푸스 콤플렉스의 보편성으로 인해 인간은 누구나 구조적으로 신경증의 잠재적 소인을 지닐 수밖에 없다고 강조했다. 어떤 사람이 신경증자가 되느냐 정상인이 되느냐는 억압된 오이디푸스 콤플렉스의 강약과 이 억압 작용을 교란시키는 사춘기 이후의 우연한 경험들, 성욕동[1]과 파괴욕동의 강약, 문화적 가치 요인 등에 의해 결정된다. 즉, 신경증자와 정상인은 인격의 본질적 차이가 아니라, 무의식에 휘둘리는 정도의 차이로 구분된다. 또한 자연계의 생명체들 중에서 유일하게 문화를 창조하고 유지하는 존재라는 중압감을 오랫동안 지녀 온 '인간'에게만 신경증이 존재한다는 점에서, 신경증을 단순히 병리적인 열등성의 기호라고 보기는 어렵다.

혁명적 이론가였던 프로이트가 만약 21세기에 살아 있다면, 의학 용어들로 가득 찬 한국의 정신분석학 서적들을 보고 어떤 태도를 취했을까? 분명 정신분석학에 대한 일반의 오해를 해소하기 위해 용어의 대폭 수정을 감행했을 것이다. 인간 정신에 대한 병리적 진단과 의학 용어의 사용은 육체적 질환의 경우와 달리 신중을 기해야 한다. 그것은 인류가 자신을 동물과는 근본적으로 차별되는 특

---

1) 욕동이란 신체 기관으로부터 생성되어 정신 현상들을 발생시키는 '지속적이고 반복적인 내부 압력'을 말한다. 욕동은 신체와 정신을 연결하는 개념이라는 점에서, 순수한 생리적 '본능 욕구'나 심리적 '욕망'과 구별된다.

별한 존재라고 자부해 온 근거가, 신체적 우월성이 아닌 정신적 탁월성에 있기 때문이다. 이런 문화적·역사적 배경을 고려할 때 '정신질환자'라는 명칭은 마치 '인간성'이 손상된 사람처럼 해석될 위험이 있다. 정신을 기술하는 데 사용되는 병리적 진단 용어들은 그 자체로, 진단 행위의 직접·간접적 대상이 되는 개인의 정신을 병리적 분위기로 물들인다. 이러한 오염성 때문에 정신분석은 일반인들의 '자기 탐구'를 위한 지식으로 활용되지 못한 채 전문가들의 낯선 영역으로 배척되고 있다. 다른 한편으로 오늘날 정상과 비정상을 구분하는 '정신에 대한 진단 평가'는, 과거로부터 '도덕적 평가'가 지녀 온 엄청난 힘을 일부 공유하고 있다. 한 인간이 사회적으로 부도덕하다는 평가를 받거나 정신질환자라고 진단받는 순간, 그는 자기 자신과 타자 모두로부터 '거세된' 아웃사이더로 전락하고 만다. 이 경우 개인을 치유한다는 목적 아래 성립된 용어들은 인간을 파멸시키는 무서운 독으로 변질된다.

프로이트는 인간이 생물학적 차원과 심리적 차원을 함께 지닌 존재임을 강조한다. 그의 말이 타당하다면, 인간 정신을 진단하는 데 쓰는 말은 뇌 질환을 진단하는 의학 용어로 환원되거나 단순 혼용될 수 없다. 그렇다면 정신의학과는 근본적으로 다른 관점에서 출발한 학문임을 인정받기 위해 프로이트가 무려 50여 년간 노력을 기울였던 정신분석학은 '인간 정신'을 어떤 관점에서 바라보고 있는가? 그리고 정신분석은 어떤 과정들을 거쳐 학문으로 정립될 수 있었는가?

1
프로이트의 생애와 정신분석 운동

지크문트 프로이트의 삶은 평탄치 못한 순간들의 연속이었다. 아버지에 대한 불만과 유대인에 대한 사회적 냉대, 의사 집단으로부터의 따돌림, 가까웠던 동료들과의 결별, 정신분석 치료의 실패에 따른 위기감은 프로이트로 하여금 안정적인 생활을 하기 어렵게 만들었다. 그리고 생애 마지막 16년간 받아야 했던 서른세 차례에 걸친 구강암 수술은 그에게 혹독한 고통을 안겨 주었다. 그럼에도 불구하고 그가 인생의 난관들을 그토록 유유히 헤쳐 나갈 수 있었던 원동력은 정신분석을 과학적 학문으로 정착시켜 인류 문화의 발전에 거대한 자취를 남긴 위대한 인물로 기억되고 싶다는 욕망에서 기인한다.

정신분석학은 20세기에 태어난 최고 인기 학문 중 하나다. 그런데 사후에 학문의 창시자에게 덧붙여지게 마련인 고상한 미화 작업 때문에, 오히려 프로이트로부터 우리가 진정으로 배워야 할 점들은 가려져 왔다. 많은 사람들이 정신분석학을 한 인간의 정신 상태가 정상인지 비정상인지를 진단하고 정신질환자들을 '치료'하는 의학의 한 분야라고 오해한다. 이런 그릇된 편견과 더불어 사람들이 흔히 품게 마련인 오해 한 가지는 정신분석학을 창시한 사람의 정신은 견고하고 빈틈이 없었으리라는 것이다. 그러나 이러한 생각은 정신분석가를 피치료자의 이상적 모델로 규정하는 자아심리학파의 영향에서 기인한 사회적 선입견일 뿐이다. 이러한 잘못된 관념들로 인해, '진지한 솔직함' 으로 인간을 대면하는 것이야말로 성숙한 정신성의 징표임을 드러내는 데 전 생애를 바쳤던 프로이트의 '정신분석 정신' 은 오랫동안 어둠에 묻혀 왔다.

프로이트는 결코 다수의 인간들에게 호감을 주는 호방한 인격자는 아니었다. 민감하고 섬세한 인물이었으며, 자신의 이론을 수용하지 못하는 이들과 관계에서 고집스러운 태도를 보였다. 그로 인해 가까운 동료들과도 고통스러운 결별을 했다. 심한 변덕, 히스테리 발작, 기차 여행 공포증, 모성성에 대한 갈증과 여성 관계에 있어서의 미숙함, 담배 중독, 아버지에 대한 불만과 이상적 아버지상에 대한 갈망, 가까운 사람에 대한 복잡한 애증 등은 그 자신이 스스로 인정한 신경증적 특성이다. 그러나 이러한 성격적 결핍들은 그의 경탄할 만한 어떤 정신적 특성으로 인해 위대한 콤플렉스로 전환된다. 그는 자신의 문제점들을 은폐하기에 급급하거나 그 때문에 좌절하지 않고, 그것을 자기 자신과 인간 일반의 정신적 특성을 연구하는 귀중한 자료로 활용하는 비상한 능력을 보인다. 20세기 정신사에 큰 충격을 준 정신분석학은 바로 창피하고 고통스런 자기 문제의 원인들에 대한 집요한 솔직성과 '자기 분석' 활동에 의해 탄생한 작품이다.

또한 그는 인생의 위기 상황들을 자기 계발을 위한 자극제로 역이용할 줄 아는 현명함을 지닌 사람이었다. 그의 나이 마흔에 아버지가 죽었을 때, 그는 존재의 뿌리가 흔들리는 듯한 격렬한 심리적 충격에 휩싸이게 된다. 이 상황에서 그는 자신이 왜 그토록 강한 충격을 받게 되었는지를 스스로에게 묻는다. 그리고 그 충격 에너지를 이용해, 자신의 정신을 밑바닥까지 샅샅이 분석함으로써 그동안 억압되어 망각해 온 유아적 욕망과 상처들을 기억해 낸다.

어릴 적에 프로이트는 아버지에게 강렬한 증오심을 품었지만 거세불안 때문에 그것을 '억압' 해야 했다. 무의식에는 시간 관념이 없기 때문에, 억압된 것은 '원상태 그대로' 평생 보존된다. 아버지의 죽음은 자신이 어릴 적부터 아버지한테 품어 온 증오에 대해 강한 죄책감을 촉발시킨다. 그는 자기 분석과 꿈해석을 통해 이처럼 무의식에 간직된 아버지에 대한 유년기의 감정이 중년의 자신을 그토록 심란하게 만들었음을 발견한다. 그리고 이러한 자기 분석 결과를 토대로 다음과 같은 오이디푸스 콤플렉스 이론을 구성하기에 이른다.

남자(여자)는 유년기에 엄마(아빠)의 애정을 독차지하기 위해, 이를 방해하는 것처럼 보이는 거대한 아버지(어머니)를 증오하는 마음을 갖게 된다. 이 마음은 거세불안 때문에 억압됨으로써, 한 개인의 애정 욕망과 권력 욕망에 평생 동안 영향을 미친다.[2]

프로이트는 의사로서 사회적 지위를 견고히 하는 데 관심을 쏟기보다, 알려지지 않은 정신 특성들을 탐구하여 '인간' 을 둘러싼 제

---

2) 『정신분석 강의: 신경증론』 참조. 이 책은 지난 7년간 필자가 읽어 온 프로이트의 거의 모든 저서들을 바탕으로 쓰였다. 그런데 일반 대중과 학생들에게 프로이트를 편안하게 전달하는 것에 초점을 두었기에, 정확한 문헌학적 인용보다 필자가 재구성한 내용을 서술한 부분이 많다. 앞으로 나올 각주들의 참고문헌에서 '참조' 로 표기한 부분은 필자가 '재구성한 인용' 임을 밝혀둔다.

반 수수께끼를 푸는 데 몰두했다. 현실적인 이익을 얻으려 노력하기보다, 진실을 있는 그대로 '알고' 싶어했던 그의 성격은 어떻게 해서 형성된 것인가? 어떤 성장 과정을 거쳤기에 프로이트는 무의식 탐구와 신경증 분석에 그토록 집요하게 관심을 기울이게 되었으며, 그가 구성한 정신분석학이란 어떤 목적과 특성을 지닌 학문인가? 프로이트로 하여금 신경증 치료학인 동시에 인간 정신에 대한 심층적 해석 활동인 정신분석학을 창시하도록 이끈 요인들이 무엇인지 추적해 보자.

프로이트는 1856년에 지금의 체코에 해당하는 지방의 작은 마을(당시에는 독일어를 사용했다.)에서 7남매 가운데 장남으로 태어났다. 모피 장사를 했던 부친은 40세, 모친은 20세로 둘 다 '유대인'이었다. 부친에겐 세상을 떠난 전처가 낳은 아들이 둘 있었다. 배다른 큰형의 나이는 프로이트의 엄마보다 많았고, 작은형은 엄마와 동갑이었다. 어린 시절 거실에서 놀 때면 프로이트는 종종 아버지가 할아버지처럼 여겨졌고, 이복 둘째형이 엄마와 어울리는 짝이라고 생각하곤 했다. 그때부터 그는 인간들 사이의 묘하고 복잡한 관계에 대해 강한 의문과 호기심을 품게 된다.

어린 시절 그는 엄마가 (여)동생을 낳기 위해 며칠간 집을 비웠을 때 강한 불안과 충격에 휩싸였다. 그리고 동생이 태어난 이후로 자신에게 쏠려 있던 집안의 관심이 동생에게로 옮겨 가는 것을 느끼고는 새로 생겨난 동생에게 강한 적대감을 표출하곤 했다. 두 번째로 충격을 받은 것은, 가족이 기차를 타고 고향을 떠나 오스트리아의 수도인 빈으로 이사 갈 무렵이었다. 어린 프로이트는 고향을 떠난다는 사실과 자신을 길러 준 유모와 헤어진 것에 대해 심한 상실감을 느꼈다. 게다가 짙은 어둠이 깔린 차창 밖으로 본 기차역의 가스등 불꽃이, 마치 이글거리는 악마의 얼굴을 보는 듯하여 불안을 느꼈다. 이 일을 계기로 그는 성장한 후 기차 여행 공포증에 시달리게 된다. 이는 기차 여행이 무의식에 억압된 과거의 상처를 재발시킬지 모른다는 불안 때문으로 추정된다.[3]

빈에 와서도 프로이트의 동생들은 잇따라 태어났고, 그때마다 엄마는 얼마 동안 사라지곤 했다. 그는 집안의 관심이 자신으로부터 새로운 식구에게로 분산되는 것을 보고, 엄마에게 계속해서 아기를 낳게 하는 아버지에 대한 적대감과 엄마를 잃을지 모른다는 참담한 불안을 자주 느꼈다. 엄마의 사랑을 독차지하려는 강렬한 소유욕과 자신을 안심시켜 주지 못하는 엄마에 대한 증오 사이의 갈등은 유년기 프로이트의 정서를 구성하는 핵심 요소였다. 그리고 이 불안과 갈등을 억압함으로써 그는 성인이 된 후에도 여성에게 강한 애착과 분노를 함께 느끼는 양가감정에 오랜 기간 휘둘리게 된다.

부친의 수입이 넉넉지 못했기에 그는 어릴 적부터 물질적 결핍을 느껴야 했다. 열악한 현실 속에서 별다른 즐거움을 찾을 수 없었던 그의 부모는 김나지움(중·고등학교) 8년의 시절 중 6년간 수석을 차지한 프로이트를 자랑스러워하며, 인생의 모든 희망을 그에게 걸고 살았다. 그 증표의 하나로, 프로이트가 상급 김나지움에 입학한

---

3) 평범한 가스등 불꽃이 '악마'의 모습으로 느껴진 것은, 어린 프로이트에게 이미 공격성의 투사가 대단히 강했음을 시사한다. 공포증은 주로 억압된 공격성, 반복된 창피 경험, 상처, '자기'의 취약성 등으로 인해 발생한다. 또 다른 자료에 의하면 네 살 때 프로이트는 엄마, 동생과 함께 기차를 타고 여행을 간 적이 있었다. 밤중에 좁은 객실에서 엄마가 옷을 갈아입고 있었고, 엄마의 알몸을 본 꼬마 프로이트에겐 강한 흥분이 밀려왔다. 그 흥분은 아이의 자아가 감당하기 힘들었기에 이내 '억압'되었고, 초자아가 생긴 이후에는 금지된 욕구를 느꼈다는 것에 대한 무의식적 죄책감의 요인이 되었다. 이러한 '과잉 흥분'과 죄책감이 무의식에 지속되었기 때문에 마흔이 넘어서까지 기차 여행을 주저한 것으로 훗날 프로이트에 의해 자기 분석된다.

후부터는 집에 있던 두 개의 방 중 하나를 그만의 공부방으로 제공하는 특별 대우를 해 주었다. 성장 과정에서 부모로부터 받은 높은 기대는 훗날 프로이트의 정서에 양가적 영향을 미친다. 한편으로는 세상의 비난에 꺾이지 않고 자신의 관점에 대해 높은 자부심을 유지하는 근원이 되었다. 그리고 다른 한편으로는 엄마의 기대에 어긋나지 않도록 뭔가 특별한 힘을 보여야만 한다는 강박적 초조감을 지니게 하였다.

당시 유럽에서는 유대인에 대한 정치적 박해가 있었다. 프로이트가 유대인으로서 인종 차별을 절감하게 된 것은 대학교에 들어간 이후였다. 당시에 유대인은 공직에로의 진출이 법적으로 제한되어 있었다. 따라서 유대인이 사회적 안정을 얻기 위해 선택할 수 있는 직업은 기껏해야 변호사나 의사, 사업가 정도였다.

대학 교양학부 시절에는 독서 서클에 가입해 철학, 정치학, 문학 등 인문·사회과학 분야의 서적을 접했다. 괴테, 세익스피어, 졸라, 세르반테스 등의 문학 작품을 탐독했고, 브렌타노의 심리철학 수업들을 수강했다. 법학에도 관심이 많아 법률가가 될 것인지 철학자나 의사가 될 것인지를 놓고 고민하던 중 우연히 괴테의 『자연론』에 관한 유명 학자의 강연을 듣게 된다. 그때 (엄마를 상징하는 기호이기도 한) '자연'에 강한 탐구욕을 느껴, 의학부에 들어가기로 결심한다.

여러 의학 과목들 중에서 유독 관심을 끈 것은 정신병리학이었다. 그래서 브뤼케(E. Brcke) 교수의 생리학 실험실 연구원 자리에 지원한다. 그곳에서 동물의 뇌척추신경이 신체 운동에 미치는 영향들을 6년간 연구하면서 연구 활동과 선생과의 관계 모두에 깊은 만족감을 느꼈다. 그는 특히 (유년기의 관음증적 성향을 내포하는) 현미경으로 자세히 관찰하는 작업, 즉 신경 섬유의 조직 연구에 매우 만족해했다. 그러던 중 훗날 아내가 될 여인 마르타를 만나게 되고, 안정된 가정을 꾸리고 싶은 욕구로 인해 고민하게 된다. 결국 지도 교수의 조언에 따라 순전히 경제적 이유로 행복했던 연구원 생활을 포기하고는, 돈을 벌기 위해 개업의의 길로 방향을 돌린다.

프로이트의 관심은 의사라는 직업보다 인간 정신을 과학적으로 탐구하고 설명하는 데에 쏠려 있었다. 그래서 의학 중에서도 정신 병리학 분야의 수련의 과정에 지원한다. 그러나 이내 정신질환의 발생 원인을 설명하는 당대의 의학적 관점에 어떤 한계를 느끼고는 신경생리학에 치중한 의학의 관점을 뛰어넘어, 심리학의 관점에서 정신질환의 문제를 해석해 보고픈 의욕을 갖게 된다. 그러던 중 브뤼케 교수의 추천으로 장학금을 받고 유학을 떠난 프랑스에서, 정신분석 이론을 정립하는 데 중요한 지적 자극을 주고 정신적 모델이 된 샤르코(J. M. Charcot)를 만나게 된다.

샤르코는 파리 살페트리에르 정신병원의 책임자로 있으면서, 당시까지만 해도 꾀병으로 진단되던 히스테리[4]를 의학적 질병의 일종으로 분류하는 공헌을 한다. 그는 히스테리 환자가 충격받은 과거의 상처와 연관된 모종의 환상에 사로잡혀 있음을 발견했다. 또한 최면 상태에서 언어적 암시를 통해 그 환상적 관념을 자극하면, 히스테리 발작을 인위적으로 일으킬 수도 있다는 사실을 깨달았다. 이런 관찰과 발견을 토대로 그는 최면으로 규칙적인 히스테리 발작을 일으킬 수 있음을 수련의들 앞에서 직접 증명해 보였다.

---

4) 히스테리란 심리적 요인에 의해 신체 기능이 마비되는 '전환성 신경 장애'를 지칭한다. 히스테리 환자는 무의식에 축적된 충격적 표상과 정서 에너지를 신체 증상으로 '전환' 시킴으로써 정신의 총체적 붕괴를 방지한다. 히스테리 증상은 의식이 눈치 채기 힘든 방식으로 무의식적 욕구들을 대리 만족시키는 기능을 한다. 그로 인해 히스테리 증상은 오랜 기간 반복되어 나타나며, 스스로의 힘으로는 좀처럼 해소하기 어렵다.

프로이트는 샤르코의 히스테리 최면 실험을 목격하고, 주체할 수 없을 정도로 심리적 충족과 충격을 맛보았다. 그 순간부터 그는 히스테리의 발생 원인을 이해하려면 의학 관점에서 벗어나 심리학의 관점에서 분석하는 작업이 필요하다는 생각을 굳히게 되었다. 그러나 정작 샤르코는 의학 관점에 얽매여 히스테리의 주원인이 기질적(유전적, 생리적) 요인에 있다고 해석했다. 프로이트는 샤르코가 심리적 요인들을 히스테리의 주변 조건으로만 해석하는 것에 아쉬움을 느꼈다.

프로이트는 1886년 빈 의사협회에서 파리 정신병원에서 경험한 사례들과 히스테리에 관한 자신의 심리학적 해석을 발표한다. 그 발표의 주요 내용은 다음과 같다.

꾀병이 아닌 질병으로서 히스테리 현상은 실제로 존재한다. 히스테리 발병에는 일정한 법칙성이 있으며, 남자들에게도 종종 히스테리가 발생한다. 최면적 암시, 즉 심리적 원인으로도 히스테리성 신체 마비와 근육 수축이 일어난다. 그리고 최면에 의해 인위적으로 만들어진 증상들은, 정신적 충격을 직접 겪어서 생겨난 증상들과 동일한 특성을 나타낸다.[5]

그런데 "심리적 원인이 히스테리성 신체 마비를 일으킨다.", "남자에게도 히스테리가 발생한다."는 발표 내용은 의사 집단의 노여움을 샀다. 왜냐하면 그의 입장이 "히스테리는 여성의 자궁에 생긴 생리적 병인으로 인해 발생한다."는 기존 의학계의 관점과 대립되는 것이었기 때문이다. 이 발표로 프로이트는 빈 대학 의학부에서 따돌림을 받게 된다. 빈 종합병원은 그의 신경병리학 강사 자격을

---

5) 『나의 이력서』 참조.

박탈했으며, 뇌해부학 실험실 사용조차 금하기에 이른다. 그는 1902년 빈 의과대학 교수로 임용되기 직전까지 무려 15년 동안 사회적·학문적으로 심각한 고립 상태에 처하게 된다.

고립된 상태에서도 프로이트는 자신의 탐구욕을 결코 포기하지 않았다. 이런 그에게 정신적 위로를 준 사람이 스위스의 이비인후과 의사인 플리스(W. Fliess)였다. 플리스는 당시 프로이트의 유일한 친구이자 학문적 동료였다. 그리고 그의 마음을 지적·정서적으로 깊이 이해하면서 그의 연구를 지지해 주는 자상하고 좋은 아버지상으로 경험된다. 자신의 정신분석 관점에 대해 이해와 조언과 격려를 해 주던 플리스와 14년에 걸쳐 주고받은 편지(1887~1902) 속에서, 그는 사적인 고민을 포함해 자신의 정신 상태에 대한 솔직하고 철저한 '자기 분석'을 전개한다. 1894년 프로이트는 심한 흡연으로 인한 니코틴 중독과 사회적 스트레스, 기질적인 민감성 등으로 인해, 신체적 고통을 동반한 공황 상태를 여러 날 겪게 된다. 죽음에 대한 공포마저 느끼는 상황에서 그는, 자기 삶의 의미를 오직 '정신분석'이 과학적 이론으로 인정받는 것에 두게 된다.

프로이트에 대한 사회적 냉대와 학계의 외면을 위로했던 또 다른 사람은 10여 년 연상의 유대인 내과의사 브로이어(J. Breuer)였다. 어느 날 브로이어는 프로이트의 심인성 히스테리론에 부합되는 듯한 자신의 환자 '안나 O'의 치료 사례를 그에게 들려주었다.

안나 O는 신체 마비와 사시, 안면 마비, 컵에 담긴 물을 마시지 못함, 언어 장애, 환각과 환상 등의 증상을 보이던 히스테리 환자였다. 오랜 기간 난감해하던 브로이어는 어느 날 우연히 그녀를 최면 상태에 빠지게 하고는, 마음을 괴롭히는 것이 무엇인지를 떠올려 말해 보라고 요구했다. 그녀는 뭔가를 기억해 내고는 흥분하면서 그것을 말로 표현했다. 그랬더니 놀랍게도 그녀의 고통스러운 환각 증상이 사라지는 것이 관찰되었다. 이후 안나 O는 스스로 그 작업을 반복해 달라고 브로이어에게 요구했고, 그때마다 매번 증상이 사라지는 효과를 경험했다. 그녀는 의식 상태에선 (무의식적) 환상과 증상이 언제 어떻게 생겨났는지 전혀 기억하지 못했다. 그러나 최면 상태에선 환상의 내용과 증상과 관련이 있는 과거의 사건을 바로 떠올렸다. 내과 의사였던 브로이어는 안나 O의 치유 과정에서 나타나는 현상들을 흥미롭게 관찰할 수는 있었지만, 어떤 원인으로 인해 증상이 생겨나고 사라지게 된 것인지에 대해 이론적으로 해석하지는 못했다.

브로이어의 말을 들은 프로이트는, "의식 상태에서는 접근할 수 없는, 의식과는 다른 정신 작용과 정신 영역이 있다."는 생각을 굳히게 된다. 즉, 정신은 서로 대립되는 두 영역으로 분열되어 있다. 그리고 '무의식'과 접촉하기 위해서는 의식의 활동을 약화시키는 모종의 방법(최면)이 필요하다. 히스테리 증상은 의식의 압력으로 인해 외부로 분출될 길이 막혀 있던 무의식의 정서 에너지가, 신체적 증상으로 '전환'되어 분출된 결과물이다. 그렇다면 무의식에 축적된 모종의 충격적 관념을 기억해내어, 정서 에너지와 더불어 '언어로 분출'한다면, 정신이 정화되면서 신체의 증상 또한 사라질 것이다.

프로이트는 브로이어를 설득해 히스테리를 공동으로 연구하고, 그 결과물인 『히스테리 연구』를 1895년에 발간한다. 그런데 이 책이 발간되기 직전에 그는 여러 히스테리 사례들을 분석하는 과정에서 새로운 사실을 발견하게 된다. 신경증은 임의의 정서적 흥분 때문이 아니라, 현재의 성적 갈등 내지 과거의 성적 체험의 여파로 발생되는 것이다. 즉, 신경증의 뿌리에는 '성적 원인'이 있다.

프로이트가 신경증의 '성(性) 원인론'을 주장하게 되면서, 유대

교를 믿었던 브로이어는 그와 관계를 단절하기로 마음먹는다. 그리고 프로이트는 세인들로부터 더욱 심한 비난과 외면을 당하게 된다. 그는 의사와 환자 모두의 체면을 손상시킨 비도덕적인 인물로 비하되고, 찾아오는 환자 수도 점점 줄어 경제적으로도 힘든 상황에 처하게 된다.

1896년 프로이트가 마흔이 되던 해 팔순 노인인 아버지가 사망했다. 그때 그는 자신의 뿌리가 뽑혀 나간 듯한 충격을 받게 된다. 그는 아버지의 장례식을 치른 후 나흘간 반복된 자신의 꿈을 집요하게 분석했는데, 이 과정에서 '무의식'으로 들어가는 보편적인 입구와 획기적인 방법을 발견하게 된다. 그 후 4년간에 걸친 '자기 분석'과 꿈해석의 결과인 『꿈의 해석』을 1900년에 발간한다. 그 책의 7장에는 정신분석 이론의 토대를 이루는 무의식론, 지형학적 정신 모델, 1차 과정과 2차 과정, 소망 이론, 억압 이론, 유아 성욕론, 오이디푸스 콤플렉스 개념이 투박한 형태지만 이미 언급되고 있다.

프로이트는 『꿈의 해석』에서 자신이 이룩한 인간 정신에 관한 획기적인 탐구 업적이 인류사에 영원히 남을 것이며, 학자들도 자신을 주시할 거라고 기대했다. 그러나 기대와 달리 당대 의사 집단은 이 책에 대해 또다시 무시와 비난으로 일관된 반응만을 보였다. 프로이트는 이 당시 자신이 받은 수모와 냉대를 평생 동안 잊지 못한다. 암 수술을 앞두고 죽음의 공포 속에서 쓴 자서전인 『나의 이력서』에서 그는 "나는 결코 나 자신을 '의사'라고 생각한 적이 없다.……의학과 정신분석학은 매우 다른 것이다."라는 말로 불편한 심기를 드러낸다. 그에게 '의사'라는 명칭은 곧 '정신분석학의 근본정신'을 도무지 이해하지 못하는 보수적 신경생리학자 집단을 연상시킬 따름이었다.

1902년 프로이트는 오랜 기간의 사회적 고립과 환자가 끊김으로써 닥친 경제적 빈곤에 지치고 만다. 그래서 그는 적극적인 로비 활동을 벌여, 마침내 빈 대학 의학부의 교수 자리를 얻게 된다. 이후 그의 정신분석에 대한 세상 사람들의 무시와 냉대는 급격히 해소되고 내담자의 증가로 생활에 여유가 생기게 된다. 그해 10월에는 정신분석에 관심을 가진 젊은 의사들을 비롯한 몇몇 사람들과 함께 정신분석학 연구 모임을 결성했다. 그리고 1906년에는 『꿈의 해석』에 깊은 인상을 받은 스위스 정신병원의 의사 카를 융이 방문하여 그의 이론에 동조를 표했다. 그 후 그의 정신분석 이론은 유럽 전역에서 주목을 받게 된다.

1908년에 '세계 정신분석학회(IPA: International Psychoanalytical Association)'가 설립되고 난 후, 정신분석 관점과 이론은 하나의 독립된 '학문'으로 정립되기 위한 시대적 주목을 받게 된다. 이제 프로이트의 고립 생활은 청산되었고, 그는 국제적인 유명 인사로 부각되기 시작한다. 이때부터 그는 인간 행동과 신경증이 정신의 무의식적 작용들과 억압된 유아 성욕, 성욕동 발달 장애와 오이디푸스 콤플렉스 등에 영향 받아 생겨나는 것임을 전 세계에 퍼져 있는 동료들과 더불어 학문적 이론으로 정착시키려는 운동을 전개한다.

정신분석을 독립된 학문으로 정립시키는 과정에서 그는 아들러와 융으로부터 많은 도움을 받는다. 프로이트는 외국인이며 비유대인이었던 융을 이론과 실천 양면에서 정신분석의 타당성을 검증해 줄 가장 탁월한 인물로 여겼다. 그리하여 융을 세계 정신분석학회의 초대 회장으로 추대하고는 융이 자신을 대변하는 후계자가 되어 정신분석학을 국제적으로 공인받는 최신 학문으로 정착시켜 주길 바랐다. 그런데 이런 프로이트의 열망은 뜻밖에 실망과 상처로 돌아온다. 융은 신경증이 무의식적 정신 작용에 의해 발생하며, 콤플렉스가 인간의 정신 발달에 큰 영향을 미친다는 프로이트의 견해에 동조했다. 그리고 꿈과 자유연상 내용들, 저항과 전이(轉移) 현상, 신화나 예술 작품 등이 인간의 무의식을 이해하는 데 중요한 열쇠라는 점에도 공감했다. 그러나 융은 유아 성욕과 '유년기 체험'의 중요성에 대한 프로이트의 강조가 지나치다고 보았다. 그리고 성욕동의 충족 또는 좌절 여부를 신경증의 근본 원인으로 보는 관점 또한 수용하길 꺼려했다. 융은 '리비도'를 성욕동이 아닌 생명 에너지로 해석하며, 오이디푸스 콤플렉스의 보편성을 인정하지 않았다. 결국 인간 정신을 해석하는 데 각기 다른 관점을 보인 두 사람은, 자기 입장의 진실성을 고수하기 위해 고통스러운 결별을 맞이한다. 프로이트는 스위스의 상류 계층에 속해 있던 융이 종교계의 비난을 두려워했기 때문에 '유아 성욕'의 진실을 외면하고 말았다고 비판한다. '정신분석'을 독립된 학문 관점으로 정립하는 운동의 핵심 구성원이었던 아들러와 융, 랑크 등은 한 사람씩 프로이트로부터 독립하여 떠나간다. 그는 측근 동료들의 이탈이라는 곤혹스러운 경험을, '정신분석'을 이론적 차원과 임상적 차원 모두에서 더욱 엄밀히 반성하고 검증하는 계기로 삼았다. 그리고 결별한 동료들의 이론 중 일부를 나름의 방식으로 변형시켜 수용한다. 융의 집단 무의식은 유전적인 '원초적 환상론'으로, 아들러의 권력의지론 및 공격성 이론도 후기의 입장에서는 일정 부분 받아들이고 있다.

노년에 접어든 프로이트는 『쾌락원칙을 넘어서』에서 이례적으로 과학적 검증의 영역을 벗어나는 '죽음 본능' 개념을 제시한다. 그리고 정신분석학이 갖는 신경증 치료 이론으로서의 의미보다, 인간 정신의 보편 구조를 인식하게 하는 인문학적 의미와 가치에 주목한다. 그는 정신분석학의 개념과 관점만으로는 복잡한 인간 현실을 종합적으로 해석할 수 없음을 깨닫고는 사회학, 인류학, 교육학, 예술, 문학, 철학 등의 다양한 인접 학문들에 정신분석 지식이 결합되어 활용되기를 기대했다. 정신분석학의 거대한 힘은 인문·사회과학 이론과 접맥될 때 비로소 드러날 것이라는 그의 예견은, 1960년대 이후 오늘날까지 철학을 비롯한 다양한 제 학문 분야와 문화 전반에 걸쳐 검증되고 있다.

유럽을 폐허로 만든 제1차 세계대전의 엄청난 파괴력을 목격한 그는, 인간에게 근원적인 파괴욕동이 내재하고 있음에 주목한다. 그리고 그 파괴욕동에 대항하는 내면의 정신 활동들이 인류 문화의 유지와 발달을 위해 매우 귀중한 것이라는 점에 관심을 쏟는다. 『자아와 이드』에서 그는, 인간이 의식과 무의식으로 '분열된 존재'임을 강조해 온 기존 입장과 더불어 내면의 다양한 충동들과 관념들을 하나로 '통합하는 자아' 기능의 중요성을 부각시킨다. 이러한 후기 입장은 이후 정신분석학자들에게 심대한 영향을 미친다. 그 결과로 자아의 제반 특성들에는 어떤 것이 있으며, 어떠한 환경적 조건과 과정을 통해 온전한 자아 발달이 이룩되는지에 주목하는 자아심리학과 대상관계론이 부흥하게 된다.

1923년 구강암이 발병한 후 프로이트는 서른세 차례에 걸쳐 수술을 받으며 신체와 정신 양면으로 고통을 겪는다. 매일 여러 차례 입안을 소독해야 했고 음식 섭취에 불편을 겪었으며, 수시로 엄습하는 격렬한 통증을 견뎌 내야 했다. 죽음의 불안과 유혹에 시달리는 상황에서도 그는 무려 16년 동안이나 버텼다. '정신분석'을 인류 문화에 공헌하는 독보적인 학문으로 정립시키고 말겠다는 집념이 없었다면, 그의 '삶 본능'은 일찌감치 '죽음 본능'에 함몰되고 말았을 것이다. 인간 정신에 대한 그의 끊임없는 관심과 연구 및 분석 활동은 여든넷의 나이로 사망하기 불과 며칠 전까지도 지속되었다.

2
정신분석이란 무엇인가

정신분석이란 무엇인가? 이 물음에 대한 개괄적인 이해가 이루어진 후에야 비로소 "내가 알고자 하는 지식이 이런 특성을 가지고 있구나. 그것은 내 인생에 이러이러한 종류의 도움을 주겠구나!" 하고 감을 잡을 수 있게 된다. 이 주제는 또한 정신분석학이 인간 정신을 연구 대상으로 삼아 온 기존 학문들과 차별되는 관점을 지닌 새로운 학문으로 정착되는 과정에서 겪어야 했던 치열한 논쟁의 흔적을 담고 있다. 그렇다면 정신분석은 어떤 역사적 배경 속에서, 어떤 목적과 특성을 가지고, 하나의 '학문' 으로 인정받기 위한 투쟁의 과정들을 거쳐 온 것일까? 그리고 우리가 정신분석 지식을 습득하려 할 때 유념해야 할 점은 무엇인가?

1. 정신분석의 정의

프로이트는 히스테리의 원인을 규명하고 효과적인 치료 방법을 모색하는 과정에서 자신이 발견한 새로운 지식과 기법을 표현할 새로운 개념이 필요함을 느꼈다. 그래서 그는 정신의학과 차별되는 '정신분석' 이라는 용어를 1896년에 창안해 낸다. 정신분석은 그 후 십여 년간 조롱과 불신의 기호로 묻혀 있다가 1908년 제1차 세계 정신분석학회에서 공식 용어로 부각된다. 그러던 중 정신분석을 의학으로부터 독립된 '과학적 학문' 으로 공인받게 하려는 운동에 크게 기여했던 인물들이, 정신분석의 주요 내용에 이의를 제기하는 사건이 발생한다. 빈 정신분석학회 회장이던 아들러는 1911년에, 그리고 세계 정신분석학회 초대 회장이던 융은 1913년에 각각 프로이트의 입장에 반대하며 학회를 탈퇴한다. 그 과정에서 아들러는 자신의 이론과 치료 기법을 '정신분석' 이 아닌 '개인심리학' 으로, 융은 '분석심리학' 으로 명명한다. 이후 1950년대까지 '정신분석' 은 인간 정신에 대한 프로이트의 해석과 관점을 진리로 인정하고 계승하는 이론 및 임상 기법을 의미하는 용어로 사용된다. '정신분석' 은 정신의 무의식적 작용과 내용에 대한 심층적인 분석을 뜻한다. 그런데 문화권에 따라 '정신' 을 이해하는 철학적 배경이 다르기 때문에, 정신분석의 의미 역시 달라진다. 유럽에서는 '정신' 을 물질과 다른 고유한 무엇으로 해석한다. 따라서 정신분석을 인간 정신에 대한 '정신과학적 해석 및 치유 활동' 으로 이해한다. 이에 비해 정신의학자들이 중심이 된 미국 정신분석학회 회원들은 정신분석을 인간 정신에 대한 '자연과학적 설명 및 치료 활동' 으로 해석한다. 이처럼 '정신' 을 어떤 관점에서 바라보고 해석하는가에 따라 '정신분석' 의 의미는 매우 달라진다.

인간을 심리-생리적 이중성을 지닌 존재로 해석한 프로이트는 정신을 대하는 자연과학의 관점과 정신과학의 관점을 동시에 견지하려 애썼다. 그러나 서로 다른 두 관점을 양립시키기에는 적잖은 문제가 수반된다. 이로 인해 프로이트는 인문학자들로부터는 인간을 생물학적 존재로 환원시켰다고 비난받고, 의학자들로부터는 정신에 대해 엄밀하지 못하며 비과학적인 주장을 하는 사람으로 오해받아 왔다. 그렇다면 서로 다른 두 관점에 따라, '정신분석'의 의미가 어떻게 달라지는지 살펴보자.

초창기의 정신분석은 신경증의 원인을 이해하고 치료하려는 목적으로 생겨났다. 프로이트는 일련의 신체 마비 증상들을 수반하는 히스테리가 어떤 원인(들)에 의해 발생되는지에 대해 지적 호기심을 느꼈다. 당대의 의사들은 히스테리의 원인을 의학적으로 규명하고 처방을 내리는 데 어려움을 겪고 있었다. 히스테리 환자를 검진한 의사들은 신체 기관이나 조직의 특이한 손상을 발견하지 못했다. 그런데도 그들은 환자처럼 신체적 고통을 호소하며, 때로 발작을 일으킨다. 그렇다면 이것은 병인가 아니면 꾀병인가? 질병의 원인을 신경생리학 내지 세포조직학적 측면에서만 이해할 경우, 의사들은 히스테리를 꾀병으로 해석할 수밖에 없다. 그러지 않으면 환자의 질환에 대해 무지하고 무능한 의사라는 비난을 받기 때문이다. 그런데 꾀병으로 치부하기엔, 히스테리 환자가 고통스러워하는 모습이 너무도 실감나 보인다. 이처럼 곤란한 상황에서 프로이트는 히스테리가 의학적 원인이 아닌 심리적 원인으로 생기는 병이라는 새로운 이론과 치료법을 제시한다. 그렇다면 우리는 초기 '정신분석'을 기존 의학계가 해결하지 못했던 신경증의 원인에 대한 새로운 과학적 해석 이론 및 치료 기법으로 정의할 수 있을 것이다.

그러나 1920년 이후 프로이트는 신경증을 치료하는 임상 의학으로서 정신분석이 갖는 의미와 가치보다, 인간 정신의 제반 특성들에 대한 일반심리학 내지 인문학적 해석 관점으로서의 정신분석에 주목한다. 즉, 프로이트의 학문적 관심은 정신병리학에서 시작하여 심리학을 거쳐 철학적 사변으로 옮겨 간다. 정신분석의 이러한 의미 변화와 더불어 프로이트 이후의 현대 정신분석학파들은 정신분석의 중심 의미와 가치가 신경증 치료에 있는지, 아니면 인간 본성에 대한 깊은 성찰에 있는지에 대해 입장 차이를 보이게 된다.

오늘날 세계정신분석학회에서는 정신분석을 인간 정신의 제반 특성들과 정신질환에 대한 '이론'과 '치료' 및 '연구(research)' 활동으로 정의한다. 정신분석은 무의식에 대한 심층적인 해석 이론인 동시에 고유한 분석 기법들을 사용하는 치료 활동을 뜻한다. 그리고 과거부터 지속되어 온 정신분석 개념과 관점, 기법들이 현재 시점에서도 여전히 타당한 것인지를 세밀히 검토하는 연구 활동을 내포한다. 즉 정신분석은 이론의 정립과 임상 치료, 그리고 반성적 연구 활동을 포괄하는 개념이다.

세계정신분석학회는 다양한 학파들로 구성되어 있다. 간단히 소개하면 정신분석학의 창시자인 프로이트의 이론을 그대로 계승한 정통 프로이트 학파, 자아심리학, 클라인 학파, 대상관계 학파(페어베언(W. R. Fairbairn), 위니컷), 자기심리학(코헛), 라캉 학파, 그리고 융 학파와 아들러 학파 등이 있다. 이들 제 학파의 이론과 관점 및 치료 기법들은 서로 다르다. 이러한 차이는 정신분석의 목적과 의미에 대해 저마다 다른 정의를 내리는 결과를 낳았다.

2. 정신분석의 목적 – 인식과 치료

정신분석의 목적은 '인식'과 '치료'에 있다. 정신분석은 인간 정신이 어떠한 기능과 내용을 가지고 있는가에 대한 심층적인 인식을 토대로, 정신질환의 치료를 지향한다. 따라서 인식과 치료는 불가분의 관계에 놓여 있다. 정신분석가가 이 둘 중 어느 측면을 더 중시하느냐에 따라, 정신분석의 의미를 해석하는 방식과 치료 기법이 상당히 달라진다.

1) 인식

정신분석의 가장 중요한 목적은 정신의 제반 작용들 및 내용에 대한 정확한 자기 인식이다. 인식을 강조하는 입장에서는 정신분석학 이론 공부와 임상적 분석 과정에서 자기 자신과 인간을 심층적으로 인식하고 있는가의 여부가 핵심이 된다. 자신의 정신이 어떤 특성들을 지니며, 자신이 반복해서 욕망하고 갈등하는 문제가 무엇인지를 제대로 인식한다면, 설령 그 사람이 어떤 증상을 보인다 하더라도 크게 문제되지 않는다. 그(녀)가 진정으로 자신의 무의식을 인식하고 있다면 증상과 질환은 부수적으로 경감되거나 해소된다고 보는 것이다. 프로이트는 신경증 치료에 평생 관심을 쏟아 왔다. 그러나 그의 궁극적 관심은 무의식적 정신 작용과 근본적인 욕동이 '어떠한 과정'을 통해 '어떠한 영향'을 우리 삶에 미치는지 과학적으로 '인식'하는 데 있었다. 그의 치료 기법 또한 내담자가 자신의 무의식적 욕망과 갈등, 상처와 불안, 환상을 스스로 인식할 수 있게 만드는 데 초점을 두어 왔다. 그는 결코 권위적인 암시나 설득, 공감, 지지, 감정 분출 등의 방법을 통해 내담자들의 정신적·신체적 고통이나 증상을 해소하려 들지 않았다. 자신의 낯설고 고통스러운 무의식을 용기 있게 직면하고 스스로 인식하지 못하는 경우, 그 사람은 분석가에게 의존하는 유아적 상태를 벗어날 수 없으며, 증상의 재발을 겪게 된다. 따라서 증상을 당장 완화시키기보다는 자신의 무의식적 문제가 무엇이고, 어떻게 해서 이러한 증상을 지니게 되었으며, 어떻게 치유할 수 있는지를 스스로 인식하도록 도와주는 것이 중요하다. 이처럼 프로이트의 정신분석은 무의식에 대한 내담자 스스로의 '자기 인식'이 중요함을 강조한다.

인간 본성에 대한 인식이 정신 치유에 매우 중요하다는 사실은 전통 철학자들도 이미 주지해 왔다. 가령 소크라테스는 "너 자신의 본성을 스스로 인식하라."고 강조한다. 그는 인간이 살면서 겪는 대부분의 문제가 자신이 본래 지닌 '정신의 힘'과 가치를 충분히 자각하여 활용하지 못하는 데서 생겨난다고 보았다. 자신 안에 영원 불멸하는 신적 탁월성인 '이성과 도덕성'이 있음을 진정으로 깨닫게 되면 일상적 쾌락과 이익이 좌절되는 데서 오는 심리적 고통은 사소한 것으로 해석되어 저절로 극복된다.

이에 비해 고대 그리스의 비극 작가들은 이성의 인식 능력에는 한계가 있으며, 이를 모르고 지나치게 자만하면 불행에 빠진다고 경고한다. 소포클레스의 희곡 『오이디푸스 왕』에서 오이디푸스 왕은 제사장에게 "제 아버지를 죽이고 어머니와 성 관계하여 신의 노여움을 불러일으킨 범인이 누구인지 말하라."고 협박한다. 그는 그의 행동을 간곡히 만류하는 왕비의 부탁을 다음과 같은 말로 뿌리친다. "왕비여, 우리가 하고자 하는 바가 진실을 알고자 함일진대, 진실 앞에서 우리가 두려워할 것이 무엇이 있단 말이오!" 진실에 대한 인식을 최고의 가치로 간주하는 태도로 인해 오이디푸스 왕은 한순간에 가장 처참한 인간으로 전락하고 만다.

소포클레스는 오이디푸스가 비극에 빠지게 되는 과정을 묘사하면서 다음과 같은 관점을 표현한다. "인간의 인식에는 한계가 있다. 이성은 어느 정도 유용하긴 하지만 인생의 영구적인 행복을 보장할 만큼 믿음직스러운 능력은 못 된다. 이런 사실을 자각하지 못하고 자신의 사유 능력에 자만(Hybris)하는 자는 비극에 빠지게 된다." 제 나라에서 가장 현명한 인간으로 존경받던 오이디푸스조차도, 자신의 숨겨진 과거(무의식의 진실)를 알지 못한 채 의식 능력을 자만하다가 뜻밖의 '비극적 인식' 에 함몰되고 만다. 소크라테스가 이성의 탁월한 인식 능력을 부각시켰다면, 비극 작가들은 의식이 '무의식' 을 인식하고 감당하기란 결코 쉽지 않음을 선구적으로 드러내 보였다. 그리고 고통스러워 망각된 비극적 상처의 심리적 뿌리를 세세히 파헤쳐 직면하는 특별한 인식 활동과 기법은, 그 후 2,000여 년의 잠복기를 거쳐 '정신분석' 을 통해 비로소 출현한다.

2) 치료

치료를 강조하는 입장에서는 정신질환과 제반 증상을 해소하는 것이 가장 중요하다고 생각한다. 이 경우 최면적 암시, 설득, 공감, 지지, 감정 분출, 약물 등 어떤 수단과 방법을 동원하더라도 일단 그 환자의 질환과 증상이 치료되었다면 정신분석가의 제1임무는 달성된 것이다. 이쪽 입장에서는 자신의 무의식에 대한 고통스러운 직면과 자기 인식 과정이 반드시 필요하다고 보지 않는다. 마음이 약한 사람이 무리하게 무의식을 인식하려 들면, 때로 정신이 붕괴될 위험이 있기 때문이다.

마음의 평화와 영원한 구원을 강조해 온 종교 전통도 치료를 제1 목적으로 보는 입장 중 하나다. 종교가는 인식보다는 믿음의 힘을 통해 고통으로부터 구원받는 것이 궁극적인 치료라고 해석한다. 그리고 전통 형이상학의 입장들 역시 인식의 궁극적 목적이 진리와 합일되어 영원한 생명을 얻는 데 있다고 본다. 이처럼 종교와 철학 전통에도 치유를 중시하는 측면이 존재함을 알 수 있다. 그러나 니체와 프로이트 이후의 현대 사상에서는 인간의 행복이나 구원 또는 치료를 철학 활동의 제1목적으로 전제하지 않는다. 그들은 비록 정신이 해체되는 불안과 고통 과정을 겪을지라도, 인간의 자율성을 속박하는 정신 내부와 외부 요인들의 정체에 대해 끊임없이 문제 제기하는 과정 자체를 소중히 음미한다.

이처럼 '인식'과 '치료'라는 정신분석의 두 주요 목적 가운데 혹자가 어디에 역점을 두느냐에 따라 정신분석에 대한 그의 이해는 달라진다.

3. 정신분석학의 발생 배경

프로이트가 정립한 정신분석 개념들과 이론 및 기법은 부분적으로는 이미 그 이전 사람들이 제시한 바 있다. 프로이트는 문학, 철학, 종교, 예술, 과학 등 기존의 여러 입장들로부터 정신분석학적 자료들을 추출했다. 그리고 이렇게 얻은 지식의 단편들을 자신의 고유한 관점을 통해 해석하고, 비판적 반성을 통해 한 차원 발전시키는 놀라운 지적 통합 능력을 드러내 보였다. 그렇다면 정신분석 이론과 기법의 정립에 도움을 준 전통적 배경에는 어떤 것들이 있는가?

1) 철학적 배경-대화법과 계보학

철학 전통에서 우리는 먼저 소크라테스의 '대화법'을 생각할 수 있다. 소크라테스는 상식을 깨뜨리는 뜻밖의 질문과 논리적 대화를 통해, 사람들이 편견과 무지로 얼룩진 상태에 있음을 스스로 깨닫게 만든다. 이 과정에서 사람들은 삶을 유지시켜 주던 기존의 신념이 와해되는 충격과 혼란에 직면하게 된다. 그리고 이 혼란을 벗어나기 위해 새로운 무엇을 절실히 찾게 된다. 소크라테스가 이들에게 제공한 것은 어떤 '멋진 생각'이 아니라, '스스로 생각'해가는 과정을 통해 자기 정신의 힘과 가치를 깨닫게 하는 철학적 사유 방법이었다. 그는 논리적 대화를 통해 상대방이 확실한 지식으로 믿어온 생각에 은폐된 편견과 모순성을 드러냄으로써, 정신의 새로운 발달을 모색하게 한다. 이는 내담자 스스로 무의식을 드러내어 인식하게끔 유도하는 '정신분석 대화'와 유사성을 지닌다. 그러나 정신분석 대화는 의식이 주관하는 논리적인 대화보다 무의식과의 '정서적인 동시에 언어적인' 대화에 주목한다. 또한 의식이 지각한 내용에 주목하는 철학적 대화의 기저에는 이미 무의식적 방어 기제가 작동되고 있으므로 철학의 관점과 방법만으로는 총체적인 자기 성찰이 어려움을 강조한다.

프로이트는 플라톤의 『향연』에 등장한 에로스론이 자신의 성욕 동론과 상당히 유사하다는 사실에 주목한다. 플라톤은 전설을 인용해 사랑에 대한 자신의 입장을 다음과 같이 표현한다. "인간은 본래 남성성과 여성성을 함께 지닌 자족적 존재였다. 그런데 인간의 힘이 날로 강해지자 이를 경계한 신이 인간을 반으로 갈라놓았다. 남자와 여자로 갈라진 후로 인간은 잃어버린 자신의 반쪽을 찾아 결합하려는 강렬한 에로스 욕구에 휩싸이게 되었다." 플라톤은 또한 동성 간의 깊은 우정은 이성 간의 열정적 사랑보다 더 고귀한 것임을 강조한다. 이러한 서술에서 우리는 인간의 근본 욕구가 자기애와 동성애, 이성애로 대변되는 '에로스적 합일에의 욕구'라는 프로이트 주장의 기원을 엿볼 수 있다. 그런데 아쉽게도 플라톤과 전통 철학자들은 에로스 욕동의 힘을 경시하고, 로고스(이성)의 가치만을 부각시켜 왔다.

니체의 저서들에는 프로이트가 깜짝 놀랐을 만큼 정신분석 이론 및 관점과 유사한 내용들이 곳곳에 산재해 있다. 프로이트는 일종의 자서전인 『나의 이력서』에서 자기 사유의 독자적인 전개 과정이 침해받을까 봐 두려워 의도적으로 니체의 책을 덮고 말았음을 고백한다. 그는 오랫동안 인내심을 가지고 임상 관찰을 해 온 결과 비로소 정립할 수 있었던 자신의 정신분석 이론이, 이미 한 철학자의 직관적 성찰에 의해 발견되었다는 사실에 곤혹스러워했다. 이 충격을 그는 다음과 같이 위로한다.

> "철학자의 직관적 성찰과 정신분석가의 과학적 추론은 동일한 결론에 도달할 수 있다. 그러나 최종 인식에 다다르기까지 양자가 밟아 가는 과정은 매우 다르다. 수많은 내담자들의 정신을 오랜 기간에 걸쳐 심층적으로 관찰, 분석하여 종합한 정신분석적 지식은, 자신의 논리적 사변과 직관에만 의존해 이끌어 낸 철학적 지식보다 그 학문적 토대가 훨씬 견고하다." [6]

니체는 논리적 일관성을 극단까지 밀어붙인 사유와 예리한 직관력으로 의식의 배후에 숨겨진 성질과 작용에 대해 계보학(genealogy)적 접근을 시도했다. 계보학은 개인의 정신성과 중심 관념이, 어떤 힘들에 의해 어떤 과정들을 거쳐서 현재 상태로 형성된 것인가를 정밀하게 추적하는 학문이다. 계보학은 정신적 문제를 낳

---

6) 『정신분석학과 리비도 이론』, 『나의 이력서』 참조.

은 원인들을 탐색하기 위해, 개인의 정신이 그 발생 초기부터 어떠한 '힘' 들에 영향 받아, 어떤 경험 과정을 거쳐서 형성, 고착, 변화해 온 것인지를 세세히 추적하는 발생심리학과 심층심리학의 관점을 내포한다. 니체는 다음과 같이 언명함으로써 프로이트 정신분석의 배경 지식을 제공한다.

의식은 결코 자립적 인식 능력이 아니다. 의식은 항상 그 배후에 은폐된 힘들로부터 영향을 받는다. 이 힘들은 의식 활동의 '조건' 이기 때문에 의식의 직접적인 인식 대상이 될 수 없으며, 의식의 언어로 온전히 정의할 수도 없다. 그러나 의식에 드러난 결과물들을 역으로 추적하여 분석해 봄으로써 그 힘들의 성질을 은유적으로 표현해 볼 수는 있다. 그것은 '힘에의 의지' 이다. 원초적 생명 활동인 이 '힘에의 의지' 로부터 인간의 정신 현상과 삶의 다양한 의미들이 발생한다. 인간의 근본 욕망은 진리를 인식하고 도덕을 추구하는 것이 아니라, '힘의 고양' 이다. 그런데 도덕과 진리의 신적 가치를 강조해 온 전통 형이상학은 이 '힘에의 의지' 의 가치를 부인하고 은폐해 왔다. 그로 인해 인간은 자신의 원초적인 생명력이 위축된 병리적 상태로 존재해 왔다. 그렇다면 형이상학적 가치관을 해체하여 그동안 억압되어 온 진실들을 해방시키고 인식할 경우 온전한 힘의 회복이 이루어질 것이다. 그러나 의식의 이면과 맞닥뜨리는 일은 기존 가치 관념에 안주해 온 사람들에겐 매우 고통스러운 과정이다. 따라서 사람들은 형이상학적 환상을 위태롭게 하는 이 인식을 외면하려 든다. 그리고 외부 권력자들이 제공하는 안전한 이데올로기의 보호 속에 안주하고자 한다. 그러나 자기 삶의 진정한 주인이 되기 위해서는, 현재의 가치관과 관념들이 의식 속에 정착하게 된 과정들을 계보학적으로 인식해야 한다. 그리고 삶의 활력을 얻기 위해 때로 의식의 분별을 내려놓고 원초적 '힘에의 의지' 에 융합하는 '예술적(디오니소스적) 정서 체험' 이 필요하다.[7]

니체의 계보학적 탐색은 대부분 주체 '홀로의' 엄밀한 사유 활동과 원초적 직관을 통해 이루어진다. 이에 비해 프로이트의 정신분석학은 분석가와 내담자 사이에서 발생하는 정신분석 '관계 체험'에 대한 관찰과 '정서적 자기 인식'을 강조한다.

프로이트는 인간 정신에 관한 철학자의 해석과 정신분석학자의 해석은 여러 면에서 근본적으로 다르다고 본다. 철학에서는 개념적 명료성과 논리적인 추론의 엄밀성을 강조하기 때문에 구체적인 경험 사례들에 대한 끈기 있는 관찰이 부재한다. 그리고 철학자들은 의식 이면의 '무의식' 영역에 접근하기 위한 구체적인 방법을 제시하지 않는다. 이에 비해 정신분석학은 '무의식'을 해석하는 데 용이한 구체적이면서 보편적인 연구 대상(꿈, 증상, 실수)과 독자적인 방법론(자유연상과 전이 해석)을 제시한다.

2) 종교 전통과 고해성사

모든 종교는 정신의 고통을 해소시키는 고유한 이론과 기법을 갖추고 있다. 가령 가톨릭교에는 일반 신도들이 어떤 잘못을 저질렀을 때, 성직자에게 죄를 뉘우치는 고백을 하고 성직자로부터 용서의 '말'을 듣게 되면 죄가 사라진다고 믿는 전통이 있다. 신의 율법에 어긋나는 생각이나 행동을 한 자는 처벌받을지 모른다는 두려움과 죄책감을 품게 된다. 이러한 정서 에너지를 정신적 권위자 앞에서 '말'로 분출하고 용서의 '말'을 듣게 되면, 그(녀)의 정신은 정화되어 평안해진다. 즉 신과 인간을 중간에서 매개하는 거룩한 성직자에게 하는 말은, 평범한 일상의 말이 아니라 그 자체로 성스러운 고해성사로 변환된다. 그로 인해 '고백하고 참회했기에 용서한

---

7) 니체의 『힘에의 의지』에 대한 필자의 요약임.

다.'는 성직자의 '말'을 들은 사람들의 정신적 고통은 놀라운 정화 효과에 의해 해소된다.

고해성사 전통은 임상 정신분석 대화 체험과 모종의 연관성을 지닌다. 프로이트는 고해성사가, 내담자들이 신뢰할 수 있는 정신분석가를 찾아와 내밀한 고민을 말로 표현하는 정신분석 과정과 유사하다는 사실을 인정한다. 즉, '특별한 이해 능력을 지녔다고 여겨지는 사람'에게 언어로 내적 고민을 표출하면 고통에서 벗어날 수 있다는 점에서 이 둘은 닮아 있다. 그러나 프로이트는 가톨릭교의 고해성사보다 우월한 정신분석의 특성을 부각시킨다. 가령, 고해성사를 하는 사람들은 자신의 근본 문제가 무엇인지에 대해 깊이 있게 인식하지 못한다. 고해성사에서 고백의 양태는 "(자신이) 율법에 어긋나는 어떠어떠한 일을 했더니 마음이 괴롭더라. 그래서 (자기가 한 행동에 대해) 후회한다. 부디 용서받기를 바란다."는 의식의 표현일 뿐이다. 거기엔 자신이 왜 욕망 어린 생각과 행동을 하게 되었으며, 어쩌다 이런 불안과 죄의식에 휘둘리게 되었는지에 대한, 고통스러운 자기 직면과 인식 과정이 결여되어 있다. 그리고 고해 신부 역시 무의식에 대한 자기 대면과 자기 분석을 권유하지 않는다. 이 경우 고백자는 힘센 누군가의 '용서한다는 말'을 들음으로써 고통으로부터 벗어나는 것이지, 고통의 원인을 스스로 깨달아 벗어나는 것이 아니다. 바로 이 점에서 '자기 인식'을 강조하는 프로이트의 정신분석과 고해성사는 중요한 차이를 보인다.

정신분석에서는 진지한 고백이 이루어지기 위해 자기가 현재 의식하고 있는 사실들뿐만 아니라, 의식이 기억하지 못하는 내용까지 드러내야 비로소 증상이 해소될 수 있다. 즉 무의식에 대한 고백까지도 이루어져야만 한다. 이 점에서 정신분석은 고해성사보다 훨씬 엄밀한 자기 고백 방법론이라고 말할 수 있다. 또한 성직자들에게 하는 고백은 한두 번 내지 몇 번의 '짧은 고백' 에 불과하다. 그러나 정신분석은 오랜 기간에 걸친 철저하고 심층적인 자기 고백이다. 구체적으로는 2년 이상에 걸쳐 일주일에 다섯 번, 하루에 50분씩 자기 무의식을 샅샅이 드러내는 생생한 정신분석 관계 체험을 거쳐야만 비로소 정신질환과 증상의 뿌리를 인식하고 벗어날 수 있다. 이 점에서 고해성사의 짧은 고백과 정신분석의 긴 고백은 확연한 차이를 보인다.

3) 최면과 무의식 체험

최면은 정신분석 이론과 기법이 정립되는 과정에서 중요한 사다리 역할을 했다. 최면은 정신의 집중과 이완 및 암시로 구성된다. 즉 과도한 외부 및 내부 자극들로 혼란에 빠져 있는 사람을, 어떤 하나의 생각이나 대상에 관심을 집중시켜 자극을 최소화하고는, 잠들 때처럼 편안하게 몸과 마음을 이완하도록 유도한다. 그리고 방어 작용이 느슨해진 반(半)수면 상태의 개인에게, 그의 문제가 무엇이며 어떠한 무의식적 관념 혹은 환상이 그를 고통스럽게 하며, 그것이 언제 어떻게 생겨난 것인지를 기억하도록 암시를 준다. 그리고는 문제의 근원으로 추정되는 무의식에 접근한 다음, 최면가가 무의식의 병적 관념을 덮는 새롭고 건강한 '언어적 암시' 를 각인시킴으로써 병을 치료한다.

프로이트는 샤르코의 최면 실험을 목격하고는 의식과 다른 어떤 정신 활동이 인간 신체에 영향을 미치고 있으며, 그 비의식적인 정신이 놀랍게도 '언어(적 암시)' 에 반응을 보인다는 사실에 주목한다. 샤르코는 히스테리 환자에게 최면을 걸어서 즉시 히스테리 발작 증세를 일으키게도 하고, 역으로 새로운 암시를 줌으로써 히스테리 발작을 잠시 동안 멎게 하는 드라마틱한 광경을 수련의들 앞에서 연출해 보였다. 샤르코의 최면 실험을 보고 충격받은 프로이트는 인간 정신에는 신체 기능에 영향을 미치는 비의식적인 힘이 존재한다는 심증을 굳힌다.

또 다른 최면가 베른하임(H. Bernheim)은 프랑스 낭시에서 최면 치료를 하는 이름난 의사였다. 프로이트는 그에게서 최면 효과가 온전히 발휘되려면 최면을 거는 환경과 최면가에 대한 깊은 신뢰가 있어야 한다는 말을 듣는다. 이 안심할 수 있는 환경과 신뢰의 힘이 최면가의 언어적 암시와 결합해서 피최면자의 정신에 모종의 영향을 미치게 되는 것이다. 가령, 최면은 종합병원과 같은 권위적인 장소에서는 성공할 확률이 높다. 그러나 개인의 집에서는 성공률이 떨어진다. 프로이트는 그를 통해 최면이라는 것이 모든 장소에서 모든 사람에게 보편적인 효력을 발휘하는 것은 아니라는 사실을 알게 된다. 또한 당대에는 최면 상태에서 일어났던 일들을 피최면자가 기억하지 못한다는 생각이 보편적이었다. 그런데 베른하임은 최면 상태에서 일어났던 일을 떠올리도록 피최면자에게 적극적으로 요구하면 결국에는 기억할 수 있음을 실험을 통해 보여 준다. 이 현상은 최면 상태에서도 의식의 지각 작용이 기능한다는 것을 의미한다. 그렇다면 안락한 환경과 신뢰하는 분위기 속에서 최면 상태와 비슷한 정신적 이완 상태를 만들 수 있다면, 무의식에 접근하기 위해 굳이 성공률도 불확실한 최면 기법을 사용하지 않아도 된다. 최면에 대한 프로이트의 이러한 반성은, 훗날 그가 모든 사람들에게 보편적으로 적용할 수 있는 무의식에 접근하는 방법인 자유연상을 발견하는 밑바탕이 된다.

최면으로 히스테리를 치료할 가능성이 생겼다는 사실은 역사적인 의미가 상당히 크다. 당대의 의사들은 히스테리 환자들에게서 의학적인 신체 이상을 발견하지 못했기 때문에, 히스테리를 일종의 '꾀병'으로 생각하는 경향이 높았다. 그 결과, 히스테리 발작을 일으킨 사람들을 치료하는 과정에서 밥을 굶기거나 야단을 치거나, 심지어는 꾀병을 그만두게 하려고 매질을 하는 등 가혹한 방법을 사용하곤 했다. 이런 상황에서 샤르코는 히스테리를 꾀병이 아닌 어떤 보편적인 원인과 법칙을 지닌 질병으로 분류한다. 그리고 최면 실험을 통해 심리적 요인이 히스테리성 신체 마비와 모종의 연관이 있음을 드러낸다. 이 점에서 샤르코가 보여 준 최면 실험은 중요한 정신분석학적 의미를 갖는다. 그러나 의사로서 샤르코가 지닌 의학적 배경 지식이 워낙 깊었기에, 그는 히스테리가 심리적 원인보다 신경생리학적 원인에 의한 것이라고 결론을 내리는 데 그친다.[8]

최면 치료는 무의식에 접근하는 데 유리한 장점들을 지니고 있다. 가령 보통의 의식 상태에서는 무의식적 방어 작용으로 인해 기억하지 못하는 내용들을 최면 상태에서는 무의식에 보다 쉽게 접근하여 기억하게 된다. 그리고 무의식의 갈등이나 환상들에 접근하고자 할 때 정신분석보다 시간이 덜 걸린다. 무의식에 파고들어 기억을 끄집어낸다는 것은 상당히 고통스러운 작업이다. 왜냐하면 무의식은 또다시 직면하고 싶지 않은 여러 상처들을 간직하고 있기 때문이다. 그런데 몽롱한 최면 상태에서는 내담자의 무의식적 상처들이 별다른 고통 없이 외부로 표출된다. 이런 점에서 최면은 정신의 내밀한 부분에 접근하는 데 유용하다. 그러나 최면은 몇 가지 문제

---

8) 샤르코는 히스테리를 여성의 자궁에 침입한 병원균과 기질적 요인이 결합하여 생겨난 것이라고 진단한다. 여기서 심리적 요인은 히스테리 발병의 주변적 요인으로 참고될 뿐이다.

점 또한 내포하고 있기에, 프로이트는 최면 기법을 몇 년간 사용하다가 이내 포기한다. 최면의 문제점들은 다음과 같다.

정말로 치명적이어서 절대 노출해서는 안 된다고 여겨지는 깊은 무의식의 내용은 최면 상태에서도 여전히 방어되어 노출되지 않는다.[9] 그뿐만 아니라 최면의 암시 요법은 어디까지나 한 개인의 정신을 '외부의 힘에 의해' 변화시키는 방법이다. 최면 치료의 원동력은 최면가의 강력한 암시 의지로부터 나오며, 피최면자 자신의 주체적 자기 인식은 결여되어 있다. 이 경우 각 개인은 삶의 고통을 이겨내는 과정에서 자기 스스로 중심 역할을 하지 못하고, 타인이 자신의 정신을 일방적으로 좌우하는 것을 방관하는 입장에 놓이게 된다. 즉, 주체성이 결여된 '타자 의존적 치료'라는 점에서 최면 치료는 피최면자의 존엄성을 떨어뜨린다. 또한 최면가가 암시를 잘못 사용했을 때 발생한 후유증은 온전히 피최면자가 감당해야 할 몫으로 남는다. 그리고 최면의 암시 효과는 증상의 원인을 인과적으로 소멸시키는 것이 아니라 병적 관념의 발현을 잠정적으로 서지할 뿐이기 때문에, 증상 소멸 효과가 오래 지속되지 않고 재발 위험이 있다. 또한 최면은 오직 특정 유형의 사람들에게만 효력을 발휘한다는 문제점을 지닌다. 프로이트의 경우에는 최면에 성공하는 확률이 낮았기에 모든 신경증자들에게 적용할 수 없었다. 이러한 문제점들로 인해 그는 최면요법을 포기하게 된다.

---

9) 假수면적 최면 상태뿐만 아니라 깊은 수면 상태의 꿈에서조차, 방어(검열) 작용으로 인해 무의식은 좀처럼 '있는 그대로' 노출되지 않는다. 최면 상태에서 기억된 자료들은 꿈내용들처럼 '무의식이 변형된' 일종의 '은폐 기억'(screen memory) 이다.

4) 정화요법 – 충격 관념과 정서 에너지의 분출

최면에 이어서 프로이트의 정신분석 이론과 기법 형성에 영향을 준 것은 브로이어가 발견한 '정화요법'이다. 내과의사인 브로이어는 일명 '안나 O'라는 젊은 여성의 히스테리 증상을 치료하는 과정에서 이 요법을 우연히 발견한다. 안나 O는 신체 마비와 정신적 혼란 및 혼수 상태, 환각 상태에 빠져 지냈다. 브로이어는 저녁 때마다 그녀를 방문해서 낮에 그녀가 겪었던 환각과 환상들을 이야기하게 했다. 보통의 의식 상태에서 그녀는 아무것도 기억하지 못했다. 그런데 최면을 건 상태에서 암시를 주고 말하게 했더니, 낮에 있었던 환상들을 기억해 내면서 이야기하기 시작했다. 그러고 나면 그녀의 신체 마비 증상과 환각 증상은 사라지곤 했다. 안나 O는 자신의 마음속 고민을 깨끗이 청소해 주는 이 치료법을 '굴뚝 청소', '이야기 치료'라고 불렀다. 이러한 치료 과정에서 브로이어는 의식이 기억하지 못하는 정신 깊은 곳의 내용을 최면 상태에서 암시를 주어 떠올려 말하도록 유도하면 신경증 증상이 치료된다는 현상적 지식을 얻는다. 그러나 내과의사였던 브로이어는 이러한 의료 현상들의 심리학적 원인을 이해할 수 없었다. 그는 이 사실을 프로이트에게 알려 준다.

프로이트는 브로이어가 관찰한 현상들이 발생하게 된 심리학적 원인을 추적하여 그것을 개념화하기에 이른다. 정화요법에서 특히 중요시되는 것은 억압되어 온 '정서 에너지의 분출'이다. 신경증자가 과거에 겪었던 충격적인 장면과 정서적 흥분 및 병적 관념들을 신뢰할 수 있는 치료자에게 '흥분하면서 말로 표출'하면, 내부에 억눌린 채 갇혀 있던 정서 에너지가 일순간 병적 관념과 함께 외부로 분출된다. 이 과정에서 정신과 신체의 증상이 해소된다.

브로이어는 히스테리를 치료하는 과정에서 충격적인 사건을 겪게 된다. 중년인 그는 신체 마비 증상 때문에 병원에 직접 오지 못하는 안나 O를 치료하기 위해 매일 저녁 그녀의 집을 방문해 정화 요법을 실시했다. 그런데 브로이어의 부인은 남편이 젊은 여자 집에 저녁마다 드나드는 것을 보고 질투를 느껴 그 치료를 중단하라고 압력을 넣었다. 고민하던 그가 치료를 그만두어야겠다고 결심할 무렵, 이를 눈치챘는지 안나 O는 어느날 심한 발작을 일으킨다. 그녀는 아기를 밴 것처럼 배가 불러 오고 강한 통증을 느끼는 '상상 임신' 증세를 보였다. 게다가 그녀는 진찰하던 브로이어에게 "선생님의 애가 나오려고 해요……!"라고 외쳐 댄다. 그 말에 질겁한 브로이어는 황급히 짐을 싸 부인과 함께 야반도주를 한다. 치료고 뭐고 이 말이 누군가에게 알려지면 사회적으로 매장당할지 모른다는 두려움이 그를 엄습한 것이다. 진실과 거짓의 분별을 떠나서, 자신의 환자가 자신에게 그런 황당한 말을 했다는 사실을 그는 정신적으로 감당하지 못했다.

프로이트는 안나 O의 상상 임신 사례로부터, 정신분석 치료의 핵심 개념과 기법을 구성하는 전이(轉移) 현상을 발견하게 된다. 내담자는 자기 인생의 어떤 중요한 인물(주로 아버지나 어머니)에 대한 유아기적 환상을 정신분석가에게 '전이' 시키는 경향이 있다. 예컨대 여자 환자는 분석가를 자신의 아버지인 양 착각하고는 아버지에 대한 유아기적 환상과 감정(애정과 분노)을 분석가에게 분출한다. 특히 프로이트는 전이 현상에서 '유년기의 성적 욕망'이 주로 표출된다는 점에 주목한다. 그렇다면 안나 O는 유년기에 아버지에게 품었던 성적 욕망을 브로이어에게 전이시켜 무의식을 히스테리 증상으로 표출한 것이다. 그녀의 배가 불러온 까닭은 그녀가 '그'의 아기를 임신한 사실을 알리게 되면, 떠나려는(치료를 중단하려는) 아버지(브로이어)가 그녀를 떠나지 못할 것이라는 유아적 환상과 욕망 에너지가 신체 증상으로 '전환' 되어 표출되었기 때문이다.[10]

안나 O의 상상 임신 사례와 치료 중에 여자 환자가 최면 상태에서 갑자기 자신을 껴안은 사건을 통해, 프로이트는 정화요법의 문제점들에 주목하기 시작한다. 정화요법은 최면 기법을 사용한다. 그런데 최면 상태는 방어 작용을 이완시키기 때문에 피최면자의 억압된 성욕을 활성화하여, 치료 상황을 난처하게 만드는 부작용을 유발한다. 그리고 정화요법은 병을 일으키는 무의식의 환상들을 '몽롱한 최면 상태' 에서 떠올리도록 해 언어의 형태로 표출시킨다. 그로 인해 최면에서 깨어나고 증상이 소멸된 후에도 당사자는 자신이 어떠한 원인으로 병이 생기게 되었는지 '인과적인 자기 인식' 을 하지 못한다. 게다가 어떤 충격을 받아 생성되어 억압 때문에 출구를 잃은 무의식의 정서 에너지를 단순히 말로 분출한다고 해서 신경증이 반드시 치료되는 것은 아니다. 도대체 무엇이 원인이 되어 증상이 생겨난 것인지에 대한 자기 인식과 더불어 억압된 정서 에너지가 분출되어야만 비로소 정신질환의 뿌리가 해체된다. 그런데 정화요법은 최면요법과 마찬가지로 자기 성찰과 부정적 가치 관점의 변화에 도움을 주지 못한다. 그래서 프로이트는 정화요법을 포기하고 새로운 방법을 모색하게 된다.

새로운 치료법을 접하기 전에 정화요법이 '정신분석' 의 탄생에 끼친 긍정적인 영향과 부정적인 영향을 반추해 보자. 정화요법은 외부로 분출되지 못한 무의식의 관념과 정서 에너지가 히스테리

---

10) 정상인이 말로 표현하는 것을 신경증자는 증상과 행동으로 표현한다. 정신분석가는 이 증상과 전이 행동의 상징적 의미를, 해석 작업을 통해 다시금 일상의 언어로 풀어내는 일을 한다.

(신체) 증상을 발생시킨다고 프로이트가 확신하게 되는 계기를 제공한다. 원인 모를 신체 마비 증상들과 환상에 시달리던 히스테리 환자들이 잊고 있던 과거의 사건을 최면 상태에서 떠올려 말로 표출했더니 증상이 사라지는 현상을 정화요법은 다음과 같이 해석한다. "인간 정신은 의식과 무의식이라는 서로 대립되는 두 종류의 힘에 의해 움직인다. 그리고 의식과 무의식 사이에는 양자를 분리시키는 모종의 (억압하는) 힘이 작동하고 있다. 신경증은 의식과 무의식 사이의 과도한 대립과 분열, 충격적 표상과 충격 에너지의 외부 분출 좌절 등으로 발생한다. 따라서 무의식에 억압된 충격적 표상을 기억해 충동 에너지를 실어 말로 분출하면 신경증이 해소된다."

정화요법을 포기한 프로이트는 무의식의 자료를 기억시키기 위한 새로운 방법으로 '이마 압박술(정신 집중술)'을 개발한다. 이마 압박술은 편안한 긴 의자에 누운 내담자의 이마를 정신분석가가 손가락으로 누르면서, 내담자를 고통스럽게 만드는 원인들을 정신을 집중해 기억해 내라고 '요구'하는 것이다. 프로이트는 "자, 무엇이 당신을 고통스럽게 만드는지 생각해 보세요. 노력하면 반드시 기억이 떠오를 겁니다!"라고 말하며 내담자의 이마를 눌렀다. 누를 때마다 내담자는 자기의 문제점과 연관된 관념, 환상, 사건 등을 기억해 내곤 했다. 치료자의 권위를 실은 정신 집중 요구와 기억 요구는 몇 번은 성공적이었다. 그런데 어느 날 프로이트에게 치료받던 어떤 여성 내담자가, 뭔가를 기억해 내라고 요구하며 이마를 누르는 프로이트에게 다음과 같은 부탁을 한다. "뭔가를 떠올리는 중이었는데, 선생님이 너무 자주 이마를 누르니까 생각이 자꾸 끊기네요. 차라리 저를 가만히 내버려 두시는 게 더 좋을 것 같아요." 그는 이마를 누르지 않아도 그 여성 내담자가 자신의 속마음을 자유롭게 표현하는 것을 보고 강한 인상을 받는다. "치료자의 인위적인 간섭은 내담자가 무의식에 자유롭게 접근하는 데 때로 방해가 되는구나!" 그래서 그는 이마 압박술을 포기하고 마침내 정신분석의 핵심 기법이 되는 '자유연상법'을 고안해 낸다. 자유연상법은 내담자가 정신 집중을 통해 '정신분석가가 듣고 싶어하는 것'을 기억해 내는 것이 아니라, 내담자 '자신이 원하는 것'을 자유롭게 표출하게 하는 것이다.

5) 자유연상법– '정신분석' 역사의 시작

프로이트는 정신분석 상황에서 내담자에게 떠오른 생각을 모두 자유롭게 말로 표출하도록 하는 자유연상법을 고안한다. 내담자는 먼저 외부 자극들이 차단된 안전한 공간에서 편안한 카우치에 눕는다. 그리고 긴장과 방어 작용이 느슨해진 상태에서 도덕적 시선들을 의식하지 않고 순간순간 떠오르는 생각들을 즉각적으로 자유롭게 말로 표출한다. 이렇게 하면 최면 상태처럼 무의식과 모종의 연결을 지닌 자료들이 떠오를 수 있다. 이때 카우치는 자유연상이 편안히 이루어지게끔 유도하는 물질적 환경으로 작용한다. 정신분석가는 내담자가 뱉어내는 단어 조각들을 들으면서, 내담자가 어떤 부분을 '빠뜨리고' 있으며 어떤 단어들을 내뱉을 때 강한 정서적 반응을 나타내는가를 주시한다. 내담자가 (자기도 모르게) 빠뜨린 부분과 정서적 동요가 큰 부분일수록 감추고 싶은 무의식에 가까이 다가가 있을 가능성이 높다. 따라서 그 부분들은 또다시 세밀한 자유연상과 분석가의 주의 집중이 필요하다. 정신분석가는 자유연상의 결과로 얻은 일련의 자료들을 포괄적으로 (재)구성하여, 내담자의 무의식에 대한 종합된 해석을 내린다.

"저 사람이 저 단어들을 반복해서 강하게 내뱉는 것을 보니, 그

단어와 관련이 있는 무엇에 그(녀)의 무의식이 닿아 있는 모양이구나. 무의식적 방어 작용을 고려해 볼 때, 그(녀)가 '빠뜨린' 연상 내용 부분에 그(녀)의 갈등이 얽혀 있을 거야. 이러이러한 연상 자료들은 무의식적 사고가 '변형' 되어 표출된 것일 테고 말이야. 방어적 변형 작업을 고려해 연상의 결과물을 재구성하고 해석해 보니, 그의 무의식적 문제는 이것이겠구나!"

정신분석 이론과 기법의 근본 틀은 자유연상법의 발견과 더불어 형성되었다. 최면요법이나 정화요법, 이마 압박술 등은 치료자의 권위에 전적으로 의존한다. 이때 내담자와 분석가 사이에는 아이와 (보호자로서의) 부모 관계와 유사한 수직적 '치료-의존 관계' 가 성립한다. 따라서 치료 효과는 주로 치료자의 거대한 권위에 대한 내담자의 무반성적인 신뢰로부터 발생한다. 이에 비해, 자유연상법에서 내담자와 정신분석가는 평등한 인격체로서 마주한다. 증상의 원인을 '자기 분석' 하는 주체는 궁극적으로 내담자 자신이다. 정신분석가는 내담자 스스로 자신의 무의식을 대면하고 해석하여 정리할 수 있도록, 적절한 순간에 적절한 자극을 제공하는 안내자 역할을 할 뿐이다. 인문학의 근본정신인 자신의 인생에 대한 주체적 자기 인식을 활성화하는 역동적 공간은 바로 프로이트의 독창적인 자유연상법과 더불어 출현한다.

자유연상법은 최면과 달리, 실패할 확률이 거의 없다는 장점을 지닌다. 나의 비밀을 깊이 드러낼수록 자신에게 유익한 결과를 낳는다는 분석가에 대한 지적·정서적 신뢰와 안락한 환경만 주어진다면, 떠오르는 생각들을 비판적 검열 없이 자유롭게 말하는 자유연상 활동은 순조롭게 진행될 수 있다. 또한 이 방법은, 내담자에게 어떤 요구나 압력을 가하지 않고 말하고 싶은 것을 자유롭게 말하게 함으로써 내담자의 자율성을 활성화하는 장점이 있다.

자유연상법과 더불어 정신분석의 또 다른 기법상의 진전들이 이루어진다. 그중에서 특히 주목할 점은 '저항'과 '전이' 현상의 발견이다. 이 두 가지 현상은 내담자의 무의식을 해석하는 데 매우 중요한 자료가 된다. 이 점을 주목하여 정신분석에 활용한 것은 프로이트의 역사적 업적으로 간주된다.

'저항'의 정신분석학적 의미 발견

보통의 내담자는 자유연상 과정에서 어느 지점에 도달하면 순간적으로 연상을 멈추게 된다. 내담자는 "아무 생각도 나지 않네요. 더 이상 떠오르는 것이 없어요. 머리가 아파요."라고 말하고 침묵한다. 이것은 '저항'의 한 현상이다. 이런 현상은 더 이상의 기억을 원치 않는 정신 내부의 어떤 '저항하는 힘'에 의해 발생한다. 그 무의식적 힘은 내담자의 정신에 다음과 같이 속삭인다. "더 이상 무의식 깊은 곳에 진입하려 하지 마라. 이 이상 파고들면 (옛날처럼) 엄청난 고통과 불안을 느끼게 될 거야. 그러니 여기서 멈추는 게 좋아. 지금보다 더 나쁜 상황에 처하고 싶지 않다면 말이야……."

정신분석가의 능력은 내담자가 이러한 '저항'에 부딪혔을 때, 이를 빠른 시일 내에 효과적으로 극복시켜 자유연상을 계속할 수 있도록 하는 정도에 의해 평가되기도 한다. 저항의 양태는 다양할 수 있다. 정신분석가의 지적·정서적 능력을 의심하거나, 화를 내거나, 애정 표현을 비롯한 엉뚱한 요구를 하거나, 심하면 분석을 중단하기도 한다. 즉, 내담자는 정신분석가가 더 이상 자신의 무의식에 접근하지 못하도록 여러 유형의 저항을 통해 정신분석의 진행을 방해한다. 프로이트는 내담자가 저항을 시작하는 시점에서 다루고 있던 주제가 바로 그 사람의 중요한 문제(콤플렉스)와 관련될 가능성이 높다는 점에 주목한다. 그리고 내담자의 저항 양태가 그 자체로 그(녀)의 특정 무의식을 상징적으로 드러내는 중요한 기호임을 간파하고 해석에 적극 활용한다.

'전이'의 정신분석학적 의미 발견

정신분석 과정에서 내담자와 정신분석가는 내밀한 정서적 유대 관계를 맺게 된다. 이런 상황으로 인해, 내담자는 어느 순간부터 자신도 모르게 정신분석가를 과거의 중요한 인물인 양 착각하게 된다. 가령 정신분석가는 아버지나 어머니 혹은 애인처럼 자기 인생에 막대한 영향을 미쳤던 과거의 특정 인물과 동일시된다. 그 결과 내담자는 과거의 인물에게 품어 온 무의식적 정서와 생각을 무심코 정신분석가를 향해 표출하기에 이른다. 이런 엉뚱한 모습들을 보고 "아, 저 사람이 내게 저런 불합리한 말과 행동을 표출하는 것을 보니, 과거의 중요 인물에게 바로 그러한 생각과 정서를 무의식적으로 품고 있는 모양이구나. 이것은 저 사람의 신경증 원인과 중요한 연관이 있겠구나……"라고 해석해야지, 당황하거나 내담자를 비난하며 그의 행동을 저지해서는 안 된다. 이 경우 내담자의 무의식을 관찰할 소중한 기회를 상실하는 것이다. 분석가는 자신을 향한 내담자의 비합리적인 행동을 정신분석적 '전이' 관점에서 해석할 줄 알아야 한다.

프로이트가 살아 활동했을 무렵부터 오늘날까지 다양한 종류의 정신 치료법들이 존재해 왔다. 프로이트는 정신을 치료하는 방법이 다양할 수 있음을 부정하지는 않는다. 그러나 그는 '정신분석'이란 명칭에 부응하는 고유한 치료법이 있음을 강조하면서 『정신분석 운동의 역사』에서 다음과 같이 말한다.

정신분석이란 자유연상 내용과 저항과 전이라는 두 현상을 정신의 내면을 이해하는 의미 있는 인식 자료로 인정하고 활용하는 독특한 치료 활동을 의미한다. 혹자가 다른 방법과 관점을 지닐지라도 정신분석의 이 같은 특성을 인정하고 치료 활동의 중심으로 삼는다면, 그는 일단 정신분석가로 분류될 수 있다.

4. 정신분석의 제반 특성들

1) 정신분석의 학문적 위상-자연과학과 인문학의 병존

자연과학적 특성

정신분석학은 자연과학의 성격과 인문학의 성격을 함께 지닌 특이한 학문이다. 먼저 자연과학적 특성을 살펴보자. 프로이트는 정신분석이 철학을 비롯한 사변적 학문들과 달리 임상 사례들에 대한 오랜 기간에 걸친 '경험적 관찰'을 근거로 정립한 과학적 이론임을 강조한다. 즉, 정신분석학은 검증을 거친 수많은 임상 사례들에서 하나의 이론을 도출해 낸 것이다. 이 점에서 정신분석학은 논리적 사변 활동에만 의거해 존재 일반을 설명하는 철학과 구별된다. 프로이트는 초기에 쓴 「과학적 심리학을 위한 구상」이라는 논문과 중반기의 메타심리학 논문들을 통해 인간 정신에 대한 객관적 해부도를 제시하고자 했다. 프로이트가 제시한 지형학적 정신 구조론, 역동적 정신 구조론, 경제학적 정신 이해는 인간의 정신 작용과 특성을 객관적으로 설명하려는 과학적 열망을 담고 있다. 그런데 정신을 자연과학적이고 메타심리학적으로 설명하려던 프로이트의 욕망은 말기에 이르러서는 상당 부분 수정된다. 그 가장 중요한 이유는 자연과학이 인간 정신의 정상과 비정상을 판단하는 데 필요한 가치 문제에 대해 어떤 개념적 설명 토대도 지니고 있지 않기 때문이다. 정신분석가들은 어떤 사람들이 환자이고 어떤 사람들이 정상인인지를 판단할 때는 불가피하게 가치 문제에 얽매이지 않을 수 없다. 그러나 가치 중립을 추구하는 과학자임을 자처하는 한 그들은 이 문제에 대해 어떤 이론적인 근거를 제시하거나 적극적인 방향성을 드러낼 수 없다. 따라서 프로이트는 인간의 민감한 문제들을 판단하는 데 있어 비록 못마땅하지만 기존의 관습적 가치 규정에 의존해 정상과 비정상을 판별할 수밖에 없다고 털어놓는다. 인간 정신은 육안으로는 관찰할 수 없는 무형의 가치 관점들에 얽혀 있다. 그리고 바로 이 가치 관점과 가치 관념에 따라 신경증이 발생하기도 하고 해소되기도 한다. 그럼에도 불구하고 자연과학자들은 객관적인 관찰이 불가능한 가치 관념들에 대해 어떠한 과학적 판단도 내릴 수 없다. 이 점을 자각한 말년의 프로이트는 인간 정신에 대한 객관적이고 엄밀한 자연과학적 설명은 불가능할 뿐 아니라 때로 부적절할 수 있다는 쪽으로 선회한다. 그리고 정신에 관한 과학적 설명보다, 삶에 대한 종합적 해석을 담고 있는 인문학으로서 정신분석의 의미와 가치에 주목하게 된다.

정신과학적 특성

정신분석학은 그 관점과 방법에서 인문학 내지 해석학적 특성을 지닌다. 해석학에서는 연구 대상의 성질에 따라 해석의 관점과 방법이 달라져야 한다는 사실을 늘 고려한다. 가령 자연물과 인간 정신 및 문화적 실재들은 그들 각각을 해석하는 관점과 접근 방법이 달라야 한다. 인간 정신을 연구할 때 자연물과 동일한 방식으로 객관적인 관찰과 해부학적 실험을 요구하는 것은 적절치 않다. 해석학은 또한 '해석 주체' 의 특성에 따라 대상에 대한 의미해석이 달라질 수 있음을 인정한다. 즉, 대상 또는 텍스트의 의미와 가치 '해석' 에는 불가피하게 해석자의 '주관성' 이 어느 정도 개입되기 마련이다. 이 주관성은 상식의 한계를 넘어서는 창조적 발견의 원동력이 되기도 하고, 환상적 왜곡의 요인이 되기도 한다. 해석학은 나아가서 문제가 되는 텍스트의 맥락(context)을 고려하여, 어떤 기호가 그 텍스트에 기록(각인)될 당시의 '최초 의미' 와 이후의 역사 과정에서 어떤 '변형된 의미' 가 되었는지를 충실히 재현하는 의미해석 활동이다.

정신분석학에서 근본적 탐구 텍스트인 무의식을 의식 차원에서 객관적으로 의미해석하기는 불가능하다. 의식은 무의식의 상징표상들을 결코 직접적이며 보편적으로 의미해석할 수 없다. 단지 무의식적 방어 · 변장 활동들을 고려해 가며, 각기 고유한 상징성을 지닌 개인 무의식의 표상들을 간접적으로 해석할 뿐이다.

정신분석가는 내담자가 자유연상을 통해 제시하는 내용들 중에서 무의식을 더 깊이 드러내는 것들을 선별하여 자료화한다. 그리고 의식의 언어와는 매우 다른 연상 자료들이 어디로부터 어떤 변형 과정을 거쳐 그러한 형태로 표출된 것인지를 정신분석 지식들과 자기 분석 체험, 공감과 직관, 추론을 총동원해 해석한다.[11] 예를 들어 " 저 사람의 무의식에는 서로 다른 정신 활동과 욕망 에너지가 의식과 다른 방식으로 작동되고 있겠구나. 그래서 저렇게 괴상한 꿈, 증상, 실수, 자유연상 언어들이 발생하는 것이구나. 그것들이 상징하는 '진짜 의미' 는 ~이겠구나!"라고 해석한다. 이러한 해석은 결코 대상에 대한 완전하고 최종적인 설명이 아니다. 그것이 내

---

11) 꿈과 신경증 증상들에 대한 오랜 기간의 심층적 해석을 통해 축적된 무의식적 정신 작용들과 내용들에 대한 정신분석학 지식은, 내담자가 드러내는 제반 증상, 자유연상 언어들, 행동들을 해석하는 데 결정적인 역할을 한다.

담자의 무의식을 온전히 해석한 것인가의 여부는 또다시 내담자의
(무의식적) 반응에 의해 검증되어야 한다. 그리고 이 반응은 개인에
따라 다른 것이기에 엄밀한 보편성이나 객관적인 명료성을 띠지 않
는다.

꿈과 증상의 의미에 대한 하나의 정신분석학적 해석은 결코 완벽
하거나 완결된 의미를 지니지 않는다. 그것은 개인의 정신 상태에
따라 끊임없이 다른 의미와 가치를 띠게 된다. 마찬가지로 어떤 사
건이나 과거 인생의 의미 역시 해석 주체의 현재 정신 상태에 따라
달라질 수 있다. 따라서 정신분석은 항구적 보편성과 객관적 설명
을 제공하는 엄밀한 '과학'이라고 강하게 주장하기 어려운 면이 있
다. 정신분석학은 꿈, 증상, 실수 등 비합리적 현상들의 이면에 숨
겨진 무의식적 상처, 환상, 충동, 불안들의 발굴과 더불어, 그것들
에 덧붙여진 병리적(유아적, 부정적) 의미를 추적하여 성숙한 의미
로 재해석하는 창조적이고 가치 매개적 작업이란 점에서 인문학적
특성을 지닌다.

이처럼 무의식의 작용과 내용을 심층적으로 '발견'하는 동시에,
그것의 '심리적 의미'를 '해석'하는 학문인 정신분석은 자연과학
과 인문학의 특성을 함께 갖는다. 이러한 양면성 때문에 정신분석
학은 한편으로는 가치중립적인 자연과학자들로부터 비과학적이라
는 비판을 받는다. 그리고 인문학자들로부터는 인간 정신을 자연과
학의 관점에서 결정론적으로 해석하는 비인간적 관점이라고 오해
받는다. 그러나 프로이트 자신은 정신분석이 자연과학적 측면과 인
문학적 측면을 모두 가지고 있다는 것에 대해 부정적으로 생각하지
않는다. 그는 생리적인 동시에 심리적인 존재인 인간을 이해하는
데 두 가지 관점이 모두 필요하다고 본다. 따라서 객관적 '설명'과

관계적 의미 '해석'이라는 두 관점을 균형 있게 사용하여 정신에 접근하는 태도를 말년까지 유지한다.

프로이트는 정신분석이 지닌 이러한 이중성에도 불구하고, 정신분석 이론 자체만으로 인간에 대해 총체적 해석을 내리는 것은 불가능하다는 사실을 겸허히 인정한다. 그는 정신분석의 진정한 가치는 철학이나 인류학, 사회학, 문화학 등 인접 학문들과 결합될 때 발현될 것으로 보고는 「정신분석학에 대한 짧은 설명」에서 다음과 같이 말한다.

정신분석은 문화 발전 흐름의 중요한 요소 가운데 하나로 편입되어 인간 세계를 깊이 있게 이해하고, 삶에 해로운 것들을 물리치는 데 도움이 될 것이다. 그러나 정신분석학 하나만으로 완전한 세계상을 제공할 수 없다는 것을 잊지 말아야 한다.

2) 심리학과 정신분석학의 차이

정신분석학은 심리학과 어떤 관계가 있는가. 오늘날 심리학에는 행동주의 심리학, 인지 심리학, 상담 심리학, 사회 심리학 등등 여러 분야가 존재한다. 이 관점들은 모두 "심리학자의 의식 능력으로 인간의 제반 특성들을 객관적으로 인식하고 설명할 수 있다."는 전제를 달고 있다. 바로 이 전제로 인해 심리학과 정신분석학은 결정적으로 다른 학문으로 갈라선다. 심리학은 의식에 의거해 인간 정신의 특성을 객관적으로 자료화할 수 있다고 보기 때문에, 정신분석학의 근본 개념인 '무의식'을 굳이 가정할 필요가 없다. 이에 비해 프로이트는 인간의 의식이 늘 무의식의 영향을 받기 때문에, 의식만으로 온갖 정신 작용들을 객관적으로 설명하는 것은 구조적으로 불가능하다고 본다. 그리고 '무의식'은 직접 관찰할 수 없기 때문에 이에 대한 정확하고 보편적인 자료를 도출해 낸다는 것 역시 불가능하다. 의식은 정신의 일부일 뿐이며 정신의 대부분은 무의식으로 이루어져 있음을 부인하는 심리학적 설명은 단지 '의식의 관점'과 특징만을 반영할 뿐이다. 또한 심리학은 심리학자 자신의 의식 능력에 대한 비판적 자기 반성과 무의식에 대한 자기 분석을 외면한다. 이 점에서, 자신의 무의식에 대한 '정서적 인식 체험'을 강조하는 정신분석학 정신과 불일치한다. 이러한 차이 때문에, 프로이트는 정신분석학을 심리학과 혼동하지 말 것을 강조한다. 그리고 굳이 정신분석학을 넓은 의미의 심리-학(psycho- logy)에 포함시켜야 한다면, 의식의 배후 작용인 무의식을 탐구하는 '심층 심리학' 혹은 심리학이 무반성적으로 신뢰하는 의식 능력의 여러 한계를 드러내는 '메타 심리학'으로 불리길 바란다.

3) 정신분석 치료의 특징

정신질환과 증상의 차이

정신분석 임상 치료의 목적은 정신질환과 증상의 해소이다. 정신질환과 증상은 각기 다른 의미를 지닌다. 정신질환은 증상들을 수반한다. 따라서 정신질환을 치료하면, 증상은 자연적으로 해소된다. 그러나 증상이 소멸되었다고 해서 그것이 곧 정신질환이 완전히 해소되었다는 뜻은 아니다. 프로이트는 말년에 쓴 논문인 「종결될 수 있는 분석과 종결될 수 없는 분석」에서 증상이 사라졌다가 또다시 재발하는 사례들에 대한 소견을 밝히고 있다. 현재의 증상이 소멸되었어도, 질환의 뿌리가 충분히 드러나 분석되지 않은 경우, 증상은 언제든지 재발할 수 있다. 때로는 분석 과정에서 무의식 심층부에 있는 충격적이고 수치스러운 무엇을 직면하게 될지도 모른다는 두려움 때문에, 극복이 아닌 방어 차원에서 현재의 증상이 숨어 버리는 경우도 있다. 그리고 기질적 요인의 힘이 워낙 강하거나, 질병으로 인한 이익이 크거나, 자기 처벌을 원하는 부정적 치료 반응이 클 경우엔 정신분석의 효과가 종종 무력해질 수도 있다.

다른 한편으로 정신분석 과정에서 자기 성찰이 충분히 이루어졌는데도 기질적 요인 때문에 증상이 완전히 소멸되지 않는 경우도 존재한다. 그런 사람은 비록 특정 증상은 여전히 남아 있지만 그 증상으로 인해 인생의 다른 부분들마저 휘둘리는 정도는 훨씬 약해진다. 따라서 그의 정신질환이 치료되지 않았다고 볼 수 없다. 즉, 증상의 유무가 정신질환의 유무를 진단하는 충분조건은 아닌 것이다.

정신질환의 원인(들)은 다중적이다. 신경증은 기질적 요인을 비롯해 충격적 상처, 병리적 환상, 성욕동 발달 장애(퇴행과 고착), 오이디푸스 콤플렉스와 갈등 성향, 미성숙하고 약한 자아, 병리적 방어 기제, 내향화된 공격성과 경직된 초자아, 다양한 불안 등의 다중적 결합에 의해 발생한다. 따라서 정신질환과 증상을 치료하려면, 이러한 요인들이 한 개인의 정신 속에서 어떤 방식으로 결합되어 질환과 증상을 구성하고 있으며, 무엇이 중심 요인으로 작용하고 있는가를 세세히 분석해야 한다.

정신분석 과정들

정신분석 과정은 예비 과정과 본 과정으로 나눌 수 있다. 예비 과정에서 내담자는 뜻밖에 생겨난 증상으로 고통을 겪는 상황에서 정신분석가를 찾아가 분석을 요청한다. 정신분석가는 내담자로부터 증상에 대한 설명과 병력 보고를 듣는 몇 차례의 면담을 통해 내담자의 정신질환 유형을 파악한다. 그리고 어떤 치료법을 적용하는 것이 그에게 유용하고, 어떤 전문가가 적합할 것인지를 파악해 내담자에게 말해 준다. 그리고 만약 자신이 내담자에게 적합한 정신 분석가일 경우, 치료와 연관된 분석 계약을 맺는 것까지가 예비 과정에 해당한다.

본 과정은 얼굴을 마주보지 않고 카우치에 누워 자유연상을 하는 것으로 시작되며, 내담자의 꿈과 저항과 전이 현상에 대해 분석가는 해석을 한다. 그리고 정신분석 과정이 순조롭게 진행될 경우 마지막으로 자신의 문제점이 무엇인지 지적·정서적으로 확실히 정리할 때까지 반복해서 자각하는 훈습(訓習) 과정을 거쳐 분석 치료가 종결된다.

오늘날에는 인지 치료, 행동주의 치료, 약물 치료, 최면 치료, 예술 치료 등 여러 종류의 정신 치료법이 있다. 이 가운데 정신분석 치료만이 가지고 있는 고유한 특성은 저항과 전이 현상을 내담자의 정신 상태를 드러내는 중요 기호로 간주하고 해석한다는 점이다. 정신분석은 상당히 내밀한 작업이다. 그 어떤 제3자도 분석 과정에 끼어들 수 없으며, 오직 분석가와 내담자 사이의 상호 신뢰 관계에 기초할 때에만 온전한 자유연상과 전이 현상들이 발현될 수 있다. 이런 정신분석에서 중요한 것은 무엇보다 '정신분석 대화'를 나누는 것이다. 대화를 나눈다는 것이 뭐가 대단하기에 질환과 증상의 변화를 일으키는 것일까? 정신분석 상황에서는 내담자가 분석가에 대해 "저분은 내 병을 고쳐 줄 수 있는 깊은 지식과 훌륭한 인품을 지닌 분이다. 내가 그에게 모든 걸 다 털어놓으면 내 문제의 핵심이 드러나고 정리되어, 증상과 질환에서 해방될 것이다."라는 깊은 신뢰가 형성되어야 한다. 바로 이 같은 신뢰에 근거하는 '정신분석 대화'는 한 인간의 기존 정신 상태를 변화시키는 묘한 작용을 하게 된다.

프로이트는 정신분석이 언어를 매개로 하는 일종의 마술적 치료

행위라고 말한다. 원시 시대 제사장의 '마술적 주문(푸닥거리)'은 한번에 병을 치료했다. 이에 비해 정신분석은 정신분석가와 내담자가 상당 기간에 걸쳐 대화를 나누는 과정을 통해 그 치료 효과가 서서히 드러나는 매우 '느린 마술'이다. 정신분석은 과거에 감당할 수 없어 억압했던 상처들을 분석 과정을 통해 성숙해진 '현재의 자아' 관점으로 재해석하고 통합함으로써 증상과 질환을 제거하는 일종의 마술이다. 그런데 이 마술이 효과를 발하기 위해서는 절대적으로 준수되어야 할 규칙이 있다. 그것은 내담자가 분석가에게 "철저히 솔직하게 말해야 한다."는 것이다. 이 규칙만 일관되게 지켜진다면 정신분석은 고유한 마술적 치료 효과를 낼 수 있다.

4) 정신분석 공부 방법

정신분석학을 효율적으로 공부하려면 첫째, 실력 있는 정신분석가와 직접 정신분석 관계 체험을 하는 것이 좋다. 프로이트는 정신분석에 대한 외부의 비난에 직면하여, 정신분석 체험을 한번도 직접 경험해 보지 못한 사람들에게 정신분석 이론의 진실성을 이해시키기란 참으로 힘든 일이라고 한탄한다. 깊은 '정신분석 체험'을 하지 않으면, '정신분석 대화'가 어떻게 정신과 신체의 변화를 일으키는지 이해하기 어렵다. 따라서 분석 체험은 정신분석 공부에 입문하는 지름길이다. 둘째, 정신분석학자의 체계적인 안내를 받으면서 진지하게 이론을 공부하는 길도 있다. 셋째로, 임상 사례를 발표하는 자리에 참석해서 인간의 무의식을 구체적으로 어떻게 해석하는 것이 옳은지를 토론하거나, 지도 분석가에게서 지도를 받는 '교육 분석'도 좋은 공부 방법의 하나다. 넷째, 개인적으로 독서를 통해 지식을 습득하는 것이다. 정신분석 책들을 혼자 읽어 가면서

"아, 정신분석은 이런 것이구나. 인간이 이런 무의식적 정신 작용들과 상처, 불안, 환상들에 휘둘리곤 하는 거였구나!" 하고 차분히 음미해야 한다.

5) 정신분석 공부의 조건

가장 좋은 환자인 동시에 가장 좋은 치료자는 바로 자기 자신이다.

정신분석 공부의 제1조건은 공부한 내용들을 제일 먼저 자기 자신의 정신을 분석하는 데 직접 활용하는 것이다. 자기 분석의 중요성을 반복해서 강조하던 프로이트는 다음과 같은 극단적인 말을 하기도 했다.

자기 분석을 하지 않으면서 정신분석학 책을 읽을 바에야, 차라리 재미있는 소설책을 읽거나 논리 정연하고 엄밀한 과학 책을 읽어라. 그것이 자신의 스트레스 해소나 자부심 강화에 더 좋을 것이다.

정신분석의 핵심 개념들인 무의식, 유아 성욕, 오이디푸스 콤플렉스, 꿈작업(dream-work) 등은 프로이트가 무려 4년간(1896~1900)에 걸쳐 자기 정신의 뿌리를 불안하고 집요하게 추적해 가는 과정에서 발견한 내용들이다. 그는 자신의 신경증적 성향들과 꿈, 실수, 불안 등이 생겨난 원인을 자기 자신을 대상으로 삼아 분석해 가며 성찰할 수 있었다. 그리고 내담자에 대한 정신분석 사례들을 통해 추론해 낸 무의식의 특성들을 자기 분석을 통해 재확인하는 작업을 꾸준히 해 왔다. 정신분석 이론의 진리성에 대한 프로이트의 확신은, 이런 오랜 실천적 자기 분석에 의해 확립된 것이다.

'자기 분석'과 더불어 정신분석학을 공부할 때 또 하나 명심할 것은 '정서적 인식'이다. 우리는 정신분석학 책들을 보면서 그것을 논리적 관념으로 정리하려 들지 말고 정서적 공감의 태도로 수용해야 한다. 그러면서 "아, 이래서 그토록 오랫동안 내가 어리석고 억울하게 살아 온 것이로구나!"라고 뼈아프게 깨달아야 한다. 이런 정서적 인식 체험과 더불어 이론을 습득해야 비로소 정신분석 세계로의 입문이 가능해진다. 정신분석 이론을 머리로만 습득하려 하면 정신분석학을 논리적 결함이 있는 비과학적 주장으로 오인할 위험마저 있다.

정신분석학 공부에서 정서적 인식 다음으로 중요한 것은, 자신의 무의식과 마주하는 것을 두려워하지 않고 끈기 있게 분석하고자 하는 욕구를 갖는 것이다. 지식을 추구하는 사람은 무의식적 방어 작용 때문에 온전한 자기 분석과 정서적 인식에 어려움을 겪는다. 그 결과 정신분석 이론들 중에서 자기 마음에 안 드는 부분은 외면 또는 부정하기에 이른다. 그리고 자신의 내적 성질 가운데 인정하고 싶지 않은 것은 부인하거나 타인에게로 투사하곤 한다. 이러한 무의식적 방어 작용을 충분히 고려하면서, 자신의 무의식을 왜곡하지 않고 '끝까지' 파고들어 직면하겠다는 의지가 있어야 온전한 정신분석 입문이 가능하다.

좋은 분석 파트너를 만나 깊이 있는 '상호 분석' 체험을 나누는 것도 정신분석 공부에 유익할 수 있다. 정신분석 이론들에 대한 정서적 자기 인식 기반이 단단한 수행자들이 분석가와 내담자 역할을 번갈아 맡음으로써, 정신분석 이론의 진실성을 능동적으로 체험해 볼 수 있는 '상호 분석'은, 프로이트를 아버지처럼 추종하던 헝가리의 정신분석가 페렌치(S. Ferenczi)가 말년에 제안한 '적극적' 정신분석 기법이다. 페렌치는 다음과 같이 주장한다.

프로이트의 '정신분석'은 무의식에 대한 자기 성찰을 너무 강조하기 때문에, 내담자의 정신에 충족되지 못한 욕망이 남게 된다. 이 결핍은 분석가가 내담자의 무의식적 욕망을 적극적으로 공감하고 수용하는 '상호 분석' 체험을 통해 보완되어야 한다. 상호 분석은 분석가와 내담자가 서로 평등한 인격체임을 느끼게 하므로, 서로에 대한 '신뢰'가 돈독해져서 '저항' 없이 깊은 정신분석 체험의 세계로 빠져들 수 있다.

페렌치는 무의식에 대해 선구적 관심을 지녔던 의사 그로덱(G. Groddeck)과 수년간 상호 분석 체험을 나누었으며, 심지어는 자신의 내담자들과도 상호 분석을 시도했다. 그런데 상호 분석이 유익한 결과를 낳기 위해서는, 참여 당사자 각자가 상대방을 분석할 수 있을 정도의 충분한 정신분석 지식과 인격적 조건을 갖추고 있어야만 한다. 프로이트는 페렌치의 분석 기법이 내담자의 정서적 결핍을 쉽게 충족시켜 줌으로써, 고통스럽더라도 꾸준한 자기 성찰을 통해 고착된 정신구조와 감정을 변화시켜 보겠다는 동기를 약화시키는 부작용을 낳는다고 비판한다.

정신분석을 혼자서 공부하는 것이 왜 힘든가? 프로이트는 동료 플리스에게 보낸 편지에서 이에 대해 의미심장한 고백을 한다.

나의 자기 분석은 여전히 방해받고 있으며 나는 그 이유를 비로소 깨달았네. 나는 단지 내가 습득한 기존 지식의 도움을 받아 내 자신을 '객관적으로' 분석할 수 있을 뿐이네. 그러나 (무의식적 방어 작용 때문에) 순수한 의미에서의 (內觀的 intro-spective) 자기 분석은 불가능하다네. 만약 그것이 가능하다면 신경증은 존재하지 않을 걸세.

우리 정신 속에서는 의식되지 않는 방어 작용이 끊임없이 작동되고 있다. 이 방어 작용은 자신의 무의식을 인식하지 못하게 방해한다. 따라서 자신의 무의식에 대한 온전한 자기 인식은 구조적으로 불가능하다. 바로 이러한 사실 때문에 정신분석 공부는 혼자서 주체적으로 소화해야 하는 부분도 있지만, 자신의 무의식을 거울처럼 비춰 줄 '타인과의 관계' 체험 또한 필요하다. 훌륭한 분석가와의 '정신분석 관계' 체험은, 자기 자신과 인간의 정신에 깊은 관심을 지닌 분들에게 "정신분석의 위력이 바로 이런 것이구나!"라는 정서적 인식을 제공한다.

6) 정상과 비정상의 구분

정상인과 신경증자의 차이점은 무엇인가? 프로이트는 정상과 비정상에 대한 당대의 일반적인 구분에 대해 특이한 입장을 취한다. 그에 따르면 인간은 유년기에 억압된 오이디푸스 콤플렉스로 인해 보편적으로 신경증 소인을 지니는 존재다. 즉, 정상인과 신경증자의 정신 구조는 동일하다. 한 개인이 성장한 후 정상인이 되느냐 신경증자가 되느냐는 무엇보다도 먼저 그 사람의 기질적 본능들이 자아에 비해 강하냐 약하냐 하는 '양적 차이'의 문제와 연관이 있다. 그리고 나서 성욕동 발달 과정과 자아 발달 과정 중 '어떤 시기'에 심한 좌절과 상처를 겪느냐와, 그 사회가 요구하는 문화적 규범의 경직성 정도에 따라 신경증의 발생률이 결정된다. 이러한 정신분석 지식을 철학적으로 반추해 보면, 정상과 비정상이 나뉘는 경계는 매우 애매하고 우연적이며 문화권에 따라 유동적이다.

프로이트는 병리적 방어 기제의 고정화와 과잉 작동으로 자아 에너지가 고갈되어 현실 인식 능력이 떨어지고 본능을 통제하는 힘을 상실한 사람과, 유아적 욕구와 환상에 배타적으로 고착된 사람을 비정상으로 분류한다. 이에 비해 자기 자신과 외부 세계에 대한 인식 능력이 뛰어나고, 삶을 다중적으로 향유할 줄 알며, 노동을 통한 목적 성취도가 높은 사람을 성숙한 인간으로 본다. 그런데 인간은 수많은 과거의 흔적들에 영향을 받는 다중 복합적인 존재다. 한 개체 속에는 유아적 특성과 성인의 특성이 함께 섞여 있다. 따라서 어떤 개인이 성숙한 존재인지 미성숙한 존재인지는 현실 속에서 단번에 명료하게 판단될 수 없다. 성숙과 미성숙은 한 개인의 자아와 성욕동이 '얼마만큼' 유아성에 고착되어 있는가 하는 비율 내지 정도 차이의 문제이다. 현실을 인식하는 데 신경증자와 정상인은 동일한 정신 구조를 지닌다. 양자의 가장 중요한 차이는 신경증자의 경우 자신의 무의식을 좀처럼 인식하지 못한 채, 무의식의 특정 요소에 반복해서 휘둘리는 경향이 높다는 데 있다. 이에 비해 성숙한 인간일수록 자신의 무의식에 직면했을 때 자아에 통합시키는 힘이 강하고, 불합리한 행동이나 생각에 반복해서 휘둘리는 경향이 적다.

　한 인격체가 다른 인격체에게 "당신의 정신은 정상(혹은 비정상)이야."라고 규정적 발언을 할 권리는 없다. 육체의 질환은 쉽게 진단하고 평가할 수 있다. 그러나 한 인간의 정신적 품격에 대해 가치판단이 담긴 '객관적 평가'를 내릴 수 있는 심판자는 현실에 존재하지 않는다. 개인의 정신을 정상 혹은 비정상으로 분류하는 행위에는 문화와 철학적 가치관이 개입되어 있다. 따라서 이 문제를 온전히 다루려면 가치의 본성에 대한 다중적인 공부와 종합적인 반성을 거쳐야 한다.[12] 프로이트는 이를 위해 철학, 심리학, 언어학, 예술학, 역사학, 사회학, 교육학, 인류학, 문학 등 인접 학문과의 교류

---

12) 인간의 어떤 행위나 성질이 한 사회 내에서 존경스러운 또는 경멸스러운 것으로 해석되는 배후에는 특정한 '권력 관계'가 역학적으로 작용한다. 따라서 혹자가 자신을 '비정상적' 존재라고 스스로 해석하여 위축된 삶을 살아오게 된 원인을

가 필요함을 말년에 절감한다. 정신분석학의 관점과 개념만으로는 결코 정상과 비정상에 대한 '종합적 전망'을 제시할 수 없기 때문이다. 정신분석가는 결코 고통을 호소하며 찾아오는 사람들의 인격 등급이나 가치를 평가하는 심판자가 아니다. 그러나 성숙한 가치관점 없이 정상과 비정상을 구분짓거나 내담자들의 정신 치료 방향을 설정한다는 것은 무리다. 정신분석 치료를 하기 위해서는 우선적으로 어떤 유형의 정신 상태가 치료를 요하는 "비정상" 상태인지 가치 판단을 내려야 하기 때문이다. 만약 정신분석가가 가치의 본성에 대한 철학적 공부를 외면하고 삶에 대한 종합적 가치 판별력을 지니지 못한 채, 자신을 찾아온 내담자들 모두를 '정신질환자'로 평가하고 치료하려 든다면, 그는 자기애적 과대망상증에 걸린 정신 이상자일 가능성이 높다. 정신분석가가 내담자의 삶에 진정 도움을 주는 사람이 되려면, 그는 가치 평가의 본성에 대한 다각도의 철학적 반성 과정을 거쳐야 한다. 그래야 '비정상'에 대한 미숙하고 부정적인 해석에 고착되어 스스로 고통받는 내담자의 가치관점을 변화시킬 수 있는 배경적 힘을 지니게 된다.

7) 정신분석가의 자격 조건

프로이트는 「비전문가의 정신분석 활동에 대한 의견」에서, 누가 진정한 의미의 정신분석가 자격을 지닌 사람인가에 대한 자신의 견해를 밝힌다. 그는 정신분석가는 의사와 매우 다른 유형의 활동가

탐구하려면, 가치(들)의 본성과 더불어 사회적 권력 관계가 개인 삶에 미치는 영향에 대한 다중적 인식이 필요하다. 프로이트는 당대의 금욕주의적이고 계급 중심적인 경직된 가치관이 신경증 발생에 나쁜 영향을 미친다는 사실을 임상 경험을 통해 거듭 확인했다. 그러나 '권력 관계'가 개인의 경직된 가치관 형성에 어떤 방식으로 얼마만큼의 영향을 미치는가에 대한 이론적 연구를 진행하진 않았다.

임을 강조한다. 신경생리학의 관점에서 환자의 신체적 기능 장애를 약물로 치료하는 의사와, 정신질환의 심리적 원인을 '정신분석 대화'를 통해 추적해 가는 정신분석가의 활동은 매우 다른 것이다. 따라서 만약 의사 자격증을 지녔더라도, 자기 분석과 개인 분석 체험을 거치지 않은 자가 정신분석의 근본정신과 기법을 충분히 숙지하지 못한 상태에서 내담자를 대면할 경우, 그 부작용은 매우 심각할 수 있다. 반면에 의사가 아니지만 개인 분석과 자기 분석 과정을 충분히 경험했으며, 정신분석의 근본정신과 이론 및 기법을 충분히 이해한 사람이 내담자를 대면할 경우에는 문제가 될 소지가 없다. 정신분석은 약물에 의존하지 않고 순전히 개인 대 개인의 내밀한 '정신분석 대화'를 통해 진행된다. 따라서 거기엔 의학적 지식이 크게 필요치 않다. 단지 프로이트는 신경증의 발생 원인 가운데 기질적 요인이 차지하는 비중도 있기 때문에, 그 부분에서 의학적 지식의 가치를 인정할 뿐이다.

프랑스의 정신분석학계는 이러한 프로이트의 관점에 부응하는 정신분석가 양성 제도를 30여 년 전부터 시행하고 있다. 그곳에서는 정신분석학을 비롯하여 철학, 언어학, 심리학, 인류학, 사회학, 신경생리학 등등의 교육 프로그램을 통해, 균형 잡힌 가치 관점을 지닌 정신분석가를 양성하고자 한다. 정신분석가 자격증을 취득하기 위해서는 오랜 기간의 수련 과정을 거쳐야 된다. 현재 우리나라에는 제도적으로 정신분석 전문가를 양성하는 프로그램이 존재하지 않는다. 미국에서는 정신분석가가 되기 위해 '정신분석 연구소'에 입학하려면, 의사 또는 임상 심리학 박사 자격을 갖추어야 한다. 어떤 연구소에서는 철학이나 사회학, 인류학 분야의 박사들을 입학시키기도 한다. 입학 초기엔 먼저 경험 많은 정신분석가에게 일주일에 4회씩 2년 이상 개인 분석을 받아야 한다. 그리고 나서 이론 공부와 교육 분석과 임상 실습을 거쳐 그 결과를 논문으로 완성하는 과정에 적어도 5년이 소요된다. 이 과정을 충실히 밟아야만 정신분석가 자격을 취득할 수 있다. 국제적으로 공인받는 정신분석가가 된다는 것은 이처럼 긴 시간과 노력을 요구한다. 이런 까다로운 조건 때문에 우리나라에는 국제적으로 공인받은 프로이트 학파 계열의 정신분석가가 드물다. 그런데 진정한 의미의 정신분석가란 반드시 이런 국제적 자격증을 소지한 사람일까? 정신분석가의 조건에 대한 프로이트의 말을 음미한다면, 정신분석가는 정신분석학, 심리학, 정신의학 등의 지식과 기술을 습득한다고 탄생하는 것은 아니다. 그가 자기 자신과 내담자의 정신을 온전히 이해하려면, "살 것인가 죽을 것인가, 새로운 모험을 할 것인가 안전한 상태에 머물 것인가?"라는 문제 상황 속에 혼합된 기질, 환상, 불안, 방어기제, 가치 문제의 복잡성을 함께 이해해야 한다.[13] 그러기 위해서는 철학을 비롯해 언어학, 인류학, 사회학, 역사학, 민속학 등의 인문학적 지식을 폭넓게 수용하여 종합할 수 있어야 한다.

8) 정신분석가의 태도와 역할

프로이트는 '중립적이며 비공감적인 분석 태도'를 강조했던 사람이다. 그 이유는 내담자가 정신과 신체의 고통을 토로할 때 따뜻하게 공감하고 일일이 지지해 주면, 응어리진 긴장이 풀어져서 자신의 고통스러운 무의식을 직면하고 성찰하여 기필코 문제를 해결

---

13) 끊임없이 가치 평가하며 살아가는 부모를 유아가 처음 대면하는 순간부터 그리고 부모에게서 규범과 언어 습득을 요구받은 과정에서, 인간은 '문화적 가치'와 연관된 불안과 환상을 지니게 된다. 따라서 개인의 정신과 정서를 온전히 이해하기 위해서는, 그 부모의 특정 가치관과 그들이 속한 사회의 가치체계를 비롯해, 인류의 다양한 가치유형들에 대한 소화된 반성이 필요하다.

하겠다는 욕구가 감소되기 때문이다. 따라서 내담자의 자기 분석 욕구와 긴장을 적절히 유지시키기 위해 비공감적 성찰 태도를 취한다. 이에 비해 현대의 대상관계론자들은 공감과 지지를 통해 내담자에게 결핍된 유아기 엄마와의 정서 체험을 대신 지원함으로써, 내담자의 '자기' 발달과 정서 발달을 돕는 역할을 수행한다. 또한 자아심리학자들과 자기심리학자들은 '자기애적 장애'를 지닌 내담자들에게 결핍된 자기애를 정서적으로 충족시켜 주는 모성적 '대상' 역할과 이상적인 아버지 '모델' 역할을 함께 수행한다.

9) 정신분석 치료의 단점

정신분석 치료는 정신분석가나 내담자 모두에게 부담이 크다. 가령 정신분석가의 경우, 정신분석가가 되기까지 장기간 수련 과정을 거쳐야 한다. 그리고 내담자를 철저히 분석하려면 불과 몇 사람에게 오랫동안 지속적으로 관심을 쏟아야만 한다. 또한 내담자는 내담자대로 평균 일주일에 네다섯 번씩 수년간을 정신분석에만 집중해야 한다. 그리고 이 과정에서 기억하고 싶지 않은 무의식을 직면해야 한다는 정신적 부담을 떠안으며, 높은 비용에 따른 경제적 부담도 만만치 않다. 더구나 신체의 수술과는 달리, 정신분석은 그것의 성공 여부를 명확하게 예견하기 어렵다는 단점이 있다. 이러한 이유들로 인해, 정신분석 치료는 프로이트 당대에서부터 오늘날까지 비효율적이고 비경제적인 도박이라는 비난을 받아 왔다. 이러한 비난들에 대해 프로이트는 다음과 같이 답한다.

한 인간이 평생을 즐겁고 의미 있게 살기 위해, 불과 몇 년을 투자한다는 것이 왜 비경제적인가? 그리고 결과와 무관하게, 정신분석 과정 자체에서 내담자가 인생의 짐을 상당 부분 덜 수 있고, 인간적으로 성숙해질 수 있다면, 정신분석이 왜 비효율적인가?

10) 우리에게 정신분석 이론이 낯선 까닭

우리나라에서 정신분석학은 그동안 대중들에게 잘 알려지지 않은 편이었다. 그 이유로 다음과 같은 요인들을 추정해 볼 수 있다.

첫째, 정신분석은 인간의 무의식을 연구, 직면, 해석하는 활동이다. 그런데 무의식에는 과거의 자아가 감당하기 힘들어했던 금지된 욕망과 환상과 상처의 흔적들이 담겨 있다. 그것을 또다시 직면해야만 한다는 것은 고통과 불안을 유발한다. 그래서 사람들은 정신분석 공부나 분석 치료를 매우 낯설고 두렵게 느껴, 그것에 대해 굳이 알려 하지 않았다.

둘째, 대중들은 덮어 두었던 자신의 무의식을 잘못 끄집어내다가는 정신이 붕괴될지도 모른다는 불안감을 갖고 있다. 그들은 정신분석 공부는 반드시 전문가의 도움을 받아야 하며, 일반인들이 혼자 정신분석 공부를 하게 되면 갑자기 정신이 이상해질지도 모른다는 선입견과 불안을 품고 있다. 그런데 이 선입견은 한편으론 타당하나 다른 한편으론 많은 문제를 안고 있다. 왜냐하면 인간이 자기 삶의 주체가 되기 위해서는 결국 자기 인생을 스스로 정리하는 작업이 필요하기 때문이다. 만약 자신의 무의식에 대한 인식이 반드시 전문가의 검증을 받아야만 이루어질 수 있다면, 인간은 좀처럼 자기 삶의 주체적이고 자립적인 인식자가 될 수 없을 것이다.

셋째, 학계의 폐쇄적인 풍토와 경직된 관행을 지적하지 않을 수 없다. 우리나라에선 그동안 정신과 의사들만이 정신분석 관련 지식의 습득을 위한 전문가의 안내를 받을 수 있었고, 법률적으로 정신치료를 독점해 왔다. 그런데 최근 세계화 물결로 문화가 개방됨에 따라, 우리나라도 유럽과 미국에서처럼 대학교와 여러 학술 단체에서 정신분석 강좌를 개설해 일반 대중에게 개방하고 있다. 그리고 정신분석 및 상담 활동도 다양한 분야의 전문가들이 나누어 맡는 추세이다.

넷째, 우리나라에는 정신분석가 양성 기관이 아직 존재하지 않는다. 그리고 정신분석학을 소개할 전문 지식을 지닌 교육 인력이 극소수에 불과하다. 이런 이유들로 일반 대중은 정신분석이 무엇인지 온전히 파악하거나 접근할 수 없었다.

다섯째, 전통 유교 문화와 기독교 문화에 익숙한 많은 기성 지식인들에게 특히 프로이트의 유아 성욕론과 오이디푸스 콤플렉스론과 신경증론은 온전히 수용하기 힘든 면이 있다. 이러한 힘듦의 많은 부분은 프로이트 이론에 대한 오해에 기인한다. 이런 오해 중 하나로 "정신분석은 정신이 이상한 사람을 치료하는 지식이다. 따라서 의사가 아닌 사람이 정신분석에 관심을 갖거나 정신분석을 받는다면, 그는 이미 정신이 이상한 사람일 가능성이 높다."는 고정관념을 들 수 있다. 그러나 정작 프로이트는 "인간은 누구나 크고 작은 '병리적 소인'을 갖고 살 수밖에 없는 존재"라고 생각했다. 이 '병리적 소인'은 때로 고도의 문화적 창조 행위를 추동하는 원인이 되기도 한다. 그런데 한국인에게 '정신 이상'이나 '신경증'이란 말은 마치 돌이킬 수 없는 치명적 질병인 것처럼 오해받아 왔다. 예를 들어, 1970년대에 프랑스와 미국과 한국에서 정신분석을 받는 사람에 대해 각 나라 사람들이 어떻게 생각했는지 비교해 보자. 1970년대에 대부분의 한국 사람들은 누가 정신분석 지식에 관심을 갖거나 정신과 진료를 받는다고 하면, 그(녀)를 정신이 망가진 사람이라고 여겼다. 그러나 프랑스인은 어떤 사람이 "나 오늘 오후에 정신분석을 받기로 약속했어."라고 말하면, 매우 호의적인 눈길을 보내곤 했다. 그들은 정신분석을 받는다거나 정신분석 지식에 관심을 가지는 것을, 높은 교양을 습득하려는 활동 내지 진지한 자기 탐구 및 자기 계발 활동으로 해석했다. 한편 미국에서는 정신분석가와 면담 약속이 있다고 말하면, 주변 사람들은 그(녀)를 경제적으로 여유 있는 부자라고 생각했다. 즉, 정신분석은 일종의 사치스러운 스트레스 해소 수단으로 이미지화되곤 했다. 이처럼 각 시대와 나라, 그리고 문화에 따라 정신분석에 대한 이해는 매우 달랐다.

여섯째, 전통 철학자들의 외면과 비난을 들 수 있다. 철학자들은 정신의 가장 중요하고 강력한 힘은 의식 활동임을 전제한 후 사유를 전개시켰다. 그런데 프로이트는 정신 작용의 대부분이 무의식의 영역에서 일어나고, 의식보다 무의식의 힘이 더 강하다고 주장한다. 따라서 철학자들은 철학의 뿌리를 뒤흔드는 프로이트의 정신분석 이론을 이해하고 수용하길 거부해 왔다. 그러나 오늘날에는 라캉을 비롯한 현대 사상가들의 영향으로 정신분석학이 깊은 철학적 의미를 담고 있다는 사실이 이미 널리 알려져 있다. 그로 인해 프로이트의 정신분석은 철학자들에게도 더 이상 외면하기 힘든 대상이다.

3
무의식이란 무엇인가

자신의 의지로 세상에 무난히 적응해 가는 사람들에게, '무의식'은 좀처럼 의식의 관심 대상으로 떠오르지 않는다. 간혹 힘든 상황에 처하게 될지라도, 그것을 자기 내부의 어떤 원인 때문으로 생각하기보다, 외부 세계의 탓으로 돌리곤 한다. 의지로 처리되지 않는 불안과 증상이 장기간 계속되거나, 치명적 실수나 실패의 반복으로 삶이 붕괴되어야 비로소, 자신이 의식하지 못해 온 어떤 무엇이 자기 내부에 있음을 인정하게 된다. "도대체 내 안에 무엇이 문제란 말인가!" "이 곤혹스러운 상황을 어찌 처리하면 좋단 말인가!" 프로이트는 고통스러운 증상, 치명적 실수, 기괴한 꿈을 발생시키는 비합리적인 '정신의 힘'들을 주목하고는, 그것을 '무의식'이라 지칭한다.

'무의식'은 프로이트 정신분석학의 근본 토대가 되는 개념이다. 그의 무의식론을 충분히 숙지한 후에야 비로소 이후 출현하는 정신분석 개념들을 온전히 이해할 수 있다. 왜냐하면 정신분석에서 사용하는 개념들은 대부분 무의식적 정신 작용의 특성에 관한 것이기 때문이다. 따라서 혹자가 가진 정신분석 지식의 깊이는, 그가 무의식의 기능과 성질 및 내용에 대해 얼마나 지적, 정서적으로 깊이 숙지하고 있으며, 이론과 실천 양면에서 무의식에 접근하는 데 얼마나 능숙한가에 달려 있다.

1. 프로이트의 정신 혁명-무의식의 발견과 탐구

프로이트 이후의 다양한 정신분석 학파들은 정신의 특성과 정신 질환의 원인 및 치료 방법에 대해 각기 다른 입장과 해석을 취하고 있다. 그러나 '무의식' 에 대한 프로이트의 성찰이 정신분석의 토대가 되었다는 점에 대해서는 의견이 일치한다. 바로 이 '무의식' 개념 하나만으로 프로이트의 정신분석은 서양 사상사를 뿌리째 뒤흔들어 놓았다. 그렇다면 그의 무의식론의 어떤 점이 서양 사상가들의 정신에 그토록 강한 충격을 주고, 프로이트 이후 현대 사상이 나아갈 방향을 혁명적으로 전환시킨 것일까?

1) 의식과 '의식 아닌 것'

대학시절에 현상학적 심리(철)학자인 브렌타노(F. Brentano)에게 세 과목을 수강했던 프로이트는 전통 심리(철)학의 전제를 다음과 같이 정리한다.

우리는 정신의 모든 활동을 의식할 수 있으며, '의식한다는 것' 은 곧 '정신적인 것' 의 기준이다. 만약 의식할 수 없는 두뇌 활동이 있다면 그것은 '정신 활동' 이라 불릴 자격이 없으며, 심리학의 관심사가 아니다.[14]

의식이 아닌 것은 곧 정신이 아니며 의식은 정신의 대표적인 활동이라는 생각은, 소크라테스 이후 2,500년간 지속되어 온 서양 철학의 기본 전제이다. 서양 철학자들은 이성 또는 의식을 인간의 탁월성을 상징하는 기호로 전제해 왔다. 인간은 의식이 있기에 비로소 고귀한 가치를 지닌 존재로 대접받는다. 의식이 없거나 빈약한 존재들은 저급한 존재로 치부된다. 철학자들은 특히 자신들이 의식 활동의 가치를 가장 잘 인식하고 있으며, 의식을 가장 많이 사용하는 특별한 부류의 인간임을 자부해 왔다. 그런데 과학의 발전 이후, 세계에 대한 인식 활동을 가장 활발히 사용하는 모델의 중심은 철학자로부터 과학자에게로 상당 부분 넘어간다. 그렇다면 과학의 경이로운 힘에 흥분한 나머지 과학의 관점과 방법론으로 인간과 세계의 본성을 재해석하려는 풍조가 만연했던 시대에 철학자들은 의식을 어떻게 생각했을까.

계몽주의의 한계

18세기 프랑스 계몽주의 철학자들은 '과학적 이성' 내지 '의식'을 인간이 지닌 가장 가치 있는 능력이라고 생각했다. 인간의 의식은 과학의 합리적 관점과 방법을 사용해, 외부 세계에 대한 정확한 인식과 활용 및 통제를 가능하게 한다. 관찰하고 분석하는 능력으로서 의식은, 사회적 질서와 정의를 확립하는 데 기여하는 올바르고 참된 힘이며 인간이 자연을 인식하고 지배할 수 있게 해 주는 강한 힘의 상징이다. 나아가 과학적 의식 능력이 제공하는 생산력의 증대 덕분에 인간은 풍요로운 생활과 아름다운 지상 낙원을 꿈꿀 수 있게 되었다. 따라서 의식은 참됨, 올바름, 빛, 힘, 풍요로움, 아름다움의 기호로 여겨졌다.

---

14) 『비전문가의 정신분석 활동에 대한 의견』.

계몽 사상가들은 인간의 모든 탁월한 가치를 의식의 공으로 돌렸다. 그러다 보니, 의식과 무관해 보이는 활동들에 대해선 이렇다 평가할 만한 것이 없었다. 그들은 '의식 아닌 것' 또는 '의식할 수 없는 것'은 아무런 가치가 없으며, 나아가 의식의 질서를 깨뜨릴 수도 있는 위험한 대상이라고 규정한다. 인간 안에 있는 '의식 아닌 것'들은 의식의 빛으로 정화하거나 소멸시켜야 할 대상일 뿐이었다. 가령 일반적으로 의식 능력이 낮은 것으로 평가받는 광인, 무능력자, 이방인, 거지, 범죄자 등은 보호 시설에 감금되거나 무가치한 존재로 멸시받았다.

그런데 과연 의식은 이들이 생각했던 것처럼 인간의 가치를 평가하는 유일하고 참된 기준이며, 인류에게 궁극적인 행복을 제공할 것으로 기대해도 좋은 최고의 탁월성인가? 의식 능력의 모델인 과학적 합리성이 고도로 발달될 경우 우리가 누릴 미래의 낙원은 어떤 모습일까? 올더스 헉슬리의 공상 과학 소설 『멋진 신세계(*Bravo New World*)』를 통해 과학 문명의 미래를 음미해 보자.

'멋진 신세계'는 고도의 과학적 지성이 관리하는 사회를 지칭한다. 그 사회에는 개인의 쾌락과 사회의 안정 유지를 위한 완벽한 사회 제도가 갖추어져 있다. 그 사회의 구성원들은 과학 기술의 혜택을 입어 생로병사와 관련된 어떤 심리적 불안이나 육체적 고통도 느끼지 않게끔 유전자 조작을 받은 상태로 태어난다. 나아가 그들은 자신이 원하는 성적·공격적 쾌락을 다른 개인 혹은 사이버 대상과의 관계 속에서 다양하게 맛볼 수 있다. 그리고 사회에서 필요한 만큼의 인간을 시험관에서 탄생시키기 때문에, 개인들 사이의 긴장 어린 경쟁도 없다. 즉, 그 사회의 구성원들은 고도의 과학적 지성을 지닌 지도자가 요람에서 무덤까지 제공하는 온갖 혜택들을 아무 걱정 없이 누리기만 하면 되는 것이다. '멋진 신세계'는 인간들이 그동안 그토록 바라 온 모든 욕망들이 고도로 발달된 과학 기술의 도움으로 충족되는 사회이며, 인류가 두려워하던 모든 것들이 과학적 지성의 발아래 무릎 꿇은 사회다. 의식이 '의식 아닌 것'들을 완벽하게 정복하고, 통제하는 사회. 고민거리가 없기 때문에 철학이 필요 없고, 불안이 없기에 종교가 필요 없는 사회. 인간이 그토록 바라던 편리성과 편안함과 안전함이 최대로 보장되는 사회! 죽을 때까지 병들거나 늙지 않으며, 즐기기만 하면 되는 사회. 지상 낙원을 제공하는 이 사회에서 유일하게 금지된 것은 사회 체제에 대한 비판 활동이다. 그리고 자기 인생의 의미에 회의적인 철학적 물음을 던지는 활동도 혐오와 감시의 대상이 된다. 가령 "내 정신은 어떤 과정들을 거쳐서 지금의 상태로 형성되었으며, 내 삶의 존재 의미는 무엇인가?", "현재의 내 의식이 알지 못하는, 또 다른 욕망이 내 속에 있는 것은 아닐까?", "현재보다 더 바람직한 삶의 방식은 없는 것일까?"와 같은 물음들은 개인의 정신을 혼란시키고, 나아가서는 사회 체제까지도 위협할 소지가 있기에 금지된다. 자신의 무의식에 대한 관심 역시 현존하는 의식의 질서를 혼란스럽게 할 위험이 있기 때문에 금지된다. 자, 이것은 과연 인간에게 바람직한 상태인가?

전통적으로 무의식을 의식의 차원으로 드러내는 것은 금기시되어 왔다. 무의식은 자신을 통제할 능력을 상실한 병자들에게서나 드러나는 것이라는 선입관 때문에 인간 내면에 있는 '의식 아닌 것'들에 대한 학문적 관심과 탐구는 수천 년 동안 차단되었다. 바로 이런 상황에서 프로이트가 등장해서, 무의식을 알아야만 인간은 비로소 자기 자신에 대한 진정한 인식을 얻을 수 있고, 자기 삶의 주인이 될 수 있음을 강조한다. 즉, "인간은 의식 못지않게 중요한 또

다른 정신 활동과 정신 내용인 무의식을 갖고 있다."는 혁명적인 주장을 펼쳐 보인 것이다.

전통 철학의 정신 그림과 프로이트의 정신 그림

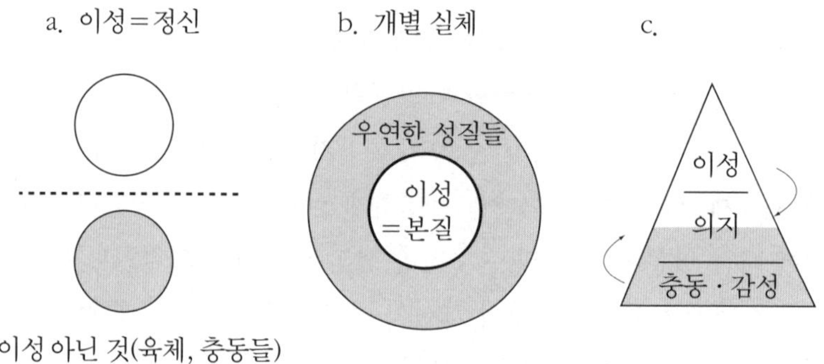

그림 1 전통 철학의 정신 구조

프로이트 이전 사상가들은 인간이 정신과 육체로 이루어져 있고, 정신은 곧 '이성'이라고 생각했다(그림 1-a).

인간은 자연계에서 이성을 지닌 유일한 생명체로서, 이성은 인간을 '인간답게' 만드는 중심본질로 위치한다(그림 1-b). 이성은 육체를 구성하는 질료와 무관하기 때문에, 신이 거주하는 초자연적 세계를 향해 비상할 수 있는 탁월한 신적 능력이다. 이러한 이성 밑에는 의지가 있고, 의지 밑에는 동물적 충동들과 육체가 있다. 한 인간이 지닌 인격의 탁월성과 열등성은 그의 의지가 이성과 육체 중어느 쪽의 영향을 더 강하게 받느냐에 따라 결정된다(그림 1-c). 위그림들에서 이성은 곧 정신, 인간의 본질, 고귀한 의식으로 해석되며, '이성 아닌 것'인 육체적 충동, 감성, 광기 등은 의식될 가치가없는 것, 사소한 성질들로 간주된다.

전통 철학자들이 신봉해 온 정신 그림에 맞서 프로이트는 새로운 모델을 제시한다. 의식은 정신과 동일한 것이 아니라 정신의 일부분일 뿐이며, "정신에는 의식과 다른 여러 종류의 정신 활동과 정신 조직, 정신 내용이 있다." 그는 의식과 구별되는 정신 조직을 각각 전의식(前意識, pre-consciousness)과 무의식(無意識, unconsciousness)이라 이름하고는 그것의 고유한 특징들을 설명한다(그림 2 참조).

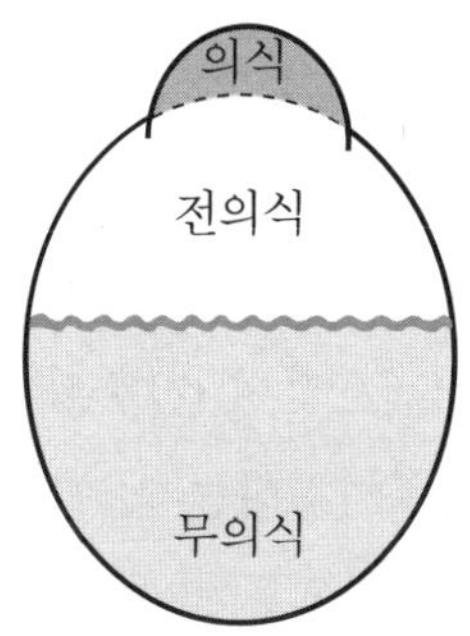

그림 2 프로이트의 정신 모델

정신은 서로 다른 종류의 활동과 내용을 갖는 의식, 전의식, 무의식으로 구성되어 있다. 이를 더 단순화하면, 정신은 '의식 대(對) 무의식'의 구도로 분열되어 있다고 볼 수 있다. 의식은 정신 영역에서 독점적 지위를 누리고 있지 않다. 정신에는 또 다른 정신 활동인 무의식이 존재한다. 개인의 정신은 하나로 통합되어 있지 않으며 두 종류의 서로 다른 고유한 영역으로 분리되어 있다. 프로이트의 이 같은 주장은 누구나 한두 번쯤 정신분석 개념을 접하게 마련인 오늘날에는 평범하게 들릴지 모른다. 그러나 이 새로운 정신 그림에는, 수천 년간 지속되어 온 '정신'에 대한 관념과 관점을 뒤집어엎는 충격적인 내용이 담겨 있다.

프로이트와 동시대를 살았던 세인들은 처음 듣는 이런 주장을 제대로 이해할 수 없었고, 인정할 수도 없었다. 이는 정신에 관한 기존의 관념과 공존할 수 없는 낯선 주장이었기 때문이다. '정신' 은 곧 '명료하고 합리적인 의식 활동' 을 지칭하는 것인데, 의식할 수 없는 비합리적인 욕동 에너지가 의식과 동등한 '또 다른 정신 활동' 이라는 주장에 사람들은 당혹감을 감추지 못했다.

정신분석학의 사상적 배경

정신분석학은 이전의 사상들로부터 인간 정신을 대하는 두 가지 관점을 선택적으로 받아들였다. 한 가지는, 결국에는 이성으로 인생의 모든 불합리한 현상들을 통제해야 한다고 보는 계몽주의 관점이다. 정신분석학에는 의식으로써 (신경증의 원인을 제공하는) 무의식을 파헤쳐 신경증을 극복하겠다는 의지가 담겨 있다. 즉, 의식의 힘을 통해 무의식을 의식화함으로써, 무의식에 휘둘리지 않고 무의식을 '통제' 하고 나아가서는 '정화' 하겠다는 계몽주의적 의도를 지닌다. 이 경우 의식은 곧 '치료하는 힘' 이고, 무의식은 병을 유발하는 이물질로 규정된다.

다른 하나는 낭만주의 관점이다. 낭만주의는 과학적 합리성이 우리의 정서를 냉정하고 획일적이며 메마르게 만드는 비인간적 특성을 지닌다고 비판한다. 그리고 '인간' 에게는 과학적 지성과 다른, 신비한 생명력이 내재해 있음을 드러내고자 노력한다. 이 관점에서 보면 '무의식' 은 억누르고 제거해야 할 병의 근원이 아니라, 삶의 활력을 제공하는 다채롭고 신비한 보물창고이다.

프로이트의 '정신분석 정신' 은 당대에 유행하던 낭만주의와 계몽주의에서 모두 영향 받았다. '무의식' 을 대하는 그의 관점에는 계몽주의적 요소와 낭만주의적 요소가 혼재되어 있다. 그렇다면 도대체 프로이트 '무의식론' 의 어떤 점이 이전 사상들과 다른 혁명적 독창성을 지니고 있는 것인가?

2) 두 개의 혁명적 가설

인간은 자기 자신의 주인이 아니다. 왜냐하면 자신의 무의식을 알지 못하기 때문이다.

프로이트가 제시한 새로운 정신 그림에서 알 수 있듯, 인간 정신의 대부분은 무의식으로 채워져 있다. 따라서 의식에만 관심을 두는 사람은 부분적으로만 자기 정신의 주인일 뿐, 대부분의 정신 영역과는 단절된 채 산다. 무의식을 모를 경우 인간은 "나는 내가 어떤 존재인지 안다."고 단언할 수 없다.

프로이트는 자신의 무의식론이 인류 정신사에 충격을 던진 위대한 세 가지 발견 가운데 하나라고 본다. 그 하나는 갈릴레오의 '지동설' 이다. 갈릴레오는 "지구는 우주의 중심이 아니라 태양을 중심으로 돌고 있는 하나의 위성에 불과하다."고 말했다. 이 말이 사실이라면 인간은 우주의 중심에 있지 않다. 나아가 인간은 신이 가장 정성을 기울여 창조한 최상의 생명체가 아닐 수도 있다. 당대인들은 인간의 자부심을 손상시키는 듯한 갈릴레오의 이론을 심정적으로 수용하기 어려웠다.

갈릴레오 다음으로 인류의 자기애에 상처를 입힌 것은 다윈의 '진화론' 이었다. 다윈 이전 사람들은 "인간이 신으로부터 창조되었다."고 믿어 의심치 않았다. 그런데 다윈은, "인간은 아메바에서 원숭이를 거쳐 '인간' 으로 진화된 존재"라고 주장했다. 이 주장은 서양 고대와 중세 철학의 '형이상학적 인과론' 을 뒤엎는 것이었다.

전통 형이상학은 "원인이 되는 존재는 반드시 그 결과물보다 탁월하다."는 전제에서 출발한다. 이 전제를 토대로 "인간을 창조한 존재는 인간보다 탁월하고, 무지한 대중에게 삶의 의미를 전해 주는 철학자나 성직자는 대중보다 탁월하며, 예술가는 그의 작품보다 탁월하고, 곡식을 생산하는 인간은 자연적 대상물보다 탁월하다."는 믿음을 유지할 수 있었다. 그런데 생명체가 하등 동물에서 고등 동물로 진화해 간다는 다윈의 주장은, 원인이 결과보다 열등할 수 있음을 인정하는 것이 된다. 이 경우 창조주와 피조물 사이의 인과적 위계질서에 뿌리를 둔 인간의 영원한 본질과 목적은 더 이상 존립할 수 없게 된다. 이 주장 역시 인간의 자존심에 상처 주는 것이었으므로, 당대인들은 받아들이길 거부했다.

프로이트는 자신의 무의식론이 인류의 자존심에 세 번째 충격을 안겨 주었다고 해석한다. 그렇다면 프로이트가 현대 인류에게 던진 충격의 내용과 그 까닭은 무엇인가?

프로이트의 무의식론은 다음의 두 명제로 요약될 수 있다.

첫째, "**인간에게는 의식과 다르며 의식에 직접적으로 알려지지 않는, 어떤 고유한 정신 활동, 정신 영역, 정신 내용이 '있다'**." 이 문장은 프로이트의 정신분석에 다가서는 첫걸음에 해당한다. 이 문장을 얼마나 잘 이해했는지가 앞으로 이어질 정신분석 공부의 성공과 실패 여부를 크게 좌우한다. 얼핏 단순해 보이는 이 명제는 서양 사상사 2,000년의 고정관념을 해체시키는 폭탄을 안고 있다. 자, 그러면 많은 의미와 여운을 함축하고 있는 위 문장을 다시 한 번 차분히 음미해 보자. "인간 정신에는 의식과 다른 성질을 지닌, 의식이 직접 인식할 수 없는, '**또 다른 정신**' 활동과 영역이 '**있다**.'" 이 말은 의식이 정신과 동일한 것도, 정신을 대표하는 활동도 아니며, 의식에 종속되지 않는 또 다른 정신 활동들과의 관계 속에서 존재함을 뜻한다. 프로이트 당대의 사상가들과 일반 교양인들에게 이 말은 정서적 불안과 저항을 유발했다. 이는 그들이 인간 존재의 특별한 가치는 인간이 '이성'과 '도덕성'을 지녔다는 데 있으며, 이성과 도덕성은 곧 정신의 본질이라고 믿어 왔기 때문이다. 그들은 본능 충동을 비롯한 '의식 아닌 것'들이 신성한 '정신' 속에서 의식과 대등한 위치를 차지할 수 있다는 프로이트의 주장을 결코 인정할 수 없었다. 그래서 전통 철학자들은 정신과 대비되는 육체라는 개념을 따로 설정해 온 것이다. 그들은 의식이 정신의 본질이며 '의식 아닌 것'들은 정신이 아닌 것에서 기인하고, 따라서 육체의 영역에 위치한다고 생각했다. 이러한 전통적인 관념에 맞서 프로이트는 "정신 속에는 의식과 다르면서도 매우 중요한 가치를 지닌 또 다른 정신 활동이 있다."는 충격적인 주장을 하고 있는 것이다. 그렇다면 또 다른 정신 활동들과 의식은 어떤 관계가 있는가?

둘째, **"인간을 움직이는 원동력은 의식이 아닌 '무의식'에서 나온다."** 프로이트에 의하면 "의식은 결코 자립적 정신 활동이 아니다." 특정한 유형의 정신 작용(2차 과정)인 의식은 항상 무의식적 정신 작용(1차 과정)의 영향을 받는다. 의식 기능은 항상 무의식과 역학 관계 속에서 작동되며, 정신 활동을 일으키는 에너지를 무의식에서 공급받는다. 그렇기 때문에 의식은 자신의 에너지 원천인 무의식의 영향으로부터 구조적으로 벗어날 수 없다. 혹자가 만약 무의식을 부정하고 억압한 채 고상한 의식 개념들에만 집착한다면, 그는 자신의 에너지원으로부터 단절되어 '기운 빠진 인간'이 될 것이다.

의식은 무의식을 통제하는 동시에 무의식에 휘둘리는 양면성을 지닌다. 그럼에도 불구하고 인간은 마치 인생의 중요한 결정을 오직 자신의 의지로 선택한 것처럼 착각한다. 그러한 선택이 무의식적 힘들과의 역학 관계에 기인하고 있음을 우리의 의식은 미처 자각하지 못한다. 그 이유 중 하나는 의식이 무의식을 직접적으로 관찰할 수 없다는 것이다. 무의식은 결코 자신의 모습을 의식에 있는 그대로 드러내지 않는다. 일단 억압된 무의식은 오직 변형을 거친 모습으로만 의식할 수 있다.

비합리적인 신경증 증상들과 꿈, 실수 등은 무의식적 정신 작용의 힘이 우회적, 상징적으로 드러난 결과물이다. 인간이 자기 삶의 에너지원인 무의식을 외면하거나 무시할 경우, 그는 언젠가 뜻밖의 순간에 심각한 에너지 불균형 상태에 직면하게 된다. 그 대표적인 현상이 신경증 증상과 치명적 실수들이다. 무의식의 에너지는 의식에 통합되지 못할 경우, 증상을 통해서라도 분출되고야 만다. 따라서 자기 삶의 진정한 주체가 되기 위해선, 어떤 무의식적 힘들이 정신 내부에서 역동하고 있으며, 삶의 갖가지 국면에서 어떤 방식으로 자신을 드러내는지 숙고해야만 한다.

전통 서양 철학자들은 의식이야말로 신이 부여한 신성한 에너지의 원천이며, 의식에서 의식이 아닌 인간의 제반 성질들을 통제하는 힘이 나온다고 생각했다. 즉, 의식 활동의 에너지원은 의식 자체 내지는 신적 존재로부터 기원한다고 믿었다. 이 같은 관념에 대해 프로이트의 무의식론은 정신 활동의 새로운 기원(起源)을 주장한다. 그에 따르면 인간의 의식은 상층부의 신적 정신이 아니라, 무의식적 욕동과 환상이라는 하부 구조로부터 활동에 필요한 에너지를 공급받는다. 형이상학적 관념에 여전히 고착되어 있던 당대의 사상가들과 교양인들에게, 프로이트의 이 명제는 결코 온전히 수용될 수 있는 것이 아니었다.

위의 두 명제는, 프로이트가 신경증 증상과 꿈, 실수 등이 인간의 의지와 무관하게 발생하는 까닭에 대해 오랜 기간 숙고하고 관찰한 끝에 내린 결론이다. 왜 인간은 자신의 의지와는 무관하게 불행한 심리-생리적 상태에 처하게 되는가? 왜 인간은 원인도 모르는 증상에 빠져 고민하고, 의도하지 않은 실수를 저질러 불행해지는가? 도대체 '내가' 진정으로 원하는 것은 무엇인가? 이 모든 의문들에 프로이트는 위의 두 명제를 제시함으로써 나름의 해답을 들려주고 있다.

위의 두 결론을 차분히 음미해 보자. "인간에게는 의식과 다르며, 의식이 모르는 여러 종류의 정신 활동들이 있구나! 그중에서 나의 의식이 망각해 온 무의식의 힘은 대단히 큰 것이구나! 무의식의 제반 특성과 내용, 그리고 그 위력을 모르고는 내가 내 인생의 진정한 주인이라 할 수 없겠구나! 또한 뜻밖의 불행한 사태에 직면할 수도 있겠구나……."

그렇다면 의식과 무의식은 언제 어떻게 지금과 같은 형태로 인간 정신 안에 자리잡게 된 것일까?

2. 무의식의 기원과 정신의 이중성

1) 무의식의 기원 - 억압

무의식은 언제 어떻게 형성되었는가? 무의식은 태어날 때부터 우리 안에 있는 것인가? 프로이트에 의하면 갓 태어난 인간의 정신은 쾌락원칙을 추구하는 원초적 상태로 존재한다. 그러다가 원초적 충동들에 대한 '억압'이 최초로 작동되는 것과 더불어 정신은 의식과 무의식으로 '분열' 된다. 억압 작용은 대소변 가리기 훈련을 강요받는 '항문기(肛門期)' 말에 시작되어 3세에서 6세 사이의 '남근기(男根期)' 에 주로 이루어진다. 즉, 개인의 무의식은 유년기부터 형성되는 셈이다.

프로이트는 '억압' 이 정신분석의 토대가 되는 개념임을 강조한다. 그 이유는 억압 작용으로 정신은 의식과 무의식으로 분열되고, 그 분열이 계속 유지되며, 꿈과 실수와 증상과 더불어 인간 사회의 문화가 발생하기 때문이다.

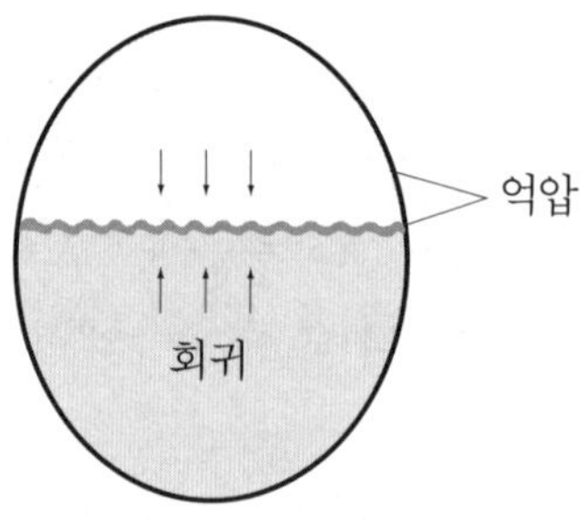

그림 3 억압–분열된 정신

억압이란 인간이 일상생활을 할 때, 의식에 계속 담고 있기 고통스럽거나 유익하지 않은 관념과 충동들을 의식의 영역 밖으로 밀어내는 작용을 말한다. 억압에 의해 의식 기능에 부합하는 경험 내용과, 의식에 대립되는 정신 작용 및 내용이 분리된다. 억압은 유년기에 처음 발생한다. 유년기는 자아가 이제 막 형성되어 가는 과도기이다. 아이의 자아는 미숙하기 때문에 조금이라도 강한 외부 자극과 불규칙하게 치솟는 내부 욕동을 감당하기 힘들어한다. 그 결과, 고통스러운 자극과 내부 욕동으로부터 유기체를 보호하기 위해 '억압' 이라는 방어 기제를 작동시키게 된다.

억압은 과거의 힘들었던 특정 시점에서 발생했던 특정한 방어 작용만을 가리키지 않는다. 인간은 현실에 적응하기 위해, 일상생활에서 계속 의식하고 있으면 고통스러울 것들을 자기도 모르게 억압하게 된다. 그러므로 억압은 과거부터 지금 이 순간까지, 그리고 인간이 사회적 생존을 포기하지 않는 한 평생 그의 정신 속에서 작동할 어떤 방어 작용을 지칭하는 것이다. 개인의 생존을 위태롭게 하거나 부담을 주는 강한 외부 자극이나 내적 욕동 및 표상들이 존재하는 한, 억압은 결코 사라지지 않는다. 그리고 억압 작용이 지속될 때, 인간은 의식과 무의식이라는 서로 다른 정신 작용과 정신 내용을 지니게 된다.

억압에는 두 종류가 있다. 그 첫째가 '1차 억압'이다. 1차 억압은 유기체의 생존 본능에 따라 자동적으로 실행되는 방어 활동이다. 가령 개인의 생존을 치명적으로 손상시킬 위험성이 있다고 판단되는 모든 것들 '외상 체험, 반(反)사회적 욕구와 표상'은 자신도 의식하지 못하는 새 자동적으로 억압되어 망각된다. 1차 억압의 대상으로 프로이트가 주목하는 것은 '오이디푸스 욕구'와 원초적 충동들과 과잉자극이다. 엄마에 대한 유아적인 성욕망과 아버지에 대한 원초적인 공격 욕구를 상징하는 오이디푸스 욕구는 '사회적 요구'와 충돌해 심각한 상처를 유발하기 때문에 운명적으로 억압될 수밖에 없다. 유아 성욕과 파괴적 공격욕동, 충격적이고 고통스러운 자극들은 생존을 위한 자기 방어 차원에서 자동적으로 억압된다. 이처럼 1차 억압은 생존을 위한 불가피한 방어다. 바로 이 1차 억압의 운명적 불가피성으로 인해, 인간은 누구나 다 '의식'과 '무의식'으로 분열된 정신 구조를 지니게 된다. 그리고 이 분열된 정신 구조 때문에 인간은 누구나 문화적 존재인 동시에 신경증자가 될 소인을 지닌다.

둘째로, 문화적 존재인 인간은 2차 억압을 겪는다. 인간은 생존을 위해 반드시 필요한 1차 억압 외에도, 더 안전하게 현실에 적응하기 위해 추가로 2차 억압이 필요한 특이한 존재다. 2차 억압이란 1차 억압된 내용을 연상시킬 만한 자극 요인을 지닌 것들에 대한 추가 억압을 말한다. 2차 억압의 목적은 1차 억압된 내용을 (우연히) 자극해 과거의 상처나 과잉 흥분을 또다시 떠올려 분출시킬 위험성이 있는 표상들을 광범위하게 차단하는 것이다. 이것은 생존에 직결된 본능적 억압이 아니라, 문화 교육의 힘에 매개된 사회 도덕적 억압이다. 예컨대 금욕적인 문화를 지닌 사회에서는, 치명적인 오이디푸스 욕구뿐만 아니라 성욕을 조금이라도 자극할 가능성이 있는 표상 일반을 억압하도록 교육한다. 교육의 '내면화'가 완료되면 그 결과로 성적, 공격적인 느낌을 주는 사소한 생각과 이미지와 행동조차 억압에 의해 혐오감을 유발하는 것으로 변질된다.

2차 억압의 강도는 구성원이 속한 사회의 문화에 따라 달라진다. 개방적 문화를 지닌 사회의 개인들은 2차 억압의 강도가 낮고 유연하다. 이 경우 개인의 정신적 균형과 사회 체제를 유지하는 데 큰 손상을 주지 않을 정도의 욕구 표출은 적절히 허용된다. 그 결과 무의식을 차단하는 데 쓰이는 불필요한 에너지 소비가 줄어들어, 정신과 신체의 활력을 유지할 수 있다. 이에 비해 폐쇄적이고 경직된 문화를 지닌 사회의 개인들은 2차 억압의 강도가 매우 높다. 그로 인해 욕망 일반에 대해 두려움과 혐오감을 품은 금욕적인 인간이 되며, 과도한 억압 에너지 소비로 무기력하고 병리적인 모습으로 변질되어 간다.

프로이트는 경직된 도덕 교육의 결과로 오랜 기간 2차 억압에 길들여진 사람들의 상당수가 신경증을 앓고 있다는 사실을 정신분석 사례를 통해 직접 확인했다. 그러한 신경증자들의 무의식은 분출되지 못한 성욕동과 공격욕동 및 그것에서 파생된 환상과 표상들로 가득 차 있다. 이런 사례들을 성찰한 결과, 그는 말년에 이르러 금욕주의 문화와 신경증 사이의 밀접한 연관성에 주목하게 된다. 그리고 정신 구조가 최초로 형성되는 시기인 유년기에 타자에 의해 강압적으로 각인된 율법적 성격을 띤 도덕은, 인간 정신을 성숙시키는 '진정한 도덕'이 아님을 깨닫는다. 사회 체제 유지와 노동력 신장을 위해 정치가들이 사회 구성원에게 얼마나 금욕적인 도덕관념을 요구하는가에 따라, 2차 억압의 강도가 결정된다. 2차 억압이 강해지면 무의식이 점점 비대해지고 무의식에 대한 자아의 방어 에너지 소비가 증가하여 이내 자아 에너지는 고갈되고 만다. 그 결과 유기체의 총체적 붕괴를 막기 위한 타협책으로, '일종의 방어적 차원에서' 무의식은 자동적으로 증상의 형태로 분출된다. 프로이트의 '정신분석'은 무의식에 억압되어 있으나 굳이 억압할 필요가 없는 2차 억압 내용들을 전의식과 의식의 영역으로 옮김으로써 자아 에너지를 회복시키고 증상을 해소하는 작업이다.

신경증자란 자신도 모르게 작동되는 과도한 2차 억압 작용 때문에 역으로 자신의 무의식을 더 이상 통제할 수 없게 된 억울하고 불행한 이들이다. 바로 이 2차 억압의 정도 차이에 따라 자연적 욕구 및 자극 일반에 대한 신경증자와 정상인의 반응은 서로 다른 양태를 보인다.

억압은 개인의 삶을 악순환에 빠뜨린다. 예를 들어 유년기의 과도한 규범 교육으로 2차 억압 기능이 과잉 작동하는 경우, 그(녀)는 유아 성욕 및 오이디푸스 욕구뿐만 아니라 성욕 일반과 공격욕동 일반 및 그것과 연관된 모든 표상들을 억압한다. 나아가 기존에 억압한 내용을 조금이라도 자극할 만한 모든 새로운 자극들에 항상 민감하게 반응하며 방어적 경계심을 늦추지 않는다. 특히 다른 사람들과의 관계가 무의식에 억압된 충동과 상처를 자극할까 봐 불안하고 불편한 느낌을 떨치지 못한다. 그래서 이들은 생활에서 깊은 휴식과 만족감을 얻지 못하고, 불쾌한 자극들만 쌓여 간다. 그 불쾌한 경험들은 또다시 억압되어 무의식을 비대하게 살찌우고, 억압에 소비되는 정신 에너지는 지속적으로 증가한다. 그 결과 정작 사회생활에 필요한 창조적 노동 에너지가 부족해지고, 에너지가 부족한 자아는 방어와 통합 기능이 약해져서, 외부로부터 받는 조그만 자극에도 민감하게 상처 입고 스트레스를 받게 된다. 더 나아가 내부로부터 갑자기 치솟는 충동과 표상의 경우에는 방어가 어렵기 때문에 반복해서 휘둘리거나 더 강력한 방어 기제를 작동시키게 된다. 그(녀)는 이러한 악순환을 벗어나지 못하다가, 이윽고 정신의 총체적 붕괴 위기에 직면하여 증상을 통한 무의식의 대리 분출을 꾀할 수밖에 없게 된다.

구체적인 사례 분석을 통해 1차 억압과 2차 억압의 차이와, 억압에 대해 어떤 태도를 취하는 것이 정신 건강에 좋은지 살펴보자.

사례 1

사건과 증상　　여대생 P는 유치원에 다닐 무렵 점잖게 생긴 낯선 아저씨에게 이끌려 가 강제로 '성적 접촉'을 당한 적이 있다. 당시 그녀는 "어, 엄마가 알면 안 되는데!"라는 생각과 더불어 뭔가 이상한 느낌을 받았다. 그 사건은 곧바로 (1차) 억압되어 잊혀졌다. 성장하여 대학생이 된 그녀는 남자 친구와 사귀던 중 성적 접촉을 하게 될 상황에 놓인다. 그때 갑자기 원인 모를 불안이 엄습했고, 그 후 그녀는 남자 친구와 헤어지고 남성 일반에 대해 접촉을 피하는 행동을 반복한다. 그녀는 특히 점잖게 생긴 중년의 남자들을 혐오스런 눈초리로 바라보곤 한다.

　분석　　강한 성욕동이 출렁이는 '오이디푸스 시기'에 아이 P는 아버지 또래의 남자에게서 강한 성적 자극을 받았다. 아직 미성숙한 아이의 자아는 과도한 성적 자극에 뒤따르는 흥분과 긴장을 감당할 수 없었다. 그러므로 정신의 평형을 유지하기 위해, 그 사건은 즉시 자동적으로 1차 억압되었다. 그런데 성장한 후에 남자 친구에게서 성적 자극을 받게 되자, 두 사건이 갖는 '모종의 유사성' 때문에 무의식에 기록된 과거의 자극들이 갑자기 떠오른다. 그리고 그 과거 사건은 학교 교육을 통해 내면화된 '사회적 도덕관념'에 의해, '성추행을 당한' 치욕적인 경험으로 재해석된다. 그 순간 과거의 사건은 강한 트라우마(trauma, 정신적 외상)로 변질되어 재차 억압된다. 그러나 인간의 모든 방어 기제는 결코 완전하지 않으므로, 갑자기 생겨난 트라우마는 결코 완벽하게 억압되지 못한다. 그 결과 외부로 분출하려는 충격 에너지와 억압하려는 힘 사이에 팽팽한 긴장이 형성된다. 그리고 이 위기 상황을 벗어나기 위한 모종의 타협책으로 무의식의 '증상적 대리 분출'이 발생한다. P는 자신도 모르는 새 '남성 일반'을 과거 자신을 성추행한 남자를 연상시킬 위험한 대상으로 확대 해석하고는 혐오하고 기피해야 할 '2차 억압' 대상으로 환상화한다. 결국 그녀는 이제 그 어떤 점잖은 교육자나 미남 청년을 만나도, 원인 모를 스트레스에 시달려 온전한 관계를 맺지 못한다.

사례 2

　사건과 증상　　청년 C는 여섯 살 무렵 여동생과 성적 접촉에 몰두해 있다가 엄마에게 발각되어 심하게 야단맞은 적이 있었다. 그 후 착실한 모범생으로 자란 그는, 대학에서 사귄 여자 친구와 성적 접촉을 가질 상황에 직면한다. 그 순간 주체할 수 없는 불안과 흥분이 밀려들어 발작을 일으킨다. 발작 이후 그에겐 '야한' 것들을 보게 될까 봐 극도로 긴장하는 새로운 증상이 생겼다. 그는 TV나 잡지들도 보지 못한다. 왜냐하면 거기에 이따금씩 '야한' 속옷을 입은 여자가 등장하기 때문이다.

분석　　C의 경우, 유년기에 과잉 활성화된 유아 성욕은 미처 충족되지 못한 채 타자에게 비난받고 강한 (거세)불안 속에서 '1차 억압' 되었다. 그 후 엄격한 도덕규범을 내면화한 그는, 성욕이 왕성한 청년기에 성적 자극을 받게 되자 뜻밖의 불안에 휩싸인다. 여섯 살 때의 사건이 현재 상황과 '모종의 유사성' 에 의해 우연히 '연결' 되어 갑자기 떠올랐기 때문이다. 그 순간 그는 현재 갖고 있는 경직된 도덕관념에 의해, 자신이 과거에 저지른 일이 결코 용납될 수 없는 반인륜적 행동이라고 (무의식적으로) 해석한다. 이와 동시에 처벌받을지도 모른다는 강력한 거세불안이 엄습하면서 돌출된 기억은 곧바로 억압된다. 그리고 자아의 힘이 약해져 이 억압이 불완전해지자 발작을 일으킨 것이다. 즉, 무의식적 성욕동과 성 환상 및 불안 에너지를 미묘한 증상으로 변형시켜 비교적 안전하게 '대리 분출' 한 것이다. 그 후로 C는 '1차 억압' 된 무의식을 떠올리게 할 가능성을 지닌 것이라면 어떤 사소한 자극이라 해도 '2차 억압' 의 대상으로 간주한다. 그 결과 여성 일반과 심지어 평범한 속옷 광고 사진조차, 그것이 자신을 극도로 흥분시키고 처벌을 가져올지 모를 위험한 '성적 대상' 이라고 해석해 기피한다.

2) 정신의 이중성 - '의식의 눈'과 '무의식의 눈'

인간의 정신은 서로 다른 정신 기능과 정신 내용으로 이루어진

두 부분으로 나뉘어 있다. 따라서 개인과 개인 사이의 관계는 '하나의 정신과 또 하나의 정신'이 만나는 것이 아니다. 그것은 '두 유형의 정신과 또 다른 두 유형의 정신'이 만나는 것으로 해석되어야 한다.

그림 4를 보자. A라는 사람과 B라는 사람이 서로를 바라보고 있다. 지금까지 사람들은 이 모습을 하나의 정신을 지닌 각각의 개인이 서로를 일대일(一對一)로 바라보고 있다고 생각해 왔다. 그런데 프로이트가 무의식론을 발표한 후로 인간을 대하는 관점이 달라진다. 인간은 하나의 정신이 아니라, 두 개의 정신을 가지고 있다. 따라서 개인 대 개인의 관계는 '일대일'이 아닌 '이대이(二對二)'의 관계인 것이다. 이 각각의 정신은 서로 다른 성질과 관점을 가진다. '의식의 눈'은 주로 사회적인 분별의 눈이다. 이에 비해, '무의식의 눈'은 사회적 현실을 고려하지 않는다. 그것은 자연적 욕망의 눈이며, 주로 유년기의 쾌감과 결핍을 다시금 충족시키고 싶어하는 환상적 소망의 눈이다.

개인이 다른 개인을 바라볼 때 어떤 생각과 느낌을 갖게 되는지

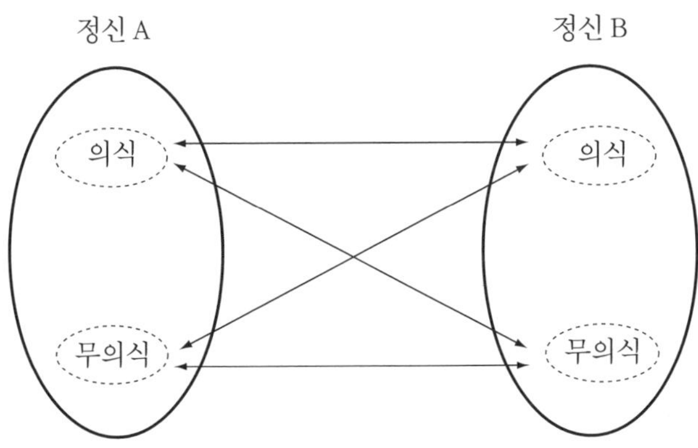

그림 4 정신의 이중 관계

는 이 두 개의 눈에 의해 결정된다. 의식의 눈은 상대방을 사회적 관점에서 다음과 같이 분류한다. "음, 이 사람은 성공(실패)한 사람이구나. 저 사람은 외형이 멋진(추한) 사람이구나. 저 사람은 학자(무식자), 선배(후배), 어른(아이), 선생(학생), 부인(처녀), 남자(여자)…… 유익한 사람(손해와 상처를 줄 사람)……이구나."

무의식의 세계에는 사회적 분별 체계를 벗어난 자유롭고 원초적인 충동들과 환상들이 병존한다. 그 눈들은 쾌락원칙에 따라 움직인다.

"아, 저 사람은 왠지 느낌이 좋다. 아, 싫어. 어색해. 무시무시해! 힘들어! 어릴 적 엄마(아빠) 같아! 안기고 싶어……."

이처럼 개인은 무의식의 눈과 의식의 눈을 동시에 사용해 상대방을 응시한다. 어떤 대상은 의식의 눈에는 매우 유익한데, 무의식의 눈이 불쾌해할 수도 있다. 반대로 어떤 대상은 의식의 눈에는 하찮게 보이지만, 무의식의 눈에는 충만감을 주는 경우도 있다.

프로이트의 무의식론에 대해 깊이 있는 '정서적 인식'을 가지려면, 인간이 두 개의 정신, 두 개의 눈을 가지고 있다는 사실을 곱씹어야 한다. 인간의 모든 정신 현상은 이 두 개의 정신들이 서로 갈등하고 타협하여 생겨난 결과물이다. 정신의 이중성은 의식 기능이 약해지거나 휴식을 취하는 순간에, 꿈, 증상, 실수 등을 통해 특히 잘 드러난다.

인간이 의식과 무의식이라는 서로 다른 두 정신을 가지고 있다면 이 두 부분이 어떤 관계를 유지하도록 조절하는 것이 우리의 삶에 유익할까? 의식과 무의식은 반드시 대립하는 관계인가, 아니면 모종의 조화를 빚어내기도 하는가?

일례로 영국 소설가 스티븐슨이 쓴 『지킬 박사와 하이드 씨(*The*

Strange Case of Dr. Jekyll and Mr. Hyde)』를 살펴보자. 지킬은 사람들의 병을 고쳐 주는 존경받는 의사다. 그는 자기 안에 의식과는 별개의 어떤 충동이 꿈틀거리는 것을 점점 강하게 느낀다. 그러던 어느 날 이런 생각을 하게 된다. "인간은 이성과 도덕성을 지닌 고귀한 존재다. 나는 내 정신 속에서 비도덕적인 충동들이 꿈틀거린다는 것을 용납할 수 없다. 선과 악은 하나로 섞여서는 안 된다. 따라서 내 안의 순수하고 선한 영혼과 사악한 충동은 서로 '분리' 되어야 한다." 그는 도덕적인 의식과 동물적인 무의식을 분리시키는 약을 발명해 그것을 복용한다. 그 결과 그는 낮에는 '순수 의식' 의 상태에서, 사회적으로 존경받는 의사(지킬)로서 헌신적인 치료 활동을 해 나간다. 그리고 밤에는 '무의식의 화신' 인 하이드로 변해 '의식이 모르는 상태에서' 사람을 강간하고 죽임으로써, 성욕동과 공격욕동을 마음껏 분출한다. 그러다가 급기야 무의식이 의식과 너무도 분리되어, 의식이 무의식에 어떤 영향도 미칠 수 없는 상태에 처하게 된다. 그 결과 그는 낮에도 무의식적 충동에 휘둘리는 통제 불능 상태에 이르게 되자 불안한 나머지 끝내 자살하고 만다.

지킬 박사가 총체적 비극에 빠지게 된 원인은 어디에 있는가? 그는 전통 서양 철학자처럼 "인간의 존엄성은 의식 능력에 기인하며, 의식과 다른 모든 특성들은 비인간적이고 저급하고 혐오스러운 것이므로 억압해야만 한다."고 생각했다. 지킬은 인간의 정신이, 안전하고 질서 정연한 의식과 충동적인 무의식으로 분열되어 서로 영향을 주고받는 것이 자연스러운 현상임을 받아들이지 못했다. 그래서 자신의 원초적 충동과 사고에 과도한 억압을 가하며 착실하게 살아왔다. 그리하여 마침내 그는 비대해진 무의식의 힘에 의식이 함몰되고 마는 상황에 직면하게 된 것이다.

인간의 사회적 생존을 위해 1차 억압은 불가피하다. 이 불가피함을 정신분석학적으로 반성한다면, 인간은 1차 억압된 자신의 '최초 무의식'에 더 이상 혐오나 두려움의 시선을 보낼 필요가 없다. 만약 지킬 박사가 무의식이 '인간'을 구성하는 필요 불가결한 부분임을 인식했다면, 무의식과 대면했을 때 억압을 최소화하면서 유연한 태도를 취할 수 있었을 것이다.

의식의 가치를 지나치게 높이 평가하게 되면, 무의식은 무가치하고 나쁘게만 보인다. 이렇게 되면 1차 억압된 무의식을 연상시킬 가능성이 있는 것들에 대한 '광범위한 2차 억압'이 발생해, 의식과 무의식의 분열은 점점 심화된다. 그 결과 의식과 단절된 채 비대해진 무의식을 자아가 통제할 수 없는 상황에 다다르게 되어, 결국에는 '지킬 박사의 비극'에 처하게 된다.

의식이 무의식을 적대적인 대상으로 간주하고 계속 억압할 경우, 반드시 소외된 무의식의 보복을 받게 된다. 이것이 정신의 기본 원리이다. 과도한 2차 억압으로 의식과 무의식 간의 골이 깊어지면, 의식의 질서는 거대한 무의식에 습격당해 한순간에 붕괴될 수도 있다. 그 결과가 바로 정신질환 혹은 치명적 실수이다.

프로이트의 무의식론이 제기된 후로 인류에게 가장 바람직한 상태는 더 이상 '순수 의식' 상태가 아니다. 의식의 특성만이 유일한 가치로 인정받는 정신의 유토피아는 오히려 위험한 상태일 수 있다. 프로이트가 출현한 후, 엄격한 금욕주의자가 진정으로 도덕적인 인간상으로 추앙받는 시대는 갔다. 도덕적 인간이란 인간의 무의식에 대해 깊은 관심과 지식을 쌓으며, 자신의 무의식을 직면하는 고통스러운 과정을 인내하고, 무의식을 부드럽게 변형시켜 의식에 드러내며, 타자의 무의식까지도 너그럽게 포용할 줄 아는 사람이다. 의식과 무의식은 서로 부정하고 억압하는 단절된 관계가 아니라 '균형적 통합' 혹은 '정신분석적 대화' 관계를 맺어야 한다.

3. 지형학적 정신 구조론

1) 지형학적 정신 구조론

프로이트는 히스테리 증상과 꿈이 형성되는 과정과 원인을 추적하던 중에, 서로 다른 성질을 지닌 심리적 힘들을 발견한다. 그리고 그 힘들의 특성과 기능을 지형학(地形學)적 비유를 통해 설명한다. 이 지형학적 정신 모델을 살펴보면 의식 아래로 억누르는 힘과 의식 위로 치솟으려는 힘 사이의 갈등이 명료하게 드러남을 알 수 있다. 또한 꿈과 증상이 형성되는 원인과 과정에 대한 구조적 이해가 비로소 가능해진다.

지형학적 정신 모델은 신경증 증상과 꿈을 발생시키는 무의식적 정신 작용들에 대한 십여 년에 걸친 집요한 관심과 세밀한 임상 관

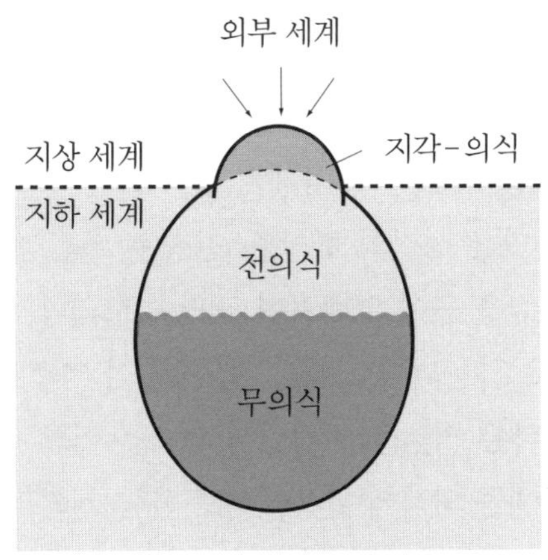

그림 5 지형학적 정신 구조

찰 및 자기 분석을 통해 얻은 결실이다. 그는 인간 정신을 지질학 내지 고고학적 공간지도로 비유한 이 그림을 새로운 역동적 정신 구조 모델을 제시하는 말년까지 계속 활용한다.

그림 5의 맨 위, 표면에 위치한 것이 의식이다. 그리고 그 밑의 점선이 '약한 검열선'이며 그 밑의 강한 실선은 '강한 검열선'이다. 바로 이 두 유형의 검열선으로 인해 정신은 의식과 전의식, 그리고 무의식으로 분열된다.

지형학적 비유

이 그림을 왜 지형학적 정신 모델이라 부르는가? 정신 활동들은 본래 인간의 눈에 보이지 않는다. 그렇지만 각기 다른 정신 작용들을 인간에게 가장 친숙한 시각적 이미지의 차원으로 전환시키면, 이해가 한층 쉬워질 것이다. 자, 초등학교 때 지리부도에서 본 지구와 땅의 단면도를 상기해 보자. 먼저 내가 딛고 선 땅은 어떤 성질을 지니고 있는가?

땅 표면에는 흙이나 아스팔트와 각종 현란한 건물들이 있다. 인간 정신에서 땅의 표면에 해당하는 것이 의식이다. 의식은 외부 세계와 직접적으로 접촉하는 정신의 표피다. 이 표피는 직접적으로 지각할 수 있는 외부 세계의 정보를 받아들여 정신 내부에 전달하는 기능을 한다. 땅의 표면을 파헤쳐 밑으로 들어가 보자. 그 속에는 표면과 조금 다른 성질의 모래층, 진흙층, 자갈층 등이 있다. 이 층들은 인간이 힘을 들여 파헤치면 표면에 드러나며, 때로 생활에 유용한 자원으로 사용되기도 한다. 이 땅속의 지층처럼 의식 바로 밑에는 의식과 다른 성질을 지니면서 의식을 어느 정도 보호해 주고 필요한 순간에는 의식에 활용되기도 하는 전의식 조직이 있다. 자, 그러면 땅속 더 깊은 곳을 파헤쳐 들어가 보자. 아마도 이를 위해서는 본격적으로 굴착기를 사용해 쇠로 된 파이프를 박아야 할 것이다. 왜냐하면 더 깊은 곳으로 들어가기 위해서는 딱딱한 암반층을 뚫고 들어가야 하기 때문이다. 이 암반층을 뚫고 들어가면 강하게 용솟음치는 수맥을 만날지도 모르고 뜻밖에 위험한 용암이 분출될 수도 있다. 또는 땅 표면에서 흔히 보기 힘든 귀한 암석이나 석탄, 석유 등의 에너지 자원을 발견할 수도 있다. 인간 정신의 가장 깊은 곳으로 들어가는 입구에는 전의식과 무의식을 가로지르는 강력한 검열의 장벽이 단단한 바위처럼 가로막고 있다.

정신의 각 부분은 그 성질과 기능이 매우 다르다. 인간은 오직 자신이 의식하는 것들에 대해서만 알 뿐, 의식 밑에 있는 것을 직접적으로 인식하지는 못한다. 우리는 땅 표면을 걸으면서 표면 위에 세워진 화려한 건물이나 지나가는 멋진 사람들, 예쁜 꽃 등을 쳐다보느라 바쁘다. 땅 밑에는 무엇이 있는지 관심을 쏟지 않으며, 볼 수도 없다. 인간은 의식이 지각하는 자극에만 관심을 기울여 살기에도 바쁘며, 그렇게 사는 데 아무런 불편을 느끼지 못한다. 굳이 어떤 정신 작용과 정신 내용이 의식 밑에 있는지 일일이 신경 쓰지 않아도 당장은 삶에 아무런 지장이 없다. 그런데 프로이트는 보통 사람들이 관심 두지 않는 의식 밑에, 땅속 깊은 곳에서 들끓는 용암이나 지하자원들처럼 중요한 무언가가 있음을 주목한다. 그리고 이 무언가가 의식 현상들에 보이지 않게 영향을 미치고 있음을 감지한다. 이 전의식과 무의식의 기능과 내용을 알아야만 비로소 의식의 특정한 생각과 행동들이 발생되는 원인을 온전히 이해할 수 있다. 그리고 삶의 에너지원이 될 자원과 인간을 파멸시킬지 모르는 광폭한 용암이 땅속 어디에서 어떻게 꿈틀대고 있으며, 어떤 식으로 이것들에 접근해야 좋은지 알 수 있다. "의식 밑에는 내 삶을 활기차게 만들 수도, 붕괴시킬 수도 있는 숨겨진 에너지와 자료들이 있다." 이것이 정신에 관한 지형학적 비유이다.

의식만을 알고 있는 사람은 자신의 정신에 대한 전체적인 정보를 알지 못하므로 무의식의 자원들을 온전히 활용하지 못한 채 무의식에 휘둘려 살아가게 된다. 그러나 의식의 이면에 무엇이 숨겨져 있는지를 알게 되면, 인간은 자신의 삶에 대한 총체적 자기 인식을 토대로 삶의 다양한 자료와 에너지를 다각도로 활용할 힘을 얻게 된다.

프로이트는 의식 밑바닥의 특성을 탐사하는 정신분석 작업을 고고학자의 활동에 비유한다. 고고학자는 땅속 깊은 곳에 묻혀 있는 고대 인류의 귀중한 유산을 발굴해 내 과거 문화를 복원하는 일을 한다. 이러한 작업을 통해, 오늘날의 인류가 자신의 삶이 어떠한 과정들을 거쳐서 현재에 이르게 된 것인지 통합적으로 인식하는 계기를 제공한다. 현재를 살아가는 인간이 만약 자신의 과거와 단절된다면, 그는 자신의 정체성에 혼란을 겪게 된다. 그리하여 개인에게 밀려드는 다양한 자극과 힘의 흐름에 대해 연속성을 지닌 반응을 하지 못하게 된다.

정신의 성숙을 위해 무의식을 심층 탐사하는 정신분석은 잊혀진 과거의 자료들을 발굴함으로써 오늘날의 문화를 더욱 풍요롭게 만드는 고고학 발굴 작업과 유사하다. 지형학적 정신 구조 모델은 고고학적 탐사의 의미와 가치를 일목요연하게 보여 준다. 무의식을 의식화할수록 자아가 부담해야 하는 방어 에너지 양이 줄어들므로, 그만큼 현실의 대상을 인식하고 관계 맺는 데 더 많은 에너지를 사용할 수 있다. 또한 잊혀진 과거 사건들과의 연속적 관계 속에서 현재 삶의 의미를 다중적·전체적으로 조망하고 음미할 수 있게 된다.

현대인에게 지형학적 정신 모델은 그저 정신을 설명하는 단순한 그림으로만 보일 수 있다. 그러나 의식이 곧 정신이고 '의식 아닌 것'은 무가치하거나 위험하다는 2,000여 년에 걸친 고정관념이, 이 새로운 이론과 더불어 엄청난 갈등과 방어의 몸살을 앓아 왔음을 음미해 보라. 그러면 이 그림은 인류의 정신사를 바꾼 거대한 상징으로 다시 보일 것이다. 프로이트는 바로 이 정신 모델로써 과거의 의사나 철학자들이 설명할 수 없었던 불합리한 정신 현상들인 꿈, 증상, 실수, 갈등의 원인을 합리적으로 설명하는 틀을 제공한다. 가령 어떤 심각한 갈등을 느낄 때, 과거엔 이를 선과 악, 신과 악마, 정신과 육체 사이의 투쟁으로 해석하는 것이 일반적이었다. 이러한 종교적이고 형이상학적인 해석에 맞서 프로이트는 이 그림을 통해 갈등의 원인을 과학적으로 해석한다. 이 정신 지도를 잘 이해하면 "아, 의식의 현실계산과 무의식의 원초적 욕구 사이의 대립으로 현재 내 마음이 이토록 심란하게 갈등하고 있는 것이구나!"라고 편리하게 인식할 수 있다. 또한 어떤 불안을 느끼는 경우, "그때 그 강렬한 자극들과 욕망이 억압되어 망각되었기 때문에, '그것'으로부터 불안과 이상한 증상들이 반복해서 발생하는 것이구나."라고 자각할 수 있게 된다. 의식에 밀려든 새로운 자극이 무의식의 어떤 부분을 우연히 자극하면, 무의식의 표상과 정서 에너지는 전의식을 거쳐서 갑자기 의식의 표면으로 치솟아 오른다. 이 경우 일상적인 방어가 힘들어지므로 자아는 위험을 알리는 불안 신호를 방출한다.

신경증 증상들과 꿈은 무의식의 소망충족 욕구와 전의식의 검열하고 억압하는 힘 사이의 팽팽한 갈등과 타협으로 형성된 결과물이라는 사실 또한 이 지형학적 정신 모델을 통해 합리적으로 설명할 수 있다.

지형학적 정신 모델은 정신분석 치료의 본질이라고 할 수 있는 위상학의 특성을 잘 드러내 보인다. 인간은 외부 세계로부터 끊임

위상학

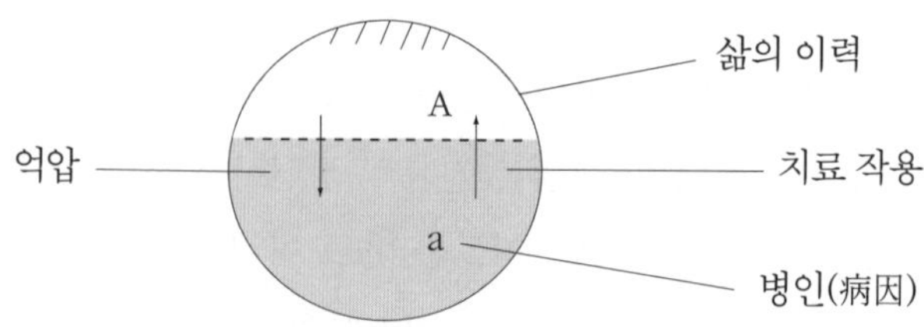

그림 6 경험자료의 위치 상태와 심리적 가치 변동

없이 자극을 받으며, 자극은 흔적을 남긴다. 가령 A라고 하는 자극이 의식에 수용되고 얼마의 시간이 지나 현재 상황에 더 이상 필요 없게 되면, 전의식으로 이동한다. 그런데 만약 그것이 '억압' 될 경우에는 전의식이 아닌 무의식에로 내려가게 된다. 문제는 수용한 자극의 흔적이 전의식에 위치하느냐 무의식에 위치하느냐에 따라 그것이 지닌 심리적 가치가 달라진다는 데 있다. 전의식에 자리하면 삶의 경험 자료로 재활용할 수 있는 것이, 무의식으로 내려가게 되면 상실된 자료가 되는 동시에 병의 원인으로 변질된다. 억압된 무의식은 자아의 방어 에너지를 소모시키며, 나아가 신경증을 유발하는 원인이 된다. 그러나 전의식에 위치한 경험 흔적들은, 현재와 미래의 경험에 재활용할 수 있는 배경 자료로 기능한다. 프로이트는 바로 이 경험 자료의 위상학적 가치 변화에 주목한다. 즉, 정신 분석 치료의 효과는, 무의식에 위치하기 때문에 병인으로 작용하는 과거 사건의 흔적을 전의식으로 옮김으로써 발생한다.

지형학적 모델의 위상학적 의미를 잘 음미하면 우리는 정신 건강을 유지하는 데 도움이 되는 지혜를 얻을 수 있다. 예를 들어 보자.

인생에서 즐겁고 좋은 일만 경험하고픈 욕망이 강할수록 좌절되었을 때 겪는 고통도 커지게 마련이다. 집착을 하게 되면 반드시 실망과 좌절이 뒤따른다. 그런데 우리가 어떤 힘들고 고통스러운 일을 겪었는데, 그것을 조금도 기억하고 싶지 않기 때문에 무의식에 파묻는다면 어찌 되는 것일까? 불쾌하고 자존심 상하는 경험들은 내 정신에서 깨끗이 지워지는가? 프로이트의 무의식론에 의하면, 고통에 민감한 개인이 어떤 사건을 무의식에 억압하면, 그 사람의 인생은 오히려 자신이 억압한 바로 그 사건들에 평생 휘둘리게 된다. 반면에 고통스러운 사건들이 전의식에 자리하게 되면 의식은 필요할 때마다 그것을 떠올려 반성할 수 있다. 그로 인해 "과거에 그 힘든 상황에서 난 참 정신없이 방황했지. 하지만 이젠 똑같은 시행착오는 겪지 않을 거야."라며 인생의 교훈으로 활용할 수도 있다.

힘든 사건에 직면했을 때 정신이 그것을 어떤 식으로 처리하는 습성을 지녔는가는 개인의 정신 건강에 중요한 변수가 된다. 가령 힘든 일이 닥쳤을 때 그것을 차분히 직면하여 왜 내가 이토록 힘들어하는지를 '자기 분석' 하는 사람에게는 '억압' 기제가 좀처럼 작동하지 않는다. 반면에 조금의 고통도 참지 못하는 기질과 습관의 소유자는 그것을 빨리 잊으려 애쓰다가 무의식적으로 억압해 버리고 만다. 이 경우 서로 다른 유형의 습관을 지닌 두 개인의 정신 발달 상태는 시간이 흐를수록 점점 더 차이 나게 된다.

개인의 자아가 성숙할수록, 그리고 개인을 둘러싼 외부 환경이 안정적일수록 그의 무의식을 전의식화할 때 힘이 덜 든다. 반면에 자아가 약하고 외부 환경이 열악할수록 무의식을 직면하여 의식에 통합하기 부담스러워지므로 무의식에 대해 더욱 방어적인 자세를 취하게 된다. 그리고 무의식을 방어하는 데 소비하는 에너지가 많을수록 자아 에너지가 쉽게 고갈되어 사소한 자극에도 민감하게 반응한다. 그러다가 결국에는 정신의 총체적 붕괴를 막기 위한 타협책으로 무의식을 증상의 형태로 전환시켜 분출할 가능성이 높다. 반면에 자아가 성숙한 사람은 무의식의 표상이 전의식이나 의식에 출현할지라도 큰 두려움 없이 이를 직면할 수 있다. 무의식을 방어하는 데 불필요한 에너지를 소비하지 않기 때문에, 그의 자아는 점점 강해지고 성숙해 간다.

흔적론

모든 종류의 자극은 정신과 신체에 모종의 '흔적'을 남긴다. 이 흔적이 억압을 받아 무의식이 되면 마치 땅속에 묻힌 유물처럼 결코 사라지지 않는 '영원한 흔적'이 된다. 그리고 이 흔적은 무의식 상태에서도 여전히 정신-신체에 완전한 영향력을 미친다. 이에 비해 의식에 남은 흔적은 눈에 보이는 물건들의 운명처럼 자연히 닳아 없어지므로, 지속적인 영향을 미치진 않게 된다.

살아가면서 인간은 외부 세계로부터 끊임없이 자극을 받는다. 그리고 모든 자극은 반드시 정신 어딘가에 흔적을 남긴다. 인상이 강했던 자극일수록 그 흔적은 깊이 각인된다. 이 흔적이 전의식에 위치하면, 언젠가 필요한 순간에 내 노력 여하에 따라 재활용할 수 있는 경험 자료가 된다. 그런데 무의식에 위치하게 될 경우에는 나의 의지대로 통제하거나 활용할 수 없는 영원불변의 흔적이 된다. 그렇다면 혹자가 어떤 사건이나 대상을 자기 인생에서 변치 않는 흔적으로 소유하고 싶다면 억압을 가하면 될 것이다. 그런데 대개 억압의 후유증은 참으로 심각하다. 단 한 번의 억압으로도 개인은 억압된 관념과 충동의 흔적에 영속적으로 휘둘리는 신경증 상태에 처할 수 있다.

지금까지 언급한 지형학적 정신 모델, 위상학, 흔적론을 참고하면서 각자 자기 분석을 해 보자. 독자 여러분이 지금까지 살아오면서 겪었던 수많은 경험 내용들은 어떤 이유로, 어떤 정신 작용으로, 지금 이 순간 정신의 어디쯤에 위치해 있을까? 전의식에 있을까, 아니면 무의식에 있을까? 인생을 차분히 돌이켜보면서 자신의 무의식에는 도대체 어떤 경험 흔적들이 망각된 채로 보존되어 있을지를 생각해 보라. 만약 이 순간에 기억나는 과거의 표상이 있다면, 그것은 분명 전의식에 위치한 것이다. 그리고 아무리 기억하려 애써도 기억나지 않는 부분들은, 내 의식에서 추방되어 단절된 무의식의 영역에 있다. 그렇다면 지금까지 살면서 겪었던 수많은 일들 중에서 당신은 몇 퍼센트나 의식할 수 있는가? 특히 일곱 살 이전의 유년기에 겪었던 일들을 얼마나 기억하는가? 5퍼센트? 10퍼센트? 아마 이 정도에도 못 미칠 것이다. 그렇다면 과거 인생의 대부분은 무의식 속에 묻혀 있다고 추정해 볼 수 있다. 이런 상황에서 만약 혹자가 자신을 경험이 풍부한 성숙한 인간이라고 자부하려면, (자신의) 소외되고 망각된 부분을 되찾아야 한다. 즉, 무의식 속의 인생 흔적들을 전의식과 의식에로 위치 이동시켜야 한다.

2) 의식과 전의식의 특성

의식의 특성

서양의 전통 철학자들은 의식과 의식의 내용(개념)은 영원불변하며, '의식 아닌 것'들은 덧없이 변화하고 결국에는 소멸한다고 믿었다. 그리고 의식의 눈은 보편적일 뿐 아니라 초관점적이라고 생각했다. 그러나 정신분석의 관점은 전통 입장과 매우 다르다.

프로이트에 따르면 의식은 외부 세계의 자극을 선별하여 수용하는 지각 활동과 내부로부터 발생하는 쾌(快)와 불쾌(不快)의 감정으로 구성된다. 의식은 낯설고 혼란스러운 외부 세계에 적응하기 위해 후천적으로 발달한 2차 정신 작용이며, 의식의 내용은 '현재' 정신이 지각하는 것만을 지칭한다. 의식은 지금 이 순간 당장 필요한 표상과 정서만을 내용으로 보존한다. '의식한다는 것'은 곧 '주의를 기울이는 것'을 뜻한다. 그런데 우리는 다른 필요나 목적이 생기면 현재의 관심에서 얼마든지 '고개를 돌릴' 수 있다. 주의를 다른 대상으로 돌리는 순간, 기존의 의식 대상은 생생한 지각 영역에서 사라져 '흔적'으로만 남고 만다. 이처럼 의식의 내용들은 잠정적으로만 존속하고 덧없이 변해 버린다.

보다 알기 쉽게 예를 들어 보자. 서울의 거대한 월드컵 축구 경기장을 떠올려 보라. 깜깜한 한밤중에 어떤 사람이 경기장의 생김새가 궁금해 손전등 하나를 들고 경기장에 들어가 이곳저곳을 비춘다. 발걸음을 옮길 때마다 손전등의 빛은 경기장의 잔디, 관중석, 디지털 전광판 등을 이리저리 비출 것이다. 그런데 한 곳을 비추던 손전등의 빛을 다른 곳으로 돌리면, 방금 전까지 밝던 곳이 어둠에 싸이고 새로운 곳이 환해진다. 의식이란 바로 손전등의 작은 불빛과 그 빛이 비친 특정 부분처럼, '지금 이 순간'의 정신이 주의를 집중하고 있는 제한된 지각 내용과 특수한 인식 활동을 지칭한다. 주의를 다른 대상에 돌리면, 기존에 환하던 곳은 다시 어둠에 묻히고 만다. 나는 이전에 내가 지각했던 것들을 '기억 흔적'의 형태로 한데 모음으로써, 경기장 전체에 대한 종합적 지식과 전망을 얻을 수 있다. 그러나 의식의 기억은 그리 정확하지 않다.

개인의 의식은 결코 전체적이거나 초관점적이지 않다. 그리고 의식의 내용은 영원불멸한 것이 아니다. 개인이 사용하는 손전등은 결코 경기장 전체나 도시 전체를 한꺼번에 비출 수 없다. 의식은 시각과 주의력이 허용하는 영역 안에 있는 대상만을 명료히 지각할 수 있을 뿐, 초점에서 벗어난 대상은 지각 대상에서 제외된다. 그리고 의식의 초점이 다른 곳으로 옮겨 가면, 기존의 의식 대상은 그 생생한 인상을 그대로 유지하지 못하고 희미한 흔적으로 남고 만다. 다시 말해, '현재' 의식의 관심을 끌지 못하는 모든 것들은 의식 외의 다른 정신 영역에 저장된다.

내가 어떤 대상을 좋아할 때 그 대상은 내 의식에 확 들어온다. 그러다가 내 관심이 다른 대상에게로 옮겨 가는 순간 기존의 대상은 이내 의식 영역에서 사라지고, 새로운 대상이 의식의 내용을 채운다. 이처럼 의식 내용은 잠정적이고 덧없이 변한다.

의식이 특정 대상에만 초점을 맞추는 현상은 의식의 관심을 받지 못한 것들을 주변화하는 결과를 낳는다. 의식은 의식된 것의 가치만을 부각(초점화)하는 경향이 있기 때문이다. 이처럼 개인의 의식은 모든 것을 한눈에 초관점적으로 조망하지 못하고, 특정한 전망에 치우쳐 지각한다. 그 결과 의식에 수용되지 못하거나 해석되지 않는 모든 것들은, 배척되어 어둠 속에 묻힌다. 경기장과 손전등의 비유를 통해 우리는 의식이 전통 철학자들이 주장하는 것처럼 초관점적인 인식 활동이 아니며 영원불변하는 인식 내용을 갖지 않음을 알 수 있다.

프로이트가 볼 때 의식의 탁월성은 무엇보다도 새로운 자극들을 끊임없이 수용한다는 데 있다. 바로 이 개방적 수용성 덕분에 개인의 정신은 끊임없는 발달을 성취할 수 있게 된다. 또한 의식은 내부 감각과 외부 지각의 차이를 구별해 내며, 외부 대상들 사이의 차이를 끊임없이 '관찰' 하고 언어와 관념을 통해 분별하는 일을 한다. 그리고 수용된 서로 다른 지각들을 개념적이고 논리적인 질서에 맞추어 종합하는 기능 또한 의식의 몫이다.

개인의 의식 능력은 매우 한정되어 있다. 그러나 수용하고 관찰하며 구별하고 종합한 것을 또다시 비판적으로 반성하는 '과학적 의식'의 기능이 인류 문화 속에 축적될 경우, '인류의 의식'은 대단한 능력을 발휘할 것이라고 프로이트는 보았다. 개인의 손전등은 경기장 하나를 비추기에도 벅차지만, 인류가 창조한 문화와 문명의 빛은 도시 전체는 물론이고 전 세계를 비출 정도로 강력하다.

전의식의 특성

전의식은 지금 당장 주의를 기울일 만한 가치가 없는 사소한 자극들과, 비록 중요하더라도 현재의 의식 관념과 모종의 마찰을 일으키기 때문에 의식 주변부로 밀려난 자극들로 구성된다. 전의식의 내용들은 약한 검열에 의해 의식과 어느 정도 분리되어 있다. 그러나 그것은 개인의 의지와 노력에 따라 기억되어 재활용될 수 있다.

전의식은 무의식이 곧바로 의식에 진입하지 못하게 함으로써 의식이 받게 될지 모를 충격을 완화하는 '완충 지대' 역할을 한다. 무의식이 의식에 출현하려면 반드시 전의식을 거쳐야 한다. 그리고 전의식의 사소한 자료들과 결합하여 덜 충격적인 모습으로 '변장'해야만 비로소 검열을 통과해 의식에 침투할 수 있게 된다. 꿈과 신경증 증상들은 곧 충격적인 무의식이 전의식의 사소한 자료들과 혼합되어 변장된 기호로 표출된 것이다. 그리고 의식 역시 전의식의 매개를 통해야만 무의식과 연결될 수 있다.

전의식에는 또한 의식에 직접적으로 인식되지 않는 언어 체계, 이데올로기 체계, 의미화 체계가 담겨 있다. 이 문화적 의미, 가치 체계들은 무의식에서 비롯된 자유로운 원초적 충동에, 사회적으로 유용하며 합목적적인 방향을 제시한다. 그리고 무의식적 욕구가 의

식에 솟구칠 경우에는 검열 기능을 작동시켜 그것을 쾌감이 아닌
불쾌감으로 '변질' 시킨다. 이처럼 전의식에는 의식이 인식하지 못
하는 복잡한 사고 기능이 작동하고 있다.

4. 무의식의 내용과 성질들

무의식론은 프로이트가 자기 자신과 내담자들의 정신을 수십 년
에 걸쳐 구체적으로 분석해 온 결과를 함축하고 있다. 이 부분은 정
신의 특성과 신경증 증상, 그리고 꿈의 발생 원인 및 의미를 평생
동안 연구해 온 프로이트가 현대인에게 건넨 충격적인 선물이다.
자, 그렇다면 프로이트 이전엔 의식이 외면했거나 접근할 수 없었
던 무의식은 어떤 내용과 특징을 갖고 있는지 살펴보자.

1) 무의식의 내용

무의식의 내용은 여러 요소들로 구성되어 있다.

첫째, 무의식에는 여러 종류의 본능 에너지가 존재한다. 따라서
다양한 정신 작용들을 일으키는 힘은 무의식에서 나온다.

둘째, 무의식에는 의식에 직접적으로 분출되면 한 개인의 정신적
안정을 깨뜨릴 위험이 있는 금지된 욕구와 환상과 관념들이 존재한
다. 금지된 내용들은 주로 성적이거나 공격적인 성격을 띤다. 가장
근본적이고 대표적인 금지 대상은 근친상간과 존속 살해 환상을 내
포하는 '오이디푸스 욕구' 다.

셋째, 무의식에는 과거의 어느 시점에서 자아가 감당하기 힘들었
던 고통스러운 상처(트라우마)의 표상과 불안들이 담겨 있다.

넷째, 전의식과 무의식은 원시적이고 상징적인 의미 체계와 의미 작용을 내포한다. 꿈작업과 증상화 작업은 무의식의 대표적인 상징화 작업들이다.

다섯째, 모든 방어 작용은 무의식적으로 일어난다. 바로 이 무의식적인 방어 작용 때문에, 인간은 자신의 의지로 무의식에 접근할 수 없다. 그리고 자신의 행동을 의지적으로 통제하는 데 어려움을 겪는다. 인간은 어떤 자극이나 생각에 대해 방어할 것인가 말 것인가를 선택할 수 없다. 의지와 무관하게 병리적 방어 기제가 작동하기 때문에, 개인이 신경증자가 되고 안 되고의 여부는 지식의 많고 적음에 달려 있지 않다.

정신이 가장 우려하는 것은 위에서 설명한 무의식의 내용과 작용들이 어느 순간 확 솟구쳐서 한꺼번에 의식에 분출되는 사태다. 이는 상상만 해도 참으로 끔찍한 일이다. 생각해 보라. 지금까지 불안 때문에 억압해 온 욕구들과 상처들, 콤플렉스들이 '한꺼번에' 돌출한다면, 어떤 영웅인들 이를 감당할 수 있겠는가? 이 경우 개인은 원초적 충동과 상처에 함몰되거나, 거세공포 내지 초자아 불안 때문에 자살하든가 미쳐 버릴 수밖에 없다. 이런 상황을 막는 방법(차선책)은 무의식이 일시에 폭발하기 전에 신경증에 걸리는 것뿐이다. 신경증 증상은 열악한 외부 환경에 적응하는 과정에서 감당하기 힘든 상처를 받은 개인이, 자살하거나 미치지 않기 위한 타협책으로 형성되는 것이다. 프로이트는 이러한 신경증적 타협보다 더 현명한 대처 방법으로 무의식을 직면하여 재해석할 것을 권한다. 무의식의 내용은 '자기 분석'을 통해 직면되고 해석됨으로써만 해소될 수 있다. 그리고 상처와의 고통스러운 대면이 손쉬운 병리적 방어보다 훨씬 자랑스럽고 성숙하며 유익한 해결책임을 충분히 자각하면, 신경증적 타협에로의 유혹을 상당히 벗어날 수 있다.

2) 무의식의 성질들

무시간성(불변성, 불멸성)

무의식에서는 어떤 것도 사라지거나 잊혀지지 않는다. 아무리 오래전 일이라도 무의식은 자극받을 때마다 반복해서 되살아난다. 무의식은 시간성이 없다.[15]

프로이트는 무의식의 무시간성(無時間性)을 유난히 강조한다. 이것은 그가 신경증자들을 정신분석 하면서 반복해서 발견한 사실이다. 자유연상 과정에서 신경증자들은 몇 십 년 전에 겪었던 상처를 기억해 내 마치 지금 눈앞에서 벌어지고 있는 일처럼 생생하게 묘사하곤 한다. 무의식의 자료들은 아무리 오랜 시간이 지나더라도 변하지 않은 채 원상태 그대로 보존되기 때문이다. 의식의 표상은 당시에 아무리 인상이 생생했을지라도 시간이 지나면 가물가물 사라지고 만다. 그런데 동일한 표상일지라도 무의식에 억압되면 그것은 영원불변하고 불멸하는 무엇이 된다. 의식은 외부의 자극들을 시간의 범주에 따라 지각하고 정리한다. 의식은 새로운 표상들을 끊임없이 수용하고 불필요한 표상들을 전의식이나 무의식에로 밀어내는 과정을 반복하면서 표상들의 변화(시간성)를 지각한다. 그러나 무의식은 시간을 지각하거나 계산하지 않는다. 그렇기에 무의식에 들어온 표상과 정서는 억압된 바로 그 순간의 상태 그대로 보존된다. 가령 여섯 살 무렵에 겪은 어떤 상처가 억압되면, 그때의 '충격적 표상과 정서'는 죽을 때까지 그 사람의 무의식에서 지속된

---

15) 「무의식에 관하여」 참조.

다. 그는 여섯 살 때의 상처에 휘둘리며 평생을 살아가게 된다.

'무시간성'이란 불변하고 불멸한다는 것이다. 전통 철학자들은 의식 활동과 의식 내용이 영원불멸성과 불변성을 지닌다고 생각했다. 프로이트의 무의식론은 정반대의 사실을 드러낸다. 그에게 무의식의 무시간성은 지금 당장이라도 꿈해석과 정신분석적 임상 관찰을 통해 검증할 수 있는 명백한 사실이다. 바로 이 무시간성으로 인해 신경증 증상은 그 뿌리가 의식되지 않는 한 평생 지속되며, 동일한 꿈과 실수가 되풀이되는 것이다. '억압'이라는 방어 기제가 치명적인 것은 바로 이 무시간성 때문이다. 여섯 살 때 억압되어 무의식에 저장된 상처는 일흔 살 노인의 정신 속에서도 원상태 그대로 역동하면서, 그(녀)의 삶에 여전히 모종의 영향을 미친다. 무의식에 남아 있는 몇 십 년 전의 흔적은 불과 0.01초 사이에 의식 및 전의식의 어떤 자극과 우연히 연결된다. 예를 들어 열 살과 여섯 살 때 육이오 전쟁 통에 헤어진 오누이가 삼십여 년이 지나 상봉했던 1980년대의 '이산가족 찾기' TV 장면을 떠올려 보자. 첫 만남의 순간 그들은 어떤 반응을 보였던가? 처음에는 '의식의 눈'에 너무 낯설게 변해 있어서 못 알아보기도 한다. 그러다가 전의식의 기억 흔적과 무의식의 자료들이 갑자기 연결되어 의식 위로 치솟는 순간, 자기도 모르게 유아적인 몸짓과 언어를 분출한다.

늙은 오빠 야, 너 그때 헤어지면서 내가 뭐라고 했는지 기억나니? 어릴 때 우리 살던 집 기억나니?

늙은 여동생 몰라요. 너무 어렸고 오래된 일이라 기억나는 게 하나도 없어요. 근데 누군가 내 손에 과자 여러 개를 쥐어 주었던 것 같아요. 그리고 누군지 파란색 옷을 입고 있었던 것 같아요…….

늙은 오빠 (갑자기 울먹거리기 시작한다.) 이 바보야. 그건 과자가 아니라 감자야. 그리고 그때 파란 옷이 아니라 파란 머플러를 했던 사람은 바로 엄마야. 어쩜…… 얼마나 고생이 많았니……!

오빠와 여동생 "오빠!" "애야!" (오누이는 함께 울음을 터뜨리며 껴안는다. 이들의 주름진 겉모습은 중년인데, 속마음과 행동은 열 살 오빠와 여섯 살 난 여동생의 그것이다.)

어떻게 사회적 지위와 학식을 갖춘 50대 남자가 열 살짜리 아이 같은 행동을 사람들 앞에서 보일 수 있단 말인가? 아이처럼 울음을 터뜨리고 마는 이런 행동의 원인을 어떻게 설명할 수 있는가? 그들이 울먹였던 것은 무의식에 수십 년간 묻혀 있던 유년기의 정서와 생각이 원상태 그대로 강하게 돌출했기 때문이다. 불과 몇 초 사이에 수십 년의 세월을 건너뛰어 옛날의 그 느낌을 함께 나눌 수 있었던 것은 바로 무의식의 무시간성 때문이다.

프로이트는 내담자들을 정신분석 하는 과정에서 신경증의 근본 소인이 대부분 유년기에 억압되어 잊혀진 어떤 상처나 갈등에 있음을 발견한다. 주로 대여섯 살 때 억압된 상처와, 사춘기에서 청년기 사이에 겪은 유사한 상처가 서로 '결합' 해 증폭되는 순간, 트라우마와 신경증적 방어와 증상이 발생한다. 대부분의 신경증자는 유아기의 상처와 환상을 무의식에 계속 보존하고 있다. 따라서 신경증을 치료하려면 무의식에 있는 무시간적 내용들을 낱낱이 끄집어내 흘러간 시간을 절감하면서 재해석해야 한다. 정신분석 과정을 거치지 않는 한, 개인은 억압된 욕망과 상처에 죽을 때까지 반복해서 휘둘릴 수밖에 없는 것이다.

초현실주의 화가 달리가 그린 「기억의 고집」이라는 그림은 무의식의 무시간성을 상징적 이미지로 드러낸다. 그림의 전경에는 여러 개의 시계가 구부러진 채로 멈추어 있다. 시계는 여성의 몸과, 단단하고 각진 똥색의 모서리와, 왜소하게 메마른 나뭇가지에 각각 구부러져 있다. 이것들은 유년기의 엄마와, 대소변가리기를 요구받던 항문기와, 거세공포에 위축되어 있던 화가의 억압된 남근기 욕구와 상처들이 투사된 이미지로 해석할 수 있다. 구부러진 시계는 원래의 정상적인 모습을 회복하지 못하는 한, 처음 구부러졌을 때 그대로 영원히 정지해 있을 수밖에 없다. 세 살 때 억압된 상처는 세 살 때 구부러져 멈춘 시계처럼 평생 고정되며, 열세 살 사춘기 때 받은 상처도 '억압되는 그 순간', 바로 그 시간에 멈춘 채로 평생 지속될 것이다. 구부러진 시곗바늘은 더 이상 째깍거릴 수 없다. 마찬가지로 무의식의 자료는 변하지 않는다.

무의식의 무시간성을 충분히 숙지한 사람이라면, 아무리 골치 아픈 일을 겪고 있다 해도, 결코 '억압과 망각'의 전략을 사용하지 않을 것이다. 정신적으로 힘들 때, 자신이 왜 이토록 힘들어하는지 그 원인을 스스로 추적해 밝혀 낸 후 일단 언어의 형태로 정리를 해야, 그(녀)의 정신적 건강을 유지할 수 있다. 망각하려고 노력할수록 개인의 인생은 비대해진 무의식에 평생 휘둘리게 된다.

1차 과정(쾌락원칙)

무의식은 의식에 길들여지지 않는, '발산'을 향해 치솟는 자유분방한 원초적 에너지이다.

무의식은 자극으로 생겨난 긴장으로부터 가능한 한 빨리 자유로워지려고 노력한다. 한마디로 무의식은 쾌락원칙에 의거해 움직인다. 쾌락원칙은 자기에게 쾌락을 주는 것은 당장 직접 맛보고 싶어 하고, 고통을 주는 것은 즉각 피하려 하는 행동 방식이다. 쾌락원칙은 즉각성, 원대상성, 직접성을 띤다. 예를 들어 보자. 누군가가 길을 지나가다가 구수한 빵 냄새를 맡고는 빵이 먹고 싶어진다. 이 경우, 그(녀)가 쾌락원칙에 따라 행동한다면, 그(녀)는 '즉각적으로' 빵 냄새를 풍기는 가게에 들어가, 자신의 욕망을 자극하는 '바로 그' 빵을, (돈이라는 수단을 매개로 사용하지 않고) '직접 손으로' 집어먹는다. 또 다른 예를 상상해 보자. 길거리를 가다가 누군가를 보고 갑자기 성욕을 느낀다. 이 경우 무의식의 1차 과정에 따라 행동한다면, 욕망을 자극한 바로 그 대상에게 즉시 달려들어 상대방에게 자극받아 생긴 긴장을 자신이 원하는 대로 직접적으로 분출함으로써 쾌감을 얻어 낼 것이다. 1차 과정은 타인의 기분을 고려하지 않고, 오직 자신의 욕망을 충족시키는 데에만 관심을 쏟는다. 그리고 자극을 준 '바로 그 대상'에게 집착하지만 상대방의 관심을 끌려고 어떤 도구(선물, 노래, 언어 등)를 사용하지 않으며, 자신의 몸을 직접적으로 사용한다.

 1차 정신 과정의 특징인 쾌락원칙은, 외부 세계의 고통 자극에 대처하는 과정에서 후천적으로 발달해 가는 2차 정신 과정인 자아의 '현실원칙'으로 점진적으로 대체된다. 현실원칙이란 쾌락을 안전하고 더 많이 얻기 위해, 현실 상황을 충분히 고려하여 행동하는 방식이다. 이 원칙에 따른다면, 어떤 대상에게서 모종의 자극을 받는다 해도 그(녀)에게 곧바로 달려가 자신의 욕구를 자신이 원하는 방식대로 곧바로 분출하지 않는다. 상대방이 내 마음을 충분히 공감하고 수용할 준비가 될 때까지 욕망의 분출을 '지연' 시킬 줄 알며, 상대의 관심을 끌 만한 '간접적' 수단(선물, 달콤한 언어, 돈, 사회적 지위 등)을 사용한다. 그래도 상대가 나를 계속해서 거부한다면, 원대상에 대한 집착을 거두어들이고 그 대상을 '대체' 할 만한 다른 대상을 찾아 나선다.

역동성

무의식에는 다양한 충동들과 힘들이 서로 충돌하거나 각기 원하는 방식으로 끊임없이 움직이고 있다. 지형학적 정신 구조 모델을 평면적으로 보면 무의식은 마치 땅속에 묻혀 있는 과거의 유물들처럼 잠잠히 있는 것처럼 느껴진다. 그러나 실상은 그렇지 않다.

지질학 연구자들은 지구의 깊은 곳에서 일어나고 있는 끊임없는 움직임에 주목한다. 그들은 그것을 통해 지진과 화산 폭발을 예측하고, 지구의 전체적 변화를 내다본다. 지구 내부는 거대한 규모로 이동하기 때문에, 보통 사람에게는 그 움직임이 잘 눈에 띄지 않는다. 그러나 지구의 여러 부분들과 전체는 지금 이 순간에도 맹렬하게 요동치고 있다. 마찬가지로 우리의 무의식에서는 의식의 간섭을 받지 않는 원초적 힘, 즉 심리-생리적 욕동 에너지가 자유롭게 움직이며 끊임없이 용솟음치고 있다. 따라서 무의식은 근본적으로 역동적이다.

역동성을 지닌다는 말은 또한 정신 작용에 필요한 에너지가 무의식으로부터 공급된다는 의미를 내포한다. 의식에 지각되는 관념과 정서 등의 정신 현상들은 대부분 무의식적 추동력에 의해 발생한다. 의식은 자신의 정신적 추진력을 무의식으로부터 공급받는다. 그렇

그림 7 무의식의 역동성

다면 무의식을 억압하여 의식과 무의식 사이의 분열이 심해지면, 결과적으로 의식은 자신의 에너지원을 상실하게 되는 것이다. 이 경우, 그 개인은 생산적인 일이나 창조적인 일을 할 수 없게 된다.

타자성

무의식은 의식에 대해 타자성(他者性)을 지닌다. 이 말은 어떤 경험이 억압되어 무의식에 진입하는 그 순간, 의식은 더 이상 이 경험 내용을 인식할 수도 없고 통제할 수도 없는 상태가 된다는 뜻이다. 의식은 의식 영역 안에 있는 것만을 인식하고 통제할 수 있다. 그리고 기껏해야 전의식에 있는 것들과만 어느 정도 교류할 수 있을 따름이다. 그러나 "난 널 결코 기억하고 싶지 않아. 그러니 제발 의식에서 사라져 줘."라며 억압한 인생 경험들은, 그 순간부터 의식에 대립되는 타자로 변질된다. 그것은 의식과 매우 다른 정신 작용을 하는 무의식에서, 의식이 이용할 수 없는 낯선 힘으로 존재한다.

회귀성, 변장성

"억압된 것은 반드시 되돌아온다." 그것도 의식의 질서를 교란시키는 보복적 양태로 회귀한다. 그리고 전의식의 자료와 결합해 '변형된 모습으로' 의식에 복귀한다. 이것이 회귀성이다. 억압된 것은 결코 무의식에서 얌전하게 머물러 있지 않는다. 역동적이며 의식이 통제할 수 없는 타자성을 지닌 무의식은 또한 반복해서 회귀하는 성질을 지니기 때문에, 자아로 하여금 항상 상당량의 방어 에너지를 지출하게 만든다.

억압된 것이 뜻밖의 순간에 솟구친 예를 들어 보자. 영화 「에일리언(Alien)」(1979)은 우주 화물선 한 척이 어느 날 느닷없이 외계 생명체의 공격을 받는 이야기를 그리고 있다. 이 생명체는 인간의 몸 속으로 파고들어 잠복해 있다가 어느 순간 가슴을 뚫고 괴물의 모습으로 뛰쳐나온다. 이 영화에서 끔찍해 보이는 외계 생명체가 하는 짓은 무의식의 (변장된) 회귀성과 매우 유사하다. 다른 사람들이 외계 괴물의 존재를 믿지 않고 시시덕거리다 뜻밖의 죽음을 당하는 데 비해, 여자 주인공은 외계 괴물의 무시무시한 힘과 특성들을 긴장 속에서 대면하여, 필사적으로 싸워 결국 괴물을 물리친다. 관객은 이 영화를 보면서 자신의 무의식이 정서적으로 반응하는 것을 느낀다. 관객은 어느덧 끔찍한 외계 괴물(무의식)에 용기 있게 맞서 처절히 싸우는 주인공(의식)과 자신을 동일시한다. 물론 관객은 외계인이 무엇을 뜻하는지 모른다. 황당하게만 여겨지는 그것이 외관상 안정적으로 보이는 의식의 세계에 나타나 난동을 부리는 이유가 무엇인지도 모르면서, 그냥 뭔가 정서를 자극하는 부분이 있으니까 흥미로워한다. 이 영화에서 외계 괴물은, 의식에 의해 의식 밖으로 추방된 무의식을 상징한다. 몸속으로 잠입해 심장을 갉아먹고 있다가 갑자기 몸 밖으로 돌출하는 외계인처럼, 억압된 무의식은 언젠가 뜻밖의 순간에 의식의 세계로 회귀해 의식의 질서를 온통 파괴해 버린다. 이 시리즈는 항상 외계 괴물을 완벽하게 처치했다는 확신이 없는 불안한 상태로 끝이 난다. 또다시 습격당할지도 모른다는 불안은 미래에 상존한다. 영화 「에일리언」은 무의식의 변장된 회귀성을 은유적으로 잘 드러낸다.

드라큘라 이야기나 '전설의 고향'에 나오는 귀신들, 시체가 다시 살아나 움직이는 좀비 역시 관객의 무의식을 자극하는 심리적 가치를 지닌 영화적 소재다. 이들은 모두 억압되어 망각된 과거의 끔찍한 사건 혹은 무의식적 욕망들이 억울한 한(恨)을 품고 다시 회귀한 상징이다. 그래서 그것들은 편안히 잘 살고 있는 것처럼 보이는 인간에게로 엄습해 와서는 괴롭히고 피를 빨아먹고 죽이는 것이다. 즉, 부정되어 억압된 모든 표상과 욕망 에너지는 '의식의 눈'에 괴물로 나타나 의식에 보복을 가한다.

프로이트에게 '억압'은 이처럼 참으로 무시무시한 의미를 지닌다. 그것은 사회적 생존을 위해 불가피한 수단인 동시에 신경증을 유발하는 원흉이다. 억압의 후유증은 여러 유형의 증상들을 통해 평생에 걸쳐 반복해서 출현한다.

은폐와 망각

억압된 표상들과 욕동 에너지는 무의식에서 의식으로 회귀하려고 계속 역동한다. 그런데 의식은 마치 그것들이 존재하지 않는 양 은폐하거나 망각한다. 무의식은 의식에 출현하더라도 결코 본래 모습 그대로를 드러내진 않는다. 무의식은 전의식의 평범한 자료들과 결합해 덜 충격적으로 보이는 '변장된' 모습으로 나타난다. 그 때문에 자신의 관심사에만 골몰하는 의식은, 종종 무의식이 존재하지 않는 것처럼 여긴다. 인간은 치명적인 실수나 뜻밖의 고통스러운 증상에 직면하게 되어서야 비로소 무의식의 존재를 인정하게 된다.

무의식의 내용은 의식이 더 이상 떠올릴 수 없는 것이 되었으므로, 개인은 자신이 '무엇'을 망각하고 있는지조차 알 수 없게 된다. 그리고 자신이 '뭔가를 억압하고 있다는 사실'조차 스스로는 인식하지 못한다. 무의식은 단지 기억할 수 없는 것일 뿐인데, 의식은 마치 무의식이 처음부터 없었던 것인 양 착각한다. 의식은 평상시에 '그것'에 관심을 기울이지 않으며, '그것'이 존재하지 않는 것처럼 사고하고 행동한다. 무의식은 의식에 대해 은폐, 망각되어 있다.

소망충족(지각 동일성)

무의식에는 유년기에 맛보았던 쾌락 지각을 반복해서 경험하려는 성향이 있다. 프로이트는 『꿈의 해석』에서 꿈을 발생시키는 근본 추동력이 바로 이 무의식의 소망충족 욕구임을 강조한다. 소망충족이란 일종의 환각적이고 퇴행적, 유아적인 욕구 충족 방식이다.

소망충족의 예를 들어 보자. 유아가 배고픔을 느꼈을 때 엄마가 젖을 물려 주면, 유아는 젖을 빨아먹음으로써 배고픔과 더불어 구강 쾌감을 만끽한다. 이 감각적 쾌감은 유아의 정신과 신체에 각인되어 기억 흔적을 남긴다. 그 후 유아가 또다시 젖을 먹고 싶어질 때 젖가슴이 당장 눈앞에 나타나지 않으면, 유아의 1차 정신 작용은 기억 흔적으로 퇴행한다. 즉, 젖 먹던 기억을 떠올리며 과거에 맛보았던 젖가슴 감각 지각들을 재발생시킨다. 이 경우 유아는 결핍된 욕구를 환각적으로 충족시키게 된다. 이처럼 무의식은 일단 한번 강하게 맛본 쾌감을 결코 포기하지 않으며, 반복해서 경험하고 싶어하는 '소망'을 품는다. 이러한 퇴행적 소망충족 성향이 바로 꿈과 환상과 신경증 증상들을 유발하는 것이다.

프로이트는 과거와 동일한 쾌락 지각을 또다시 맛보고자 하는 이 소망충족 욕동을 '지각 동일성'으로 명명한다. 지각 동일성은 유아의 심리 작용이며, 자아가 발달해 감에 따라 점점 의식의 '사고 동일성'으로 대체된다. 사고 동일성이란, 환각적 지각이 아닌 관념적 사유를 통해 만족을 추구하는 성향이다. 어른이 되어서도 계속 환각적인 지각 동일성을 추구하는 사람에게는, 유아기의 정신 작용에 고착된 정신질환자라는 진단이 내려진다. 그러나 보통 사람들도 사랑의 감정을 느끼거나 성 관계를 맺을 때는, 어느 정도의 지각 동일성이 작동되어 유아적인 흥분과 행복감을 느끼곤 한다.

본능성(탈도덕성)

원초적 정신 작용인 무의식은 도덕의 눈치를 보지 않는다. 무의식의 세계에서는 본능 충동들이 도덕과 무관하게 자유로이 역동한다. 프로이트는 특히 본능 충동들 가운데 성욕과 자기 보존욕, 공격적 파괴욕과 에로스적 결합욕에 주목한다. 성욕동(리비도)의 발달 및 퇴행적 고착은 성격 형성과 자아 발달에 큰 영향을 미치기 때문이다. 특히 유년기 성욕동의 충족 또는 좌절 정도는 평생에 걸쳐 개인의 욕망 양태를 좌우한다. 유아 성욕은 사회적 도덕규범과 대립하기 때문에 대부분 억압된다. 그리고 바로 이 억압 때문에 유아 성욕이 개인의 삶에 평생 영향을 미치게 되는 것이다.

인터넷 성인 사이트나 도서 및 비디오 대여점에 있는 야하고 엽기적인 소설이나 동영상이 사람들의 관심을 끄는 이유는 무엇인가? 그것들은 주로 어떤 내용들로 이루어져 있는가? 그것들은 주로 사회적 현실 속에서는 금기시되어 분출할 수 없었던 억압된 무의식을 최대한 '직설적'으로 표출하고 있다. 거기에는 한편으로 여전히 도덕 감정과 거세불안이 자리하고 있으나, 다른 한편으로는 도덕의 눈치를 보지 않고 억압된 욕구들을 자유롭고 안전하게 배설하는 데서 오는 묘한 쾌감이 공존한다.

내면화된 도덕규범에 의해 금지되고 억압된 관념들은 도덕의 시선이 아닌 쾌락원칙에 따라 움직인다. 그리고 금지된 관념들과 욕망 에너지는 그와 같은 사회적 매체를 통해 분출되지 못할 경우, 꿈이나 증상, 실수, 환상 등을 통해 자신의 존재와 힘을 상징적으로 분출한다.

달리의 「별빛에 비친 쾌락」은 화가 자신의 무의식에서 역동하는 다중적 본능들을 상징적으로 드러낸 이미지들이다. 피 흘리며 도망치는 듯한 여성과 그녀의 목을 조르고 허리를 더듬는 남자는 "피학적 음란 욕구와 가학적 성욕"을, 피묻은 '칼'을 잡은 '손'과 그 손을 저지하는 다른 쪽 손은 누군가를 잔인하게 거세하고 싶은 파괴 충동과 이를 막는 삶본능을, 자전거 탄 사람들이 머리에 이고 있는 사탕덩이는 퇴행적 쾌락욕망을, 마치 횡대로 서 있는 인간들처럼 획일화된 창문들을 지닌 건물과 그 앞에 놓인 커다란 사탕덩이는 어리석고 위험한 '집단충동'을, 그 덩어리를 향해 손으로 뭔가를 지시하는 듯한 '신사'는 집단을 좌지우지하고 싶어하는 권력욕동을, 벗은 채 상자 속을 들여다보는 인간은 관음 욕구와 노출 욕구를, 그 커다란 상자는 함부로 노출해선 안 될 금지된 충동·환상·상처가 담긴 무의식 영역을, 상자 속에서 지그시 눈 감고 있는 여인은 좀처럼 포기될 수 없는 최초의 애착 대상인 엄마를 향한 유아성욕을, 그 위에 위치한 '남근'처럼 꿈틀대는 징그럽고 긴 배를 지닌 메뚜기는 과대적 남근성욕과 탐욕스런 구강욕동을, '컵 손잡이' 형 머리스타일을 한 여성들을 탐욕스럽게 바라보는 '야수'는 욕망대상을 자기 마음껏 탐닉하고 싶어하는 다중도착적 성충동을, 균열되고 어둡게 구멍난 거대한 알은 위대한 '나'를 탄생시킨 성스러운 자궁인 동시에 나를 거두어 갈 죽음본능을, 그리고 운명처럼 따라다니는 검은 그림자들은 의식의 질서를 불시에 전복시킬 수 있는 무의식의 본능에너지와 콤플렉스를 각각 상징한다. 프로이트에 의하면 예술 작품이란 현실에서 충족할 수 없는 소망들을 변장된 모습으로 안전하게 대리 분출시킨 표상들이다. 그렇다면 이토록 많은 본능욕동들을 한 폭의 그림에 모아서 표현한 화가의 무의식적 소망은 어떤 것일까? 아마도 다음과 같이 표현해 볼 수 있을 것이다. "으. 지금까지 살아오면서 수치스럽게 좌절되었고 두려워 억압할 수밖에 없었던 이 모든 욕구들을, 할 수만 있다면 지금 당장 '한꺼번에 원 없이' 분출해 보고 싶구나~!"

프로이트에 의하면 예술가들은 기질적으로 강한 본능 욕동을 지니며, 이것을 자유롭게 분출하고 싶은 욕구가 유난히 큰 사람들이다. 그러나 욕구가 큰 만큼 거세불안 또한 크기 때문에, 결코 그 욕구를 현실 대상을 향해 자유롭게 분출하지 못한 채 내향화한다. 그래서 이들은 신경증에 걸리지 않기 위해 자신의 억압된 본능 욕동을 예술적 상징으로 변형시켜 분출하려고 평생 동안 지속적으로 노력한다.

비현실성, 비인과성

무의식은 현실에 관심이 없다. 쾌락원칙을 추구하는 무의식은 외부 세계가 자신의 생각과 정서와 행동에 대해 어떻게 판단하고 대응할 것인지 계산하지 않는다. 계산 활동은 의식의 특성이다. 현실에서 생존하려면 나와 관계하는 대상의 성질과 반응을 끊임없이 계산하고 예측해야 한다. "저 대상이 나에게 어떻게 대할까?", "저 대상의 정체는 무엇일까?"를 정확히 분별해야 한다. 그러나 무의식은 분별이나 계산을 하지 않고, 자기가 원하는 것을 자기중심적으로 표출한다. 무의식에는 또한 인과적 인식이 부재한다. 자연계의 사물들은 인과 법칙에 따라서 움직인다. 그러나 무의식은 세상 모르는 아기처럼 인과성을 계산할 줄 모르기에, 자신의 욕망이나 생각을 인과적인 방식으로 표출하지 않는다. 그저 자신이 원하는 방식, 즉 쾌락원칙에 따라 자유롭게 움직인다.

무의식의 비현실성과 비인과성은 꿈속 이미지나 주관적 공상 속에 잘 나타난다. 꿈과 몽상 속에서는 사람이 하늘을 날기도 하고, 죽었던 자가 다시 살아나기도 한다. 자신이 세계를 지배하거나 멸망시키는 초능력을 발휘하기도 하며, 매력적인 이성(異性) 앞에 위대한 영웅의 모습으로 나타나 사랑을 성취하기도 한다. 이처럼 무의식은 외부 세계의 인과 법칙과 무관한 양태로 '심리적 현실'을 변형시킨다. 의식으로 이해할 수 없는 이미지들이 꿈이나 백일몽 속에 나타나면, "아하, 이것은 무의식이 가지고 있는 비현실적이고 비인과적인 활동성에 의해 생겨난 것이구나."라고 생각하면 된다.

비논리성

무의식은 논리적이지 않다. 따라서 무의식에서는 모순되는 관념들이나 충동들이 자연스럽게 병존한다. 가령 꿈을 꿀 때 내가 누구한테 총을 맞아 죽었는데 죽은 나를 또 다른 내가 내려다보는 일이 있다. 이런 일은 논리적으로 불가능하다. 죽으면 의식도 무의식도, 꿈도 공상도 존재하지 않는다. 그런데 죽은 나를 또 다른 내가 바라보는 모순적인 표상들이 무의식에선 자연스럽게 통용된다. 논리적인 사유란 의식이 세상을 질서 짓는 방식이다. 무의식에서는 의식과 달리 질서 정연함과 논리성이 결코 심리적 가치를 지니지 않는다.

기호성

무의식은 언어에 반응한다. 이 신기한 특성 때문에 우연히 던진 한 마디 말이 한 개인의 정신을 뜻밖에 붕괴시키기도 하고 되살리기도 한다. 그 이유는 무엇일까? 그것은 무의식에 '의식의 언어'와는 다르지만 모종의 유사성을 지닌 독특한 상징적 기호 작용이 존재하기 때문이다. 무의식에서 생성된 이미지들은 나름의 언어적 상징성을 지니고 있다. 바로 이런 언어적 상징성 때문에 우리는 신경증 증상과 꿈이 어떤 무의식적 의미를 지니는지를 의식 차원에서 해석할 수 있다. 그리고 자유연상을 통해 (전)의식의 자료에서 무의식 자료에로 추론적 연결 고리가 형성된다. 정신분석 작업은 곧 무의식의 상징적 기호 표상인 신경증 증상들과 꿈과 전이 행동의 의미를 의식의 언어로 번역하는 작업이다.

프로이트는 무의식의 1차 과정에 해당하는 꿈작업인 '압축'과 '전치'에는 일종의 상징적 기호 작용이 담겨 있기 때문에, 꿈을 언어적으로 해석하는 일이 가능하다는 사실에 주목한다. 신경증 증상들 역시 무의식의 상징적 기호 활동인 '증상화 작업'을 통해 형성된 기호다. 그런데 무의식의 기호는 고도로 규약적인 언어적 상징 기호와는 성격을 달리한다. 의식의 '언어'는 '글자'와 그것이 지칭하는 '의미' 사이의 관계가 우연적이고 규약적이다. 이에 비해, 무의식의 기호들은 그것이 지칭하는 대상에 대해 유비적이거나 은유, 환유적인 표상 관계를 지닌다.

4
유년기

　‘유년기’는 ‘무의식’과 더불어 프로이트 정신분석학의 근본 토대를 이루는 개념이다. 프로이트는 내담자들을 정신분석하는 과정에서 정신 구조와 성격 유형 및 정신질환의 원인들이 대부분 유년기에 형성되는 것임을 반복해서 확인한다. 그러나 현실에 쫓겨 사는 성인들에게 ‘어린 시절’은 단지 지나간 과거의 조각들로 느껴질 뿐이다. 그 시절이 좋았든 나빴든 그건 이제 현실이 아니다. 그런데 과연 정말로 그런 것일까?

　정신분석학은 유년기가 인생 전반에 왜, 어떻게, 얼마만큼 영향을 미치는가를 곤혹스러울 정도로 세세하게 탐구한다. 정신분석에서 유년기는 인간의 근원적 욕망과 원초적 정신 작용의 특징 및 정신질환의 수수께끼를 푸는 핵심 열쇠이다. 그렇다면 유년기가 인생에서 그토록 중요한 의미를 지니는 이유는 무엇인가?

1. 임상적 발견 – 유년기의 '현재적' 영향력

1) 프로이트의 임상적 관찰

프로이트는 정신분석 치료 과정에서 신경증의 근본 원인이 유년기 경험들로부터 유래한다는 사실을 거듭 확인할 수 있었다. 가령 신경증자들은 '저항'을 극복하여 무의식을 떠올리는 극적인 순간에, 어릴 때 겪었던 어떤 사건들이 현재의 성격과 정서, 생각과 행동에 커다란 영향을 미쳐 왔음을 토로한다. "지금의 성격과 욕망, 두려움과 환상들은 사실 어릴 적부터 품어 온 것들이에요……!" 그들은 현재의 신경증적 불안이나 갈등, 양가감정, 유아적 성격이나 인간에 대한 부정적인 느낌들이 어릴 때부터 있었다는 것을 뒤늦게 기억해 낸다.

신경증자[16]들은 유년기에 겪은 충격들에 대한 '유아적 생각과 이미지'를 무의식에 계속 간직하고 그것에 고착된다. 가령 3세에서 6세 사이에 부모가 성관계 하는 장면을 보았거나, 누군가에게 강한 성적 자극을 받은 경우, 그것에 대한 유아적 환상에 자기도 모르게 고착되어 있음이 전이 상황에서 드러난다. 또한 부모님께 심한 꾸중을 받아 심리적 상처를 입었다든가, 엄마와 외출했다가 엄마를

---

16) 프로이트는 신경증자를 유년기(항문기 후기와 남근기)에 성욕동과 공격욕동의 분출이 과도하게 좌절되고 억압되었다가 사춘기 이후에 유사한 상처를 겪은 후 유증으로 자신의 의지와 무관하게 정신–신체적 증상(히스테리, 강박증, 공포증)을 지니게 된 사람이라고 보았다. 신경증자는 무의식에 억압된 유아적 불안과 양가감정과 갈등에 반복해서 시달린다. 그러나 높은 현실 인식 능력 및 자기 인식 능력과 외부 대상에 대한 욕망을 지닌다는 점에서 정상인과 동일하며, '정신분석 관계'를 맺을 수 있는 성숙한 존재이다.

잃어버려 질겁한 일이 있다든가, 엄마가 자신을 두고 장기간 가출한 적이 있다든가 하는 등의 유년기에 받은 충격은 당시로서는 감당하기 힘들어 억압되었기 때문에, 어른이 되어서도 계속 영향을 미친다. 성격, 정신 구조, 깊은 상처, 불안, 갈등, 죄책감, 방어 기제 등이 이미 유년기에 형성된다는 것은 자유연상 과정에서 내담자들이 토로하는 언어로 검증된다. "생각해 보니까 어릴 적부터 줄곧 그래 왔던 것 같아요."라는 강한 정서적 토로는, 무의식의 중심 내용을 이루고 있는 유년기 체험들에 대한 세세한 정신분석 과정에서 관찰되는 보편적 현상이다.

유년기의 생각과 정서는 정신분석 '전이' 상황에서 반복되는 행동으로 분출된다. 그뿐만 아니라 신경증자들은 일상생활에서도 유년기의 외상 체험이나 쾌락 체험을 재현하고자 하는 시도를 되풀이한다. 그들은 비생산적인 유아적 정서와 행동에 반복해서 휘둘린다. 프로이트는 이런 불합리한 현상들이 유아적 쾌감을 다시 맛보려는 욕구와 유아기의 결핍을 메우려는 욕구에서 기인한다고 해석한다. 또한 유년기의 상처들을 감당할 만한 낯익은 것으로 만들기 위해 반복 체험하려는 강박이 일어난다. 유년기의 욕망과 상처가 이토록 평생에 걸쳐 강한 영향을 미치는 까닭은, 그것이 '억압' 된 채로 무의식에서 영구적으로 역동하기 때문이다.

신경증자들이 유년기 경험을 반복하는 양태들을 살펴보자. 첫째, 신경증자는 나이가 든 후에도 부모나 주변 사람들에게 암암리에 '의존' 하려는 성향을 보인다. 자립 능력이 없는 어린아이는 양육자에게 절대적으로 의존한다. 그런데 나이 들어서도 주변 사람에게 의존하지 않으면 불안해 못 견디는 성질은, 유년기 때 부모에게 충분히 보살핌을 받지 못했기에 그 결핍을 메우려는 것이거나 혹은 과잉보호에 고착된 데에서 기인한다. 둘째, 권력자만 보면 한편으로는 그의 권위를 인정하면서도, 다른 한편으로는 자기도 모르게 분노와 중오를 느끼고는 공격적으로 되는 사람이 있다. 이것은 유년기 때 아버지에게 지녔던 강한 애증이 억압되어, 나이 들어 어릴 적의 아버지를 연상시키는 권위자를 만날 때마다 자극을 받아 감정이 솟구치기 때문이다. 유년기에 부모에 대해 품었던 감정과 '유아적 생각'이 일생 동안 개인에게 영향을 미친다는 것은, 정신분석 임상 과정에서 분석가에 대한 내담자의 비합리적인 전이 행동과 자유 연상 내용을 통해 보편적으로 검증된다.

유년기의 상처들은 억압되어 있기 때문에 좀처럼 '기억' 되지 못한 채 단지 환상이나 비합리적 행동으로 '반복' 된다. 특히 신경증자들은 그 같은 상처가 자신을 파괴했고 남 보기에 수치스럽다고 스스로 해석하고 그 해석에 고착되어 있기 때문에 고통스러운 환상과 중상들에 반복해서 휘둘린다. 뛰어난 지적 능력이 있어도 그들은 자신이 고통스러운 증상에 반복해서 휘둘리는 원인이 무엇인지 좀처럼 깨닫지 못한다. 그 원인은 대부분 무의식의 핵심을 이루고 있는 유년기의 충격과 불안에 있다. 그것은 억압되어 무의식에 존재하기 때문에, 유년기를 직접 '의식' 하기란 좀처럼 쉽지 않다.

프로이트는 내담자가 망각한 유년기 표상들을 꾸준한 자유연상 과정을 통해 기억나게 하고는, 그것을 현재의 성숙한 관점으로 스스로 재해석하게끔 도와주었다. 그랬더니 '유아적 환상과 갈등 및 불안' 에 반복해서 휘둘리는 증상이 사라지는 것을 관찰할 수 있었다. 이런 임상 사례들의 축적을 통해 프로이트는, 망각된 유년기 부분들에 대한 기억과 성숙한 자기 해석이 성인 신경증을 치료하는 데 결정적인 요인으로 작용한다는 이론을 세운다.

위의 임상적 관찰 내용들을 종합해 보면, 유년기는 신경증의 근본 소인임과 아울러 신경증을 극복하기 위한 열쇠를 내포한다는 것을 알 수 있다. 프로이트의 정신분석학은 유년기의 경험 흔적들에 내재된 심리적 가치를 주목하고 재해석하는 데 획기적인 관점을 제공한다.

2) 유년기의 정신분석학적 의미

현존성

정신분석학에서 유년기는 이미 지나간 과거의 어느 시기를 지칭하는 단어가 아니다. 그것은 '현재' 나의 무의식 속에서 역동하면서 나의 삶에 모종의 영향을 미치는 유아적인 욕동, 환상, 불안, 갈등, 방어 기제, 경험 흔적 등을 지칭한다. "유아는 내 속에서 '현재' 살아 역동하는 '또 다른 나' 이다." 이 내용은 정신분석 공부를 위한 핵심 열쇠에 해당되므로, 차분히 음미해야 한다. 일반적으로 0세부터 6세까지의 시기를 유년기라고 부른다. 그런데 정신분석학에서의 유년기란, 단순히 한 개인이 꼬마였던 먼 과거만을 지칭하는 개념이 결코 아니다.

필자에겐 정신분석 이론의 위력을 강렬한 '정서적 인식' 체험의 형태로 맞닥뜨린 몇 번의 전환점이 있었다. 그중 하나는 바로, 정신분석학에서 유년기의 의미가 0세에서 6세 사이의 과거에만 한정된 것이 아니라는 사실을 깨닫는 순간이었다. 정신분석에서 유년기는 과거 시점인 동시에 현재 시점이다. 이것이 정신분석에 입문하는 핵심 열쇠 가운데 하나이다. 우리가 정신분석을 공부할 때 단지 지나간 과거만을 연구한다면, 흥미도 떨어지고 현실감도 적어진다. 그리고 복잡한 현실 관계에 골몰해야 하는 '현재의 나' 의 진정한 관심도 유발하지 못할 것이다. 이것저것 신경 쓸 일투성이인 어른이, 왜 굳이 어린 시절에 관한 지식을 습득하는 데 골몰해야 하는가? 이미 오래전에 지나간 과거가 현재와 미래를 사는 데 뭐 그리 중요하단 말인가? 그런데 정신분석학 서적들의 대부분은 기억도 잘 나지 않는 유년기에 관한 설명들로 채워져 있다. 성인(聖人)들의 고상한 언어를 공부해 온 사람이라면, 유년기에 관한 세세한 언어들을 읽으며 한심한 느낌이 들 것이다. 나 자신도 그랬다. 나는 현재의 복잡한 마음을 정신분석(학)을 통해 정리하고 싶었기에, 이 학문에 관심을 가졌다. 그런데 미국 시카고 대학의 다양한 정신분석 수업에서 중복적으로 언급되는 유년기 특징에 관한 언명들에, 나는 그만 짜증이 나고 말았다. "젠장, 마지막 희망이던 정신분석 공부마저 포기해야 되는가!"라는 위기감이 밀려왔다. 그때 갑자기 번갯불처럼 "정신분석학에서 유년기는 과거가 아니라, 무의식에서 '현재' 역동하는 나의 핵심 부분을 지칭하는 거야!"라는 직관이 번뜩였다. 그 순간 낯설게만 보이던 정신분석 개념들이 마치 살아 움직이는 것처럼 조각조각 엮이며, 내 삶의 구석구석을 거울처럼 비추기 시작했다. 지금까지 망각하고 살아온 무의식 깊은 곳의 유년기 사건들이 갑자기 뜬금없이 떠오르며, 보름 가까이 강한 흥분이 휘몰아쳤다. 그 후로 프로이트의 언어들은 마치 '지금 이 순간' 체험하듯이 내 머리와 몸속으로 생생히 스며들어 왔다. 유년기의 특성을 정신분석학적 관점에서 해석한 글들을 읽으면서 나는, 이내 '현재의 나'를 특징 짓는 성격들을 그 뿌리부터 자기 분석할 수 있게 되었다. "아! 그래서 내가 지금까지 이러이러한 갈등과 불안에 시달리며, 그런 어리석은 행동들을 반복해 온 것이었구나!"

정신의 뼈대

유년기는 '현재 정신'의 뼈대, 즉 정신의 하부 구조를 이루고 있다. 이 하부 구조는 성격, 꿈, 증상, 환상, 실수 등을 통해 그 모습을 간접적(상징적)으로 드러낸다. 그림을 통해 유년기의 정신 구조를 이해해 보자.

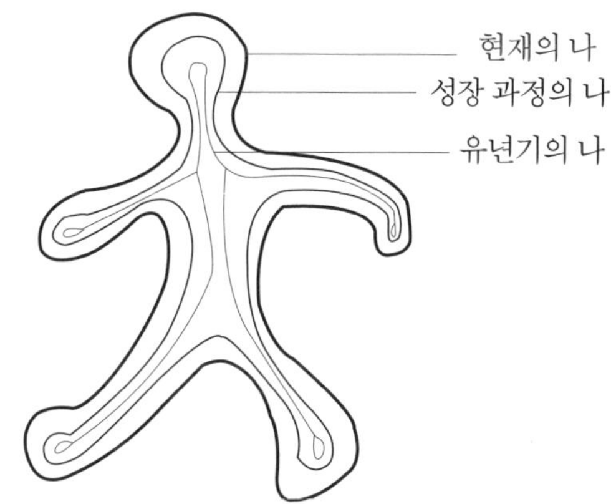

그림 8 다중적 정신 구조와 초기 구조의 지속성

외각의 그림은 '현재의 나'다. 그리고 중간 그림은 유년기 이후 지금까지 '성장 과정의 나'다. 속의 뼈대는 '유년기의 나'다. 현재의 나 속에는 이처럼 중심 뼈대를 이루는 유년기의 내가 있다. 이 뼈대는 성격의 핵심에 해당한다. 즉, 유년기란 '현재의 나' 속에서 나의 뼈대를 구성하고 있으면서 끊임없이 영향력을 미치고 있는 '핵심 나'를 의미한다.

정신분석학에서는 왜 끊임없이 유년기의 중요성을 강조하는 것일까? 그 이유는 유년기가 현재 나의 정신, 성격, 정서를 구성하는 뼈대를 이루고 있기 때문이다. 무의식이 현재의 중심과 무관하다면, 유년기는 인간 본성과 신경증의 원인을 이해하는 데 그리 중요하지 않다. 유년기는 신경증자뿐만 아니라 성숙한 인간에게도 지금 이 순간 그(녀)의 욕망과 자아를 구성하고 있는 핵심이다. 그래서 정신분석학에서 유년기를 그토록 중요하게 다루고 있는 것이다. 즉, 정신과 성격의 구조적 뼈대(틀)를 이루면서 현재의 나 속에서 역동하고 있는 핵심 무의식이 바로 유년기다.

정신이 최초로 형성되는 격동적 과도기인 유년기에 받은 자극들 각각은 그 자체로 정신의 뼈대 속에 각인되어 구조를 형성한다. 따라서 현재 정신의 구조 속에는 '유년기의 나'가 섞여 있다. 성숙한 사람과 신경증자의 경우에 유년기가 차지하는 비중의 차이를 구별해 보자. 성숙한 사람일수록 유년기 체험이 현재의 정신에 영향을 미치는 강도가 그리 크지 않다. 그(녀)는 유년기 이후에도 정신의 새로운 발달을 거듭해서 겪었기에, 인생에서 유년기 체험이 차지하는 비중이 그만큼 줄어든다. 이에 비해 신경증자는 유년기의 욕망과 정서에 고착되어, 이후의 새로운 성장 경험을 온전히 축적하지 못한 사람이다. 그로 인해 어른이 되어서도 유년기의 영향을 벗어나지 못한 채 계속 유아적 사고와 정서에 휘둘리게 된다.

성숙한 사람이란 바로 정신에 각인된 유아적 특성들의 영향을 떨치려는 노력을 꾸준히 해 온 사람이다. 그런데 프로이트는 성숙한 사람이든 신경증자든 모두 정신 구조적으로 억압된 유년기 (오이디푸스) 상처의 영향력으로부터 자유로울 수 없다고 본다. 억압된 무의식은 정신을 구성하는 한 부분이며 끊임없이 의식 영역으로 회귀하기 때문이다. 그로 인해 인간은 누구나 신경증적 소인을 지니게 된다.

양가성(욕망 대상과 방어 대상)

유년기는 외부 자극들과 내부 충동에 대한 자아의 방어 능력이 미성숙하고 약한 시기이다. 방어 능력이 약하기 때문에 어른들이 미처 인식하지 못하는 흥분과 충격들이 빈번하게 발생한다. 유아는 과잉 자극에 무방비로 노출되어 과도한 흥분과 끔찍한 고통을 겪곤 한다. 과잉 자극은 평상적 방어 체계를 파괴하는 트라우마와 유사한 기능을 하므로, 강력한 방어 작용에 의해 억압된다. 그로 인해 유년기의 자극 흔적은 망각된 상태로 무의식에 영구히 보존된다. 그리고 사람들은 유년기 경험들에 대해 지속적인 양가감정을 갖는다. 하나는 "유년기에 있었던 생생한 흥분들을 다시 한번 맛보고 싶다. 다시 유년기 상태로 돌아가고 싶다!"는 소망충족 욕구와 퇴행 욕구이다. 다른 하나는, 정신-신체적으로 약했기 때문에 겪었던 "끔찍한 고통을 결코 또다시 겪고 싶지 않다!"는 강력한 방어 감정이다. 따라서 유년기는 다시 돌아가고 싶은 욕망 대상인 동시에 다시 기억하고 싶지 않은 방어 대상으로 존재한다. 즉, 우리는 이 시기를 그리워하는 동시에 망각하고 싶어하는 상반된 감정을 품는다.

인류가 회귀하고 싶어하는 대상의 이미지들을 상징적으로 표현하고 있는 '에덴동산' 관련 그림들을 살펴보자. 기독교에서 에덴동산은 인류가 최초로 살았던 천국이다. 이곳에서 인간은 노동을 하지 않고도 편안히 살 수 있었다. 일하지 않고 '신의 보호'를 받으며 남자와 여자가 벌거벗고 자유롭게 함께 지내던 황금시대는 부모에게 절대 의존하며 마음껏 욕구를 표출하던 유년기를 상징한다. 인류가 창조된 직후인 에덴동산 시절은, 개인의 정신과 성격이 최초로 형성된 시기인 유년기에 해당한다. 인간이 에덴동산을 그리워함은 곧 유년기로 돌아가고 싶어함을 의미한다.

아담과 이브는 '선악과'를 따먹고 갑자기 부끄러움을 느끼게 되어 제 성기를 가린다. 이것은 아이가 남녀의 '성차이'를 처음으로 지각한 후 성별이 다른 부모에게 강한 성적 욕망을 느끼다가, 도덕 규범과 언어적 분별을 습득함으로써 성욕에 대한 수치심과 죄책감과 불안을 느끼게 되는 것을 의미한다. 그리고 에덴동산으로부터의 추방은 부모 의존적인 유년기를 벗어나 사회에 적응하기 위해 힘들게 교육을 받고 노동을 익히는 과정을 뜻한다.

망각과 변장된 기억

유년기를 정서적으로 음미하기 위해 질문을 하나 던져 보자. '유년기'라는 말을 들으면 당신 머릿속엔 순간적으로 무엇이 떠오르는가? 아름다운 이미지인가, 두려운 느낌인가. 아니면 안개 속을 헤매는 것 같은가. 당신에게 누가 "유년기 때 어땠어요?"라고 물으면 기억나는 것이 있는가? 6세 이전 시기의 기억이 얼마나 남아 있는가? 설령 당신이 유년기에 대해 기억할지라도 어른이 되어 기억하는 유년기와 실제의 유년기에는 상당한 차이가 있다. 유년기에는 여러 가지 사건들이 많이 일어난다. 짜릿한 흥분과 섬뜩한 충격이 연이어 발생한다. 바로 이 흥분과 충격은 너무도 강하고 생생하기에 유년기 자극들은 이후의 새로운 경험과 정신 발달을 위해 억압될 수밖에 없다. 그리고 억압된 무의식은 결코 자신을 있는 그대로 의식에 노출시키지 않는다. 그 결과 유년기는 있는 그대로가 아닌 왜곡과 각색을 거친 모습으로만 기억나게 된다.

라파엘로의 그림 「마돈나」를 변장된 유년기 욕망 관점에서 음미해 보자. 이 그림에서 유년기는 아기예수가 성모 마리아 품에 안온하게 안겨 있는 것같이 고귀하고 평화로운 시간으로 표현되어 있다. 그림의 왼쪽 아래에선 늙은 남자(천사장)가 깍듯하고 경건한 시선으로 성모의 품에 안긴 아기 예수를 올려다본다. 오른편에선 '평범' 해 보이는 여성이 뭔가 마음에 걸리는 것이 있는 표정으로 아래를 내려다본다. 그리고 맨 '아래' 에선 날개 달린 두 아동 천사(?)가 묘하게도 주인공 아기 예수를 부러워하는 질투 섞인 눈으로 올려다보고 있다. 그런데 르네상스 시대의 유명화가인 라파엘로는 왜 '마돈나' 라는 제목으로 이런 묘한 그림을 그린 것일까? 그는 자신이 알고 있는 삶의 진실을 있는 그대로 묘사한 것일까?

이 그림에는 '마돈나' 처럼 사랑이 충만하고 고귀하고 아름다운 엄마 품에 (위대한 외아들 예수처럼) 독점적으로 안기고 싶어하는 화가 자신의 무의식적 소망이 투사되어 있다. 그림의 표면 내용과는 다르게 이 화가는 유년기에 좌절된 애정의 상처로 오랜 기간 고통받아 왔을 가능성이 높다. 그래서 화가는 억압되어 망각된 무의식의 상처와 좌절된 욕구를 환상적인 그림을 통해서나마 대리 분출하여 대리 보상받고 싶어한다. 예술가는 자신도 잘 알지 못하는 억울한 피해 의식과 내적 고통에서 벗어나기 위해, 작품을 통해 자신의 무의식을 반복해서 상징적으로 분출한다. 그렇다면 '마돈나' 의 이면에 숨겨진 이 화가의 무의식적 진실은 어떤 것일까?

'늙은 남자' 는 아버지의, '평범한' 여인은 어릴 적 엄마의 변장된 모습이다. 화가의 무의식에는 여전히 어린 시절의 엄마 아빠가 '나의 위대함' 을 몰라본 채 고압적인 태도로 함부로 대하거나 무시했고 다른 형제들에게만 잘해준 무지하고 형편없는 존재라는 분노가 있다. 프로이트의 「가족 로맨스」에 따르면, 부모에게 상처받은 아이는 고통을 견디기 위해 독특한 환상을 만들어 낸다. "난 본래 고귀한 분의 자손인데, 어떤 사정으로 잠시 이 하찮은 곳에 머물며 시련받고 있는 거야. 저 높은 곳에 계신 '진짜 부모' 는 언젠가 나를 구원하러 오실 거야!" 그래서 화가의 무의식에 있는 아이는 이 그림을 통해, 자신이 그리워하던 품위 있는 '진짜 어머니'이신 성모 마리아 품에 자랑스럽게 안겨서 자신의 본래 위대성(아기예수)을 되찾아 한껏 만끽하고 있는 것이다. 그리고 애증이 함께 느껴지는 무지하고 평범한 부모를 자기 발아래에 두고, 그들이 무엇을 잘못했는지 뉘우치라고 모종의 압력을 가하고 있다. 보통의 천사 모습들과 달리, 아랫부분에 있는 뾰로통한 표정의 천사는 유년기에 자기보다 나이 많고 힘센 경쟁자였던 형제들을 상징한다. 그리고 이들이 '날개를 달고 있음'은 곧 "죽어서 저세상으로 사라졌으면!" 하던 유년기 소망의 상징이다. 당대의 그림들에서 천사들이 보통은 주인공의 옆이나 조금 아래에 위치하는 것과 달리 저만치 '발밑에' 위치함은, 무기력한 어린 시절에 포악한(?) 형제들에게 엄마사랑을 빼앗겼다는 분노와 피해 의식이 높기 때문으로 볼 수 있다. 그림에 투사된 화가의 망각되고 변장된 무의식을 언어로 표현해 보자.

"나는 어린 시절에 아버지의 무서운 눈초리와 고압적 태도에 짓눌려, 엄마의 애정을 온전히 만끽할 수 없었다. 아버지, 이제 당신은 더 이상 날 함부로 대할 수 없어! 그리고 내가 받을 애정을 빼앗아갔던 죽이고 싶을 정도로 미웠던 형제들아, 너희들은 본래부터 나보다 신분이 낮아! 짜식들아, 난 너희들과 상대할 그런 시시한 존재가 아니란 말이야! 그리고 이 한심하고 모자라는 엄마야. 내가 당신을 얼마나 애타게 갈구했는데, 어쩌면 내 마음을 그토록 몰라주었어! …이제 난 고귀하고 힘 있는 내 '진짜 엄마'인 성모 마리아님의 보호 아래, 저 높은 곳에서 평안히 쉬고 싶다! 그 누구도 고귀한 분과 나와의 평온을 더 이상 깰 수 없을 것이다……."

이처럼 작품을 통해 뭔가를 표출하는 예술가의 현재 무의식에서는 여전히 억압된 어린 시절의 욕구가 역동하면서 작품의 내용에 영향을 미친다. 화가는 작품 속에다 자신도 모르게 억압-망각된 유아적 무의식을 상징적으로 분출한다.

이 그림 속에서 화가의 무의식은 말한다. "잠시 밀려왔다가 뜻밖에 사라져버린 어린 시절의 그 사랑을, 으! 원 없이 맛볼 수만 있다면…… 저세상으로 가도 좋으련만……."

또 다른 그림인 마그리트의 「아른하임의 영토」를 보면, 독수리의 모습을 한 웅장한 산과 달이 있고, 알들이 둥지에 놓여 있다. 마치 거대한 독수리가 연약한 알을 지키고 있는 듯한 느낌이다. 여기서 독수리는 모성의 상징이고, 알은 유아의 상징이다. 이 그림은 안온함과 동시에 으스스함을 느끼게 한다. 그것은 정신의 탄생을 준비하는 과도기인 유년기의 흥분되면서도 고통스러웠던 양면적 경험이 이 그림에 담겨 있기 때문이다. 그래서 있는 그대로 드러내서는 안 될 것 같은, 무언가 정신의 평형을 깨뜨릴 것만 같은 두려운 상황이 으스스한 느낌을 빚어내는 것이다.

뭉크의 그림 「절규」 앞에서 우리는 유년기의 깊은 상처를 지닌 화가의 무의식을 느낀다. 이 그림은 뭉크 자신이 다리를 건너던 중 갑자기 하늘이 핏빛으로 변하고 세상이 흩어지는 듯한 불안감이 밀려들어 고함을 지를 수밖에 없었던 체험을 시각화한 것이다. 프로이트의 눈으로 보면 이 그림은 화가 자신의 무의식에 억압된 유년기 상처와 불안의 투사적 반영이다.

이 그림의 소재인 극심한 불안이 '다리를 건너던 중'에 발생했다는 점을 주목해 보자. 이 그림에서 절규하는 듯한 주인공의 모습은, 뭔가에 자극받아 의식에 급작스럽게 돌출한 충격적 무의식에 대한 공포를 짐작케 한다. 그리고 세상은 블랙홀 같은 거대한 검은 물결 속에 구부러지며 흡수되어 사라질 듯 느껴지고, 하늘은 피로 요동친다. 그런데 '저 멀리'에는 묘하게도 밝고 안정된 듯한 노란 빛깔의 바다에서 작은 배를 탄 사람들이 보인다. 또한 그 부분과 대조되는 검푸른 바다 중간에 새 한 마리가 날고 있다. 그렇다면 도대체 어떤 외부 자극이 이 화가의 어떤 무의식을 건드린 것일까?

　우리가 발견할 수 있는 중요한 외부 단서는 '다리를 건너던 도중'이라는 상황과 뭉크의 유년기 경험이다. 서양에서 '다리'는 다중 의미를 지닌 상징으로 사용된다. 그것은 이승과 저승을 연결하는 무엇을 지칭할 수도 있고, 소중한 사랑 대상과의 관계를 이어주는 상징일 수도 있으며, 남근의 대체물일 수도 있다. 알려진 자료에 따르면 뭉크는 다섯 살에 엄마가 사망한 후 극도로 우울한 분위기 속에서 지내왔다. 그리고 몇 년 후 뭉크를 돌보던 이모와 누나마저 사망하자, 그 충격들로 평생 '여성'과 온전한 애정관계를 맺지 못하게 된다.

　성인이 느끼는 불안들의 원형은 대부분 무기력했던 시절인 유년기에 발생된다. 이 그림에서 의식의 존재 질서를 한순간에 구부러뜨려 거두어가는 듯한 거대한 검은 물결과 핏빛 하늘은, 자아가 해체되는 멸절불안 및 분리·유기불안을 나타낸다. 아마도 '다리를 건너던' 중 뭉크에겐, 예기치 못한 순간에 유년기 행복을 송두리째 앗아간 사랑 대상들의 죽음 기억이 한꺼번에 밀려왔을 수 있다. 왜냐하면 '다리를 건너다'라는 것이 모종의 유사성에 의해 '세상으로부터의 분리'를 연상시키고, 그 연상이 유년기 '사랑 대상의 영원한 이별'(죽음)을 연상시킬 수 있기 때문이다. 아이는 사랑 대상과 영원히 분리되었던 충격적 순간들을 결코 온전히 직면하고 감당해 낼 수 없다. 그래서 그것은 억압된다. 그리고 억압되었기 때문에 영구히 보존되어 있다가, 모종의 유사 자극이 주어질 때에 급격히 의식에로 솟구치게 된다. 그래서 뭉크는 그 보통의 다리를 건너지 못하고, 원인도 모른 채 다리 중간에서 자지러지고 만 것이다.

　"으, 이 '다리'를 '건너고' 싶지 않아. 으, 더는 건널 수가 없어.

견딜 수 없는 상처를 남긴 죽은 자들을 또다시 기억하고 싶지 않단 말이야. 으, 나마저 죽을 것 같아…… 제발 살려줘!"

이런 위기 상황과 대조적으로, '저 멀리' 보이는 따스한 바다 빛깔과 배에 탄 사람들의 고요한 모습을 주목해 보자. 그것은 '아주 오래전'(유년기)에 행복했던 애정 대상에 대한 기억을 상징할 수 있다. 그리고 선으로만 그려진 새 한 마리는, 세속의 땅에서 저 하늘나라로 비상하고픈 유혹의 상징일 수 있다. 그래서 그림 속 주인공의 절규에는 또 다른 무의식의 목소리가 담겨 있다.

"엄마아, 이모, 누나아…… 나 당신들이 보고 싶어. 이제 이 불안한 세상을 떠나고 싶어."

무의식의 상처는 안전한 상황에서 '반복'될 경우, 그것에 대한 자아의 불안이 완화된다. 예술가들은 무기력했던 유년기의 상처들을 작품이라는 안전한 매체를 통해 상징적으로 분출한다. 그리고 감상자들은 그런 작품들을 안전하게 반복해서 감상하는 과정에서, 자신의 무의식적 상처와 불안을 완화시킨다.

이처럼 억압되어 망각된 대부분의 유년기 체험들은, 변장된 모습으로만 의식에 기억되며, 꿈과 예술 작품 등에서 변장된 모습으로 자신을 드러낸다.

아이의 눈과 어른의 눈

또 다른 질문을 던져 보자. 당신은 어떤 파트너와 함께 살고 싶은가? 이 질문에 대부분의 성인 여성들은 "키가 크고 가슴이 넓고 가진 것도 많고 자상하고 내가 원하는 걸 해줄 힘이 있는 남자와 살고 싶다."고 답한다. 그리고 성인 남성들은 대부분 "풍만한 가슴과 따스한 육체, 다정한 눈길, 고운 음성, 좋은 환경, 안고 싶고 안기고 싶은 느낌을 주는 여성과 살고 싶다."고 답한다. 남성과 여성들이 좋아하는 이런 파트너의 이미지에는 유년기에 부모로부터 받은 이미지와 느낌이 반영되어 있다. 많은 사람들이 어른이 되어서도 '유년기의 부모' 이마고[17]를 지속적으로 간직하고 선호한다. 딸에게는 어릴 적의 아빠 이마고, 아들에게는 어릴 적의 엄마 이마고가 어른이 된 후 파트너(이성)를 선택하는 데 영향을 미친다. 그 이유는 '내 속의 유아'가 느끼는 거대하고 완벽해 보이며, 생생한 자극과 유혹의 대상이었던 유년기 부모에 대한 고착된 환상이 인간의 무의식에서 계속 역동하기 때문이다. 이처럼 유년기 관점의 영향력은 성인이 된 현재에도 계속 작동한다.

2. 유년기가 인생 전반에 각별한 영향을 미치는 이유

1) 미성숙한 탄생

프로이트는 유년기가 인생 전반에 걸쳐 각별한 기능을 하게 되는 근본 원인이 인류라는 종(種)의 생물학적 특이성에 있다고 해석한다. 인류는 자연계의 다른 생명체들에 비해 유난히 미성숙한 상태로 태어난다. 그 때문에 유난히 긴 절대 의존적 피양육 기간을 필요로 한다. 누군가의 도움 없이는 단 하루도 생존할 수 없는 이 아슬아슬한 기간 동안 어떠한 경험을 겪느냐가, 한 개인의 정서와 정신

---

17) 이마고(imago, 原像)는 유년기에 '최초로' 내면화된 내적 대상 내지 무의식적 환상을 지칭한다. 주로 어머니와 아버지가 그 대상이 되며, 낱낱의 정태적 이미지와 달리 이마고는 정신 내부에서 지속적으로 살아 움직인다. 프로이트는 내면에서 (아버지처럼) 명령하고 칭찬하거나 비난하는 '초자아'를 이마고의 모델로 본다. 이에 비해 클라인과 대상관계론자들은 엄마의 이마고가 정신에 미치는 영향을 주목한다.

발달에 미치는 영향은 실로 어마어마하다.

다른 생물들은 태어날 때 이미 환경에 적응하게끔 본능적인 자립 능력을 지닌다. 젖 먹는 포유동물은, 길어야 고작 몇 달 동안 보호자의 양육을 받으면 자립할 수 있다. 그러나 인간은 몇 달은커녕 적어도 6년간 끊임없는 보살핌을 받아야만 비로소 최소한의 자립 여건을 갖추게 된다. 자연계에 인류만큼 오랫동안 피보호 생활을 하는 생명체는 존재하지 않는다. 예를 들어 초원에서 태어나는 사슴을 보자. 주변에선 하이에나 무리가 끊임없이 덤벼들 기회를 노리고 있다. 따라서 태어난 지 30분 이내에 어미 사슴들처럼 달릴 수 있게 되지 않으면, 하이에나에게 잡아먹히게 된다. 즉, 초원에서 태어나는 사슴은 나면서부터 달릴 수 있는 선천적 자립 능력을 갖추고 있다. 그런데 인간은 무려 수년 이상 누군가에게 절대적으로 의존해야만 생존할 수 있는 유난히 미성숙한 존재다. 바로 이 유독 길고 무기력한 의존기에 예측할 수 없는 사건들이 발생한다. 번데기를 갓 벗은 나비가 첫 비행을 위해 날개를 말리는 몇 시간 동안, 알을 깨고 나온 거북이가 모래 기슭에서 바다로 기어가는 몇 시간 동안, 사슴 새끼가 달리기를 준비하는 몇 십 분 동안은 그야말로 생존의 사각지대다. 자신을 미처 방어하지 못하는 그 짧은 시간 안에 수많은 생명체들이 외부의 공격 앞에 무기력하게 희생당한다. 그 어린 생명체들에게 외부 세계에서 생존하기 위해 주어진 적응 기간은 불과 몇 십 분, 몇 시간, 며칠이다. 그런데 인류는 이 '아슬아슬한 기간'이 무려 몇 년이나 되는, 극도로 취약한 생존 능력을 지닌 생명체다.

절대 의존 기간 동안 유아의 목숨과 성격은 전적으로 양육자가 이 작은 생명체를 어떻게 다루는가에 따라 결정된다. 양육자의 성격과 태도에 아이의 욕구 충족 여부가 달려 있으며, 정서와 자아의 발달이 좌우된다. 양육자가 노동에 지쳐 아이에게 충분히 신경쓰지 못할 경우나, 양육자 자신이 심각한 정신적 문제를 안고 있을 경우, 아이의 정신은 온전히 형성될 수 없다. 자기 방어 능력이 미숙한 유아는 사소한 자극에도 어른이 상상할 수 없는 깊은 상처를 받을 수 있다. 유아는 고통을 참는 능력이 적기 때문에, 작은 상처들도 자동적으로 억압되어 무의식에 저장된다. 그 결과 평생 동안 반복해서 삶에 악영향을 미친다.

인간은 완전하지 않으며, '완전한 양육자'는 존재하지 않는다. 따라서 "유년기에 인간은 필연적으로 상처를 입게 된다. 그로 인한 신경증의 소인을 갖지 않은 인간은 존재하지 않는다." 프로이트는 자신이 인류 문명에 남긴 위대한 업적은, 바로 유년기의 보편적 상처인 오이디푸스 콤플렉스의 발견에 있음을 강조한다.

유년기의 상처가 예술가의 작품에 어떤 식으로 반영되는지 계속해서 살펴보자.

현대 멕시코의 여성 화가 프리다 칼로가 그린 「나의 탄생」을 보자. 아이를 낳는 엄마의 얼굴이 천으로 덮여 있다. 칼로는 자신이 그토록 원하던 (사랑하는 남자의) 아이를 사산한 후 절망감을 발산하기 위해 이 그림을 그렸다. 이 그림 속에는 현재의 느낌과 유년기의 느낌이 중첩되어 있다. 그녀의 엄마는 그녀를 낳은 후 오랜 기간 우울하게 지냈고, 그녀는 주로 유모 손에 키워졌다. 병약하고 예민한 엄마에게서 따스히 공감 받지 못한 채, 엄마를 향한 욕구와 불안들을 억압했을 프리다 칼로가 그린 자기 자신 또는 자기 아기의 출생 모습은 왠지 섬뜩하다. 천에 가린 산모의 얼굴에서 "엄마는 내게 해 준 게 없어."라는 원망과, 자신 또한 자식에게 아무것도 해 줄 수 없다는 비통함이 함께 느껴진다. 뜻밖의 교통사고로 불구의 몸으로 지내다가 연인에게 버림받고 아이마저 사산한 후, 그녀의 마음은 어떠했을까? 죽은 아이가 자궁 밖으로 반쯤 나와 있는 섬뜩한 그림을 '나의 탄생'으로 이름한 데에는, 현재의 죽고 싶은 마음과 더불어 "엄마에게 버림받은 내 인생은 이미 태어날 때부터 죽은 인생이었어!"라는 유아의 절규가 중첩되어 있다.

이 화가의 또 다른 그림 「유모와 나」로 눈을 돌려 보자. 풍만한 여성의 품에 안겨 있는, 아기의 몸에 어른의 얼굴을 한 그림 속 인물은 바로 프리다 칼로 자신이다. 그녀는 유년기에 모성의 수혜를 만족스럽게 받지 못했기에 엄마 품에 안겨서 모성을 충족시키는 환상을 늘 품어 왔다. 유년기 동안 엄마라는 보호자에게서 애정을 충족받지 못한 데서 오는 결핍을 그녀는 어른이 된 후 그림을 통해 대리 충족시키고 있는 것이다.

그런데 인간은 과연 얼마 동안 보호자의 양육과 보호를 받아야만 자립적인 생활을 할 수 있을까? 필자의 정신분석 세미나 시간에 나온 답변들은 다양하다. "만 18세까지, 취직할 때까지, 시집갈 때까지, 죽을 때까지……." 프로이트는 '사회적 생존'을 위한 최소한의 조건은 언어와 규범을 습득함으로써 갖춰진다고 본다. 부모의 보호로부터 벗어나려면 외부의 대상을 언어적으로 분별하고 자신의 상태를 타인에게 언어로 전달할 수 있어야 한다. 가령 아이가 어떤 고통을 느낄 때, "나 머리가 아파. 가슴도 아프고 무섭단 말이야."라고 자신의 상태를 '의식의 언어'로 표현하며 도움을 요청할 수 있으면 최소한의 생존 능력이 생긴 것이다. 더 나아가 아이는 부모를 비롯한 사회적 대상들과 조화로운 관계를 이루기 위해 내적 충동들을 통제시키는 규범적 행동 양식을 습득해야 한다. 이런 습득은 대부분 부모와 동일시를 통해 이루어진다. 이 최초의 동일시가 이루어지는 시기까지를 유년기로 본다.

2) 정신의 틀과 성격이 형성되는 '격동적 과도기'

인간의 정신 구조, 성격 유형, 근본 정서, 내적 환상 등은 유년기에 형성된다. 아직 정신적으로 미숙한 단계에서 정신과 성격의 틀이 형성되기까지 그 과정은 그야말로 격변기다. 어른들은 아이가 신체적으로 왜소하고 자기 주장도 분명히 못하니까 별 불만 없이 평온히 지내리라고 생각한다. 그런데 실상은 그렇지가 않다. 매순간 아이가 받는 인생 최초의 자극들은 정신의 뼈대를 형성하는 요소로 작용한다. 감당하기 힘든 과도한 자극을 받으면 불안과 특정 방어 기제가 성격의 중심에 자리잡게 되고, 안정된 상황에서 적절한 자극을 받으면 삶에 대한 긍정적인 기분과 능동적인 관심이 정신의 기저에 자리잡게 된다. 이처럼 유년기의 경험들 하나하나가 정신의 특성과 성격의 유형을 결정짓기 때문에 유년기는 인생에서 각별한 의미와 가치를 지닌다. 피부가 손상되거나 내장에 염증이 생기면 수술로 치료할 수 있다. 그러나 보이지 않는 정신의 틀과 성격이 뒤틀리기 시작하면 단기간에 뜯어고치거나 새롭게 변화시키는 것이 쉽지 않다. 그러므로 유년기에 일단 형성되어 버린 정신 구조와 성격 유형은, 삶의 근본이 해체되고 재구성되는 격렬한 긍정적 체험들을 겪지 않는 한 대부분 지속되어 개인의 평생을 좌우한다.

3) 자아의 주요 방어 기제가 형성되는 시기

사람들은 각기 고유한 방어 기제를 지니고 있다. 동일한 상황에 직면했을 때, 사람마다 상황에 반응하는 스타일이 다른 것은 이 때문이다. 사람들은 다른 사람에 대해 저 사람은 성격이 좋다, 나쁘다, 혹은 개방적이다 패쇄적이다 등으로 평가한다. 개인마다 보이는 성격 차이는 대부분 그(녀)가 지닌 방어 기제 유형과 강도의 차이와 연관된다. 이런 방어 기제의 유형과 강도는 대부분 유년기에 결정된다. 가령 외부 세계와 관계에서 '투사(投射)'라는 방어 기제를 주로 사용하는 사람이 있다고 하자. 투사하는 자는 자아가 약해 자기 안에서 들끓는 파괴적 충동과 부정적 환상을 감당할 수 없기 때문에, 자신이 미워하는 외부 대상에게 덧씌운다. 이 경우, 파괴적 충동과 환상이 부착된 타자는 마치 본래부터 파괴성을 띠고 자신을 공격하려 드는 불안한 대상으로 지각된다. 그래서 투사하는 자는 투사 대상으로부터 자신을 방어하기 위해, 그 사람을 맹렬히 비난한다. "네가 먼저 나를 공격했잖아. 욕했잖아!"라는 식으로 종종 시비를 거는 사람은 어릴 적 투사 방어 기제에 고착된 사람이다. 유아기에 엄마가 자신의 욕구를 자주 좌절시키거나 외면한다면, 아이는 자신의 내면에서 들끓는 파괴욕동과 증오에 대처하기 위해 투사 기제를 자주 사용하게 된다. 그런데 외부와 내부에서 밀려드는 과도한 자극들로부터 자신을 방어하기 위해 미성숙한 유아가 필사적으로 작동시킨 방어 기제는, 이후 정신 구조의 일부로 자리잡는다. 그로 인해 그 개인은 자신의 무의식에 대한 고통스러운 자기 분석을 거치지 않는 한, 늘 유아적인 방어 양태를 보이며 살아갈 수밖에 없게 된다. 그러다가 투사가 심해지면, (자신이 스스로 환상화한) 외부 대상에게 공격당할까 봐 늘 불안해하며 방어하는 편집증 환자가 되고 만다.

　프로이트가 주목하는 '억압' 기제를 자주 사용하는 사람은, 욕망이 생길 때마다 이를 즐기지 못하고 무의식적으로 억압시킨다. 이런 사람은 유년기에 엄습한 강한 '(거세) 불안' 때문에 자신의 욕망을 억압해야 했던 상흔을 무의식에 지니고 있다. 유년기에 우연히 과도한 성자극을 받았거나 성욕동이 강했던 사람일수록, 그에 비례해 억압의 강도도 커지게 된다. 그리고 일단 작동된 억압 기제는 억압된 무의식이 소멸되지 않는 한 계속 작동한다. 따라서 유년기에 과도한 성욕동과 성자극 및 성 환상을 억압한 사람은 평생에 걸쳐 억압에 지출해야 할 에너지의 과잉 부담으로 신경증에 걸릴 확률이 높다. 이들은 유아적 욕구를 충족시키는 것에 대한 (거세)불안이 유난히 크다. 그리고 비대하고 경직된 초자아가 무의식을 완벽하게 차단하기를 끊임없이 요구하기 때문에, 유아적 자아의 방어 기제는 어른이 되어서까지 지속된다.

개인들은 저마다 각기 다른 유형과 강도의 방어 기제를 지닌다. 이것은 미숙하고 무기력한 유아적 정신이 열악한 외부 환경과 강력한 내적 충동으로부터 자신을 지키기 위해 본능적으로 만들어 낸 것이다. 그리고 유년기에 형성 및 정착된 방어 기제들은 정신 구조와 성격의 뼈대로 자리잡게 되므로, 나이가 들어 안전한 환경에 처하게 될지라도 유년기 방어 기제는 (무의식적으로) 계속 작동된다. 그렇기에 유년기는 참으로 무서운 영향력을 지닌 특별한 시기인 것이다.

4) 트라우마의 발생 가능성이 높은 시기

엄마한테서 버림받았을지도 모른다는 불안에 휩싸여 온몸으로 울부짖는 아이의 절실하고 갈급한 목소리와 몸짓을 유심히 보라! 불안이 더 심해지면 아이는 울지도 못하고 자지러지거나 질려서 말도 못하게 된다. 이 상태가 오래 방치되면, 아이는 고통스럽고 두려운 외부 세계 일반에 자폐적 방어 기제를 작동시킨다. 누군가에게 의존해야만 생존할 수 있는 유아는, 자신이 양육자에게 보호받지 못한다고 느끼는 순간, 정신에 치명적인 불안을 느끼게 된다. 유아는 이 불안을 감당할 수 없기 때문에 강력한 (병리적) 방어 기제를

작동시킨다. 그 결과 정서 발달과 자아 발달에 중대한 장애가 생긴
다.

유년기는 정신·신체적 상처가 발생할 가능성이 아주 큰 시기이
다. 방어 작용이 견고한 성인은 외부로부터 웬만큼 강한 자극을 받
아도 상처를 입지 않는다. 그러나 정신적으로 약하고 민감한 상태
에 놓인 사람은 사소한 자극에도 방어 체계가 교란되어 상처를 입
는다. 어린아이는 신체적으로나 정신적으로나 방어 능력이 약한 존
재이므로 상처받기 쉽다. 프로이트는 유아와 어른이 받는 상처의
강도 차이를 "분열하려는 세포의 핵을 바늘로 찌르는 것과 성숙한
유기체를 바늘로 찌르는 것의 차이"에 비유했다. 분열 중인 세포를
바늘로 찌르면 세포는 치명적인 상처를 입는다. 그러나 성인의 신
체를 바늘로 찌르면, "앗, 따가워!" 하는 정도에 그친다.

프랑스 현대 미술가 벨머가 그린 「무제」를 프로이트의 관점에서
음미해 보자. 이 그림은 온통 여러 유형의 불안과 상처들로 가득 차
있다. 먼저 그림의 소재인 '방'은 아이가 편안하게 쉬면서 놀 수 있
는 엄마를 상징한다. 그런데 힘 있고 안전한 보호막 기능을 해야 할
방의 돌로 된 벽에는 군데군데 균열이 생겨 오물이 새어나온다. 그
리고 부드럽고 안온해야 할 방 내부의 나무 벽은 트라우마를 상징
하는 '옹이'가 져 있거나 썩어서 무너져 있다. 자유롭게 뒹굴며 쉬
는 곳인 방바닥은 파헤쳐져 오물로 차 있어 결코 쉴 수 없게 된 상
태이다. 이 방은 자기 자신의 상처 때문에 아이를 안전하게 보호해
주지도 따스하게 품어 주지도 못하는 '병든 엄마'를 상징한다. 또
는 심각한 부부 갈등으로 아이를 방치했거나 불안하고 고통스런 자
극을 주었던 엄마(나무벽)와 아버지(돌벽)를 상징하기도 한다. 이런
열악한 환경에서 아이의 자연적 욕구들은 '좌절'될 수밖에 없다.
이 그림에는 아이가 평안히 쉴 공간이 없다. 이런 상황이 오래되면

아이는 들끓는 파괴욕동과 원초적 불안들에 시달려 더는 고통받지 않고 사라지고 싶은 욕구에 함몰된다. 아이는 자아가 깨져서 파편화되는 멸절불안과 부모에게 끊임없이 침범당하는 박해불안과, 방치되어 버려지는 유기불안에 시달릴 수밖에 없다. 그림의 중앙에는 이미 거세되어 '얼굴' 도 없는 상처투성이의 아이 몸과 더불어, 단단한 반지 모양의 쇠고리와 실뭉치가 공중에 떠 있다. 이 묘한 기구는 파괴된 환경과 상처 입어 해체되려는 아이의 정신을, 하나로 '묶어' 통합해 줄 어떤 희망을 상징하는 것으로 해석된다. 중년의 화가가 이런 그림들을 반복해서 그려 온 이유는 무엇인가? 그것은 화가의 무의식이 좀처럼 사라지지 않는 유년기의 불안과 상처들로 가득 차 있기 때문이다. 그리고 예술 작업이란 곧 유년기 상처 때문에 발생하는 긴장 에너지를 우회적으로 분출하여 완화하는 활동이기 때문이다.

자아가 약한 아이들은 상처를 입게 되면 그것을 '감당' 하거나 '해소' 할 능력이 거의 없다. 그래서 병리적 방어 기제를 사용해 처리하게 된다. 상처를 양육자가 즉각 해소해 주지 않으면, 아이는 고통을 계속 감당할 수 없기 때문에 그것을 억압하게 된다. 그 결과 무의식으로 유입된 상처는 원형 그대로 보존되어 개인의 인생에 평생 영향을 미치게 된다.

5) 자극이 정신에 생생하게 각인되는 시기

유아는 방어 능력이 덜 발달한 상태이다. 그렇기 때문에 방어 작용이 걸러내지 못한 자극들이 정신과 신체에 생생하게 각인된다. 우리가 자신을 정신-신체적으로 단단히 방어하고 있을 때, 어떤 강한 자극이 밀려들더라도 그 자극은 정신에 생생하게 와 닿지 않는다. 긴장한 상태로 사회생활을 하는 성인들은 다양한 자극들이 밀려와도 별로 생생하게 지각하지 못한다. 반면에 안전한 상황에서 긴장을 풀고 방어 작용을 이완시키면 작은 자극들도 생생하게 느낄 수 있다. 예컨대 공기의 흐름과 자연의 소리들, 가벼운 피부 접촉조차도 섬세한 감각으로 밀려든다. 방어 작용이 아직 정신 구조에 견고하게 자리잡기 이전인 유년기에 받는 자극들은 어른이 된 후 받는 자극보다 훨씬 섬세하고 강렬하다. 따라서 유아의 경험은 어른의 경험보다 훨씬 짜릿할 수도, 훨씬 끔찍할 수도 있다. 좋은 느낌은 훨씬 유쾌하고, 나쁜 느낌은 훨씬 고통스럽게 느낀다.

여기서 질문을 하나 던져 보자. 당신은 어떤 상황에서 진정한 편안함과 행복을 느끼는가? "아, 참 좋다. 이 순간이 계속되었으면……!" 하는 느낌을 받은 적이 있다면, 그 순간을 그토록 좋다고 느낀 원인은 무엇인가? 반대로 가장 끔찍했던 상처들은 주로 어떤 상황에서 발생했는가?

정신분석학에서는 인간이 방어 에너지를 최소로 쓸 때, 외부의 자극들을 섬세하게 지각한다고 본다. 프로이트는 인생의 가장 행복한 경험은, 아기가 엄마 젖을 마음껏 탐닉하는 순간이라고 말한다. 아기는 안전하다고 느끼는 엄마 품에서, 아무런 방어 없이 자신이 원하는 것을 마음껏 탐닉한다. 이때의 감각은 너무도 생생하게 정신과 신체에 각인되기 때문에, 인간은 성인이 되어서도 그때의 그 행복한 느낌에 대한 미련을 결코 버리지 못한다. 이에 비해, 뭔가 불안하고 신경 쓰이는 것이 있어 늘 경계의 태세를 늦추지 않고 있으면, 어떤 좋은 자극이 주어지더라도 진정한 쾌감을 느끼지 못한다. 즉, 방어를 완화할수록 진정한 행복에 더 가까이 다가갈 수 있다. 유년기는 방어 작용이 약하기 때문에 적절한 자극을 받으면 생생한 쾌감을 느끼게 되고, 역으로 과도하거나 나쁜 자극을 겪으면 불안을 느끼게 된다. 인간은 방어 에너지를 최소화해도 좋은 안전한 상태에서 진정한 기쁨을 체험할 수도, 뜻밖의 상처를 입을 수도 있다. 인간은 주로 자신과 매우 가까운 사람과 함께 있을 때 방어를 완화한다. 그런데 방어하지 않은 상태에서 신뢰하던 사람에게서 뜻밖의 독설을 듣거나 공격을 받게 되면, 비록 성인일지라도 깊은 상처를 입게 된다. 이런 상처는 억압되므로 특별히 '자기 분석' 해서 끄집어 내지 않는 한 평생 영향을 미친다. 마찬가지로, 유년기에 받은 생생한 자극과 충격적 상처는 그 개인의 전의식과 무의식에 깊이 각인되어 평생에 걸쳐 영향력을 행사한다. 유년기 체험들이 프로이트의 정신분석에서 그토록 집중적인 분석 대상이 되는 것은 이 때문이다.

6) 유년기 이후에 정신 구조와 성격의 변화가 힘든 까닭

프로이트는 유년기 말기에 이르면 기본적인 정신 구조와 성격 유형이 대부분 형성되기 때문에, 그 이후엔 새로운 변화가 좀처럼 이루어지기 어렵다고 본다. 그가 이렇게 생각한 것은 유년기만큼 생생하고 과도한 자극을 주는 체험은 이후의 삶에서 좀처럼 일어나지 않는다고 보았기 때문이다. 유년기처럼 자신의 의지와 무관하게 엄청난 안팎의 자극들에 수동적으로 노출되는 불안한 격동의 시기는 인생에서 좀처럼 찾아볼 수 없다.

이론적으로는 유년기에 형성된 정신 구조와 성격도 바뀔 수 있다. 가령 유년기보다도 훨씬 강렬한 체험을 장기간 겪게 된다면, 기존의 성격 유형이나 정신 구조는 변할 수 있다. 그러나 아마도 이런 예는 생사가 걸린 극단적 위기 상황이나 목숨을 건 사랑 또는 종교 등의 절박한 체험에 국한될 것이기에, 영화나 소설에서 간간이 맞닥뜨릴 뿐이다. 안정을 선호하는 보통 사람들은 그렇게 강렬하고 불안한 모험에 좀처럼 자발적으로 뛰어들려 하지 않는다. 그렇기 때문에 세 살 적 버릇이 여든까지 가고 마는 것이다. 최초에 형성된 정신 구조와 성격 유형은 대개의 경우 그대로 지속된다.

질문을 던져 보자. 당신 인생에 도대체 '어떤 일'이 벌어지면, 현재의 정신 상태와 성격이 변할 것 같은가? 필자는 사람들에게서 여러 종류의 답변을 들었다. "엄마가 돌아가신다면.", "낭떠러지에 매달려 생사가 걸린 위기를 겪는다면.", "내가 선망하는 대상과 원 없이 성 경험을 한다면.", "가진 것을 모두 탕진해서 빈털터리가 되면.", "사회적 지위가 추락하여 모두로부터 따돌림을 받는다면."

사람은 정말 위급한 상황에 처하면 자기도 모르게 엄마나 아빠 혹은 신(神)을 찾게 된다. 이때 도대체 '누가' '누구'를 애타게 찾는 것일까? 기존의 방어 체계가 무너져 내리는 위기 상황에 처하면 대부분 사람들의 내부에서는 퇴행 욕구가 작동한다. 그들은 유아기로 돌아가 부모의 보살핌을 받고 싶어한다. "엄마, 아빠, 저 지금 너무 힘들어요. 제발 그때처럼 저 좀 도와주세요. 부디 이 끔찍한 상황을 넘기게 해 주세요. 그렇게만 해 주신다면, 이제부터는 (부모님 말씀처럼) 제대로 된 인생을 살게요……!"

왜 나이 든 어른조차 아이처럼 갈급하여 무심코 엄마, 아빠나 하느님을 찾게 되는 것일까? 그것은 성인 안에 잠재해 있는 유아가, (생사를 좌우하는 절대자였던) '유년 시절의 부모'에게, 어린 시절 내가 힘들고 위급했을 때 보살펴 주었듯이 다시 한번 보호해 달라고 보내는 신호이다.

유아는 고통스러운 상황에 처하면 자지러지게 운다. 그러다가 이내 이를 발견한 엄마나 아빠의 도움을 받아 그 품에 안겨 불안을 달랜다. '그때의 그 다행스럽고 편안한 느낌'은, 이전의 충격과 더불어 무의식에 간직된다. 그러고는 어른이 되어 그(녀)의 자아가 감당하기 힘든 위기 상황에 처할 때마다, 그와 유사한 무의식의 자료들과 연결되어, 자신도 모르게 유아 때처럼 '엄마, 아빠'를 찾게 된다. "아버지 하느님! 성모님! 부처님! '그때만큼' 힘들어하는 저를, '그때처럼' 다시 구원해 주세요! 제발!"

7) 소망충족(퇴행) 욕구

인간의 정신은 한번 맛본 쾌락을 포기하지 않는 특성을 지닌다. 특히 유년기 때 경험한 생생한 쾌락 지각들을 포기하는 일은 결코 없다. 가능한 조건이 주어지면, 정신은 유년기에 그를 충족시켰던 지각들을 또다시 느끼기 위해 모종의 활동을 개시한다. 프로이트는 이를 '소망충족' 활동이라고 부른다.

어떤 사람이 현실 세계에서 장기간 심각한 좌절을 겪어 더 이상의 스트레스를 감당하기 힘든 상황에 직면할 경우, 그는 어떤 행동을 하게 될까? 그(녀)는 모든 사회적 분별 체계와 가치 평가의 그물에서 벗어나고 싶어한다. 그것들 속에서 그것들에 의해 그의 인생이 부정당했다고 느끼기 때문이다. 그래서 그의 정신 속에선 유년기의 엄마(아빠) 품으로 돌아가 아이처럼 쉬고 싶다는 퇴행 욕구가 역동하게 된다. 고통스럽고 무의미하게 느껴지는 경쟁의 세계로부터 벗어나 유아 상태로 되돌아가, 그때의 안온하고 생생한 쾌락을 또다시 맛보고 싶어진다. 그래야 비로소 삶을 살고픈 욕구가 다시 생겨날 것 같은 느낌이 든다.

사회적으로 문제 되고 있는 원조 교제나 향락 행위들은 심리-생리적으로 무기력감을 느끼기 쉬운 중장년 이후의 사람들에게서 자주 발생한다. 그들은 유년기 때 경험했던 생생한 지각 체험을 다시 한번 맛본다면 현재의 무기력감이 해소될지 모른다는 환상을 품고 있다. 소위 "소원성취(소망충족)하셨군요!"라는 말은 정신분석학적으로, 유년기 때에는 (힘이 없었기 때문에) 포기하고 억압할 수밖에 없었던 유아적 욕망과 짜릿한 자극들을 (힘 있는) 어른이 되어 현실 속에서 마음껏 맛보았다는 의미를 지닌다. 그런데 돈이 매개된 향락 경험으로는, 애정으로 충만한 유년기 때의 체험을 온전히 다시 겪기 어렵다. 엄마(아빠)가 유아에게 베푼 애정은, 계산 없는 무조건적 사랑이었기 때문이다.

후기 인상파 화가인 고갱이 그린 「모성(母性)」을 프로이트의 소망충족 관점에서 음미해 보자. 고갱은 마흔 살에 직장과 가정을 버리고 화가의 길로 들어선다. 그리고 고흐와 결별한 후, 원시적 향취가 살아 있는 타히티 섬으로 가서 원주민 여인들과 더불어 원시적인 삶을 살다가 인생을 마친다. 이 그림은 고갱이 죽기 얼마 전에 그린 것이다. 그런데 문명 생활과 사회적 지위와 가정을 모두 버리고 원시적인 열대 섬에서 살기를 택한 고갱은 죽기 전에 무엇을 표현하고 싶었을까? 「모성」에서 우리는 고갱의 무의식적인 소망을 느낄 수 있다. 그는 (엄마를 상징하는) 따스한 열대 자연 속에서 (엄마의 대리자인) 원시적 여인들과 더불어 안온하게 휴식을 누리며 유아적 소망을 충족시키고 싶었던 것이다. 그리고 자신이 마음속 깊이 간직한 느낌을 그림을 통해 문명인들에게 표출함으로써, 자신이 결코 문명으로부터 '거세' 된 실패자가 아니었음을 인정받고 싶었을 것이다.

미켈란젤로의 조각 「피에타」를 프로이트의 관점에서 음미해 보자. 피에타는 우리말로 "(주여) 자비를 베푸소서."란 뜻이다. 죽은 예수가 성모 마리아의 품에 안기듯 누워 있는 모습의 이 조각상을 보는 관람자는 어떤 느낌이 들까? 필자에겐, 비록 육신은 죽었지만 엄마 품에 안겨 평온히 쉬고 있는 아기 예수의 환상이 떠오른다. 아울러 "죽어서라도 이처럼 소망이 충족될 수만 있다면, 삶은 불행한 것이 아닐 수도 있겠구나!" 하는 느낌도 든다. 이는 "비록 상처 입거나 죽을지라도, 나의 고통을 진심으로 걱정하고 위로해 주었던 유년기의 엄마 품으로 돌아갈 수만 있다면, 인생은 그리 슬프지 않다."는 내 안의 유아가 느끼는 감정일지도 모른다.

3. 유년기 흔적이 지속적으로 영향을 미치는 심리적 이유

유년기의 흔적이 계속해서 우리 인생에 영향을 미치는 데에는 몇 가지 이유가 있다.

첫째, 억압 때문이다. 유년기는 원초적 욕구의 자유로운 표출이 너그럽게 허용되던 시기다. 인간은 한 사람의 '사회적 개인'으로 성숙하기 위해, 유아적인 욕구들에 대한 집착에서 벗어나야만 한다. 자아는 유아적 고착을 벗어나야 새로운 발달을 계속해 나갈 수 있다. 이러한 사회적 요구와 자아 발달 욕구 때문에 대부분의 유년기 욕망 체험들은 억압 대상이 된다. 그리고 억압되었기 때문에 유아적 욕망들은 무의식 속에서 개인의 인생에 평생토록 영향을 미치게 되는 것이다.

둘째, 상처와 반복강박 때문이다. 유년기는 신경증을 유발하는 근본 소인인 트라우마의 흔적들을 내포한다. 유아는 고통을 감당하는 자아 기능이 약하기 때문에, 상처를 입으면 이를 곧바로 억압한다. 그로 인해 무의식에 남은 유년기의 상흔은 방어해야 할 잠재된 불안 요인으로 의식에 영향을 미치게 된다.

과잉 자극 내지 상처는 인간 정신으로 하여금 그것을 좀 더 감당하기 쉬운 무엇으로 변형시켜 극복하고자 하는 반복강박을 유발한다. 상처는 놀이나 꿈, 실수 등을 통해 반복될 경우, 낯이 익어 적응할 만한 것으로 느껴지게 된다. 그로 인해 사람들은 원인도 모르는 채 망각된 유년기 상처를, 다양하게 변형된 체험의 형태로 인생 내내 강박적으로 반복한다.

셋째, 최초의 자극이 갖는 구조적, 특권적 영향력 때문이다. 유년기는 정신 구조가 처음으로 형성되는 격동적 과도기다. 따라서 인생 초기에 받는 자극들은 정신의 내용으로 남기보다는 정신을 이루는 구조의 구성 성분으로 보존된다. 따라서 유년기의 경험 흔적은 한 개인의 성격 틀과 정신 구조로서 일생 동안 영향을 미친다.

또한 인생 최초로 받은 자극과 그 흔적은 이후에 겪게 될 경험 자극들에 그 자체로 모종의 특권적 영향력을 행사한다. 가령 유년기의 아버지 이미지는 아동의 내면에 자리잡는 순간, 영원히 지속되며 강력한 영향력을 지니는 아버지 '이마고'가 된다. 이처럼 유년기 경험 흔적들은 정신 조직의 모델이 되어, 이후의 자극들에 지속적으로 특권적 영향력을 발휘한다.

그렇다면 유년기의 영향력에서 벗어나 새로운 자아 발달과 정서 발달을 계속하려면 어찌해야 할까? 프로이트는 유년기의 영향을 벗어나기 위한 하나의 방법으로 '자기 분석'과 '정신분석'을 제시한다. 인간이 유아성을 벗어나려면, 먼저 무의식의 힘과 유년기의 영향력을 깊이 숙지해야 한다. 그리고 자기 자신의 유년기에 대해 정신분석 지식을 참고해 가면서 차분한 자기 분석을 해 나가야 한다. 그런데 무의식에 대한 인식을 방해하는 무의식적 방어 작용 때문에 억압된 무의식을 자기 분석하는 데에는 한계가 있다. 그래서 온전한 자기 분석은 연륜 깊은 정신분석가와 밀도 높은 정신분석 관계 체험이 병행되어야 한다. 제대로 된 정신분석 과정에서는 유년기에 겪은 체험들과 유사한 강렬한 '전이' 체험이 발생한다. 이 강렬한 전이 체험에 대한 '정서적 자기 인식'이 여러 번 반복될 경우, 유아적 무의식에 휘둘리는 정신 현상들은 현격히 줄어들거나 사라진다.

살바도르 달리(Salvador Dalí), 「기억의 고집(The Persistence of Memory)」, 1931

구부러진 시곗바늘이 째깍거릴 수 없듯이, 무의식의 욕구와 상처는 '과거 상태 그대로' 불변한다. (본문 123쪽)

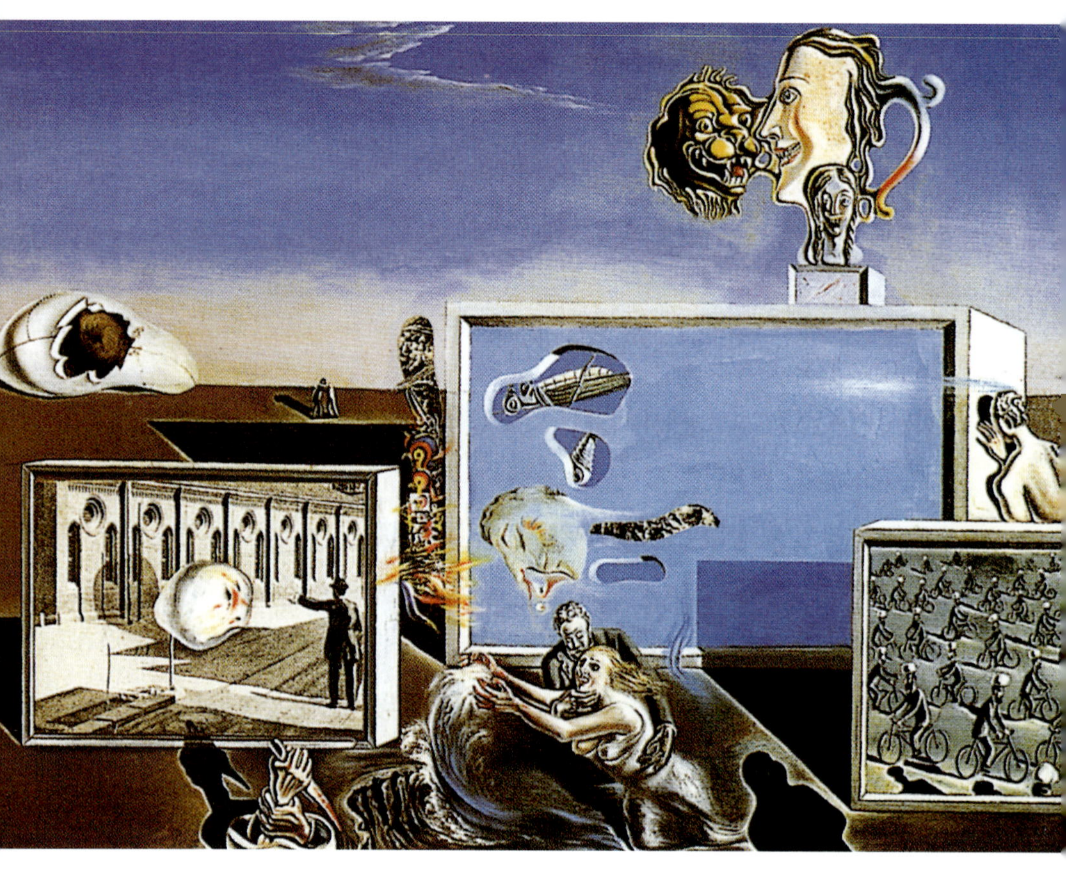

살바도르 달리, 「별빛에 비친 쾌락(Illumined Pleasure)」, 1929

사람들이 머리에 이고 있는 것은 욕망 덩어리이며, 뭔가를 엿보는 모습은 관음 욕구를, 메뚜기는 왕성한 성욕과 공격욕을 상징. (본문 131쪽)

산치오 라파엘로(Sanzio Raffaello), 「마돈나(Sistine Madonna)」, 1514

고귀하고 아름다우며 사랑이 충만한 엄마 품에 독점적으로 안기고 싶어하는 화가 자신의 무의식적 소망. (본문 146쪽)

프리다 칼로(Frida Kahlo), 「나의 탄생(My Birth)」, 1932

"엄마에게 버림받은 내 인생은 이미 태어날 때부터 죽은 인생이었어!"라는 유아의 절규.
(본문 154쪽)

프리다 칼로, 「유모와 나(My Nanny and I)」, 1937

엄마 품에 안겨 모성을 충족시키는 환상. (본문 155쪽)

한스 벨머(Hans Bellmer), 「무제(Untitled)」, 1934

이 방은 아이를 안전하게 보호해 주지도 따스히 풀어 주지도 못하는 '병든 엄마'와 아기의
상처 난 마음을 상징. (본문 159쪽)

폴 고갱(Paul Gauguin), 「모성(Motherhood)」, 1896

따스한 열대 자연 속에서 원시적 여인들과 더불어 안온한 휴식을 누리며 유아적 결핍을 충족시키고 싶은 마음. (본문 165쪽)

부오나로티 미켈란젤로(Buonarroti Michelangelo), 「피에타(Pieta)」, 1499

“비록 상처받거나 죽을지라도, 나의 고통을 진심으로 걱정하고 위로해 주던 어릴 적 엄마 품으로 돌아갈 수만 있다면, 인생은 그리 슬프지 않다.”(본문 165쪽)

한스 벨머, 「탐욕스러운 소녀들을 찬양하는 음탕한 박하향 탑(Tour Menthe Poivre à la louange des petits dilles gentines)」, 1936

화가 자신의 억압된 구강 성욕과 항문 성욕과 남근 성욕이 혼합되어 투사된 이미지. (본문 174쪽)

레오나르도 다 빈치(Leonardo Da Vinch), 「성 안나와 성모자상
(The Virgin and Child with Saint Anne)」, 1510

다시 한 번 느껴 보고 싶은 어린 시절 자기애적 쾌감이 변장된 이미지. (본문 177쪽)

레오나르도 다 빈치, 「모나리자(Mona Lisa)」, 1503

'유혹하는 엄마'와 '정숙한 엄마'에 대한 유아적 환상이 혼재하는 이미지. (본문 178쪽)

구스타프 클림트(Gustav Klimt), 「포옹」, 1908

억압된 오이디푸스 환상을 충족시켜 주는 대상과 포옹할 때의 아늑한 느낌과 표정. (본문 216쪽)

5
유아 성욕

‘유아 성욕’은 프로이트가 동료들과 세인들로부터의 혹독한 도덕적 비난을 무릅쓰면서까지, 인간의 1차적 본성이며 근본 욕망이라고 고집했던 핵심 개념이다. 당대의 상식을 뛰어넘는 망측한 괴이함과 개인적인 불이익에도 불구하고 프로이트가 이 이론을 고집했던 이유는 무엇일까? 그것은 "사회적 체면보다 진실 자체가 더 중요하다."고 믿는 그의 실험적 과학 정신으로부터 나온다.

프로이트는 신경증의 원인을 비롯해, 꿈과 실수의 심층 의미, 예술 작품의 발생 동기, 심리적 고통과 불안의 원인 등을 추적해 가다가 이 모든 것의 배후에 유아 성욕이 자리잡고 있음을 발견하게 된다. 따라서 유아 성욕을 포기한다는 것은 곧 인간 본성 및 신경증 원인을 정신분석학적으로 설명할 근거를 포기하는 것과 다름없다고 생각했기에, 끝까지 이 이론을 사수한다. 그리고 거센 비난들에 맞서 그는 유아 성욕이 진실인지 아닌지는 정신분석 임상을 통해 곧바로 증명해 보일 수 있다고 자신 있게 답한다. 유아 성욕은 신경증 발생의 구성 요소일 뿐만 아니라, 인간의 욕망 유형과 성적 쾌감의 강약을 좌우하는 핵심 요소이다. 따라서 신경증 치료와 행복에 이르는 길을 발견하기 위해 주목해야 할 대상이다.

1. 유아 성욕이란 무엇인가

유아 성욕은 아기의 정신과 육체에 선천적으로 내재하며 변화해 가는 여러 유형의 원초적 성욕동들을 말한다. 이 성욕동(들)은 유년 기가 끝날 무렵 형성되는 초자아의 명령에 따라 전반적으로 억압된 다. 억압의 결과 유아 성욕은 무의식으로 밀려나 영원불멸하는 욕 망으로 위력을 떨친다. 유아 성욕은 정신-신체적으로 결코 소멸되 지 않는 무의식의 핵심 욕망이다. 인간이 지녀 온 가장 원초적이고 생생한 쾌감, 죽기 전에 꼭 한번 다시 맛보고 싶은 소망충족의 내용 은 바로 유아 성욕이다.

성욕동은 유아의 내부로부터 강력히 솟구친다. 자아가 미숙한 유 아는 이러한 성욕동으로 인해 일어나는 내부의 강한 자극과 흥분을 감당하기 힘들어한다. 유아의 방어 기능은 그 힘과 구조 면에서 아 직 견고하지 못하다. 따라서 밀려드는 내적 · 외적 자극들을 상대적 으로 매우 강하게 느낀다. 유아가 느끼는 성적 감각은 방어 기능이 견고한 성인의 그것보다 훨씬 섬세하고 강렬하다. 그렇다면 이런 유아 성욕과 그 경험 흔적은 아이와 성인의 정신에 어떤 영향을 미 치는가?

유아가 성인의 무의식 속에 영속적으로 자리잡고 있듯, 유아 성 욕 역시 성인의 현재 욕망 속에 교묘히 섞여 출렁인다. 삶의 과정에 서 우리는 유난히 인상이 강한 사람을 우연히 만날 때가 있다. 왠지 그 사람에게만 눈길이 가고 관심이 생긴다. 그(녀)가 다른 사람들에 겐 별다른 주목을 끌지 못하는데, 유난히 나만 깊은 인상을 받았다 면, 그것은 내 무의식의 유아 성욕이 반응했기 때문이다. 상대방의 특정한 행동이나 소리에 무의식의 유아 성욕이 자극을 받으면, '찌 릿' 한 전율이 느껴진다. 유년기의 쾌락 표상과 쾌락 지각이 다시 활 성화되는 데에서 오는 묘한 퇴행적 흥분! 세인들은 그 느낌을 여러 양태의 언어로 표현한다. "(그 대상을 보는 순간) 의식이 마비되는 것 같았어요!", "강한 '무엇' 이 밀려왔어요!", "정신이 뻥 가버렸어 요." 이런 표현들은 그 사람의 무의식에 억압되어 있던 유아기 성욕 이, 어떤 외부 자극과 결합하여 갑자기 의식 위로 치솟아 올라왔음 을 나타낸다. 유아 성욕은 한 인간이 일상생활에서 종종 느끼게 마 련인 평범한 쾌감과 비교할 수 있는 것이 아니다. 그것은 매우 특별 한 경우에만 드물게 찾아오며, 어른조차 감당하기 힘든 금지된 유 혹을 내포한다. 유아 성욕에 빠지면 일상의 일들이 무의미하게 느 껴지고 자기 통제가 힘들어진다. 그 때문에 현실원칙과 도덕원칙을 넘어서는 행동을 하게 되어, 사회생활에 문제가 발생한다. 그러나 사회적 파국을 무릅쓰고서라도 충족시키고 싶은 무엇이 있다면, 그 것이 바로 우리 안에 억압된 근원적 욕망인 유아 성욕이다.

2. 유아 성욕론의 형성 과정

프로이트는 정신분석 치료 과정에서 신경증자들이 유년기에 가 까운 대상에게서 강한 성적 자극을 받았다고 토로하는 것을 반복해 서 관찰한다. 초기에 프로이트는 그들이 뱉어 낸 말들을 토대로 "어 렸을 때 과도한 성적 자극을 받으면 사춘기 이후에 신경증에 걸릴 가능성이 높다.”고 생각했다. 이것이 바로 프로이트가 초기에 주장한 외상설(유혹설)이다. 그는 “신경증의 근본 원인은 유년기에 받은 과도한 성적 자극에 있다.”고 주장했다. 그런데 아버지가 사망한 후 자기의 꿈과 환상을 분석하면서 프로이트는 자신의 초기 가설에 회의를 느끼기 시작한다. 신경증자들이 들려준 자유연상 내용들에 의하면 강한 성적 자극을 준 대상은 대부분 그들의 부모였다. 그렇다면 신경증자들의 부모는 모두 근친상간을 범했단 말인가?

프로이트는 『꿈의 해석』을 쓴 후 초기 입장을 수정한다. 즉, “유년기 때 가까운 대상에게서 강한 성적 자극을 받았다.”는 신경증자들의 기억은 ‘사실’이 아니다. 그것은 “유년기의 아이들이 보편적으로 갖는 일종의 환상이다.” 이 환상은 신경증자들의 무의식 속에서 ‘유년기에 품었던 상태 그대로’ 강하게 역동한다. 그리고 변형된 이미지로 의식에 기억된다. 그렇다면 이런 환상은 언제 어디로부터 어떻게 해서 생겨난 것인가?

프로이트는 ‘자기 분석’과 신경증자들에 대한 정신분석을 통해 “유아적 성 환상이 자기 자신과 신경증자들의 무의식에 공통적으로 존재한다.”는 사실을 발견했다. 그렇다면 이 무의식적 환상은 언제 생겨난 것인가? 환상의 내용과 정신의 방어 작용 및 자유연상 내용을 고려해 볼 때, 그것은 유년기에 발생했다가 억압된 것이다. 성 환상이 유년기에 발생하는 원인은 무엇인가? 환상은 일반적으로 심리·생리적 욕동을 현실 속에서 충족시키지 못할 때, 내부에 축적된 과도한 욕동 에너지가 변환되어 생겨난다. 그렇다면 유아에게 성적 환상이 있다는 것은 결국 유아가 성욕동을 지니고 있음을 의미한다.

그래서 프로이트는 ‘외상설(유혹설)’을 포기하고 ‘환상설(유아 성욕론)’을 세운다. 유년기의 아이에게는 어른과 다른 독특한 성욕이 있다. 이 유아 성욕은 매우 강하며 사회적 관점에서 볼 때 허용하기 어려운 것이고, 자아의 발달을 저해하는 측면이 있다. 따라서 사회적 적응과 정신 발달을 위해 성장 과정에서 적절히 좌절시키고 억압할 필요가 있다. 그 좌절이 클 경우 유아의 정신은 성 환상을 만들어 내 그것에 탐닉함으로써, 현실 속에서 충족되지 못한 성욕동을 대신 보상받으려 한다. 유아 성욕이 기질적으로 특히 강하거나 그것의 충족 과정에서 심한 좌절을 경험한 사람들은 유아적 성 환상에 고착될 가능성이 높다. 그리고 유아적 성 환상은 억압됨으로써, 무의식에서 의식을 향해 지속적으로 영향을 미치게 된다. 그로 인해 성인이 되어 유사한 성적 좌절을 겪을 경우, 신경증을 유발하는 잠재적 원인으로 작용한다.

프로이트는 유아의 성 기관과 성 대상이 성인과 매우 다르다는 것에 주목한다. 유년기의 아이가 보이는 성욕 패턴은 단순하지 않고 복잡하게 변화한다. 유아 성욕은 크게 세 유형으로 나뉜다. 입을 중심으로 성적 쾌감을 충족시키려 드는 구강 성욕, 항문을 중심으로 성적 쾌감을 충족시키려 드는 항문 성욕, 남근을 중심으로 성적 쾌감들을 충족하려 드는 남근 성욕이 그것이다. 이 세 유형의 욕동은 심리·생리적 욕동의 변화에 따라 순서대로 출현하기도 하고 때로 중첩되기도 한다. 구강 성욕과 항문 성욕이, 항문 성욕과 남근 성욕이, 또는 각각의 성욕 모두 어느 정도 중첩된 형태로 나타난다. 이처럼 다양한 성욕동 양상들을 함축하고 있는 것이 바로 유아 성욕이다. 유아 성욕은 성인들의 성기 중심적인 욕망 양태와는 매우 다르다. 프로이트가 살았을 당시만 해도 성인이 유아 성욕에 탐닉하는 경우, 이를 모두 '성도착'으로 규정했다. 그러나 최근에는 구강 성교나 항문 성애와 관련된 동성애적 경향을 단순히 성도착으로 매도하지 않고 성인의 성욕망 양태들 가운데 하나로 인정하는 추세이다.

벨머의 그림 「탐욕스러운 소녀들을 찬양하는 음탕한 박하향 탑」을 통해 다중적 유아 성욕동을 살펴보자. 하늘을 뒤덮은 음산하게 갈라진 구름 아래 '바다'에 돌로 된 여인이 얼굴은 얌전하지만 음탕한 자태로 누워 있다. 그림 앞 부분에선 그녀의 무의식을 묘사하는 듯 유방들과 팔들이 한데 엉켜 어떤 막대기를 구멍에 집어넣고 있다. 이 구멍은 입의 형상 같기도 하고 항문 같기도 하고 어찌 보면 여성의 성기 같기도 하다. 젖가슴과 팔이 여럿 달린 괴기스러운 생명체가 이상한 구멍으로 남성 성기를 상징하는 듯한 '막대기'를 쑤셔 넣으려고 하는 이 모습에서 무엇을 느끼는가? 이 그림은 화가 자신의 억압된 유년기 성욕망인 구강 성욕과 항문 성욕과 남근 성욕을 혼합하여 투사한 이미지다.[18] 이러한 유아 성욕은 '성인의 의식 관점'에서 보면 상당히 괴상하고 역겹고 도착적으로 보인다.

프로이트는 성인의 도덕 관점에서는 반인륜적으로 보이는 성적 욕구를 어린아이가 갖고 있다고 주장함으로써 당대의 의사 집단, 종교 단체, 교양인 집단으로부터 혹독한 비난을 받는다. 그는 도덕 의식이 결여된 자, 성적으로 문제가 있는 사람, 정신에 해악을 주는 사람이라는 등의 비난을 받고 따돌림당한다. 그뿐만 아니라 정신분석 운동을 함께 전개해 온 동료인 브로이어, 아들러, 융은 유아 성욕론에 반대하여 그를 떠나기에 이른다. 이처럼 유아 성욕론으로

---

18) '바다', '젖가슴', '누운 여인'은 유년기 엄마를 상징하며, 여러 개의 '팔'이 움켜진 '막대기'는 남근 욕동을 상징한다. 화가의 무의식에는 지금도, 어릴 적 '최초 성 대상'에게 좌절된 유아 성욕과 성 환상이 요동치고 있다. 이 무의식적 욕구와 환상 때문에 중년의 화가는 사춘기 소녀를 대면할 때조차 이토록 강렬하고 미묘한 유혹의 느낌을 받는 것이다.

온갖 손실을 입으면서도, 그는 이 이론의 진리성에 대한 확신을 끝내 버리지 않았다. 이런 그의 집념은 마침내 1950년대 말 이후 미국과 유럽의 학자들과 문화계 인사들에게 유아 성욕론이 '과학적 사실'로 인정받고 수용되는 결과를 낳는다. 오늘날 그의 유아 성욕론은 지나칠 정도로 대중화되었다. '진지한 솔직함'으로 주장된 당대의 혁명적 이론이 무반성적이고 자극적인 문화 상품으로 변질된 것이다.

3. 유아 성욕의 특징

유아 성욕론은 다음과 같이 정리할 수 있다.

첫째, 유아는 성욕과 무관한 존재가 아니라 선천적인 성욕동을 지닌다.

"성기능은 생의 처음부터 시작되며, 성의 중요 현상들은 이미 유년기에 나타난다."는 내 말은 세인의 분노를 일으켰지만, 이 주장만큼 정신분석 과정을 통해 그토록 쉽고 완전하게 입증될 수 있는 것도 드물다.[19]

둘째, 성인의 무의식에는 유아 성욕이 '여전히' 존재하고 있으며, 어떤 새로운 자극과 결합될 경우 강하게 솟구칠 수 있다.

셋째, 히스테리 환자는 신체적 증상 속에서 유아 성욕을 '변장된' 방식으로 '반복'해서 추구하고 '재현'한다. 가령 의학적으로는 정상인데도 목구멍이 따끔거리고 계속 기침이 나거나, 하반신이

---

19) 『나의 이력서』.

마비된다거나, 눈이 흐릿해지거나, 특정 대상을 보면 원인 모르게
질겁하는 증상 등은 표면적으로는 성과 전혀 무관한 듯이 보인다.
그러나 이 증상들을 분석해 보면, 유아 성욕과 연관된 모종의 '유아
적 환상'과 감정 에너지가 증상의 이면에서 상징적 양태로 역동하
고 있음이 드러난다. 즉, 히스테리 증상들 속에는 유아적 성 환상·
성욕동과 이에 따른 '유아적 불안'이 변형된 방식으로 무의식적으
로 표출되어 있다. 그리고 히스테리 환자들은 증상 속에서 모종의
유아적 만족을 무의식적으로 탐닉하고 있기 때문에, 증상이 좀처럼
사라지지 않는 것이다. 당대의 의사들은 프로이트의 이 같은 주장
을 결코 수용할 수 없었다.

유아 성욕은 외견상 도덕원칙과 현실원칙에 모두 어긋나는 것처
럼 보인다. 따라서 어떤 성인이 계속해서 유아 성욕에 집착한다면
그는 현실 속에서 성도착자나 정신병자로 취급받고 도태될 수밖에
없다. 그런데 때로 정상인도 무의식에 억압된 유아 성욕을 강하게
자극하는 대상을 우연히 만날 경우, 유아 성욕에 함몰되어 비극의
주인공이 될 수 있다. 이 대목에서 한 가지 질문을 던져 보자. 당신
은 유아 성욕을 충족시켜 줄 것 같은 느낌이 드는 대상을 뜻밖에 만
나게 된다면, 상대방에게 어떤 태도를 취하겠는가? 사랑에 빠지겠
는가? 아니면 혐오하면서 외면하겠는가? 이 물음에 대한 당신의 반
응에는, 당신의 현재 가치관과 무의식적 욕망 상태가 함께 반영되
어 있음을 인식해야 한다.

넷째, 유아 성욕이 발달해 가는 과정에서 겪는 성욕동의 충족과
좌절은, 개인 성격(욕망)의 중심 특성을 구성한다. 구강 성욕, 항문
성욕, 남근 성욕이 어느 정도 충족되고 어느 정도 좌절되었는가에
따라 개인의 성격 유형이 결정된다. 성격은 그 사람이 주로 무엇을
좋아하고 무엇을 싫어하는가를 의미한다. 욕망의 핵심 내용과, 욕

망 대상에 반응하는 방식이 곧 그(녀)의 성격을 말해 준다. 프로이트는 성격 유형을 구강형 성격, 항문형 성격, 남근형 성격 그리고 성숙한 성격으로 분류한다. 이 명칭들은 성인 성격의 상당 부분이, 유년기의 유아 성욕과 연관해 형성된 것임을 보여 준다. 유아 성욕이 과도하게 좌절되거나 충족되었을 경우, 유아 성욕에 고착되는 신경증적 성격 유형을 지니게 된다.

다섯째, 유년기의 성 대상(양육자)과 어떤 종류의 애정 관계를 맺었는가가 개인 성격의 핵심을 구성한다. 레오나르도 다 빈치의 생애와 작품에 대한 프로이트의 정신분석을 통해 이를 음미해 보자.

다 빈치의 「성 안나와 성모자상」을 보면 예수를 낳은 마리아가 양을 보듬고 있는 아기 예수를 자애롭게 내려다보고 있으며, 그 뒤에는 마리아의 엄마인 안나가 있다. 어찌 보면 아기, 엄마, 할머니 세 사람의 평화롭고 조화로운 한때를 묘사한 그림이다. 그런데 다 빈치는 이 그림에 자신의 복잡한 유년기 애정 심리를 투사해 놓았다. 아기 예수는 유년기의 다 빈치 자신을 전치(轉置)해 놓은 모습이다. 그리고 마리아는 유년기 때 자신을 정성스레 보살펴 준 젊은 새엄마의 이미지를 반영한다. 그 뒤에 있는 안나는 다 빈치를 사생아로 낳고는, 3년 동안 애지중지 키우다가 다른 남자와 재혼하면서 다 빈치를 원래의 아버지에게 보낸 친엄마를 반영한다. 이처럼 예술 작품 속에는 예술가의 무의식적 욕망이 투사되며, 특히 다시 한 번 맛보고 싶은 유년기의 쾌감들이 변장된 모습으로 투사된다. 다 빈치는 유년기에 두 여인에게서 받은 강렬한 애정과 자극의 영향에서 평생 자유롭지 못했다. 초기 3년간 자신을 양육한 친엄마는 애인에게 버림받은 외로움을 아기를 통해 보상받기 위해, 아기의 유아 성욕을 과도하게 충족시켜 주었을 것이다. 그로 인해 다 빈치는 유아 성욕에 고착되어 더 이상 새로운 여성에 대한 성적 욕망과 쾌감을 느끼지 못했기에 평생을 독신으로 살게 된다. 또한 엄마를 너무 강하게 내사(introjection)한 결과 여성성이 발달하여, 남성에게 성적 욕망을 느끼는 동성애적 성격을 지니게 된다. 이처럼 유년기에 성적 애착 대상과 어떤 관계를 맺는가는 한 사람의 성격 형성에 막대한 영향을 미친다.

여섯째, 유아 성욕동은 유아의 미성숙한 자아 상태에 비해 상대적으로 강하다. 그것은 외부 대상을 향한 아이의 자율적인 정신-신체적 분출 능력에 비해 늘 내부에서 넘쳐난다. 그로 인해 아이는 성욕동을 강렬한 쾌감의 원천인 동시에 고통스러운 과잉 자극으로 느낀다. 그리고 자아가 미성숙한 아이는 자신의 몸 안에 축적되는 성적 긴장을 합리적으로 처리할 능력이 부족하기 때문에 불안해한다. 그 결과 유아 성욕과 그것의 파생물들은 '억압' 되거나, 성 환상들을 발생시킨다.

일곱째, 유아적 성 환상들에 대한 고착과 억압은 사춘기 이후 신경증을 발생시키는 중요한 요소의 하나가 된다. 따라서 신경증을 극복하려면 반복해서 유아적 성욕동을 자극하는 무의식의 유아적 성 환상을 해체해야 한다.

여덟째, 유아 성욕은 어른의 관점에선 성도착으로 보이므로 '억압' 되어 무의식이 된다. 그 결과 무의식의 무시간성에 의해 '영원한 욕망 대상' 으로 평생 영향을 미친다. 무의식이 되지 않는다면 유아 성욕은 한갓 과거의 에피소드에 불과하다. 유아 성욕과 유아적 성 환상이 인간에게 그토록 중요하게 부각되는 것은 그것이 무의식에서 끊임없이 역동하고 있기 때문이다.

무의식화된 유아 성욕이 성인의 현재 욕망에 계속 영향을 미치는 단적인 예로 다 빈치의 「모나리자」를 음미해 보자. 다 빈치는 말년에 4년 동안 이 그림에 몰두했지만 결국 완성하지 못했다. 그는 이 그림을 외부에 팔지 않고 간직할 정도로 애착을 보였다. 모나리자의 모델은 '표면적으로는' 어떤 귀족 부인이다.

프로이트는 천재 화가 다 빈치가 작은 크기의 「모나리자」 그림을 그리는 데 무려 몇 년이나 열정을 쏟았는데도 완성시키지 못한 이유가 무엇인지에 주목한다. 도대체 그 그림의 무엇이 그의 정신을 그토록 오랜 기간 강렬히 자극했을까? 그리고 왜 세계적으로 이름난 예술 비평가들이 이 그림 한 점에 열광해 온 것일까?

이런 의문들을 풀기 위해선 「모나리자」를 의식의 눈이 아닌 '무의식의 눈'으로 바라보아야 한다. 이 그림에 표현된 무엇이 비평가들을 그처럼 심취하게 만들었는가?

노년의 다 빈치가 심혈을 기울여 그린 「모나리자」의 미소 속에는, '유년기의 엄마'에 대한 무의식적 욕망이 표현되어 있다. 프로이트는 그 미소 속에서 "내게로 와요. 당신이 원하는 모든 것을 줄게!"라고 유혹하는 무의식의 '유년기 엄마' 환상을 보았다. 유년기에 누렸던 쾌락 지각들을 다시 충족시켜 주기라도 할 듯이 유혹하는 환상적 이미지! 그 '미소'는 아울러 다음과 같은 느낌을 준다. "나와 유아적 사랑에 빠지게 되면 당신은 엄청난 사회적 불행을 겪을 각오를 해야 해요! 나 역시 그런 비극적 상황에 처하면 도와줄 수 없어요. 그러니 조심해요!" 금방이라도 품어 줄 듯 '유혹하는 여인'과 '사회적 시선'을 의식하는 '정숙한 여인'의 환상이 묘하게 혼재되어 있는 모나리자의 미소! 죽음을 눈앞에 둔 늙은 화가가 죽기 전에 자신의 무의식적 욕망을 외부로 투사해 표현하려 한 유년기의 성 환상 대상! 이처럼 억압된 유아 성욕은 아무리 나이를 많이 먹어도 영원한 욕망 대상으로 정신에 내재한다.

아홉째, 인간은 대부분의 유년기 경험들을 기억하지 못한다. 그 원인은 유아 성욕이 1차 억압과 2차 억압의 주 대상이기 때문이다.

유아 성욕은 인간이 사회생활에 적응하기 위해, 엄격한 교육을 통해 금지하고 억압해야 할 제1대상이다. 더 나아가 유아 성욕과 연관된 기억들이 떠오르는 것을 막기 위해 유년기의 지각 표상 대부분은 대대적으로 억압되어 망각된다. 이처럼 광범위하고 강력한 억압이 유년기 전반에 걸쳐 가해지는 까닭은, 유아 성욕이 정신을 마비시킬 정도로 강렬한 것이기 때문이다.

프로이트는 신화에 유아 성욕이 비교적 덜 은폐된 양태로 표현되어 있다고 본다. 가령 그리스나 로마 시대의 조각들과 그림들을 보면 대부분 나체가 등장한다. 신체와 신체가 맞닿아 있고, 어른과 아이 할 것 없이 모두 벌거벗고 있다. 르네상스 시기의 그림을 비롯해서 신화를 소재로 한 그림들은 대부분 나체를 등장시키고 있다. 왜 화가들은 벌거벗은 모습을 그렸던 것일까? 프로이트는 그 이유를 수치감을 모르던 아이 적에 벌거벗고 맨몸인 채로 엄마 품에 안겨 있었던 느낌이 너무도 좋았으며, 그때의 기분을 예술 작품을 통해 다시 맛보고 싶었기 때문으로 해석한다. 즉, 신들이 본래 벌거벗고 살았기 때문이 아니라, 무의식의 유아 성욕이 소망충족을 위해 신화와 예술 작품 속에 투사되어 나체로 나타난 것이다.

마지막으로, 신경증자들의 성은 유아 성욕과 밀접히 연관되어 있다. 신경증자들은 보통 사람보다 유아 성욕과 유년기 성 환상에 강하게 집착한다. 그들은 유년기에 좌절되었거나 과도 충족된 유아 성욕을, 어른이 되어서도 계속해서 충족시키려는 무의식적 반복강박 성향을 지닌다.

유아 성욕 그 자체는 도착적이지도 않고 비도덕적이지도 않다. 그것은 단지 어린아이들이 품는 자연스러운 욕망 유형일 뿐이다. 그런데 유아의 자연스러운 욕망을 '어른의 도덕 관점'으로 환원시켜 해석하면 이는 괴상한 욕망으로 오인된다. "아이의 욕망은 본래 이런 것이구나."라든가 "유아 성욕이 과도하게 충족, 좌절 혹은 억압되면 평생 그것에 영향을 받게 되는구나."라고 생각하면 아무 문제가 없다. 그러나 경직된 도덕관점을 지닌 사람들의 눈에는 자신의 무의식적 욕망인 유아 성욕이 마치 낯설고 반인륜적인 성질처럼 보인다. 그 때문에 유아 성욕은 강력히 부정되고 억압되며, 그 결과 역으로 평생 그것에 휘둘리게 된다. 아울러 자신을 행복하게 해 줄 소중한 에너지 자원을 활용할 기회를 영영 잃게 되며, 순결했던 자신이 왜 신경증에 걸리게 되었는지 좀처럼 기억도 이해도 할 수 없게 된다. 이처럼 유아 성욕은 인간의 근본 욕망과 신경증의 원인을 이해하는 중요한 열쇠다.

4. 성적 쾌감의 근원 모델

1) 쾌락 체험의 근원 모델

질문을 하나 던져 보자. 당신은 인생에서 성적으로 가장 강렬하고 민감한 자극을 느끼는 시기가 언제라고 생각하는가? 사춘기인가 청년기인가 결혼 초기인가 아니면 유년기인가?

인간이란 생리적 만족을 추구하는 동시에 자기 삶에 의미를 부여하며 살아가는 심리적 존재이다. 따라서 인생의 어느 시기가 가장 강렬한지를 단순히 생리적 기준으로만 순서 매길 수는 없다. 인생의 매 시기는 다른 시기와 '비교할 수 없는' 고유한 심리적 의미와 가치를 지니기 때문이다. 그렇지만 성과 연관된 인생 과정 중에서, 유년기의 성 체험만이 지니는 독특한 위상이 있다. 유년기에 최초

성 대상과 관계에서 유아 성욕을 온전히 경험하지 못한 사람은 사춘기, 청년기, 결혼 적령기, 중년기에 이르러서도 정상적인 성적 만족을 얻기 힘들다. 프로이트는 신경증자들을 정신분석 하는 과정에서 이러한 사실을 반복해서 관찰한다.

또 다른 질문을 던져 보자. 다음에 제시되는 세 가지 성적 만족 모델 중에서, 당신은 어떤 것이 가장 만족스러운 모델이라고 생각하는가?

첫 번째, 엄마의 젖을 한껏 빨다가 충분히 만족하고는 스르륵 잠에 떨어진 아기의 모습.

두 번째, 서로 사랑하는 성인 남녀가 아주 만족스러운 성 관계를 마친 후에 노곤하여 쉬는 모습.

세 번째, 기도에 열중하다가 정신·신체적 황홀경에 빠진 어떤 수녀의 모습.[20]

자, 이 세 모델 중에서 어떤 것이 '당신에게' 가장 만족스럽게 느껴지는가?

인간은 심리적 존재이며, 개인마다 고유한 심리적 차이를 지니기 때문에, 행복한 모습에 객관적 등급을 매기는 것은 어리석은 짓일 수 있다. 그런데 우리는 프로이트의 정신분석 관점, 무의식론, 유년기론, 유아 성욕론을 토대로 나름대로 답변을 할 수 있다. 즉, 만약 유아 성욕이 적절히 충족되지 못한 경우, 성인의 진정한 성적 만족이나 종교적인 열락을 경험하기란 어렵다. 유년기의 성욕 충족 체

---

20) 세 번째 모델로는 17세기 이탈리아의 조각가 베르니니(G. L. Bernini)의 「성 테레사의 희열」이 유명하다. 이 작품에서 기도 삼매에 빠진 테레사 수녀의 얼굴에 떠오른 황홀한 미소는 예술 비평가들이 극찬하는 희열의 모델이다.

험은 이후의 여러 쾌락 체험들에 근원적인 배경 역할을 하기 때문이다.[21] 프로이트는 신경증자들을 정신분석 하는 과정에서 유아 성욕의 과도한 좌절이나 충족은, 이후의 성 체험에 지대한 영향을 미친다는 사실을 거듭 확인한다. 그렇다면 유년기란 바로 평생의 행복을 준비하는 근본 토대로서 유아 성욕을 경험하는 중요한 시기인 것이다.

2) 유년기의 성 자극이 유난히 강한 이유

자아가 미성숙한 유아는 방어 작용이 미숙하기 때문에 외부에서 받는 성적 자극과 내부에서 치솟는 성욕동을 유난히 생생하게 느낄 수밖에 없다. 이 자극과 흥분은 너무도 생생하고 강하기 때문에 아이의 미성숙한 자아가 이것을 감당하기는 쉽지 않다. 그래서 아이는 성적 자극과 성적 흥분에 대해 한편으로는 만족하면서도 다른 한편으로는 힘겨워한다. 감당하기 힘들다는 것은 곧 정신의 평형체계가 손상될 가능성이 있음을 의미한다. 기능이 마비될 위험에 처한 자아는 불안 신호를 방출한다. 그리고 이 불안을 없애기 위해서 (본능적으로) 강력한 방어 기제를 작동시키게 된다. 유아의 방어 기제로는 주로 환상의 형성이나 억압이 이용되며, 억압의 결과로 유아 성욕의 표상들과 흥분 에너지는 무의식에 잠복한다.

---

21) 유아 성욕과 성인의 성욕 사이의 관계에 대해 프로이트는 서로 대립되는 두 가지 관점을 가지고 있다. 첫째, 유아 성 환상과 성 환각은 성인이 온전한 성기 결합 쾌감에 도달하도록 유도하는 '전희 쾌감'의 자극을 제공한다. 이 경우 유아 성욕이 만족스럽게 충족된 기억 흔적이 없는 사람은, 성인이 된 후 이성 파트너에게 온전히 성적 흥분이 촉발되지 않는다. 둘째로, 유아 성욕은 성기기 성욕 아래 통합되어야 할 미성숙한 성적 쾌감의 유형을 넘어, 이데올로기적 성 쾌감의 굴레를 벗어나 인간이 추구할 수 있는 강렬한 원초적 향락 모델로 간주된다. 최초의 성욕동이 지닌 '미성숙'과 '특권성'에 모두 주목하는 것이 좋다.

신경증자는 유년기에 분출되지 못한 채 축적된 성적 긴장과 성욕동에 대해 환상과 억압을 이용해 자신을 방어해 온 자들이다. 그로 인해 성인이 되어서도 무의식 속의 유년기 성 환상과 유아 성욕동에 반복해서 휘둘리는 성향 및 증상을 '자신의 의지와 무관하게' 갖게 된다.

3) 소망의 내용

대부분의 인간은 유년기에 고감도의 심리-생리적인 성 자극을 받는다. 또한 자극으로 인해 축적된 긴장을 성 접촉을 통해 마음껏 분출시켜 쾌감을 느끼게 해 줄 성 대상을 안정적으로 소유한다. 유아는 엄마와 밀접한 신체 접촉을 하며 지낸다. 가령 엄마는 갓난아이에게 젖을 먹일 때 맨살에 포근히 안고는 젖꼭지를 물려 준다. 맨몸의 아기가 엄마의 맨살에 안긴 채로 젖을 먹는 것은 한없이 자연스러워 보인다. 혹자는 이 모습이 어떻게 '성적 자극'과 연관되느냐고 반문할지 모른다. 인간은 생리적인 동시에 심리적인 존재이다. 따라서 자신에게 안정을 주는 대상과 피부를 맞대면 심리-생리적 쾌감을 느낀다. 엄마가 따스한 손으로 보드랍게 아이의 몸을 훑어 주면 아이에겐 정신-신체적 쾌감이 출렁인다. 다정한 목소리, 따스한 눈길, 매끄러운 피부…… 이 모든 것이 쾌감을 유발한다. 이처럼 좋은 엄마(아빠)를 만났을 경우, 유년기는 안정적으로 성적 자극과 성적 만족을 제공하는 애인과 함께하는 시기이다. 그러나 만약 엄마가 병을 앓거나 정서적 불안정으로 아이를 충분히 안거나 돌봐 주지 못하면, 아이는 안정된 애인을 갖지 못한다. 그 결과, 충족되지 못한 채 내부에 축적된 유아 성욕으로 인해 평생 동안 안정된 성 대상(애인)을 찾아 헤매게 된다. 그리고 성인이 되어 더 이상 사회적 관계로부터 만족을 느낄 수 없게 되면, 그(녀)는 유아 상태로 퇴행하여 최초의 성 만족 모델인 유아 성욕을 다시 한번 충족시키고 싶어한다. 그래서 시대와 지역을 초월해 소위 사랑과 불륜과 퇴폐가 생겨나는 것이다. 성인의 '소망'은 이처럼 무의식적으로 유아 성욕을 지향한다.

6
성욕동론

성욕동 발달론은 프로이트 중기 사상의 핵심적인 개념이다. 많은 사람들이 프로이트의 '성욕동(리비도, Libido)'[22]을 단순한 생물학적 성 본능으로 오해한다. 이런 오해로 그는 '인간의 모든 활동과 정서를 동물적 성욕으로 환원시키는 자'로 경멸받아 왔다. 그에 대한 비난, 분노, 외면은 상당 부분 그의 성욕동론을 정확하게 이해하지 못한 데서 기인한다. 프로이트는 인간의 성욕과 동물의 성 본능을 명확히 구별해 설명하고 있다. 그렇다면 인간의 고유한 성욕은 어떤 특성을 지니며, 어떤 발달 과정을 거쳐 현재의 상태로 존재하게 된 것인가?

---

22) 나는 이 책에서 '리비도'라는 용어를 성욕동으로 대신하고 있다. 성충동이라는 국내 번역은 충동이 '짧은 순간의 갑작스러운 내부 압력'이란 의미를 지니므로 적절하지 않다.

1. 성욕동 발달론

1) 구성 계기

1920년 이전까지 프로이트는 인간의 근본 욕동을 (쾌락을 추구하는) 성욕동과 (안정된 자기 보존을 추구하는) 자아욕동으로 분류한다. 이러한 생각은 신경증자들을 정신분석하고 자신의 무의식을 자기 분석한 결과 얻은 결론이다.

프로이트가 성욕동 발달론에 착안하게 된 데에는 임상적 계기가 있다. 정신분석 치료 과정에서 내담자들은 저항 국면을 넘어서면 자신의 깊은 무의식적 욕망을 드러낸다. 이때 그들의 욕망은 보편적으로 성적 내용을 담고 있다.

> **남자(들)** "어려서부터 엄마의 사랑이 몹시 그리웠어요……. 아직도 엄마 젖이 그리워요." "아기(나)를 배에 올려놓고 그윽한 눈길로 바라보는 맨살의 엄마가 생생히 떠올라요." "어린 시절, 어느 순간 여자들의 벗은 몸이 눈에 들어오며 강한 흥분을 느꼈어요…." "엄마의 '모든 것'이 되고 싶었어요……."
>
> **여자(들)** "어려서부터 제 유일한 관심 대상은 아빠였어요." "아빠같은 남자를 기어코 만나고 싶었어요……." "꿈에서 낯선 남자가 날 덮쳤는데 언뜻 '아빠구나!' 느껴졌어요." "아빠는 제 평생의 짐이예요. '징그럽고' 끔찍해요! 불쌍하기도……."

내담자들은 무의식의 욕망과 환상을 자유롭게 언어로 표출하는 과정에서, 망각하고 있던 어릴 적의 성적 지각들과 성 환상들을 우연히 떠올린다. 이러한 임상 사례를 반복 관찰하면서, 프로이트는 무의식에 억압되어 있는 중심 욕동은 바로 성욕이라는 결론을 내린다. 내담자들이 '어릴 적부터' 다양한 성욕과 성 환상을 간직해 왔다고 털어놓는 것으로 미루어, 인간은 선천적으로 성욕이 있다. 아기부터 노인에 이르기까지 모든 인간은 많고 적은 정도의 차이만 있을 뿐 성욕을 지니고 있음을 직간접적으로 확인할 수 있다. 그러나 유년기의 성욕과 성인의 성욕은 그 양태가 매우 다르다. 인간은 태어나서 죽을 때까지 똑같은 성욕동 상태를 유지하지 않는다. 프로이트는 위의 사실들을 종합하여 성욕동 발달론을 구성한다.

사람의 성욕은 사춘기에 형성되기 시작하는 것이 아니라, 아기 때부터 존재한다. 그리고 어릴 적의 성 대상과 성적 취향은 사춘기 이후의 성욕과는 매우 다르다. 인간의 성욕동은 출생 후 일정한 발달 단계들을 거쳐 비로소 성인의 양태에 도달한다.

나이에 따라 성욕동 양태가 달라지며 거기에 수반되는 성 환상도 다른 형태를 취한다는 것이 정신분석 과정에서 관찰된다. 가령 젖먹이 시절인 구강기에 성욕동이 고착된 사람은, 주로 입과 관련된 성 환상들을 품고 있다. 풍만한 젖가슴에 대한 환상이나, 사람을 입으로 잡아먹거나 잡아먹히는 환상이 그것이다. 이에 비해 성욕동이 항문기에 고착되면 주로 여러 유형의 대상(:변)을 '소유'하거나, 잔인하게 '파괴' 하는 환상을 갖는다. 성욕동이 남근기에 고착되면 이성(異性) 부모에 대한 성 환상이나, 거대한 괴물에게 불안하게 쫓겨 다니는 (거세) 환상을 갖게 된다. 사춘기 이후에는 욕망하는 이성 파트너와 성 관계를 맺는 환상을 자주 떠올린다. 이렇듯 리비도의 발달 상태에 따라, 성 환상과 성 대상과 성 취향이 다르다는 점이, 내담자들의 무의식이 분출되는 과정에서 반복해서 관찰된다.

성욕동이 유년기에 고착된 개인은 자신과 외부 대상에 유아적인 해석과 반응을 보인다. 신경증자들은 성인이 되어서도 어릴 적에 지녔던 성욕망과 성 환상에 고착되어 그것을 충족시키려는 행동을 무의식적으로 반복한다. 그 결과 현실과 잦은 충돌을 빚고 거세불안에 시달리곤 한다. 그렇다면 증상으로 막대한 손실을 보면서도 신경증자가 자신의 의지와 무관하게 유아적 욕망에 계속 집착하게 되는 원인은 무엇인가? 프로이트는 이를 유년기 성욕동이 지나치게 충족되었거나 좌절되어 성욕동 일부분이 발달을 멈추었기 때문으로 추정한다. 성욕동 발달 장애는 신경증의 중요한 원인이 된다.

성욕동 발달론을 세움으로써 프로이트는 당대의 의학으로는 이해와 처방이 불가능했던 히스테리를 비롯한 여러 신경증의 원인을 명료하게 제시할 수 있었다.

2) 성욕동론의 전제

인간이 느끼는 정신과 신체의 모든 쾌락 욕구는 본질적으로 성적이다.

인간은 다양한 종류의 욕구를 지닌다. 그중에서 배고픔과 목마름을 해소하려는 욕구는 생존을 위해 꼭 필요하다. 배고픔과 목마름이라는 생존과 관계된 욕구 이외에 인간이 일상생활에서 느끼는 모든 종류의 쾌락에는 성적인 요소가 반드시 개입된다. '성(性)'이라는 말을 들을 때 독자들은 나름대로 '성'에 대해 어떤 생각과 느낌을 가지고 있을 것이다. 프로이트가 말하는 '성'의 외연과 내포의 범위는 상당히 넓다. 일반적으로 남녀 사이에 금지된 음탕한 성 관계를 연상하는 경우, 그것은 주로 '규범에서 일탈하는 성적 흥분'

을 지칭한다. 이에 비해 프로이트는 인간이 누릴 수 있는 모든 욕망과 쾌감 가운데 생존과 직결된 욕구를 뺀 모든 것이 성욕 및 성적 쾌감이라고 해석한다.

인간의 성욕은 생리적 차원과 심리적 차원이라는 두 차원을 동시에 갖는다. 이 말에는 인간에 대한 프로이트의 핵심 관점이 담겨 있다. 프로이트는 인간을 생물학적 존재인 동시에 심리적인 존재로 본다. 자연계의 생명체들 가운데 오직 인간의 성욕만이 심리적 차원을 지닌다. 인간의 욕동(drive)은 동물적, 생물학적 본능(instinct)과 다르다. 인간에겐 생물학적 본능과 더불어 심리적인 욕동이 있기 때문이다. '두 차원'이 있다는 것은 무엇을 뜻하는가? 심리적 차원이란 인간이 본래 문화적 의미에 영향 받는 존재라는 뜻이다. 가령 남자와 여자가 만나서 성 관계를 맺을 경우, 그들은 단순히 동물적 본능에 이끌려 관계를 맺는 것이 아니다. 상대방에 대해 심리적 의미와 가치를 느껴야 비로소 생리적 성욕이 발동하여 만족스러운 성 관계를 맺을 수 있게 된다. 즉, 인간의 성 관계에는 항상 심리적 '의미' 또는 무의식적 성 환상이 개입되어 있다. 인간은 누구에게나 무턱대고 성욕망을 느끼는 단순한 동물이 아니다. "와, 이 사람 참 멋지군. 저런 사람과 한번 사랑을 나누었으면…….""윽. 저 사람 참 험악하게 생겼군. 제발 내게 가까이 오지 말았으면……." 이런 일상적인 말들에는 이미 심리적 해석과 생리적 반응이 함께 섞여 있다. 인간은 신체적 접촉과 더불어 '심리적 만족'을 느껴야 온전한 성적 만족을 얻을 수 있는 존재다. 이처럼 인간의 성욕망과 성적 쾌락은 심리적인 가치 평가를 포괄하는 매우 독특하고 깊은 뜻을 지닌다.

인간의 행복과 불행은 성욕동이 '심리-생리적(정신-신체적)으로' 어느 정도 충족 혹은 좌절되느냐에 의해 상당 부분 결정된다. 이때 유념할 점은 한 사람의 인생을 단지 행복과 불행이라는 관념에만 의거해 가치를 매길 수 없다는 것이다. 자신은 행복하지만 남이 보기엔 파렴치하고 저질스러운 사람이 있을 수 있고, 불행하지만 정직하고 고귀한 사람이 있을 수도 있다. 성 대상과의 욕구 충족 경험이 부족한 사람일수록 문화적 창조 활동이나 학문적 탐구 활동 등의 '승화' 에너지는 강력할 수도 있다. 그럼에도 불구하고 개인의 행복과 불행은, 개체의 안전이 보장된 상황에서 그(녀)의 성욕동이 심리-생리적으로 얼마나 충족되었느냐에 상당 부분 좌우된다고 프로이트는 강조한다. 성욕의 충족이 심하게 좌절되고 억압되면 성욕동 '고착' 현상이 발생한다. 그로 인해 정서와 자아의 발달에 장애가 일어나 불안과 결핍 및 신경증의 원인이 된다. 이에 비해 성욕이 적절히 충족되고 적절히 '억제' 되면, 노동 에너지나 창조 에너지로 유용하게 '전환' 되어 현실 생활에서 행복을 증진하는 데 도움을 준다.

3) 성욕론 개요

성욕동은 자아 본능(자기 보존 본능)과 대비되는 것으로, 인간의 두 근본 욕동 중 하나다. 인간의 사유, 정서, 행동은 이 두 욕동에 영향 받아 생겨난다. 프로이트는 안전한 생존을 위해 일어나는 정신 작용들 이외의 모든 인간 활동은 성욕동에서 발생한다고 해석한다.

성욕동은 특정 단계를 따라 발달해 간다. 이 과정은 크게 보아 '유년기' 와 '성기기' 의 두 단계로 구분된다. 유년기 성욕동은 구강기-항문기-남근기의 순서로 발달해 가며, 오랜 기간의 '잠복기' 를 거쳐 성기기 성욕동이 출현하게 된다.

"인간의 성욕동은 '전환' 될 수 있다." 이 '전환' 개념을 유념해야, 프로이트가 인간을 저급한 동물적 존재로 규정했다는 오해를 극복할 수 있다. 인간의 성욕동은 단순히 직접적 성 관계에 쓰이는 에너지에만 한정되지 않는다. 인간의 성욕동은 다른 '문화적' 활동으로 전환될 수 있다는 점에서 동물적 성 본능과는 결정적으로 다르다. 즉, 인간의 성욕동은 '승화' 과정을 거쳐서 예술, 학문, 노동 등 다양한 에너지로 변환될 수 있다. 어떤 사람이 지닌 성욕동 에너지를 성 관계에만 써버리면 그 사람은 성적 차원에서만큼은 스트레스 없는 상태로 지낼 수 있다. 그러나 그(녀)는 다양한 사회적 관계 속에 살기 때문에 이내 스트레스로 가득 찬 현실 상황에 직면하게 된다. 왜냐하면 그에겐 노동 활동이나 창조 활동에 쓸 에너지가 고갈되고 없기 때문이다. 이처럼 인간의 성욕동 에너지는 성 관계에 직접적으로 사용되는 한편, 사회적 생존을 위한 다른 활동으로 전환되어 사용된다. 프로이트는 인간이 사회생활을 해야 하는 존재인 한, 성욕동의 사회적 전환이 불가피하다고 본다. 그러나 성 에너지를 노동 활동에 과도하게 '전용' 하게 되면, 인간은 행복감을 느끼지 못하게 된다. 성욕동의 전환성에 주목하면 우리는 프로이트가 인간을 '동물적인 성욕 충족에만 온 관심을 쏟는 존재' 로 단순 규정하지 않았음을 이해할 수 있다.

인간의 성적 동기는 다양한 목적과 쉽게 결합되며 복합적이다. 가령 누군가를 만나서 함께 작업이나 단체 활동을 하는 경우를 생각해 보자. 누구를 만나서 함께 어떤 일을 '하고 싶어' 할 때, 여기에는 여러 동기들이 작용한다. 그중에는 성적 관심도 포함되어 있다. 성적 관심은 다른 목적들과 쉽게 결합되어 인간이 다양한 활동을 추구하는 데 추진력의 일부를 제공한다. 그리고 인간은 유아적 성욕과 성인의 성욕이 복합적으로 응축된 다중적 욕망을 형성한다.

성욕동이 어떤 대상에 집중(cathexis, 부착)되면, 그 대상은 내 정신에 중요한 의미와 가치를 지닌 것으로 부각된다. 반면에 성욕동이 어떤 대상에게서 철수하면, 그 대상이 내게 아무리 잘해 주어도 나는 그 대상에게 더 이상 의미와 가치를 느낄 수 없다. 이 현상을 구조적으로 서술한다면, 성욕동은 정신적 의미와 가치를 발생시키는 하부의 연료 에너지인 셈이다.

모든 인간은 성욕동 발달 과정에서 운명적(구조적)으로 반드시 성욕의 과잉 충족 또는 좌절을 겪게 된다. 성욕을 완벽하게 충족시킨 '사회적 인간'은 이론적으로나 현실적으로나 존재하지 않는다. 출생 순간부터 존재하는 성욕동은 발달해 가는 과정에서 필연적으로 크고 작은 좌절을 겪게 된다. 그 이유는 성욕동을 완벽하게 충족시켜 주는 완벽한 성 대상(부모나 애인)이 존재할 수 없기 때문이다. 또한 성욕동이 완벽하게 충족되어 어떤 결핍과 고통도 느끼지 못한다면, 개인은 더 이상 자아를 발달시킬 필요를 느끼지 못하므로 동물이나 다름없는 상태에 머물게 된다.

성욕동이 '어느 시기'에 어느 정도 충족되느냐 좌절되느냐에 따라 그(녀)의 성격 유형 또는 방어 양태가 결정된다. 예를 들어 구강기 때 성욕동의 심각한 좌절을 경험한 사람은 직접·간접적인 방식으로 구강 욕동을 반복해서 충족시키려 드는 구강형 성격을 갖게 된다.

4) 성욕동 발달 과정

성욕동의 활성화

갓 태어나 낯선 외부 환경에 맞닥뜨린 아기는 불안을 느낀다. 이 때 아기의 성욕동은 아직 활성화되지 못한 상태로 위축되어 있다.

이 상황에서 엄마는 애정과 관심을 가지고 아기에게 정신-신체적으로 기분 좋은 자극을 주어야 한다. 그래야 아기는 "새로운 환경이 그리 나쁜 것이 아니구나."라고 느끼고, 비로소 성욕동은 활성화된다. 만약 탄생 직후에 엄마가 아기에게 나쁜 자극을 주거나 아무 자극도 주지 않은 채 방치한다면, 아기는 극도의 불안 속에서 본능적으로 외부의 자극에 방어적 태도를 취하게 된다. 그 결과 성욕동은 활성화되지 못하고 위축되며 성장한 후에도 외부 대상들에 적극적인 욕망을 느끼지 못하게 된다. 그리고 외부의 자극들에 무덤덤하거나 지나치게 방어적인 사람이 된다.

성욕동 부착

성욕동 활성화가 성공적으로 이루어지면, 유아의 성욕동은 구체적인 대상에게 자신의 성 에너지를 부착시킨다. 성욕동이 부착되는 대상은 **자기 자신의 몸→'나' 라는 무엇→동성(同性)의 인간→이성(異性)의 인간**에로 변화해 간다. 이를 달리 표현하면, 성욕동이 부착되는 대상이 무엇이냐에 따라 **자가 성애 단계→자기애 단계→동성애 단계→이성애 단계**로 변화해 간다고 볼 수 있다.

2단계성

인간의 성욕동은 독특한 심리-생리적 발달 과정을 거친다. 이 발달 과정에서 주목해야 될 점은 성욕동이 2단계의 발달 과정을 거친다는 것이다. 첫 단계는 유아 성욕과 관련된 발달이다. 이 시기가 지나고 나면 성욕동이 거세불안과 자아욕동에 압도되어 진정 국면에 접어드는 잠재기가 오랜 기간 지속된다. 두 번째 단계는, 사춘기부터 시작되는 새로운 성기 중심적 성욕동 양태의 출현이다. 자연 생명체 가운데 유년기에 강한 성욕동을 갖고 있다가, 오랜 잠재기를 거친 후 다시금 강력하고 새로운 성욕동 출현을 맞이하는 존재

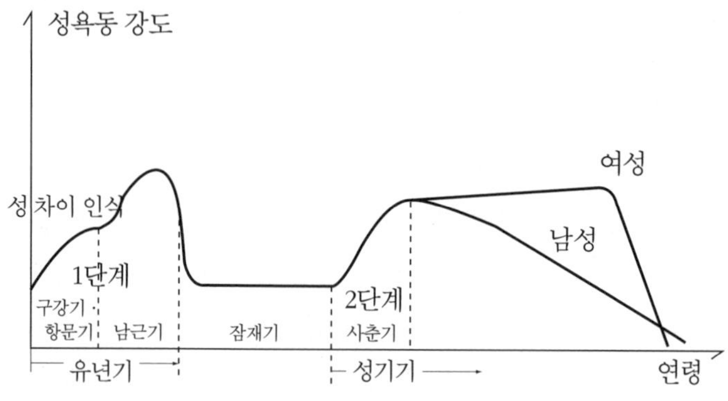

그림 9 성욕동의 2단계 발달

는 인간밖에 없다. 잠재기 동안에는 사회적 교육과 학습이 활발히 이루어진다. 따라서 잠재기는 문화의 계승과 유지를 위한 필요조건 이라고 볼 수 있다. 그런데 오랜 기간의 잠재기로 인간은 사춘기에 접어들어 '급작스럽게' 강렬한 성충동에 직면하게 된다. 그리고 이 급작스럽고 강한 성충동이 적절히 승화되거나 분출되지 못한 채 비 난받고 억압될 경우 증상을 통한 대리 분출을 꾀하게 된다.

5) 성욕동 집중 기관과 성 대상의 변화

성욕동이 집중되는 신체 기관과 대상은 발달 단계에 따라 달라진 다. 출생 이후 성욕동이 집중되는 성감대는 입-항문-남근-성기의 순으로 옮겨 간다. 그리고 성욕동이 달라붙는 성 대상은 젖가슴- 변-부모-동료-이성 파트너로 변화해 가는 현상을 관찰할 수 있다. 이처럼 인간의 성욕동이 집중되는 신체 기관과 성적 관심의 대상은 나이에 따라 변한다. 프로이트는 성욕동이 입에 집중되는 시기를 구강기, 항문에 집중되는 시기를 항문기, 남근에 집중되는 시기를 남근기라고 불렀다. 그렇다면 각 시기의 특성들을 음미해 보자.

2. 구강기, 항문기, 남근기

1) 구강기의 특징

구강기는 출생 직후부터 대략 18개월에 이르기까지의 시기를 지칭한다. 이 기간에 인간의 성욕동은 입술, 혀, 구강 점막 등 '입'에 집중된다. 이 시기를 구강기라고 부르는 것은 그 때문이다. 이 시기에 유아는 입을 중심으로 외부 대상에게서 성적 쾌감을 얻는다. 갓난아이가 제일 먼저 성적 쾌감을 느끼는 신체 기관은 입이고, 입과 관련해 성적 쾌감을 제공하는 첫 대상은 젖가슴이다. 아이는 엄마의 젖가슴을 입으로 행복하게 탐닉한다. 이 시기의 아이들은 젖가슴뿐만 아니라 모든 것을 입을 통해 경험하려 든다. 담요 자락, 마루에 떨어져 있는 장난감, 몸에 닿는 물건들은 모두 입으로 가져간다. 입에 넣었다가 느낌이 좋으면 삼키고, 별로 좋지 않으면 침을 질질 흘리면서 '퉤!' 뱉어 버린다. 이처럼 구강기의 아이에겐 이 세상을 음미하는 가장 중요한 창구 역할을 하는 것이 입이다. 입을 통해 세상의 쾌락을 음미하는 아기에게 '엄마의 젖가슴'은 거의 이 세상 전부나 다름없다. 아기에게 젖가슴이 없다면 쾌락의 대부분을 상실하므로 세상이 없는 것과 같다. 아이가 원하는 적절한 순간에 젖가슴이 늘 나타나면 아기는 이 세상을 풍요롭고 살 만한 곳이라고 느낀다. 반면에, 원할 때 젖가슴이 눈앞에 없거나 원하지 않을 때 젖을 물리거나 하면, 아기는 이 세상을 고통스럽고 부적절한 무엇으로 느낀다.

구강기 전기

구강기는 성욕동 양상의 차이에 따라 전기와 후기로 구분된다. 구강기 전기는 아기가 태어나서 젖을 먹다가 떼기 전까지의 시기를 말한다. 젖 먹는 동안 아기는 엄마의 젖가슴과 고도의 일체감을 느낀다. 아기는 자신이 원할 때마다 나타나 늘 쾌감을 주는 젖가슴을 자기 자신의 일부라고 환상화한다. 이 시기의 아기는 피부 안쪽의 내부 기관에서 오는 자극과 피부 바깥의 외부 자극을 구분할 줄 안다. 그러나 아직 '나' 와 '나 아닌 것(타인)' 을 뚜렷이 구분하지는 못한다. 젖가슴을 제공하는 엄마에 대한 전체적 인식이 없기 때문에, 아기는 젖가슴을 탐닉할 때 엄마의 정신·신체 상태를 배려하지 못한다. 아기는 고도의 자기중심적 상태에서 자신의 일부로 느끼는 젖가슴을 마음껏 탐할 따름이다. 이처럼 엄마에게 절대적으로 의존하면서도, 마치 젖가슴이 자신이 원할 때마다 마음껏 사용할 수 있는 자신의 일부인 양 착각하며 극도로 이기적인 집착을 보이는 시기가 구강기 전기다. 구강기 전기에 만약 젖가슴 체험이 부족하거나, 역으로 필요 이상으로 과도하게 충족될 경우, 성욕동 발달과 성격 발달에 장애를 겪는다. 그 결과로 구강기에 미처 충족되지 못한 구강 성욕을 성인이 된 후에도 끊임없이 충족시키려 들거나, 강한 만족을 얻은 구강 성욕에 고착하여 계속 탐닉하려 드는 구강기 전기 성격이 형성된다. 이 성격을 지닌 사람은 커서도 아이처럼 타인에게 끊임없이 의존하려 드는 이기적인 경향을 보인다. 이런 사람의 무의식에는 구강기 전기에 엄마에게서 충족되지 못한 구강 성욕에 대한 결핍과 욕망이 역동하고 있다. 또는 구강기처럼 젖가슴 체험을 '마음껏' 할 수 있다는 환상을 품고 있어서, 상대방의 상태를 충분히 고려하지 못한 채 이기적으로 대상을 이용하고자 하는 욕망이 역동한다. 상대방을 나의 일부로 착각하고 원하는 쾌락을 마음껏 얻을 수 있다고 생각하는 구강 전기적 환상은 이기적이고 의존적인 성격을 만든다. 그래서 자신이 중요하게 생각하는 사람을 만날 때마다 자신도 모르게 그(녀)에게서 애정이든 물질이든 무언가를 계속 받아먹고 싶어한다. 이것이 지나치면, 제한 없이 모든 것을 집어삼키려 드는 탐욕적 성격이 된다.

구강기 후기

구강기 후기는 젖을 뗀 후 '분리 불안'이 생기고 공격성이 활성화되는 시기다. 아이가 생후 10개월쯤 되어 이가 나기 시작하면 젖을 깨문다. 엄마는 젖이 아프기도 하고, 젖이 안 나오기도 해서 자연스럽게 젖을 떼고 아이에게 이유식을 먹인다. 젖을 떼인 아이는 영양 공급 수단인 동시에 온갖 쾌감의 근원이던 젖가슴이 자신의 입에서 분리됨에 따라 강한 분리 불안과 박탈감을 느낀다. 자신에게 온갖 만족의 근원이던 대상이 자신에게서 멀어졌다는 느낌을 받으면 아이는 물론이고 성인조차도 분리 불안을 느끼게 마련이다. 이처럼 구강기 후기는, 젖을 떼이면서 마치 세상을 잃어버린 듯한 상실감과 불안을 느끼는 아이의 내부에 공격욕동이 활성화되는 시기다. 최초의 커다란 상실 경험과 연관해서 이 시기에는 고통을 주는 외부 세계에 더 적극적으로 대처하고자 자아 형성이 활발하게 이루어진다. 그리고 애착하던 대상을 상실했을 때, 그 대상을 계속 간직하고자 자신의 정신 속으로 내사하는 과정에서 '내적 대상'이 형성되며, 이 내적 대상은 자아를 구성한다. 그렇다면 최초의 자아는 젖가슴과 분리되는 상황에서, 젖가슴과 외부 대상(엄마)의 이미지를 내면화하는 과정을 통해 형성된다.

구강기 후기에 아이는 이가 나면서 뭔가를 깨물고 싶어하는 파괴욕구를 느끼게 된다. 자꾸만 깨물려 드는 아이의 욕구를 충족시키기 위해 양육자는 뭔가 씹을 것을 제공해야 한다. 이런 구강기 후기 욕구가 충족되지 않거나 과도 충족되면 성욕동이 이 단계에 고착된다. 그 결과 구강기 후기형 성격이 형성된다. 이 성격의 소유자는 분리 불안을 많이 느끼므로 누군가와 늘 같이 있고 싶어한다. 여행도 같이 가고 일도 같이 하고 화장실도 같이 가고 싶어한다. 즉, 자기 혼자 분리될까 봐 두려워 곁에 누가 없으면 못 견디는 성격이 된다. 그리고 다른 한편으로 자신의 구강 욕구가 과도하게 좌절되고 억압될 경우 공격적이고 파괴적인 성격을 띠게 된다.

유년기 이후의 사람들이 사용하는 욕은 종종 구강기적 파괴 욕구에서 발생한다. 예를 들어 "이 잘근잘근 씹어 뱉을 놈아!", "갈아 마셔도 시원찮을 놈아!" 등의 욕에는 구강기 후기의 결핍이 적나라하게 표출되어 있다.[23]

구강기와 연관된 환상들을 예술가는 종종 작품을 통해 드러내기도 한다. 프랑스 현대 화가 겸 조각가인 벨머는 젖가슴의 다발로 구성된 괴기스러운 그림과 조각품을 창조한다. 나이 먹은 유명 예술가가 왜 굳이 힘들여 이런 작품을 만들었을까? 프로이트의 관점에서 볼 때 이 화가의 무의식에는 충족되지 못한 구강 성욕이 여전히 역동하고 있다. 엄마의 전체적인 모습이 부재하는, 오직 젖가슴만이 여러 다발로 뭉쳐 있는 형상은 전형적인 구강기 환상의 상징적 표현이다.

---

23) 성인들이 뱉는 욕은 주로 억압되었거나 고착되어 있는 자신의 유아 성욕동에 대한 강력한 비난과 더불어 역설적으로 묘한 그리움을 담고 있다. 항문기의 욕은 주로 배설물과 연관된 비난과 파괴적 쾌락욕구를 표현한다.
"이 (똥같이) 더러운 자식아……." "까불면, (똥처럼) 짓뭉개 버릴 거야……."
남근기의 욕설에는 성기 차이를 최초로 지각했던 순간의 충격을 완화하기 위한 노력과, 자신의 오이디푸스 욕구에 대한 투사적 비난이 담겨 있다.
"이 '씨발' '좆' 같은 새끼야." "니미 씹할(네 엄마와 성교할) 놈아!"

2) 항문기의 특징

젖을 떼이고 난 후 입과 연관된 안정적 쾌락 대상을 찾지 못하던 아이의 성욕동은 입을 떠나 항문으로 이동하게 된다. 대략 18개월에서 36개월 사이에 해당하는 항문기에 아이는 대변이 직장 점막을 훑으며 바깥으로 배출될 때의 자극적 쾌감에 몰입한다. 항문 쾌감은 항문기 후기에 부모의 강제적인 청결 교육에 의해 억압되어 혐오감을 주는 금지된 욕구로 '변질' 된다. 그러나 본래 아이는 대변을 더럽게 느끼지 않으며, 항문 쾌감을 변태적 욕구로 평가하지 않는다. 순수하게 생리적인 차원에서 보면, 변이 직장 점막을 부드럽게 훑으면서 '배설' 될 때의 쾌감은 매우 크다. 성인의 경우에도 변을 오래 참았다가 갑자기 배설할 때, 그 쾌감은 대단한 것이다. 이 단계에 고착된 아이는 성인이 되어서도 의지와 무관하게 항문 성애를 추구하거나 동성애에 빠지게 된다. 이처럼 성욕동이 항문에 집중되고, 변의 배설 과정에서 느끼는 쾌감에 탐닉하는 시기가 항문기다.

만 두세 살의 아동은 몸이 자라면서 자기 몸속에 있는 것들에 관심을 가지게 된다. 가령 대변과 소변은 자신의 몸 '안' 에 있다. 항문기의 아이는 자신의 몸 안에 있는 것을 자신의 소유물 내지 자기 신체의 일부로 생각한다.

항문기 후기에 아이는 부모에게 '대소변 가리기 훈련' 을 강요받게 된다. 변은 자신이 싸고 싶은 때에 싸야 기분이 좋은 것이다. 그런데 자신이 원하지도 않는데, 부모가 원하는 시간에 쾌감을 음미할 여유도 없이 무가치하게 변을 배설해야만 할 때, 아이는 정신과 신체에 모두 부담을 느끼게 된다. 이로 인해 아이와 부모 사이에는 대립과 갈등이 생겨난다. 가령 아이가 한밤중에 변이 묻어 끈적거리고 축축한 옷을 갈아입혀 달라고 울어 대면, 곤히 자던 부모는 마지못해 일어나야 하고 그 결과 스트레스를 받는다. 그래서 부모는 잠자기 직전에 아이에게 변을 누이고, 아침에 일어나자마자 변을 누임으로써, 아이의 뒤치다꺼리에 소비하는 에너지를 줄이고자 한다. 평상시에 부모가 아이에게 잘해 주었을 경우, 아이는 부모의 사랑을 지속적으로 받기 위해 배변 훈련의 부담을 참고 부모의 요구를 따른다. 그럼으로써 자기 신체의 일부인 변을 부모를 기쁘게 하는 '가치 있는 선물'로 제공한다. 그러나 부모가 평상시 잘해 주지도 않으면서 대변 가리기를 강요하면, 아이는 야단맞을까 두려워 항문 성욕을 억압하거나, 반항의 몸짓으로 부적절한 순간에 엉뚱한 곳에 대소변을 싼다. 또는 자신의 일부인 변을 몸속에 꼭 간직하려고 고집스럽게 버티기도 한다.

항문기도 전기와 후기에 성욕동 양태가 달라진다. 전기는 변을 의지대로 누거나 보유할 수 있게 항문을 오므렸다 폈다 하는 항문 괄약근이 아직 성숙하기 전이다. 따라서 이 시기에 몸 안에 대변이 축적되면 곧바로 배설한다. 그리고 아이는 배설할 때의 쾌감을 놓치지 않고 탐닉한다. 이 항문기 전기에 부모가 원하는 시간과 장소에 변을 싸도록 너무 조급하고 강경하게 요구하면 아이는 항문 성욕을 미처 충족시키지 못한 채 억압함으로써 항문기 전기 성격에 고착된다. 이런 성격을 지닌 사람은 외부의 사소한 강요에도 민감하게 스트레스를 받으며, 자신에게 스트레스를 준 사람을 향해 직접적으로 공격성을 분출한다. 반대로 항문기 전기의 항문 성욕이 너무 많이 오랫동안 충족되어도, 이에 고착되어 청결 의식이 약하고 소비(배설) 지향적이고 성적으로 문란한 사람이 된다.

항문기 후기는 항문 괄약근이 충분히 발달해 자신의 의지대로 변을 누거나 참는 능력을 갖게 된다. 이것은 아이가 자기 몸 안에 있는 것을 자신의 마음대로 통제할 수 있게 된 최초의 순간이다. 그로 인해 '나'라고 하는 자아 감각이 성숙해진다. 특히 이 시기의 아이들은 변을 자신의 소유물로 생각하므로 변에 대해 친밀감을 느낀다. 따라서 이 시기에 너무 강압적으로 대변 가리기 훈련을 강요하면, 자기 소유물의 일부가 타인의 뜻에 따라 원치 않게 배출된다는 상실감을 느끼게 된다.

성욕동이 항문기 후기에 고착되면 항문기 후기 성격이 형성된다. 이 성격의 사람은 일단 자기 수중에 들어온 재물이나 지식은 자신이 원하지 않는 한 절대로 밖으로 배출하려 하지 않는 구두쇠나, 어떤 물건이나 지식 습득에 편집적으로 집착하는 수집가가 된다. 프로이트는 평생에 걸쳐 (변을 상징하는) 진흙이나 돌을 손으로 주무르며 작품을 만들거나 끈적거리는 물감을 캔버스에 칠해 대는 예술가들 역시 항문 욕동에 고착된 성격의 소유자로 해석한다. 항문기형 성격은 또한 타인에게 간섭받는 것을 매우 싫어하며, (항문 괄약근으로 배설 여부를 좌우하듯이) 타인을 자기 마음대로 지배하고 싶어한다는 것이 특징이다. 아이가 누고 싶지 않은 변을 누라고 강요받을 때 "안 눌 거야!"라며 버티듯, 항문기 후기형 성격의 사람들은 입술을 다부지게 꼭 오므리고, 자신이 원하지 않는 일은 죽어도 하려 들지 않는 융통성 없는 고집쟁이가 된다. 그리고 항문기에는 배변 훈련이 주는 스트레스와 그에 따른 공격욕동이 활성화되므로, 항문기 후기형 성격의 소유자 역시 강한 공격성을 띤다.

대변에 대한 소유욕은 어른이 된 후에는 재물에 대한 소유욕으로 전치된다. 이 경우 돈(재물)은 결코 포기될 수 없는 애정 대상처럼 느껴진다. 이런 면에서 항문기 성격은 일명 '자본주의형 성격'이라 불리기도 한다. 자본주의는 소유를 많이 할수록 그 개인의 능력과 가치가 상승한다는 환상을 조장한다. 이런 자본주의 문화가 확산되면 대중은 재물(변)을 많이 소유하는 것에 기쁨과 안정을 느끼는 항문기형 성격으로 퇴행하게 된다.

3) 남근기의 특징

프로이트는 남근기를 개인의 일생에서 가장 중요한 성욕동 발달 단계라고 강조했다. 남근기에 어떤 성욕동 발달 과정을 거쳤느냐는 인간의 평생을 좌우하는 핵심 정신 구조와 성격을 결정짓는다.

대략 만 3세에서 6세 사이를 '남근기' 라 부른다. 이는 이 시기에 성욕동이 남근에 집중되기 때문이다. 남근기는 유아 성욕이 절정에 이르는 시기다. 그렇다면 남근기에 인간에겐 어떤 일들이 발생하는가? 벌거숭이로 태어나 엄마 젖을 마음껏 먹고, 원 없이 욕구를 표출하며 엄마의 일방적 보호를 받고 자라던 아이는, 남근기에 이르러 자연적 존재에서 사회적 존재로 변화할 것을 대대적으로 요구받는다. 물론 최초의 사회화 교육은 항문기 후기의 대소변 가리기 훈련에서 시작된다. 그러나 사회적 존재가 되기 위한 결정적 조건인 규범 교육과 언어 습득 요구는 바로 이 시기에 조그마한 아이에게 집중적으로 강요된다. 이로 인해 인간 정신과 성격의 결정적인 구조는 대부분 이 시기에 형성된다. 인간이 문화적 존재인 동시에 신경증적 존재로 살아가게 되는 근본 조건이 형성되는 격동기가 바로 이 남근기다.

남근기에 아동은 평생 잊지 못할 체험들을 겪게 된다. 이들 체험은 아이에게 너무 충격적이라서 억압되므로, 어른들의 의식에서는 망각되어 있다. 프로이트는 이 무의식의 과거 흔적들을 추적하여, 오이디푸스 콤플렉스와 양가감정, 거세공포 등을 발견한다.

  남근기는 또한 남성성과 여성성이라고 하는 고유한 성 정체성과, 초자아(양심)라는 독특한 문화적 정신 조직이 새로 형성되는 시기다. 이처럼 중요한 정서와 정신 조직이 형성되기 때문에, 프로이트는 남근기를 성욕동 발달 과정에서 가장 중요한 시기라고 강조한다.

7
오이디푸스 콤플렉스

프로이트는 오이디푸스 콤플렉스를 무의식의 중심 환상으로 추정했던 1900년부터 시작해서 '초자아'의 발생 원인으로 해석한 1923년까지 무려 20여 년에 걸쳐 이론적으로 다듬어 왔다. 이것은 남근기의 아동이 운명적으로 겪게 되는 일련의 격렬한 욕구, 갈등, 상처를 가리킨다. 그리고 그것이 무의식에 억압됨으로써 평생 동안 인간의 정서를 좌우하게 된다.

프로이트는 오이디푸스 콤플렉스 개념이 '정신분석'을 떠받치는 두 기둥 중 하나라고 말할 정도로 소중하게 여겼다. 이것은 서글픈 신경증적 환상의 상징인 동시에, '내면의 목소리에 고뇌하는 인간'이 되었다는 위대한 징표이기도 하다. 이 이론이 보편타당한 진실인지 아닌지는 머리로 알 수 있는 것이 아니라, 그(녀)가 무의식에 대한 '정신분석 체험'을 깊이 해 보았느냐 아니냐에 달려 있다.

1. 남근기의 전개 과정

성차이 인식→최초의 성 대상 선택→아버지의 요구→오이디푸스 욕구→뜻밖의 충격→양가감정과 복합 갈등→거세 불안→동일시→성 정체성과 초자아의 형성

위 과정은 남근기의 아동이 보편적으로 경험하는 격동적인 심리적 사건을 서술한 것이다. 각각의 항목 하나하나는 인간을 '인간'다운 독특한 심리적 존재로 변화시키는 계기가 되는 동시에 아이러니하게도 신경증의 근본 원인으로 작용한다. 이 일련의 사건들을 프로이트는 '오이디푸스 콤플렉스'라는 개념으로 상징화했다. 자, 그렇다면 남근기가 어떤 식으로 전개되어 가는지를 주시하면서 "아! 바로 이러한 이유들로 남근기가 인생에 그토록 깊은 영향을 미치는 것이로구나!"라는 '정서적 인식'을 체험해 보자.

1) 성차이 인식

구조적으로 남근기는 '성차이 인식'과 더불어 시작된다. 성차이 인식은 하나의 충격적 사건이다. 이는 다 같은 존재인 줄로만 알던 인간이 서로 다른 성기를 지닌 남성과 여성으로 구분된다는 사실을 아이가 불현듯 인식하는 순간이다. 처음으로 성차이를 지각하는 순간에 어린아이는 이것을 어떻게 해석할까? 프로이트는 '어른의 눈'과 '아이의 눈'이 다르다는 사실을 내담자의 무의식을 분석하는 과정에서 발견한다. 가령 어른은 남녀에게 각각 '남성 성기'와 '여성 성기'가 있다고 생각한다. 그러나 어린아이들은 남녀 성기의 차이

를 지각하는 순간 "어? 누구는 남근을 가지고 있는데, 누구는 남근이 없네!"라고 해석한다. 아이들은 마치 '남근'이 뭔가 대단한 가치 내지 힘을 지닌 것처럼 여기고는, 남근이 '있는가 없는가'에 강한 심리적 반응을 보인다.[24] 이처럼 '남근'의 유무를 중심으로 이루어지는 아동의 성 인식(성 환상) 때문에, 이 시기를 '남근기'라 칭하는 것이기도 하다. 이런 성 환상이 유발하는 심리적 충격 효과는 상당히 크다. 인간은 누구나 같은 성을 가지고 있다고 생각해 왔는데, 누구는 무엇(남근)을 가지고 있고, 누구는 무엇(남근)이 없다는 식의 (환상적) 지각은 아동의 정신에 충격적인 영향을 미친다. 그리고 이 성차이를 인식하는 순간 남자 아이와 여자 아이가 받는 심리적 충격은 각기 다르다.

남자 아이는 특히 만족의 절대적 근원이던 엄마가 자신과 동질적인 존재라고 믿어 왔는데, 자신과 다른 형태의 성기를 갖고 있다는 사실에 충격을 받는다. 이 충격이 심한 경우에는, 엄마가 자신과 달리 남근이 '없다'는 사실을 부인하는 방어를 한다. 이 방어에 고착된 남자는 성인이 되어 사랑하는 '여성'과 성기적 성 관계를 회피하게 된다. 그가 여자와 직접적인 성 관계를 피하는 이유 중 하나는 성 관계를 맺게 되면 (엄마를 상징적으로 대체하는) 애정의 대상이 (나와 달리) 남근이 '없다'는 사실을 확인하게 될 테고, 이 사실에 직면

---

24) 4,000년 전 거석문화 시대에 세워진 조형물들 중에는 '거대한 남근'을 상징하는 돌이 많다. 제사와 경배의 대상이던 이 거대한 남근석들을 통해, 거대한 남근은 강력한 힘을 지니며, 그것에서 인간의 소원을 실현시켜 줄 힘이 나온다는 믿음을 고대인들이 가지고 있음을 추정할 수 있다. 또한 원시 시대의 동굴 벽화에서도 마법사 내지 주술사가 동물 가면을 쓰고 성기를 발기시킨 상태로 춤을 추는 모습이 묘사되고 있다. 주술사가 이처럼 성기를 발기시킨 채로 춤을 춘 것은, 거대한 남근을 지닌 존재가 거대한 힘을 지니며, 그 힘을 사용해 마을을 보호하고 사람들의 소원을 이루어 주리라는 원시적인 믿음 때문이다. 프로이트는 원시인들의 사유와 유아의 사유가 공통성을 지닌다고 해석한다.

하는 순간 '나의 위대한 엄마' 역시 '남근이 결핍된 존재' 라는 부인된 무의식이 되살아날지도 모른다는 두려움 때문이다. 따라서 성교 대신에 여자의 속옷이나 남근을 상징하는 (여성용) 구두 등을 통해 대리 만족을 추구하는 성도착자 또는 동성애자가 되기도 한다.

성차이를 인식한 남자 아이는 엄마의 남근 결핍에 크게 당황한다. 그러다가 그 충격 에너지를 "내가 엄마의 든든한 남근이 되어주겠다!"라는 욕망으로 전환시킨다. "엄마는 남근이 없다. 그런데 없는 것보다는 있는 것이 낫겠지. 그러니 이제부터는 내가 엄마의 남근 역할을 해야 해."라는 생각과 욕망을 품게 된다.

여자 아이는 성차이를 인식하는 순간, 자신에게 남근이 없다는 것에 서운해한다. 그리고 이런 불행한 사태가 빚어진 데에는 그동안 자신의 전부였던 엄마에게 모종의 책임이 있다고 판단하고는 엄마를 원망한다. 이 때문에 엄마에게 집중시켜 온 성욕동을 거두어들이고, 거대한 남근을 지닌 아빠를 새로운 성 대상으로 선택한다. 이것이 여자 아이가 아빠에게 갖는 환상인 '남근 선망' 이다.

상당수의 여성이 무의식적 남근 선망을 품고 있다는 것은 필자가 참석한 정신분석 세미나들에서도 자주 확인된다. 오이디푸스 콤플렉스 강의를 들은 30대부터 60대까지의 여성들은 다음과 같이 말한다.

"지금도 그 기억이 생생해요. 어렸을 때였어요. 다른 남자 아이들은 다 튀어나온 성기를 가지고 있는데 나만 그것이 없다는 것을 알고 참 서운했어요. 서운한 감정은 정말 오래 갔어요."

"남들은 서서 오줌을 누는데, 나는 앉아서 쭈그리고 누니까 뭔가 위축되는 느낌이 들었어요. 집에 와 서서 오줌을 누려고 시도했는데, 그만 다리 사이로 오줌이 다 흘러내리고 말았어요. 참 속상했어요."

프로이트가 많은 내담자들을 만나 보고 분석하는 과정에서 발견했던 사실을, 필자 역시 학생들의 정신분석 보고서와 세미나, 개별 상담 과정에서 생생하게 확인할 수 있었다. '최초로' 성차이를 인식했던 순간은 남자 아이나 여자 아이 모두에게 큰 정신적 충격으로 각인된다. 따라서 대부분의 성인에게 이때의 일은 의식의 저편에 억압되어 망각되어 있다.

성차이를 인식한 후로 아동은 이성(異性)의 부모에게 성욕동을 집중시킨다. 이는 사춘기 이후의 인간이 이성에게 성적 관심과 흥분을 느끼는 것만큼이나 강력한 성적 감정이다. 단지 남근기의 아동은 성적 쾌락과 생식을 위해 남근을 받아들이는 '여성 성기'의 존재를 아직 알지 못한다. 그는 여성의 성기를 '남근이 달리지 않은 그 무엇'이라고만 인식할 뿐이다. 이 점에서 여성성에 대한 충분한 인식이 형성되지 못한 남근기 아동의 성욕은 몽정과 월경을 시작한 사춘기 소년 소녀의 성욕과 다르다. 그럼에도 불구하고 성차이 인식은 인간이 남성과 여성으로 구분된다는 '모종의 자각'과 묘한 느낌을 수반한다.

구강기나 항문기의 아이는 자신이 남자 혹은 여자라는 것을 인식하지 못하는 중성적 존재다. 그러나 일단 성차이를 인식한 후의 성욕동은 이전 단계의 성욕동과는 강도와 질감에 있어서 매우 다르다. 중성(中性) 시기에 느끼는 성적 쾌감과 이성(異性) 시기의 성적 쾌감은 그 질이 다를 수밖에 없다. 그래서 프로이트는 남근기를 유아 성욕이 절정에 달하는 시기라고 본 것이다.

2) 최초의 성 대상 선택

성차이를 인식한 후로 아이는 이성의 부모에게 자신의 성욕동을 강력하게 부착시킨다. 남자 아이는 자신의 자랑스러운 남근과 관련해 엄마와의 관계에서 뭔가 새롭고 짜릿한 쾌감을 얻을 수 있을지 모른다는 기대와 욕구를 갖는다. "엄마아, 당신의 주목을 받고 싶어요! 빛나는 저를 사랑스럽게 바라봐 주세요!" 여자 아이는 남근을 지닌 거대한 아빠를 자신이 (엄마처럼) 향유할 수도 있다는 환상적 남근 선망을 품게 된다.

이성의 부모에게 성욕동을 부착시킨 이후, 아이의 성 대상은 삶의 모든 의미와 가치를 담고 있는 쾌락의 원천으로 환상화된다. 남자 아이와 여자 아이는 "내 인생에 장차 뭔가 커다란 기쁨이 생길 거야."라는 흥분된 기대로 들뜨게 된다. 이 짧은 시기는 미래의 상처를 예견하지 못한 채 사랑에 빠져드는, 인생의 가장 환상적이고 행복한 순간 중 하나로 볼 수 있다.

3) 아버지의 요구

인간의 비극은 갈망하던 행복을 거의 손에 넣었다고 생각하는 바로 그 순간에 찾아온다. 마찬가지로 남근기 성욕동과 성 환상에 취해 있는 아동에게도 이내 비극의 순간이 닥친다. 그것은 "너의 철없는 환상과 욕망을 포기하고 어른들처럼 규범에 충실한 인생을 살라."는 낯설고 곤혹스러운 '아버지의 요구'다. 여기서 '아버지'는 가부장적 사회의 요구를 대신 반영하는 상징적 존재다. 아버지(부모)는 인지 능력과 운동 능력이 어느 정도 성장한 아동에게 유아적 삶을 벗어나 사회적 삶의 양식을 배우기를, 즉 규범과 언어를 습득하여 어른들처럼 행동하고 분별하고 의사소통하기를 요구한다. '아버지'가 요구하는 규범의 제1항목은, 남자 아이는 "엄마로부터 떨어져라! 엄마의 온 관심을 끄는 유일한 욕망 대상이 되겠다는 생각과 엄마에 대한 성적 집착을 포기하라!"다.[25] 엄마와 떨어져 잠자고, 엄마를 유혹하려 들지 말며, 엄마 이외의 친구나 형제들에게 관심을 기울이고, 엄마가 외출할 때 울거나 따라나서지 말라는 것이다. 그리고 어른들처럼 정해진 시간에 밥을 먹고, 물건은 함부로 깨뜨리지 말고, 엄마에게 모든 걸 의존하는 생활 습관을 점차 줄이라는 것이다. 이제부터 아이는 더 이상 전처럼 언제 어디서나 자신이 뛰고 싶을 때 뛰고, 소리 지르고 싶을 때 지르고, 비틀거리다 쓰러지고 싶을 때 쓰러질 수 없다. 아이는 이제 불편한 느낌을 받아도 조용히 참으며 타인의 상태를 고려할 줄 알아야 한다. 즉, 자신의 행동 기준을 쾌락원칙이 아닌 현실원칙으로 대체해야 한다.

부모가 아이에게 요구하는 언어 습득을 살펴보자. 언어라는 것은 고도로 규약성을 띠는 상징 기호이다. 이런 비자연적인 기호를 자연적 존재로 살아가던 아이한테 습득하라고 요구한다면 정신과 신체 양면에 걸쳐 상당한 거부감과 부담감을 느낄 것이다. 혹시 당신의 이름 석 자를 스스로 써 보라고 처음 요구받았을 때의 느낌을 기억하는가? 자연적 존재로 살아가던 아동이 상징 기호인 문자를 습득하라는 요구에 부딪혔을 때 느끼는 부담이란 일반적으로 우리가 상상하는 것 이상이다. 언어는 외부 세계를 상징적으로 분별하고 분류하는 의미 체계를 내포한다. 그렇기 때문에 언어를 습득한다는 것은 곧 사회적 분별 체계를 내 정신과 신체 안에 수용한다는 것이다. 이 경우 아이는 기존의 자연적 사유와 자연적 행동, 자연적 느낌을 모두 포기해야만 한다. 이것은 아이에게 엄청난 상실감과 불

---

25) 아버지의 요구는 '엄마의 욕망(덫)'으로부터 아이를 보호하고 해방시키는 기능을 한다. 엄마의 욕망과 요구에 아이가 동화되면, 자신의 개성을 상실한 무기력한 신경증자가 된다. 따라서 아버지는 엄마와 아이 모두에게 "안 돼!"라는 압력을 가해, 아이를 '엄마의 세계'로부터 떠나게 해야 한다.

안 및 부담으로 다가온다. 상징적 의미 체계를 수용하는 순간, 쾌락 원칙에 따라 삶의 온갖 자극들을 생생하게 만끽하던 시기는 이미 저만치 멀어진다. 이처럼 언어 습득 요구는 아이의 세계관과 행동 방식과 존재 양태를 자연적 양태에서 사회적 양태로 전환시키는 엄청난 내용을 담고 있다. 이제 아이는 좋고 싫은 감정을 행동으로 직설적으로 표출하는 태도를 버리고, 대신에 자신의 욕망을 '언어로 표현'하는 습관을 익혀야만 한다. 자연스럽게 내면에서 솟아나는 느낌을 상징 기호로 번역하여 대체하는 작업은 결코 쉽거나 간단하지 않다. 그리고 이런 작업에 익숙해질 경우, 본래의 자연스러운 표현 능력을 상실할 수도 있다. 더 나아가 후천적으로 형성된 언어적 습관 때문에 자연스러운 느낌들 자체를 경험하기 힘들 수도 있다.

언어와 규범을 습득하라는 요구는 자연적 쾌감을 누리며 살아 온 아이에게는 굉장히 당황스럽고 고통스러운 것이다. '아버지의 요구'는 연약하고 미성숙한 자아를 지닌 어린아이가 수용하기에 매우 부담스럽다. 특히 "엄마로부터 떨어져라."라는 요구는 엄마에게 강렬한 성욕동을 부착시킴으로써 쾌락 환상에 빠져 있는 남자 아이가 순순히 받아들이기 힘든 것이다. 그것이 정신적으로 얼마나 힘든 일인지 비유를 들어 설명해 보자.

자, 지금 여기에 서로 사랑하는 남자와 여자가 있다. 독자 여러분은 자신이 이 둘 중 어느 한 쪽이라고 상상해 보자. 두 사람은 서로 상대방을 심리-생리적으로 대단히 소중한 대상으로 여기고 있다. 둘이 함께 있으면 그윽한 안온함과 강렬한 기쁨을 느낀다. 그런데 만약 어떤 '힘센' 제3자가 나타나서 "너희들의 관계는 내가 보기에 바람직하지 않으니까, 이제 그만 만나도록 해!"라고 명령하듯 요구한다고 가정해 보자. 수십 년의 외로움 끝에 처음으로 얻은, 내 안 저 깊숙한 곳에서 기쁨과 활기를 끌어내 주는 나의 욕망 대상을 이

제 그만 포기하라는 '힘센 자'의 명령을 들었을 때 당신이라면 어떤 느낌이 들겠는가? 그리고 어떤 반응을 보이겠는가? 정말로 상대를 사랑한다면 그 요구를 받아들이기 힘들 것이다. 아마 당신의 자존심이 그것을 수용하지 않을 것이다. 그런데 이 요구를 하는 사람이, 결코 외면하거나 무시할 수 없을 정도로 막강한 힘을 지녔다면 어찌하겠는가? 그가 당신의 부모 중 한 사람이거나, 당신의 사회적 인생의 성공과 실패를 결정적으로 좌지우지할 수 있는 거대한 권력자라면? 이 경우 당신은 곤혹스러운 기분에 사로잡혀 갈등하게 될 것이다. 그런데 성인이 된 당신조차 감당하기 힘든 요구를 만약 당신 내부의 연약한 아이가 받았다면, 그 아이의 심정은 어떻겠는가? 역으로 만약 그대가 부모의 입장이 된다면, 계속해서 부모에게 끈적끈적 달라붙으려 들며 '뭔가'를 기대하고 요구해 대는 아이의 행동을 언제까지 허용하겠는가? 정신과 신체의 발육이 어느 정도 이루어진 아동이 엄마의 관심을 끌려고 물건을 깨뜨리고, 한밤중에 이부자리를 더럽혀 잠자는 당신을 깨우고, 손님들 앞에서 괴성을 지르며 뛰어다니고, 부모의 사생활을 침범하여 당신을 탈진시킨다면, 그런 유아적인 행동 양태를 어느 정도나 허용할 수 있겠는가? 당신이라면 아이에게 엄마(아빠)에 대한 성애착에서 벗어나 규범과 언어적 분별을 습득하라고 요구하지 않겠는가?

4) 오이디푸스 욕구

'아버지의 요구'에 직면한 아이가 너무도 고통스러워 자연스레 품게 되는 마음이 바로 오이디푸스 욕구이다. 이 욕구는 달리 말해, "만약 내게 힘이 있다면 저토록 혹독하게 고통스러운 일을 강요하는 괴상한 대상을 제거하고, 나의 욕망 대상인 엄마(아빠)와 마음껏 즐겁게 살고 싶다."는 바람이다. 이는 결코 무지막지한 인간쓰레기들이나 품는 파렴치한 욕구가 아니며, '남근기의 아이'가 구조적(운명적)으로 가질 수밖에 없는 자연스러운 욕구이다. 자신에게 감당하기 힘든 요구를 하는 그 무서운 사람을 제거하고, 너무도 대단한 내 인생 최초의 성 대상과 마음껏 애정 관계를 누리고 싶어하는 간절한 마음! "전 정말로 당신의 마음에 들고 싶어요! 당신의 소중한 무엇이 되고 싶어요. 기꺼이 당신이 원하는 모든 것이 될 테니, 제발, 저만을 사랑해 주세요!" 이 배타적 사랑 감정이 바로 오이디푸스 욕구이다.

그리스 비극 작가 소포클레스는 고대 그리스 신화를 바탕으로 『오이디푸스 왕』이라는 작품을 쓴다. 작품 속의 오이디푸스는 '모르고' 자신의 아버지를 죽이고, '아버지의 지위'였던 왕위에 오른다. 그리고 '모르고' 자신의 어머니와 결혼해서 2남 2녀를 낳고 행복하게 산다. 그러다가 자신이 무슨 일을 저질렀는지 깨닫는 순간 너무도 놀라 자신의 '눈'을 거세하고, 죄책감에 짓눌려 자신을 학대하는 처참한 인생을 살아가게 된다. 프로이트는 사람들이 이 작품을 감상하면서 전율을 느끼는 이유가, 자신들의 무의식적 욕망이 마치 현실처럼 생생하게 재연되고 있기 때문이라고 해석한다.

한편 여자 아이는, 만약 힘만 있다면 엄마를 제치고 아빠를 독점함으로써, 자신의 남근 선망을 한껏 충족시키려는 욕구를 품게 된다.

클림트의 그림 「포옹」을 오이디푸스 욕구를 지닌 여자 아이의 관점에서 해석해 보자. 이 그림은 포옹한 남녀의 모습 위로 행복에 도취된 여자의 표정을 부각시키고 있다. 그런데 남자와 여자가 껴안을 때 모두 이처럼 도취된 느낌을 받는가? 그렇지 않다. 자신의 억압된 오이디푸스 욕구를 역동시키고 환상을 충족시켜 주는 대상과 포옹할 때에만, 이처럼 아늑하고 진정 행복해하는 표정이 나타난다. 오이디푸스 욕구가 느껴지지 않는 이성과의 신체 접촉만으로는 이런 도취된 느낌이 생겨나지 않는다.

오이디푸스 욕구는 강한 성욕동을 지닌 남근기의 아동이 '엄마와 아버지와 나'의 삼각관계 속에서 운명적으로 느끼게 마련인 보편적이고 자연스러운 욕구다. 이 욕구가 강할수록 이를 억압하는 데 사용하는 방어 에너지의 강도 또한 높아진다. 그로 인해 자아의 발달에 나쁜 영향을 미쳐, 신경증이 발생할 가능성이 높아진다.

5) 뜻밖의 충격

오이디푸스 욕구에 휩싸여 힘들어하는 아이 앞에는 예기치 못한 더욱 충격적인 상황이 기다린다. '아버지의 요구'를 수용할 수도 거부할 수도 없는 갈등 상황에서 아이가 강한 오이디푸스 욕구에 빠져 있을 때, 뜻밖의 충격과 의심이 밀려든다.

남자 아이 나는 이토록 고통스러워하는데, 잘해주던 엄마는 왜 나의 고통을 적극적으로 해소해 주지 않는 걸까? 나는 아버지가 그토록 밉고 무서운데, 엄마는 왜 그 사람 앞에서 미소짓고 그의 편을 드는 듯한 모습을 보이는 걸까? 도대체 저 변덕스런 엄마가 진정으로 원하는 게 무엇일까? 혹시 엄마가 나보다 아버지를 더 좋아하는 건 아닐까? 설마 그럴 리가…… 그렇다면 난 도대체 뭐야!

여자 아이 나는 이토록 고통스러워하는데, 왜 아빠는 나를 계속해서 품어 주지 않고, 때로 꾸짖고, 결국은 엄마에게로 가는 걸까? 아빠에게 나는 이 정도밖에 안 되는 보잘것 없는 존재란 말인가? 혹시 내가 사랑하는 아빠가 나보다 엄마를 더 소중히 생각하는 건 아닐까? 그렇다면 도대체 나는 아빠에게 어떤 존재란 말인가!

최초의 성 대상을 선택한 후로 달콤한 성 환상에 젖어 있던 아이에게, 인생은 점점 곤혹스럽게 꼬여 간다. 나의 애정 대상이 나를 배신하고 자꾸만 내게서 멀어져 가는 듯한 느낌! 나보다 다른 대상을 더 좋아하는 듯한 버림받은 느낌! 더는 상상하기조차 끔찍하다!

"애야, 아빠 말씀이 옳아. 엄마도 그렇게 생각해. 너도 이제 아기가 아니잖니. 일찍 자서 일찍 일어나고, 대소변 잘 가리고, 엄마만 졸졸 따라다니며 짜증부리지 말고, 친구들도 사귀고, 어른들에게 인사도 잘하고, 말도 또렷이 할 줄 알아야 하는 거야." 보통의 엄마는 이런 식으로 '아버지의 권위'를 인정하면서 '아버지의 요구'에 동조하는 모습을 보인다. 이처럼 더 이상 '나'를 '가장 소중'하게 여기지 않는 듯한 엄마(아빠)의 태도를 본 아이는 어떤 느낌을 받을까? 이것은 세상이 무너진 듯한 충격이다. 이 충격을 정서적으로 인식하기 위해 어른의 경우를 예로 들어 보자.

당신이 성인이 되어 진정 애정을 느끼는 사람을 만나면 온 몸과 마음을 쏟아 깊은 교류를 나눌 것이다. 그리고 열정에 취해 "나는 당신을 이 세상 '누구보다' 사랑해! 당신은 내게 가장 소중한 사람이야!"라는 밀어를 주고받을 것이다. 그런데 어느 날 사랑하는 그 (녀)에게 나보다 더 오래되고 더 힘세 보이는 짝이 있었다는 사실이 밝혀진다. 나는 그(녀)에게 가장 소중한 사람이 아니라, 제2, 제3, 제……의 존재였던 것이다! 이 경우 당신의 마음은 어떻겠는가?

필자와 대화를 나눈 20대 중반의 한 남학생은 대학 시절에 이와 유사한 사건을 겪었다. 얼마 후 그에겐 갑작스러운 자살 충동과 자기 파괴적 환상들, 여성에 대한 불안과 강박 관념이 의지와 무관하게 솟구쳐 올랐다. 너무나 고통스러웠던 그는 휴학하고 군대에 가서는 정신병동에 있다가, 제대한 후 복학을 한다. 그 일이 있은 지 몇 년이나 지났는데도 그는 그녀와 비슷한 인상의 여자를 볼 때마다 과거의 상처가 떠오를까 봐 불안해한다.

이 학생은 자신이 대학 시절 첫사랑의 실패로 충격을 받아 병이 생긴 줄 알고 있었다. 그리고 그 사건을 억압하여 망각하면 괜찮아질 거라고 믿었다. 그런데 예상과 달리, 몇 년이 지났건만 여성에 대한 불안이 좀처럼 사라지지 않자 그는 당황한다. 왜 이렇게 된 것일까? 이 학생의 최초 상처이자 신경증의 근본 원인은 다름 아닌 억압되어 망각된 오이디푸스 콤플렉스에 있다. 그리고 대학 초년에 겪은 애정 관계에서의 좌절은 제2의 (촉발) 원인에 해당한다. 이 두 요인이 결합되면 기존의 정신적 균형 체계를 위협하는 트라우마가 발생하고 무의식이 강력하게 솟구친다. 그리고 이를 방어하기 위한 병리적 방어 기제(억압)가 작동되고, 그 방어의 불완전성으로 또다시 불안과 제2의 방어 기제(전환, 전위, 투사)가 작동된다. 그 결과로 특정 유형의 신경증 증상이 생겨난다.

성인조차 뜻밖에 애정이 좌절되는 사건을 겪으면 충격을 받아 쓰러지기도 한다. 하물며 자신의 애정 욕구를 충족시킬 대상은 '오직 한 사람' 밖에 없다고 생각해 온 의존적이고 무기력한 아동에게 그런 뜻밖의 생각이 떠오른다면, 그(녀)의 정신은 어찌 되겠는가? 자신의 유일한 애정 대상에게 자신이 '가장 소중한' 존재가 아니라, 주변적인 존재에 불과할 수 있다는 생각은 아이와 성인 모두에게 충격적인 것이다. 그런데 만약에 아이에게 충격을 주지 않으려고 엄마(아빠)가 아이의 오이디푸스 욕구를 들어 준다면 그 아이의 운명은 어찌 될까?

"얘야. 네 아버지는 형편없는 인간이니까 그가 뭘 요구하든 신경 쓸 것 없단다. 엄마가 계속 편안하게 해 줄게. 네 하고 싶은 대로 하고 살아라. 아이고, 귀여운 '내' 새끼……."

엄마가 '아버지의 권위'를 인정하지 않고 '아버지의 요구'를 평가 절하함으로써 아이의 오이디푸스 욕구를 계속 충족시켜 주면, 아이는 아버지의 요구를 거부할 수 있게 된다. 그리고 엄마를 향한 남근기 성욕을 욕심껏 즐긴다. "아! 남근기의 달콤한 경험이여!" 그러나 그 얼마간의 향락이 평생에 걸친 비극의 씨앗이 된다는 사실을 프로이트는 신경증자들의 무의식 분석을 통해 발견한다. 엄마가 계속해서 아이를 품어 주고 아버지를 무시하는 단어를 아이 앞에서 쓰면, 아이는 '아버지의 요구'에 대한 가치 인정과 내면화에 실패하게 된다. 그 결과로 훗날 성장해서 사회적 규범 체계와 분별 체계에 적응하는 데 어려움을 겪는다. 아울러 타자의 욕망을 배려할 줄 모르는 자기애적(유아적) 성격 때문에 현실에서 관계 맺기에도 실패하여, 이내 신경증 증상으로 도피할 수밖에 없게 된다.

6) 양가감정과 복합 갈등

충격을 받은 아이는 자신이 사랑하던 대상에 대해 양가감정(兩價感情)을 느끼고 복합적인 갈등 상태에 놓이게 된다. '오이디푸스 콤플렉스'란 오이디푸스 욕구와 이 복잡한 갈등 심리를 함께 이르는 말이다. 양가감정이란 사랑하는 동시에 증오하는 감정이다. 충격을 받은 아이는 자신의 성 대상을 전적으로 사랑할 수도, 미워할 수도 없는 복잡한 기분에 빠진다. 이런 양가감정은 오이디푸스기의 아이들, 특히 소아 신경증에 걸린 아이들에게서 잘 관찰된다. 이 상태의 아이는 자신이 진심으로 좋아하는 대상을 우연히 발견할 경우 무심코 대상에게로 다가간다. 그러나 그 대상에게 자신의 욕망을 직접적으로 표현하지 못한 채, 머뭇거리며 불안해하는 등의 애매한 행동을 한다. 이런 묘한 현상은 자신이 그 대상을 좋아했다가 또다시 상처 입게 되면 어쩌나 하는 의심과 불안 때문에 발생한다.

양가감정과 갈등은 자아가 약한 아이에게는 매우 고통스러운 것이므로 이내 억압된다. 그 억압으로 인해 그(녀)는 양가감정과 갈등에 평생 휘둘리게 된다. 이처럼 억압된 양가감정이 성인에게 어떤 양태로 나타나는지 살펴보자.

20대 남성 P는 자신에게 강렬한 욕망을 일으키는 여성일수록, 그녀에게 자연스럽게 접근하는 데 어려움을 겪는다. 그는 욕망과 불안이 혼합된 심리 상태로 오랜 기간 머뭇거리다가, 용기 있게 상대에게 접근하여 교제를 시작하곤 한다. 그런데 막상 그 대상과 '좀 더 친밀한 관계'에 이르게 되면, 뜻밖의 일을 저질러 관계를 파괴한다. 상대방을 사랑하면서도 상대방이 애정을 받아 주는 듯하면 자신도 모르게 그녀에게 상처를 주거나 '걷어차 버리는' 등의 불합리한 행동을 저지른다. 사랑하는 성 대상에게 반복적으로 드러내는 사랑하면서도 증오하는 이러한 태도는 어디에서 기원하는 것일까? 그것은 바로 오이디푸스기에 억압된 양가감정 및 복합 갈등이다.

'복합 갈등(complex)'이란 뜻밖의 충격이나 양가감정과 관련해 '아버지의 요구'를 전적으로 수용하지도, 전적으로 거부하지도 못하는 갈등 심리를 지칭한다. 차라리 이렇게 혹은 저렇게 하겠다고 결정하고 나면 마음이 편안해진다. 그런데 이렇게는 하고 싶지 않고 저렇게 하는 것도 두려운 상태에 처했을 때 인간은 극도의 무기력에 빠지고 만다. 일단 갈등 '속'에 빠져 있는 사람에겐 어떠한 선택도 '정서적으로' 불가능하다. 그(녀)에게 주어진 해결책은 갈등 그 자체 속에 함몰된 채로 탈진해 가든가, 아니면 심각한 문제 상황에 직면하여 불가피하게 미정리된 모종의 선택을 내리는 것뿐이다. 복합 갈등 역시 미성숙한 정신을 지닌 아이에겐 엄청난 심적 부담을 주기 때문에, 본능적으로 억압되고 만다. 그 결과 인간은 평생 동안 원인 모를 갈등에 종종 휘둘리게 된다. 프로이트는 남근기 아이가 양가감정과 복합 갈등을 겪는 기간과 강도가 얼마나 길고 큰가에 따라서, 신경증의 발생 확률이 결정된다고 본다. 이것을 짧고 가볍게 겪으면 사춘기 이후 신경증에 걸릴 확률이 낮으며, 길고 강렬하게 겪으면 성인이 되어 신경증에 걸릴 가능성이 높다. 그러나 프로이트는 모든 아동은 운명적으로 오이디푸스 콤플렉스 체험을 할 수밖에 없으며, 그 경험의 흔적은 무의식에 저장되기 때문에, 인간은 누구나 '신경증적 소인'을 지닌 존재임을 강조한다.

아이의 양가감정과 복합 갈등은 아이의 정신에 밀려드는 어떤 섬뜩한 불안 때문에 무의식에 억압된다. 그렇다면 갈등 상황을 변화시키는 또 다른 강력한 힘이란 대체 무엇일까?

7) 거세불안

갈등을 제압할 정도의 강한 심리적 힘은 바로 '거세불안'이다. 프로이트는 이 '거세' 불안을 사회적 인간이 느끼는 모든 불안의 모델로 해석한다. 거세불안은 만약 아버지의 요구를 거부한 채 증오감을 계속 표출하면, 아버지에게 (여자들처럼) '거세' 될지 모른다는 극심한 환상적 공포상태이다. 남자 아이가 거세공포를 느끼게 되는 계기 가운데 하나는 '성차이 인식 장면'에 대한 기억이다. 남자 아이는 '남근이 거세된' 여자의 모습을 본 적이 있다. 아이는 불현듯 그 충격적인 장면을 떠올리며, "내가 계속 아버지의 요구를 거부하고 미워한다면 저 괴물 같은 존재에게 내 소중한 남근을 거세당할지도 모른다."는 공포를 느끼게 된다.

거세에 대한 불안은 남자 아이에겐 특히 끔찍한 것이다. 무릇 대부분의 불안은 욕망과 관련해 생겨난다. 아이는 만약 자신이 거세된다면, 더 이상 인생이 제공하는 온갖 쾌락을 누릴 수 없으며, 자신의 애정 대상으로부터 더 이상 사랑과 관심을 받지 못할 거라는 절망적인 생각과 극심한 불안에 휩싸인다. 애정 대상에 대한 남근기의 성욕동과 성 환상이 강할수록, 아버지를 향해 투사한 분노가 크면 클수록 거세불안도 그만큼 커진다.

오이디푸스기의 거세불안은 성인이 된 후에도 계속 작동한다. 사춘기 이후의 인간은 어떤 대상에게 강한 성적 욕망을 느낄 때, 아울러 거세불안도 느끼게 된다. 왜냐하면 성욕을 함부로 분출했다가는, 아버지의 대리자인 사회적 심판자들로부터 혹독한 처벌(거세)을 당할지 모른다는 불안을 느끼기 때문이다.

'거세'에는 여러 가지 의미가 함축되어 있다.[26] 남근이 잘린다는 의미가 있고, 부모의 애정을 상실한다는 의미도 있다. 부모로부터 버림받는다는 것은 아이에겐 정신적, 신체적 사망 선고와 다름없다. 그리고 아이가 학교에 들어가 또래 집단에 속하게 될 경우, 동료들로부터 따돌림을 당하는 것도 거세의 일종으로 느껴진다. 그리고 성인이 된 후에 사회적으로 무가치한 존재로 취급받는 것 또한 거세에 해당한다. '거세된 존재'들의 공통점은 자신이 사랑하는 대상에게서 진정한 관심과 애정을 받지 못한다는 것이다. 인간은 어려서는 부모에게 사랑받기 위해, 커서는 동료와 애인과 사회로부터 멸시당하지 않기 위해 자신의 힘을 키우고자 노력한다. 인간은 자신이 결코 거세된 존재가 아닌 '자랑스러운 남근을 소유한 힘 있는 존재'임을 인정받고 싶어한다. 그리고 이 '힘'의 획득에 실패할 경우에는 스스로 위축되고 마는 심리적 존재다. 프로이트는 '힘'의

---

26) 거세에는 "엄마의 욕망대상이 되려는 일관된 노력을 단념한다."는 뜻도 있다. 신경증자는 거세를 부정하고 엄마의 욕망대상이 되겠다는 희망을 포기하지 않는 자이다.

가장 중요한 의미를 '(유년기의) 성 대상이 자신의 가치를 인정하게 만들 수 있는 능력'으로 해석한다. 그런데 우리 사회에서 자신이 사랑하는 사람에게 '진정 힘 있는 존재'로 인정받고, 그(녀)와 더불어 자신이 원하는 방식으로 성(애정)적 쾌락을 경험하려면, 어떤 종류의 힘이 필요한 것일까?

'남근' 역시 다중적인 의미를 지니는 상징 기호이다. 남근은 인간의 근원적 애정 욕구를 충족시킬 수 있게 해 주는 '힘'의 기호다. 남근기에 겪은 '아버지의 요구'와 '뜻밖의 충격'과 거세불안 경험을 통해 아이는, '힘'이 없으면 자신의 성적 욕망을 충족시킬 수 없음을 절실히 깨닫는다. 다시 말해, 아동의 오이디푸스 콤플렉스에는 항상 애정 콤플렉스와 힘 콤플렉스가 밀접히 연결되어 있다.

아이가 감당하기에 거세불안은 너무도 벅찬 것이다. 따라서 짜릿한 행복을 꿈꾸다가 일련의 충격을 받고 겁에 질린 아이는 오이디푸스 욕구와 양가감정과 복합 갈등을 모두 억압하게 된다. 그리고 억압되었기 때문에 오이디푸스 콤플렉스는 무의식의 지속적 정서로 남아 평생 동안 그의 인생에 영향을 미친다. 즉, 인간은 남근기에 충족시키지 못한 '사랑하는 성 대상과의 애정 관계 욕구'를 충족시키기 위해, (부모보다) 힘 있는 존재가 되고자 끊임없는 노력을 기울인다.

프로이트가 볼 때 인간들이 끈질기게 '힘'을 추구하는 것에는 공통되는 하나의 목적이 있다. 이는 사랑하는 대상에게서 "당신은 이 세상에서 나에게 진정한 만족을 줄 수 있는 유일한 (당신의 아버지보다도 더 능력 있는!) 사람입니다."라는 말을 듣는 것이다. 그런 힘을 소유한 자는 지식인, 자본가, 정치가, 종교가, 예술가 혹은 그 어떤 부류의 인간일 수도 있다. 그런데 오늘날 돈과 사회적 권력은 사회

제도와 교육 속에서 이미 대중들의 정신과 신체 속에 강력한 '힘'의 기호로 각인되어 있다. 그로 인해 현대인들은 돈과 권력의 힘을 좀처럼 외면하거나 부정하기 힘든 심리적 상황에 놓여 있다. 그러나 정신적 성숙 없이 돈과 권력을 소유한 것만으로, 진실로 사랑할 만한 가치를 지닌 한 개인으로부터 진심 어린 애정을 얻을 수 있는 것일까?

8) 부모와의 동일시

거세공포로 오이디푸스 욕구가 억압되는 과정에서 아이의 '자아 전능 감정(자기애)'은 심하게 상처 입는다. 그러나 아이는 자신의 욕구를 억압하는 대가로 뭔가 보상을 받고자 한다. 아이가 추구하는 보상은 부모와의 '동일시'를 통해 부모의 사랑을 보장받고 부모의 힘을 흡수하는 것이다. 아이는 부모의 힘과 사랑을 소유하기 위해 규범과 언어를 수용함으로써, 부모 및 외부 세계와 새로운 관계를 맺을 수 있는 능력을 습득한다. 그럼으로써 자연적 존재에서 부모와 사회에 적응할 줄 아는 존재로 변형된다. 이것은 정신 구조와 인간성의 총체적 변형을 의미한다.

일반적으로 남자 아이는 아버지와 자신을 동일시하게 된다. 이를 통해 어머니를 좌지우지하는 아버지의 거대한 힘을 자신 안에 흡수하고자 한다.

"아버지처럼 되자! 그러면 아버지가 날 사랑해 주겠지! 그리고 아버지의 힘이 내 안에서도 샘솟을 거야! 그러면 언젠가는 엄마도 날 결코 무시할 수 없을 거야!"

이런 마음으로 남자 아이는 자신을 아버지와 강력하게 동일시한다. 그 결과로 아버지의 성격과 태도, 이미지, 말씀, 욕망 등 아버지의 모든 것이 남자 아이에게 내면화된다.

"아버지, 저는 결코 당신을 제거하려는 나쁜 마음을 품지 않았어요. 보세요. 당신의 말씀과 욕망을 이처럼 충실히 내면에 간직하고 있잖아요. 그러니 부디 저를 거세 대상이 아닌 사랑스러운 자식으로 봐 주세요. 저는 힘없고 충실한 당신의 '작은 아이' 일 뿐입니다!"

여자 아이는 처음에는 엄마를 아빠에 대한 자신의 사랑을 시기하고 방해하는 대상으로 생각한다. 그러다가 부모의 사랑이 상실될 것을 두려워하여, '보통' 엄마와 자신을 동일시한다. 여자 아이는 엄마와의 동일시를 통해 (아빠를 유혹하는) 엄마의 힘과 성품을 자신 안으로 내면화하고자 한다. 그럼으로써 엄마처럼 된 자신을 엄마와 아빠가 사랑해 줄 거라고 기대한다.

"엄마, 보세요. 저는 결코 당신을 경쟁 상대로 여기거나 질투하지 않아요. 이렇게 당신의 말과 행동을 그대로 따르고 있잖아요. 표정까지도……. 그리고 아빠, 내가 엄마처럼 되면 그땐 적어도 엄마를 사랑하듯 충분히 사랑해 주셔야 해요!"

9) 성 정체성과 초자아의 형성

동성(同性) 부모와 동일시하는 과정이 원만하게 이루어지면, 그 결과로 아이의 내면에는 성 정체성이 확립된다. 남자 아이는 아버지의 '남성성' 을, 여자 아이는 어머니의 '여성성' 을 획득한다. 이때 '남성성', '여성성' 은 심리-생리적 개념이며, 자연적인 동시에 문화적인 개념이다. 프로이트는 당대의 가부장적 문화의 영향을 받아, '남성성=능동성', '여성성=수동성' 이라는 등식을 세운다. 이 말은 여자는 수동적인 태도에서 여자 냄새가 나고, 남자는 적극적이고 능동적인 모습에서 남자다운 체취가 난다는 뜻을 내포한다.

동일시의 결과로 아동의 자아 내부에는 '초자아' 라는 새로운 상위의 정신 조직이 형성된다. 이 초자아에는 '아버지의 요구' 와 관련된 아버지의 목소리, 명령, 소원, 태도, 관점 등이 담겨 있다. 이 명령들은 외부의 소리가 아닌, 정신의 안쪽에서 지속적으로 들려오는 '내면의 소리' 이다. 초자아는 아이가 오이디푸스 욕구를 품을 때마다 그것을 감시하고 질책하는 '목소리' 를 들려줌으로써 거세불안을 유발하는, 평생 동안 작동하는 정신 내면의 '규범적 명령자' 다.

거세공포로 질린 아이는 생존을 위해, 자신의 자기애적 상처를 무릅쓰고, 동성의 부모에게 본능적으로 강력한 동일시를 행한다. 프로이트는 오이디푸스기에 일어나는 동일시만큼 강력한 힘을 지닌 동일시 활동은 평생 좀처럼 발생하지 않는다고 보았다. 보통 사람들의 인생에서 오이디푸스 콤플렉스와 거세공포에 시달리는 유년기에 비교될 만한 보편적 위급 상황이 달리 존재하는가? 방어가 단단한 성인에게 그토록 위급한 상황과 확고한 동일시 대상이 존재하는 경우는 좀처럼 흔치 않다. 따라서 인간은 남근기의 강력한 동일시 결과로 형성되는 초자아와 성 정체성을 대부분 별다른 변화 없이 평생 간직하게 된다.

초자아가 형성됨에 따라 유년기의 성욕동 발달 과정(구강기, 항문기, 남근기)에 있었던 성 체험들은 전부 억압되어 의식 밖으로 밀려난다. 남근기의 그 짜릿했고 끔찍했던 일련의 사건들도 초자아의 명령에 따라 억압된다. 그로 인해 개인은 유년기에 무슨 일이 있었는지 좀처럼 기억해 내지 못한다. 특히 남근기 오이디푸스 욕구 및 거세불안과 관련된 내용들은 철저하게 망각된다. 만약 신경증자들의 꿈을 해석하고 정신분석 하는 과정에서 이 욕구들이 언어와 '전이' 행동으로 드러나지 않았다면, 오이디푸스 욕구는 영원히 어둠 속에 묻힌 채로 남아 있었을 수도 있다.

초자아 발생과 더불어 8세에서 13세까지 인간의 성욕동은 비교적 잠잠한 상태로 유지된다. 그러다가 사춘기를 맞이해 새로운 양태로 다시금 활성화된다. 그리고 그 후 죽을 때까지 무의식에 억압된 유아 성욕과 오이디푸스 콤플렉스로부터 모종의 영향을 받으며 살아가게 된다. 인간은 초자아가 생긴 이후부터 항상 자신의 숨겨진 성욕과 공격욕에 대해 불안을 느끼는 '도덕적 존재'로 살아간다. 이 불안한 심정의 배후에는 바로 프로이트가 그토록 강조했던 '오이디푸스 콤플렉스'라는 금지된 욕구와 그것 때문에 생긴 깊은 상처가 숨어 있다.

자, 그렇다면 일련의 불가피한 사건들로 이루어진 오이디푸스 콤플렉스의 보편적 구조를 구체적 사례 분석을 통해 차분히 음미해 보자. 그리고 자신의 지나 온 삶에 대한 '정서적 자기 분석'을 시도해 보자.

사례 : 교수 Z

Z는 중년의 인문학 교수다. 그는 20대 후반의 대학원 시절 지도교수의 카리스마적 지식능력에 반하여 인생의 모든 걸 그 교수와 학문에 몰두하며 살았다. 그러던 중 교수 댁에 인사하러 간 어느 날, 인상적인 미모에 정감 어린 음성을 지닌 젊은 사모님을 대한 후 뜻밖의 충격에 휩싸인다.

교수 집을 나오면서, Z의 입에선 자신도 모르게 누군가를 향해 조각난 단어들이 튀어나온다. "아니야… 안 돼… 이건 너무… 불공

평해… 왜 하필이면…!" Z의 내부에선 뭔가가 파편화되는 머리아픔과 불안이 소용돌이친다. "안 돼, 너무 불공평해. 선생님이면 됐지…왜 거기다 더!" Z는 자신이 무슨 말을 뱉고 있는지, 왜 그러는지도 모른 채, 계속 헛소리를 내뱉는다.

그 후부터 그는 예전과 달리 지도교수를 이리저리 비방하며 방황하다가 친밀했던 사제관계는 깨어지고 학문적 열기마저 식어, 교수로 취업한 후에도 이십 년간 별다른 연구물도 없이 무기력하게 보낸다. 도대체 그토록 강한 지식욕과 번득이는 정신성을 지녔던 Z가 왜 갑자기 학문과 직업에 흥미를 상실하고만 것일까?

$\boxed{\text{분석}}$

오디푸스 콤플렉스는 사춘기 이후의 온전한 애정 관계 체험을 통해 극복된다. 마음에 끌리는 이성과 만족스런 애정 관계를 오랜 기간 나누게 되면, 엄마에 대한 유아적 애착에서 완전히 분리된다. 그리고 유년기의 오이디푸스 삼각관계에서 "힘이 없었고 엄마가 호응해 주지 않았기에" 무참히 당했던 오이디푸스 상처를 극복할 수 있게 된다. 그런데 만약 유년기와 비슷한 상처를 사춘기 이후에 다시 받게 되면, 그(녀)는 오이디푸스 컴플렉스에 함몰되어 신경증에 빠지게 된다. 애정대상 앞에서 또다시 누군가에게 '힘없는 존재'로 밀려 애정대상을 빼앗기거나, 애정대상에게 거부당하는 수치감을 겪게 되면, 그는 심리적으로 '거세' 되어 모든 일에 무기력해지고만다.

그토록 존경하는 대상으로 우상시했던 지도교수의 부인을 만나는 순간, Z에게 엄습한 것은 정확히 "아버지를 제거하고 엄마를 마음껏 소유하고 싶던" 오이디푸스 감정이었다. 유년기의 아버지는 성장 후엔 자신이 가장 동일시하고 싶은 사회적 권위자로 대체된다. Z에겐 지도교수가 바로 그런 존재였다. 그리고 Z에게 '지도교수의 부인'은 그 독특한 '위치'로 인해 암암리에 최초의 성 대상인 엄마의 상징적 대리자로 기능했다. (게다가 '상냥함' '고운 음성' '아름다움'이라는 자극이 촉발 원인이 되어) Z의 무의식은 그만 그 사모님에게 반하고 만 것이다! 엄마에게 뭔가를 갈구했던 남근기의 아이처럼! 그리고 연인처럼!

오이디푸스 콤플렉스의 위력은 어느 정도였을까? 그는 더 이상 지도교수 밑에서 공부를 계속할 수가 없었다. 그를 볼 때마다, 오이디푸스 상처가 소용돌이쳤기에, Z는 학문과 연관된 어떠한 '지도(아버지의 요구)'도 받아들이고 싶지 않았다. ("요구하지 마! 난 이제 당신이 이래라저래라 할 수 있는 꼬마가 아니야~!") 그리고 지도교수의 '이름'을 높이는 데 기여할 어떠한 일에도 참여하고 싶지 않았다. ("당신의 이름은 이미 너무도 높아 날 꼼짝 못하게 해! 위축된 나를 살리기 위해 난 '나의 이름(권위)'을 찾아야만 해. 상처 많은 내겐 당신의 '이름'을 빛내는 데 쓸 에너지가 조금도 없어~!") 결국 Z는 점점 심란해지는 무의식을 억압하는 데 과도한 방어 에너지를 지출했기에 자아 에너지가 고갈되어, 학문적 열기를 더는 유지할 수 없었다. 학창 시절부터 유난히 진지하고 자신감 높던 그의 모습은 어느 순간 사라지고, 목숨보다 더 소중하다고 그토록 외쳐대던 학문을 포기할지언정, "제자"라는 열등한 위치에서 반복될 것 같은 오이디푸스 상처를 "선생과 사모"에게서 두 번 다시 겪고 싶지 않았던 것이다. 그리고 오이디푸스 경쟁 대상을 향한 극도의 애증은 갈등과 과도한 초자아 작용과 강한 죄책감 및 거세불안을 유발하여, 그는 매우 권위적인 동시에 점점 민감해지고 무기력해진 것이다.

오이디푸스 컴플렉스는 높은 지식능력을 지녔다고 해서 극복되는 것이 아니다. Z는 높은 지성을 갖고 있었지만, 무의식적 환상과 불안에 휘둘려 도대체 자신의 학문 열기가 왜 갑자기 소멸되었는지 적극적인 검토를 결코 시도할 수 없었다. 그는 자신도 모르게 유아적 무의식을 '회피'하는 삶을 무려 이십여 년이나 반복하고 만 것이다.

오이디푸스 콤플렉스는 모든 유형의 남녀 삼각 관계는 물론이고, 친밀한 선생–제자 관계에서조차 흔히 발생한다. 제자는 '대단한 정신적 힘'을 지녔다고 믿어지는 선생(아버지)에게 수제자로 인정받는 행복감을 누리기 위해, 기꺼이 모든 걸 바치며 복종하고 싶은 마음이 있다. 그러나 정신의 한 구석엔 선생의 힘을 빨리 흡수하여 '누군가'에게 선생보다 더 능력 있는 존재로 인정받고 싶어하는 숨겨진 오이디푸스 욕구가 있다. 그리고 선생에겐 자신이 오랜 시행착오를 통해 습득한 능력을 아낌없이 나눠 주어 자신보다 더 뛰어난 제자(자식)를 탄생시키는 데 헌신적인 사다리 역할을 하려는 넉넉한 아버지의 마음이 있다. 그러나 역시 정신의 한 구석엔 억압된 오이디푸스 상처로 인해, 자기보다 더 능력 있는 그 어떤 존재도 인정하거나 만들어 내고 싶지 않은 마음이 있다. 그래서 선생과 제자가 오랜 학문적 연마 끝에 유사한 경지에 이르게 되면, 매우 민감한 오이디푸스 전투가 재현되곤 한다. 그들은 억압된 오이디푸스 환상을 서로에게 투사하여, 상대를 오이디푸스 상처를 준 과거의 경쟁 대상으로 착각하여 단절하는 불행한 관계를 '원인도 모른 채' 반복한다.

8
정신질환의 원인과 극복
―사후 작용

신경증은 왜 발생하는가? 여기에는 다중적인 요인들이 결합되어 있다. 프로이트는 기질적 요인과 열악한 환경, 트라우마, 성욕동 발달 장애와 유아적 성 환상, 오이디푸스 콤플렉스, 불안, 병리적 방어 기제, 자아 발달 장애, 강력한 초자아와 파괴욕동, 사후 작용 등에 주목한다. 이 여러 원인들 가운데 '사후 작용'을 중심으로 신경증의 발생 과정을 추적해 보자. 사후 작용은 억압된 과거의 사건이 나중에 가서 증상을 일으키는 '지연 작용'과, 현재의 가치 관점이 과거를 병리적으로 해석하기 때문에 증상이 발생하는 '회고 작용'으로 이루어진다. 이 두 '사후 작용'에 대한 성찰은 정신의 특성을 근본적으로 새롭게 인식하는 계기를 제공한다.

1. 신경증 증상의 발생 조건과 과정

1) 증상의 발생 조건

신경증 증상들은 어떤 정신 작용에 의해 발생하는가? 프로이트는 이 질문에 하나의 명료한 답을 제시한다. "신경증 증상이 발생하려면, 우선 트라우마가 존재해야 한다." 따라서 증상의 발생 원인을 알기 위해선, 먼저 트라우마의 생성 경로를 추적해야 한다. 정신분석적 맥락에서 볼 때 트라우마란 좀처럼 지워지지 않는 깊은 '정신적 상처와 그 흔적'을 뜻한다. 그렇다면 트라우마는 어떤 상황에서 어떤 과정에 의해 생기는가?

프로이트의 신경증론 탐구 여정을 둘로 나누어 본다면, 전반기는 트라우마를 낳는 무의식적 정신 과정들에 대한 세세한 분석에 초점이 맞추어져 있다. 그러고는 60대 중반 이후에야 '자아의 미성숙과 발달 장애'가 신경증 발생에 미치는 영향을 주목하게 된다. 그렇다면 신경증의 주요 원인인 트라우마는 어떤 이유로 어떻게 발생하는 것인가?

2) 트라우마의 발생 조건

강한 외부 자극＋내적 충격

신경증을 유발하는 '정신적 상처(트라우마)'는 외부의 자극에 내적 충격이 결합되어야 비로소 발생한다. 가령 벌레에게 물려 피고름이 흘렀다든가, 누구에게 심하게 구타당했다든가, 낭떠러지에서 떨어져 뼈가 부러졌다는 등의 외부 충격만으로는 보편적으로 트라우마가 생겨나지 않는다. 즉, 고통스러운 외부 충격은 그 자체만으로는 신경증의 필연적 원인이 되지 않는다. 사람마다 외부 자극에 반응하는 방식은 매우 다르다. 어떤 사람은 강한 자극에도 덤덤하게 반응하며, 어떤 사람은 작은 자극에도 민감하게 정신적 상처를 받는다. 어째서 동일한 자극에 대한 반응이 사람마다 이토록 다른가? 왜 어떤 사람들은 혹독한 시련을 겪었더라도 이내 정신적 평정을 회복하는데, 어떤 사람은 극심한 정신적 충격에 장기간 함몰되는가? 자아가 강한 사람은 외부로부터 웬만큼 큰 충격을 받아도 그다지 동요하지 않는다. 그러나 자아가 미성숙한 아이나 지속된 스트레스로 자아의 방어 에너지가 고갈된 사람들은, 작은 외부 자극에도 크게 흔들리며 상처받게 된다. 신경증의 원인이 되는 트라우마는, 이처럼 외부의 강한 자극이라는 '외적 조건'에 어떤 '내적 조건'이 결합되어야만 비로소 발생한다. 프로이트가 주목하는 내적 조건은 매우 다중적인 양상을 보인다. 그중에서 '사후 작용'을 주시해 보자.

사후 작용-지연과 회고

정신적 상처는 '사후 작용'이 작동되어야 비로소 발생한다. 사후 작용이란 강한 외부 자극을 받은 지 '한참 후에' 그것이 '현재의' 어떤 자극 및 새로운 해석과 결합해 트라우마와 증상을 발생시키는 것을 말한다. 사후 작용은 두 가지로 나뉜다. 하나는 지연 작용(deferred action)이고, 또 하나는 회고 작용(retro-active action)이다. 자, 그렇다면 이 두 작용이 신경증 증상을 일으키는 데 어떤 방식으로 영향을 미치는지 살펴보자.

3) 증상의 발생 과정

첫째, 증상이 발생하려면 먼저 유년기에 '과잉 자극(상처)'을 받아야 한다. 어릴 적 받은 자극들은 아이의 정신과 신체에 생생하게 각인된다. 프로이트는 주로 유년기에 외부 대상으로부터 강한 '성적 자극'을 받아 축적된 긴장이 외부로 분출되지 못할(좌절될) 경우 신경증의 소인이 된다고 본다. 유년기에 받는 성적 자극은 유아 성욕을 과도하게 활성화시킨다. 그리고 아직 미성숙한 아동의 자아는 내부로부터 치솟는 강한 성욕동을 감당하지 못하므로, 과부하 상태가 된다. 이 과도한 부담에서 벗어나기 위해 병리적 환상이 탄생하고 억압 기제가 작동된다. 그 결과 유년기의 과잉 자극(들)은 무의식에서 미래의 증상을 발생시키는 '잠재적 병인(病因)'이 된다.

둘째, 신경증을 발생시키는 독특한 요인의 하나로, 오랫동안 지속되는 '잠재기'를 들 수 있다. 잠재기는 유년기가 끝난 후부터 사춘기가 시작되기 직전까지를 가리킨다. 대략 7세에서 13세까지 6, 7년 동안 성욕동 에너지의 상당 부분은 자아 활동에 이전되어 쓰이기 때문에, 성욕동이 잠잠해진다. 바로 이 성 에너지의 비(非)성적인 '전환' 때문에 소년 소녀는 사회 생활과 연관된 제반 학습에 관심을 쏟을 수 있게 된다. 늘 성욕이 강하게 역동하는 상태에서는 관심이 온통 성적인 것에 집중되므로 외부 세계에 대한 학습에 장애를 빚는다. 따라서 성욕이 잠잠한 이 잠재기는 개인이 외부 세계와 문화에 적응하는 데 최상의 조건을 갖춘 셈이다. 이 기간 동안 주로 도덕적 가치 교육과 외부 세계에 관한 다양한 정보들이 각인되고 내면화된다. 그런데 왜 잠재기를 가리켜 신경증 발생에 일익을 담당한다고 말하는 것일까? 그것은 이 기간에 습득하는 '사회적 도덕 관점'과, '오랫동안 지속된 성적 억압'이 이후 급작스레 강해지는 사춘기의 성충동에 적응하기 힘들게 만드는 원인이 되기 때문이다.

셋째, 증상을 촉발시키는 원인으로 '촉진적 자극'을 들 수 있다. 촉진적 자극이란 무의식에 억압된 유년기의 '과잉 자극'을 떠올리게 만드는 사춘기 이후의 (성적) 자극을 말한다. 성욕이 강한 사춘기에 어떤 성적 자극을 받으면, 이 자극은 억압된 과거(유년기)의 성욕 표상과 갑작스럽게도 우연히 '연결' 된다. 미처 예견치 못한 이런 '결합' 과 더불어 강력한 '사후 작용' 이 발생한다. 유년기의 성적 자극과 사춘기 이후에 받은 성적 자극이 결합하는 순간 강력하게 '증폭' 된 흥분이 발생한다. 이 경우 과거의 과잉 자극은 증상의 즉각적 원인이 되지 않은 채 지연되어 있다가, 이후의 '촉진적 자극' 과 결합됨으로써 비로소 트라우마의 원인이 된 것이다.(지연 작용)

넷째, 신경증을 낳는 또 다른 원인으로 '사후 해석' 작용을 들 수 있다. '촉진적 자극' 에 의해 갑자기 떠오른 과거의 과잉 자극 체험은 '현재의 관점' 에서 '재해석' 된다. 아직 도덕적 의미가 부여되지 않은 유년기의 자극들이, 도덕심과 성욕이 함께 발달한 사춘기 이후의 가치관에 따라 재해석되는 것이다. 이 경우, 과거의 체험에 현재의 (비도덕적이라는) 평가와 '성적 의미' 가 부여되는 순간, 강한 불쾌감과 흥분이 일어나고, 뒤따라 트라우마가 발생된다. 일단 트라우마가 발생하면 정신의 평형 체계가 심각하게 교란된다. 이 때문에 강한 불안이 발생하고, 이 불안을 없애기 위해 병리적인 방어 기제가 작동된다. 그러나 (프로이트가 누차 강조하듯이) 인간의 방어 기제는 결코 완전하지 않다. 그로 인해 방어에 실패해 트라우마에 적나라하게 노출될지 모를 위기 상황이 다가온다. 이 상황에서 자아는 정신이 총체적으로 붕괴되는 일을 막기 위해 일종의 타협책으로 증상을 일으킨다. 증상은 억압된 무의식이 변장된 모습으로 대리 분출된 결과물이다.

다섯째, 방어에 에너지를 너무 많이 소비하게 되면, 자아가 탈진한다. 평상시에 방어 에너지 소비량이 많으면 에너지가 고갈되어 해야 할 일과 하고 싶은 일을 못한다. 이로 인해 사회적 관계 전반에 문제가 생긴다. 이런 문제 상황이 더는 감당하기 힘들 만큼 악화될 경우, 자아는 증상을 발생시켜 모종의 '심리적 이익'을 얻어 내고자 한다.

위에 제시된 증상의 발생 원인들을 주시하면서 구체적인 사례를 분석해 보자.

2. 사례 분석: 엠마의 공포증

신경증의 종류에는 몇 가지가 있다. 프로이트는 신경증을 정신 신경증과 전이 신경증 및 현실 신경증으로 분류한다. 정신 신경증은 정신 분열증, 조울증, 편집증을 지칭하며, 이 증상을 보이는 사람들은 외부 세계와 관계를 맺는 데 심각한 장애를 겪는다. 그로 인해 정신분석가와 '정신분석 관계'를 맺는 과정이 순조롭지 않기 때문에, 프로이트는 이를 정신분석 치료 대상에서 제외시킨다. 그리고 현실 신경증은 신경 쇠약에서 기인하는 것이므로, 정신-신체적 안정과 성적 만족을 통해 치유할 수 있다. 프로이트가 주목한 것은 정신분석가와의 정신분석 '전이' 관계를 통해 치유할 수 있는 전이 신경증이다. 전이 신경증은 히스테리, 강박 신경증, 공포증의 세 가지 유형으로 분류된다. 그러면 프로이트가 분석한 '엠마의 공포증' 사례를 통해, 신경증이 발생하는 원인(들)을 추적해 보자.

1) 엠마의 사례

어느 날 13세 소녀 엠마가 프로이트를 찾아와서는 자신이 지닌 어떤 증상의 치료를 부탁한다. 엠마가 지닌 증상은 '가게 공포증'

이었다. 그녀는 가게가 눈에 띄거나 가게에 들어갈 생각을 하는 것만으로도 스트레스를 받는다. 필요한 물건을 사려고 어떤 가게의 문을 열 때마다 가게 내부를 유심히 살펴보고는, 가게에 손님이 없거나 한두 명밖에 없으면 자기도 모르게 불안해져 급히 문을 닫고 만다. 가게 안에 손님이 많은 것 같으면 간신히 들어가 물건을 고른다. 그러나 물건을 고르다가도 손님들이 갑자기 빠져나가거나 해서 혼자 남겨지면 놀라 가게를 뛰쳐나오곤 한다. 이처럼 물건을 사고 싶어도 '가게 공포증' 때문에 마음 편히 물건을 사기가 어렵다.

공포증은 공포를 느끼는 대상이 구체적으로 제한되어 있다. 따라서 평상시에는 정상적인 생활이 가능하다. 그러나 공포감을 느끼는 특정 대상이나 상황에 직면하게 될 경우에는 히스테리나 강박증보다 훨씬 심각한 정신-신체적 공황 상태에 빠지게 된다.

프로이트는 엠마를 분석하기 시작했다. 먼저 그녀에게 가게 공포증이 생기기 직전의 상황과 연관해서 떠오르는 것들을 말하도록 했다. 얼마 후 엠마는 한 사건을 기억해 낸다. 몇 달 전 엠마는 옷을 사러 혼자 옷 가게에 갔다. 가게에는 마침 손님이 아무도 없었고, 10대 후반에서 20대 초반으로 보이는 젊은 남자 점원 두 명이 있었다. 엠마는 옷을 고르다가 무심코 고개를 돌려 옆을 바라본다. 그 순간 두 점원이 엠마가 입은 옷을 유심히 쳐다보면서 히죽히죽 웃고 있는 것을 목격한다. 당시 엠마는 제 나이 또래에 비해 육체적으로 성숙한 편이었고, 옷차림도 나이에 비해 어른스러웠다. 불현듯 엠마는 자신을 바라보던 두 남자 중 한 사람의 모습에 묘한 흥분을 느낀다. 그런데 그 순간, 뜻밖에도 그녀는 갑자기 질겁하여 문을 박차고 가게 밖으로 뛰쳐나간다. 그리고는 정신없이 집으로 달려가 2주일 동안 끙끙 앓으며 몸져누웠다. 2주 후, 기운을 차린 엠마는 학교에 가기 위해 일상으로 복귀한다. 그런데 이상하게도 전에 없던 어떤 증상이 자신에게 생겼음을 발견한다. 바로 '가게 공포증'이 그녀의 의지와는 무관하게 생겨난 것이다. 이 가게 공포증을 지닌 채 생활하는 것은 너무 힘들고 불편했다. 그래서 그녀는 프로이트를 찾아와 치료를 부탁하기에 이른다. 그렇다면 엠마의 옷 가게 사건은 증상 발생에 어떤 영향을 미친 것일까? 엠마는 도대체 왜 옷 가게에서 갑자기 질겁하여 도망쳤으며, 그녀의 가게 공포증은 어떻게 해서 생겨난 것일까? 젊은 남자가 사춘기의 소녀를 야릇한 눈길로 유심히 쳐다볼 경우, 모든 사춘기 소녀들이 경악하거나 신경증을 얻게 되는가?

프로이트는 옷 가게에서 있었던 일만으로는 트라우마가 발생하기 위한 조건이 충족되지 않는다고 보았다. 트라우마가 발생하기 위해서는 강한 외부 자극과 내적 충격이 결합되어야 한다. 그런데 젊은 점원이 '안전한 거리'에서 엠마의 옷맵시를 보고 히죽히죽 웃은 행동은 일반적인 의미에서 강한 자극이라고 보기 어렵다. 몸을 만진 것도 아니고 엠마에게 금방이라도 달려들 것처럼 군 것도 아니고, 단지 쳐다보며 웃었을 뿐이다. 즉, 강한 외부 자극이 부재한다. 그리고 내적 충격이란 것도 애매하다. 내적 충격을 받았다면 그 즉시 불안하거나 고통스러운 느낌을 받아야 한다. 그런데 엠마는 젊은 점원의 얼굴을 쳐다보는 순간 경악하기에 앞서 묘한 쾌감을 느꼈다. 쾌감을 느꼈는데 어떻게 트라우마가 생길 수 있는가?

따라서 트라우마를 일으킬 만한 근본 원인이 되는 사건이 과거에 있었을 것으로 추정한 프로이트는 엠마에게 계속 기억하라고 격려한다. "엠마야, '가게'와 연관된 어떤 특이한 사건이나 이미지가 떠오르진 않니?" 엠마는 몇 달간이나 아무것도 기억하지 못했다. 그러던 중 이윽고 중요한 사건 하나를 떠올리게 된다.

엠마가 여덟 살 무렵 사탕 가게에 갔을 때의 일이다. 그때도 마침 손님이 아무도 없고, 중년의 가게 주인만 있었다. 엠마는 어떤 사탕이 맛있을까 고심하며 사탕을 고르는 데 열중했다. 그런데 어느 순간 누가 자신의 몸을 뒤에서 더듬는 것을 느끼고는 고개를 돌려 보니, 가게 주인이 엠마를 향해 친숙한 표정으로 '씨익' 웃는다. "엠마 왔구나. 무슨 사탕이 맛있을까……." 엠마는 낯익은 아저씨니까 그런 모양이라고 생각하면서 다시 사탕을 고른다. 그런데 엠마의 몸 이곳저곳을 더듬던 가게 주인은 급기야 옷 속으로 손을 집어넣어 엠마의 성기를 여러 차례 손으로 압박한다. 뭔가 혼미한 느낌을 받은 엠마는 별다른 반응을 하지 않은 채 집으로 돌아온다. 집에 돌아온 후 엠마에게는 특별한 문제가 발생하지 않았고, 열흘 후에 그녀는 사탕을 사러 그 가게에 '다시 간다.' (엠마는 이 대목을 떠올리면서 특히 자존심 상해하고 괴로워한다. 마치 자기 자신이 어떤 죄스러운 의도를 가지고 다시 간 것이기라도 한 양.) 그런데 그때는 전과 같은 일이 일어나지 않는다. 그러고 나서 무슨 까닭에서인지 몰라도 그 사탕 가게에 다시 간 기억이 없다. 그리고 사탕 가게 사건이 있던 8세 때부터 옷 가게 사건이 터지기 전까지 5년 동안, 엠마는 보통 아이들처럼 평범하게 잘 지냈다.

프로이트는 엠마가 저항을 거듭하다 간신히 기억해 낸 사탕 가게 사건을 듣고서, 비로소 엠마가 왜 신경증에 걸리게 되었는지 해석할 수 있었다. 그 결과 엠마의 공포증을 6개월 만에 성공적으로 치료하게 된다.

2) 원인 분석과 치료

프로이트는 엠마의 신경증 원인(들)을 어떻게 해석했으며, 어떻게 치료했을까?

질문을 던져 보자. 엠마가 가게 공포증에 걸리게 된 원인은 어디에 있는가? 사탕 가게 사건, 열흘 후 사탕 가게에 다시 간 일, 8세부터 13세까지 '교육'을 받으며 지낸 '잠재기', 옷 가게 사건 중 어느 것이 증상의 핵심 원인인가? 이 물음의 답을 진지하게 탐색해 가는 과정은 곧 신경증이 발생하는 메커니즘을 명료하게 인식하는 계기가 될 것이다. 함께 풀어 보자.

증상이 갑작스레 발생한 원인을 알려면, 먼저 트라우마가 생기게 된 원인을 세밀히 추적해야 한다. 그러고는 사후 작용(들)이 진행되는 방식을 살펴봐야 한다.

프로이트는 강박 신경증자인 '늑대 인간'의 분석 사례를 비롯해 다양한 사후 작용 모델을 제시한 바 있다. 엠마의 경우는, 신경증이 생겨난 원인과 사후 작용이 작동되는 방식을 설명하는 가장 단순한 모델이다. 자, 다시 질문을 던져 보자. 엠마가 공포 신경증에 걸리게 된 원인은 어디에 있는가? 필자는 정신분석 세미나를 하면서 여러 사람들에게 이 질문을 던졌는데, 다양한 응답이 나왔다.

어떤 사람은 증상이 발생하게 된 주 원인이 사탕 가게 사건이라고 본다. 이 입장은 어릴 적에 받은 강한 성적 자극이 증상을 유발하는 근본 원인이라고 보는 '외상설'을 대변한다. 그런데 여기서 주목해야 할 점이 있다. 사탕 가게 사건만으로는 엠마의 신경증이 발생하지 않았다는 사실이다. 어릴 적의 사건이 신경증을 발생시키려면, 사춘기 이후의 촉진적 사건과 '결합'되어야만 한다. 만약 엠마가 옷 가게 사건을 겪지 않았거나, 성적으로 민감한 사춘기가 아닌 결혼한 후 내지는 노년에 옷 가게 사건을 겪었다면, 그녀는 평생 신경증에 걸리지 않았을 수도 있다.

사탕 가게 사건에서는 엠마에게 트라우마가 발생하지 않았다. 중년의 남자가 여자 아이의 성기를 손으로 주물렀다는 것은 놀랄 만한 일이다. 그런데 8세의 아이는 낯익은 아저씨가 그런 짓을 할 때, 적어도 '그 당시에는' 그것을 파렴치한 성추행으로 '해석'하지 않는다. 사탕 가게에서의 신체 접촉을 어른들이 자신에게 자연스럽게 하던 애무와 조금 다른 별스러운 경우 정도로 해석했을 가능성이 높다. 그래서 엠마는 비록 '강한 자극'을 받았지만 경악스럽고 고통스러운 트라우마 없이 지낼 수 있었고, 열흘 후 다시 사탕 가게에 간 것이다. 만약에 정신―신체적으로 '상처'를 받았다면, 8세 아동은 고통을 피하려는 쾌락원칙과 안전을 추구하는 현실원칙 모두에 따라 결코 다시는 사탕 가게에 가지 않았을 것이다.

그렇다면 열흘 후에 스스로 다시 사탕 가게에 간 일이, 엠마에게 '충격적 상처'를 입혔는가? 이 또한 그녀에게 트라우마를 발생시키지 않았다. 그래서 그녀는 그 후 5년간 별다른 증상 없이 잘 지낼 수 있었던 것이다. 외견상, 트라우마는 엠마가 옷 가게에서 질겁하며 뛰쳐나가는 이상한 행동을 하기 직전에 생긴 것으로 추정된다. 그렇다면 그 평범한 상황에서 왜, 어떻게 해서 트라우마가 생겨난 것일까? 엠마가 옷 가게에서 갑자기 기겁을 하며 달아난 이유는 무엇일까?

엠마가 옷 가게에서 갑자기 달아난 이유

엠마가 이상한 행동을 보이기 직전의 옷 가게 상황에 확대경을 들이대어 정밀하게 관찰해 보자. 엠마는 남자 점원들이 자신을 쳐다보며 히죽히죽 웃는 모습을 보고, 그중 한 남자의 시선에 묘한 쾌감을 느꼈다. 그런데 사춘기에 막 접어든 엠마가 그때 느낀 쾌감은 일종의 '성적 흥분'이었다. 오랜 잠재기 동안 전혀 느껴 보지 못했던 성적 흥분을 처음 느낀 순간, 그녀의 내면세계에서는 갑자기 지금의 성적 흥분과 유사성을 지닌 과거의 성적 자극(들)이 떠오른다. 그러면서 어릴 때 겪었던 사탕 가게 사건이 지금의 상황과 순간적으로 결합된다. 순간적인 흥분 에너지로 무의식에 있던 자료가 전의식과 의식의 자료에 '연결'된 것이다.

갑자기 과거 사건이 떠오름과 동시에 과거에는 '강한' 신체 자극 정도로 여겼던 사건이 '엄청난 사건'으로 재해석된다. "어! 그러고 보니 남자가 내 성기를 손으로 만지작거렸잖아!" 그 순간 엠마는 강한 흥분과 더불어 혐오감을 느낀다. 19세기 말엽 유럽의 도덕 교육은 매우 금욕적이었다. 예를 들어 복사뼈에서 15센티미터 이상 올라오는 옷을 입어 발목이 드러나면, 몸 파는 여자로 취급받을 만큼 엄격한 도덕을 강요하던 시기였다. 잠재기 동안 줄곧 이런 식의 교육을 받아온 엠마가 성적으로 민감한 사춘기에 접어들어 '갑자기' 과거에 어떤 남자가 자신의 성기를 더듬었던 기억을 떠올리는 순간, 어떤 기분이 들었을까? 그녀의 내부에서는 사후 작용이 작동되어, 순간적인 흥분과 더불어 강력한 불쾌감이 발생한다. 그 불쾌한 정서와 "성추행당했다!"는 관념이 트라우마가 되어 엠마는 경악하며 가게를 뛰쳐나간다.

그렇다면 사후 작용은 엠마의 내부에서 어떤 방식으로 작동되었을까? 엠마의 정신 속에서 진행되는 무의식적 작용들을 하나씩 정리해 보자.

첫째, 엠마가 8세 때 겪었던 사건은 당시에는 '성적 의미'를 갖지 않았다. 그냥 평소 알던 사탕 가게 아저씨가 자신을 귀여워해서 몸을 만졌을 뿐이다. 옷 속으로 손을 넣어 성기를 만진 것은 조금 이상하지만, 당시의 엠마는 '성추행' 당한다는 의미를 몰랐다. 그런데 사춘기가 되어 옷 가게에서 느낀 어떤 흥분으로 과거의 기억을 예기치 않게 갑자기 떠올리면서 그 사건에 반(反)인류적인 성적 의미가 부여된다.

둘째, 현재의 도덕적 해석이 과거 사건에 소급해 덧붙여진다. 먼저 과거의 성적 자극이 현재의 성적 흥분 표상과 연결되는 순간, 지연 작용에 의해 강력하게 증폭된 흥분이 밀려든다. 그리고 '회고 작용'에 의해 과거의 사건은 현재의 강렬한 성욕동 상태와 현재의 금욕적 도덕 관점에 따라 새롭게 재해석된다.

셋째, 성적 의미를 내포하지 않았던 강한 신체 자극이 도덕적으로 수치스러운 성추행으로 해석되면서 '정신적 상처'가 발생한다. 금욕주의적 가치 평가와 성적 의미가 부여되면서 누가 몸을 더듬었다는 '특이한 사건'은 성추행당했다는 '충격적 사건'으로 의미 변환을 겪는다. 새로운 해석이 '심리적 사실'을 변형시킨 것이다. 그리고 과거 사건의 의미가 변하는 순간, 엠마의 정신에는 감당하기 힘든 강한 흥분과 더불어 강한 혐오감과 수치감이 밀려든다.

넷째, 그 순간 신경증의 기제인 '병리적 연상 작용'이 일어나, 안전한 거리에서 자신을 쳐다보며 웃고 있던 남자의 모습이 달리 지각된다. 병리적 연상은 신경증자들이 전형적으로 지니고 있는 무의식적 환상 작용이다. 엠마에게 현재의 옷 가게는 과거의 사탕 가게 성추행 사건과 모종의 관련이 있는 '위험한 장소'로 환상화된다. 그리고 옷 가게 점원이 엠마의 옷을 쳐다보며 웃고 있는 모습은, 사탕 가게 아저씨가 씩 웃으며 자신의 옷 속으로 손을 집어넣어 성기를 압박하는 장면과 환상적으로 중첩된다.

다섯째, 신경증적 연상과 더불어, '그 일'이 있었을 때에는 가만히 있었고 열흘 후 아무렇지도 않게 다시 가게를 찾은 자신의 과거 행동을 비난하는 강한 도덕적(초자아) 불안이 발생한다. 이러한 일련의 정신 작용들로 트라우마와 불안이 생긴 엠마는 갑자기 경악하며 옷 가게를 뛰쳐나가게 된 것이다.

공포증을 낳은 무의식적 정신 과정과 그 이유

엠마가 2주 동안 집에서 끙끙 앓다가, 자기도 모르게 '가게 공포증'을 갖게 된 원인은 무엇인가? 증상의 발생은 일련의 무의식적 정신 작용에서 기인한다. 이 과정을 프로이트의 정신분석 관점에서 세세히 음미해 보자. 먼저 뜻밖의 트라우마가 발생하는 순간, 아직은 자아가 미성숙한 사춘기 소녀 엠마는 이 '충격'을 온전히 감당하지 못한다. 감당할 수 없는 것들은 의식 영역으로부터 추방해 망각하는 것이 가장 신속한 대처 방법이다. 그리하여 갑작스럽게 떠오른 과거의 사건(성추행)은, 의식이 미처 눈치채기도 전에 본능적으로 '억압'된다. 그러나 프로이트가 누차 강조해 왔듯 자아의 방어 기제는 결코 완전하지 않다. 즉, 엠마의 억압 작용은 그녀의 정신 내부에서 들끓고 있는 병적 관념들과 흥분한 에너지를 제압하기에 충분치 않다. 몸져누운 엠마의 마음속에서는 아마도 다음과 같은 (무의식적) 관념들이 출렁거렸을 것이다.

"으, 내 몸은 이미 더럽혀졌어! 이 사실을 엄마나 아빠, 선생님, 친구들이 알게 되면…… 분명 나를 쓰레기 취급할 거야. 더구나 나는 성추행당하고도 또다시 내 발로 그 치한의 가게에 갔잖아! 이건 도저히 용서받을 수조차 없는 일이야. 차라리 죽는 것만도 못한 수치스럽고 끔찍한 사태가 내게 닥칠지도 몰라! 이 사실이 노출된다면 내 인생은 끝장이겠지!"

끊임없이 솟아나는 병적 환상들과 다시 활성화된 오이디푸스기의 거세불안으로 사춘기 소녀의 정신은 균형을 잃은 채 며칠 동안 헤맨다. 그러다가 억압된 트라우마와 그것에 부착된 강한 정서 에너지의 기습적인 '역동적 회귀'를 더는 감당하기 힘들게 되자 생존을 위해 제2의 방어 작용이 저절로 작동된다. 트라우마에 대한 제1방어 기제인 억압을 보완하는 제2방어 기제는 다양할 수 있다. 프로이트는 신경증적 방어 기제의 예로 전환, 전위, 투사를 든다. 전환은 히스테리 성격의 소유자들이 선택하는 방어 기제로, 억압된 무의식을 '신체적 증상'으로 대체하는 작용이다. 전위는 강박증적 기질을 지닌 사람들이 선택하는 방어 기제다. 이들은 무의식적 관념과 충동을, 의식이 그 속에 숨은 뜻을 알아채기 힘든 특정한 강박 관념과 강박 행위로 전위시켜 분출함으로써 무의식에 대한 방어 부담을 경감시킨다. 한편 공포증적 기질을 지닌 사람은 대리체 투사 기제가 선택된다. 공포증자는 무의식의 트라우마와 충동 에너지를 모종의 상징적 연관성을 지닌 특정한 외부 대상에게로 투사(投射)함으로써, 과부하 상태인 무의식의 긴장을 완화시킨다. 엠마는 무의식적으로 투사 방어 기제를 선택해, 무의식의 병적 관념과 흥분 에너지를 '가게'라는 특정 장소와 '손님이 없다'는 특정 상황에 투사한다. 그 결과, 그녀는 투사 대상에게 사실과 다른 '무의식적 환상'과 '무의식적 정서'를 느끼게 된다. 즉, 억압과 투사 작용으로 엠마에게 '손님 없는 가게' 일반은 본래의 비(非)성적 의미에서 성적 의미를 지닌 대상으로 환상화되어 보인다. 공포증에 휘둘리는 엠마의 눈에는 보통의 가게조차 '금지된 성적 자극'과 '도덕적 불결함'을 띠는 것처럼 보이며, 아울러 거세불안을 재활성화시키는 공포스러운 장소로 느껴진다. 그 결과 엠마는 가게만 보면 자기도 모르게 두려움을 느낀다. 더구나 손님이 없는 가게는 공포의 대상으로 여겨져 피하게 되는 공포증을 지니게 된 것이다.

공포증 증상이 엠마에게 끼친 이익과 손해

프로이트에 의하면 증상은 각기 다른 정신 작용들 사이에 이루어진 '타협'의 결과물이다. 증상은 자아가 더는 무의식을 방어하기 힘든 위기 상황에 직면했을 때, 정신의 총체적 붕괴를 막기 위한 타협책으로 형성된다. 여기서 '타협'은 무의식적 욕구들이 증상을 통해 변장한 모습으로 '대리 분출'되는 데에서 얻는 만족과 이익, 그리고 증상 때문에 사회적 불편과 불이익을 대가로 치른다는 고통과 손해를 함께 내포한다. 증상이 생김과 동시에 개인의 인생에는 손해와 이익이 함께 발생한다. 프로이트는 경제적인 관점에서 볼 때 신경증자들이 챙기는 이익은 단기적인 데 비해 그 손해는 평생에 걸쳐 지속되므로, 신경증은 비경제적 타협책이라고 해석한다. 그렇다면 가게 공포증이 생김으로써 엠마가 받는 이익이 무엇인지 살펴보자.

가게 공포증이 생긴 엠마는 가게에 가는 것을 피하게 되었다. 덕분에 그녀가 수치스러운 사탕 가게 사건을 떠올리거나, 또다시 가게에서 곤혹스러운 상황에 직면하거나 하는 일은 없을 것이다.(1차 이익)[27] 이 경우, 엠마의 공포증은 원치 않는 기억을 회피할 수 있게 하는 효과적 방어 기능을 한다. 그러나 이것이 경제적 방어라고는 볼 수 없다. 고통스러운 과거를 직면하지 않아도 되는 대가로, 그녀는 공포증이 낳는 강력한 심리적 공황 상태를 반복해서 경험해야 한다. 그리고 일상생활에서 가게에 가야 할 때마다 두려워 가지 못하므로 스트레스를 받게 되고, 사회적 인간관계에서도 손실을 보게 된다. 또한 자신도 모르게 늘 억압과 투사에 방어 에너지를 지출하기 때문에 자아가 쉽게 탈진한다. 이처럼 공포증의 방어 기능은 이득보다 손실이 훨씬 크고 지속적이다.

---

27) 프로이트는 1차 이익 이외에 2차 이익을 주목한다. 예를 들어 엠마에게 가게 공포증이 생김으로써 엠마의 가족이 엠마를 불쌍히 여겨 (아기를 돌보듯이) 전적으로 그녀가 바라는 모든 것을 제공하는 경우, 엠마는 굳이 공포증이 치유되기를 원치 않을 것이다. 이것을 2차 이익이라고 부른다. 프로이트는 증상으로 얻은 2차 이익이 클수록 당사자가 치료를 바라는 마음이 줄어들기 때문에, 치료에 부정적 요인으로 작용한다고 본다.

프로이트의 엠마 치료

지금까지 분석한 것을 돌이켜보자. 엠마가 갑자기 경악한 후 공포증 증상이 생기게 되기까지의 과정은 모두 무의식적 정신 과정이다. 그 때문에 정작 공포증이 있는 본인은 자신이 왜 공포증을 갖게 되었는지 그 원인을 깨닫지 못한다. 원인도 모르는 채 반복해서 증상에 시달리게 되는 것이다.

프로이트는 공포증이 생기게 된 무의식적 원인(들)을 적절한 순간에 엠마에게 해석해 들려줌으로써 그녀가 스스로 '자기 인식'을 하도록 도와준다. 그는 적절한 정신분석 순간에 엠마에게 다음과 같이 말한다.

"얘야, 사탕 가게에서 네가 겪은 일들은 결코 수치스럽게 생각할 필요가 없는 거란다. 현재 너의 도덕관념이 너무 강하고 경직되어 있기 때문에 어릴 적 일이 수치스럽게 느껴지는 것뿐이야. 네가 죄책감을 느낄 일도 아니고, 부모님이나 세상 사람들이 너를 책망하지도 않아. 그리고 네가 겪은 일들은 사실 너만이 아니라 많은 사람들이 성장 과정에서 으레 겪곤 하는 일이란다. 그런데 그 사람들은 과거의 일에 연연해하지 않고 잘 지내고 있단다."

프로이트는 자신의 과거를 수치스러운 사건으로 스스로 해석하게 하는 엠마의 경직된 도덕 관점을 변화시키는 데 치료의 초점을 둔다. 즉,, 그녀의 사후 해석 관점을 변화시킴으로써 병리적 사후 작용을 변화시키려고 노력한다. '정신분석 작업'이란 곧 부정적인 사후 해석을 긍정적인 방향으로 전환시키는 활동이다. 엠마 스스로 자신의 과거 사건들을 긍정적으로 재해석한다면, 갑작스럽게 생겨나 억압된 트라우마는 '일상적 사건'으로 전환되어 병리적 방어 작용은 불필요해진다. 정신분석가에 대한 깊은 신뢰에 바탕하여 해석 관점의 전환이 잘 진행된 결과, 엠마의 가게 공포증은 불과 몇 달 만에 극복되었다. 엠마의 나이가 어려 신경증의 최초 원인에 추가로 결합된 요인들이 적었기에 정신분석의 효과가 그만큼 빨리 나타난 것이다.

3. 사후 작용의 배경 구조

병의 원인과 발생 구조를 명료하게 알수록 병을 극복하는 방법에 대해서도 접근이 용이해진다. 그렇다면 신경증을 유발하는 사후 작용은 어떠한 구조를 갖는가?

1) 사후 작용의 발생 조건

근본 원인＋(잠복기)＋촉발 원인

신경증과 연관된 사후 작용이 일어나기 위한 조건은 다음과 같다.

첫째, '두 차례'의 유사한 사건 내지 자극이 존재해야 하며, 이들이 서로 결합되어야 한다. 가령 사춘기 이후에 받은 어떤 성적 자극은 억압된 과거의 성적 자극과 '결합'되어야 한다. 그래야 비로소 지연 작용과 회고 작용이 작동되어 트라우마가 발생한다. 이 경우 과거 사건은 신경증을 형성하는 '근본 원인'이 되고, 현재의 사건은 '촉진적(촉발적) 원인'이 된다.

둘째, 성적 흥분을 내포한 두 사건이 발생한 시점의 성욕동 양태가 서로 달라야 한다. 인간의 성욕동은 유아 성욕기와 중간의 잠재기, 그리고 사춘기 이후의 성기기라는 2단계 발달 양상을 띤다. 이

처럼 '인간'만의 독특한 성욕동 발달 양태가 바로 사후 작용이 작
동되어 신경증이 발생하기 위한 구조적 배경 조건이 된다. 유년기
에 활발하던 성욕동이 오랜 기간 잠잠하다가 다시 사춘기에 접어들
어 갑자기 왕성해질 때, 사춘기의 관점에서 유년기의 사건이 재해
석되어야만 신경증적 사후 작용이 일어난다.

셋째, 외부의 자극들을 수용하여 통합하거나 방어하는 '자아 능
력'역시 나이를 먹음에 따라 변화를 겪는다. 그리고 도덕 관점으로
서의 초자아 역시 유년기 말부터 잠재기를 거치는 동안 계속해서
형성되어 간다. 그리고 사춘기에는 중심적 도덕관념과 관점의 틀이
어느 정도 견고하게 자리잡는다. 신경증적 사후 작용이 발생하려면
두 자극 사건이 연결되는 시점에서 사건을 해석하는 현재의 자아
및 초자아 관점이 과거와는 크게 달라야 한다.

넷째, 신경증적 사후 작용이 발생하려면 무엇보다도 유년기에 성
적 과잉 자극 내지 성 환상을 체험하고 억압한 적이 있어야 한다. 유
년기의 성적 자극과 흥분은, 성교하는 방법을 알고 있으며 사회 규
범을 따르지 않는 성 관계의 비도덕성에 대해 교육받은 성인들의
성 감정과는 그 의미와 질감이 다르다. 아직 규범화되기 전의 아이
들은 소위 말하는 규범 일탈적인 성에 대해 '음탕한' 감정을 품지
않는다. 아이들은 단지 제 몸의 자연스러운 흥분을 느낄 뿐이다. 이
처럼 도덕 규범과 성적 의미에 대해 무지한 상태에서 과잉 자극을
경험해야, 이것이 훗날 사후 작용을 일으키는 조건으로 기능한다.

다섯째, 성욕동이 잠잠해지는 오랜 기간의 '잠재기'가 존재해야
한다. 이 기간 동안 소년 소녀들은 특정한 도덕관념과 도덕 관점을
강력하게 요구받고 학습한다. 잠재기는 또한 사춘기에 이르러 나타
나는 성욕동 양상의 급격한 '변화'와, 과거 사건을 해석하는 관점
의 확연한 '차이'를 예비하는 기간이다. 바로 이 급격한 차이가 신

경중적 사후 작용을 유발한다.

여섯째, 억압된 과거 사건을 떠올리게 할 만한 어떤 '촉진적(성적) 자극'을 '사춘기 이후'에 받아야 한다. 그래야 과거 사건과 현재 사건이 모종의 연관성에 의해 결합하여 강력한 증폭 효과를 일으킨다.

일곱째, 신경증 증상이 발생하려면, 위에 제시된 여러 요인들이 다중적으로 연결되어야 한다. 트라우마와 병리적 방어 기제와 증상은 고립된 하나의 원인이 아니라 '다중적 원인들'이 결합해 강력한 증폭 에너지를 발산할 경우에 생겨나기 때문이다.

2) 사후 작용의 두 유형

지연 작용

두 종류의 사후 작용 중에서 먼저 지연 작용을 살펴보자. 유년기에 받은 성적 과잉 자극은 그 즉시 신경증이나 증상을 발생시키진 않는다. 아이의 미숙한 자아는 지나친 자극을 감당하기 힘들기 때문에 그것은 즉각 억압되어 무의식에 머무른다. 그러다가 사춘기 이후 어떤 촉발적 자극과 우연히 결합될 경우에야 비로소 병을 일으키는 원인으로 기능한다. 이처럼 과거의 사건이 나중에 어떤 촉진적 원인을 만날 때까지 '지연'되어 있다가 갑자기 병인으로 기능하는 것이 지연 작용이다.

회고 작용(사후 해석)

"어린 시절의 기억은 원상태로 '떠오르는' 것이 아니라, 떠오르는 나중 시기에 '만들어지는' 것이다. 사실과 무관한 많은 동기들이, 기억 자료의 선택뿐만 아니라, 그것의 형성에도 영향을 미친다."[28]

　과거 사건의 의미와 가치는 현재의 특정 관점에 의거해 소급되어 재해석된다. 이러한 회고 작용으로 삶은 예견치 못한 기쁨과 상처를 얻는다. 가령 온갖 성 감정과 성적 의미가 역동하는 성기기의 정신 관점에서, 유년기 내지 잠재기에 받은 자극을 떠올려 해석하는 경우, 과거와 전혀 다른 의미가 생겨난다. 엠마의 경우를 돌이켜보자. 강한 성욕과 성적 관심을 가지고 있는 사춘기의 관점에서 과거의 사건을 해석하는 것과 노인이 되어 자신의 과거를 떠올릴 때, 동일한 과거의 사건일지라도 서로 다른 의미를 지닌 것으로 해석된다.

　지연 작용과 소급적 회고 작용은 뜻밖의 트라우마를 만들어 낸다. 그리고 트라우마는 강한 병리적 방어를 유발하며, 그 부작용으로 증상이 발생한다.

4. 사후 작용의 철학적 의미

　사후 작용에 내포된 철학적 의미는 프랑스의 철학자이자 정신분석학자 자크 라캉에 의해 부각되었다. 라캉은 기표의 의미가 기표가 위치한 상황과 주체의 상태에 따라 끊임없이 유동적으로 변화한다는 사실이 사후 작용에 의해 입증된다고 본다. 그렇다면 지연 작용과 회고적 '사후 해석'에 내포된 철학적 의미가 무엇인지 살펴보자.

---

28) 「은폐 기억」.

1) 지연 작용과 '흔적론'

프로이트는 정신에 각인된 인상들이 의식에서 잊혀지는 순간 소멸되는 것이 아니라 '흔적'으로 남음을 주시한다. 그 흔적이 전의식에 보관되면 필요할 때 유익하게 재활용할 수 있고, 자연스럽게 닳아 없어질 수도 있다. 그러나 그 흔적이 무의식에 억압된다면 평생 원상태 그대로 생생하게 보관되어, 의식의 제반 활동에 보이지 않는 영향을 미친다. 사후 작용의 하나인 지연 작용은 이러한 흔적의 기능과 관련이 있다. 무의식에 억압된 흔적은 나중에 그것을 떠오르게 할 만한 전의식 내지 의식의 유사 자극과 결합할 경우, 더 강력하게 증폭된 형태로 의식에 회귀한다. 그 힘은 자아의 방어막을 꿰뚫어 손상을 입히며, 그로 인해 트라우마가 발생한다.

흔적론과 지연 작용은 "과거의 사건이 늘 현재에 영향을 미친다."는 뜻을 내포한다. 프로이트는 사람이 다중적 원인에 의해 신경증에 걸리게 된다는 사실을 인정하면서도, 다음과 같은 내용이 주요 원인으로 작용한다고 설명한다. 유년기에 성욕동을 충족시키는 과정에서 과도한 좌절이나 깊은 갈등을 겪었다면 그것은 억압되어 '영원한 흔적'으로 남는다. 그리고 이 무의식의 흔적이 의식에 떠오르는 걸 방어하는 데 과도한 에너지가 지출되어, 이내 자아 에너지가 고갈되고 만다. 특히 무의식의 흔적이 사춘기 이후의 촉진적 자극과 결합해 갑자기 치솟을 경우, 무의식을 방어하는 데 드는 에너지 부담은 급격히 상승한다. 그 결과 방어체계가 총체적으로 붕괴할 위기에 직면하여, 신경증 증상을 통한 무의식의 분출이 불가피해진다. 즉, 인생 초기에 억압된 흔적들은 현재의 정신에 지속적으로 모종의 영향을 미치다가 자아의 통제력이 약해지는 순간 갑자기 병인(病因)으로 전환된다.

이처럼 사람의 현재와 미래에는 늘 과거가 보이지 않게 따라다닌다. 용기 있게 직면하여 자아에 통합하지 못한 불행한 과거는, 무의식에서 계속해서 그의 인생을 고달프게 만든다. 지연 작용과 흔적론에만 주목한다면, 불행한 과거가 있는 개인은 과거 때문에 또다시 불행에 빠지게 되는 악순환을 벗어나기 어렵다. 타고난 기질적 특성과 유년기의 양육 체험은 그가 자라서 어떠한 삶을 살게 될 것인지 상당 부분을 결정한다. 이처럼 지연 작용은 과거 사건들이 현재의 삶에 미치는 영향력을 대변한다. 프로이트는 『정신분석 운동의 역사』 첫 장에서 "모든 병리적 경험은 비록 그 자체가 병인이 되지는 않더라도, 나중의 경험에 병인 성질을 부여하는 이전 경험들을 함축한다."는 말로 과거가 미치는 영향력을 강조한다.

지연 작용에 내포된 또 다른 철학적 의미를 생각해 보자. 인간의 현재가 (무의식적) 과거 흔적들로부터 크고 작은 영향을 받는다면, 우리의 사유와 행동은 전적으로 자신의 의지로 선택한 것은 아닌 셈이다. 엠마의 사례를 보아 알듯, 정신적 고통에 빠지게 된 사람들은 대부분 자신의 의지와 무관하게 그렇게 된 면이 크다. 그런데도 강박에 가까운 도덕의식을 지닌 대부분의 신경증자들은 현재의 불행이 마치 자신의 도덕적 의지에 결함이 있어 초래된 것처럼 여기고는 자책한다. 그럼으로써 더욱더 불행하고 위축된 상태에 빠져들고 만다.

"증상에 휘둘린 끝에 결국 내 몸과 마음은 병들고 말았어! 내 인생은 온전한 인격을 한번도 제대로 실현해 보지 못한 재수 없는 실패작이야. 내가 만나는 사람들은 결국 이런 내 병을 알게 되고 경멸하겠지…… 아, 창피해!"

과거가 지연 작용을 통해 현재의 정신에 심대한 영향을 미친다면, 증상이 생겨난 것은 자신의 의지와 무관하게 우연히 겪게 된 과거 사건의 힘 때문이다. 이 사실을 깊이 인식한다면, 불필요한 자책감에서 벗어나 현재의 상황을 더 합리적으로 대면할 수 있게 된다.

2) 회고 작용

사후 해석

현재의 정신 관점은 과거를 변화시킨다. '현재' 자신이 어떠한 가치 관점과 자아 능력을 지니고 있는가에 따라, 내가 겪어 온 과거 사건들의 의미는 달리 해석된다. 그로 인해 나의 과거 자체가 끊임없이 변한다. 현재의 자아가 약하거나 강박적인 도덕관념을 지닌 사람일수록, 자신의 과거를 부정적으로 해석하는 경향이 있다.

"내 인생은 완전히 엉터리야. 늘 누구에게 피해만 입고, 원하던 것은 늘 손에 넣지 못하고, 진한 사랑 한번 못해 보고, 누군가에 대한 증오와 죄책감에 시달리기만 하지. 차라리 죽어 버렸으면!"

이런 해석을 거듭하다 보면 그 사람의 인생은 실제로 온통 부정적인 '심리적 사실' 들로 가득 차게 된다. 그러나 성숙한 도덕 관점과 통합적 자아 능력으로 자신의 과거를 긍정적으로 바라보면, 동일한 과거사도 다른 양상을 띤다. "그동안 내가 수많은 좌절을 겪은 것은 뭔가 특별한 것을 성취하기 위해 단련하는 과정이었던 것 같아. 자, 그렇다면 이제야말로 나만이 할 수 있는 그 무엇을 시도해 볼까!" 이처럼 '현재 시점' 에서 어떠한 관점으로 자신의 과거를 해석하느냐에 따라 그 사람은 (엠마처럼) 스스로 트라우마를 만들어 병에 함몰될 수도 있고, 역으로 트라우마를 해소해 병을 극복할 수도 있다.

자가 외상

사실 그 자체가 아니라, 그 사실에 대해 '사후(事後)에 해석된 기억' 이 트라우마를 일으킨다. 신경증자는 자신의 과거에 대한 병리적(부정적) 해석을 반복함으로써 스스로 트라우마를 유발하고 증상을 유지시키는 경향을 지닌다. 이것이 회고 작용의 핵심 내용이다. 엠마의 사례에서 그녀가 8세 때 겪었던 사탕 가게 사건은 그 당시엔 아무런 트라우마도 아니었다. 그런데 그녀가 사춘기가 되어 자아는 아직 미성숙한데 경직된 도덕 관점과 강한 성욕동이 충돌하는 불안정한 상태에서 과거의 사건을 재해석했기 때문에 그 사건은 트라우마가 된 것이다. 인간이 겪는 불행한 사건들은 대개 그 자체만으로는 정신질환의 직접적 원인이 되지 않는다. 살아오면서 고생을 많이 한 사람일지라도, 고생했다는 사실 자체만으로는 신경증에 걸리지 않는다. "고생만 진탕하다니! 으, 더럽게 재수 없는 내 인생!" 이처럼 개인의 내면에서 과거에 겪은 사건을 병리적으로 해석해야만 비로소 트라우마와 정신질환이 발생한다. 즉, 외부의 강한 자극에 내면의 병리적 사후 해석이 결합되었을 때 비로소 트라우마가 발생한다. 그렇다면, 정신적 상처들의 상당 부분은 결국 본인이 자초한 것이다!

3) 새로운 시간관

심리적 존재인 인간에게 고정된 의미의 '객관적 과거' 란 없다. 과거란 늘 끊임없이 변화해 가는 '현재' 가 새롭게 규정하는 무엇이다. 그렇다면 시간은 과거에서 현재로 흘러가기도 하고(지연 작용), 역으로 현재에서 과거로 흘러가 '새로운 과거-현재' 를 낳기도 한다. (회고 작용) 이처럼 현재에 녹아 있는 과거의 흔적들은 늘 새로운 현재로 재구성된다. 따라서 시간의 흐름은 단일한 것이 아니다.

우리는 자신이 살아온 과정을 정리할 때 흔히 과거, 현재, 미래로 구분한다. "나는 과거에는 어떻게 살아왔고, 현재에는 어떻게 살고 있고, 미래에는 어떻게 살 것이다."라고 계산한다. 그런데 인간은 자신의 삶에 대해 스스로 가치와 의미를 부여하거나 또는 사회적으로 부여받으며 살아가는 문화적 존재다. '동일한 사건'일지라도 개인의 정신과 욕망 및 나이와 직업에 따라 각기 다른 의미와 가치가 부여된다. 그로 인해 개인이 소유한 심리 세계는 사람마다 매우 다르다. 각각의 개인들에게 모두 똑같은 의미와 가치를 지니는 엄밀한 '객관적 사실'이란 심리 세계에는 존재하지 않는다. "나는 '객관적으로' 어떠한 삶을 살았다."라는 정의는 인간에게는 존재하지 않는다. 이러한 정의가 있다면, 그것은 주관적 환상이거나 자연과학적 편견에 불과하다. 인간에겐 객관적인 삶이나, 객관적인 과거와 미래가 존재하지 않는다. 스스로 '의미 부여'를 하지 않는 사물이나 로봇에게는 객관적인 사실이 있을 수 있다. 그러나 세상과 자기 삶의 '의미'를 끊임없이 '해석'하며 살아가는 인간에겐, 객관적 사실로서의 객관적인 과거가 존재할 수 없다. 개인의 과거는 늘 현재의 정신상태와 더불어 변화한다. "예전에는 내 과거가 '이렇다'고 생각했는데, 지금 보니 내 과거는 '요렇게' 느껴지는군⋯⋯." 이처럼 과거는 늘 새롭게 의미 해석되면서, '현재'로 재탄생한다. 불변하는 과거가 있다면 그것은 언제나 의식의 현재적 해석으로부터 차단되어 있는 억압된 무의식과, 신경증자의 반복되는 증상뿐이다.

사후 해석 작용을 반추해 보면, 시간은 결코 과거로부터 현재를 거쳐 미래로 흘러가는 것만이 아니다. 만약 내가 현재의 시점에서 과거를 새롭게 해석한다면, 그 과거는 그 의미와 가치와 내용이 이전과는 다른 모습으로 나타난다. 그때 그 과거는 결코 더 이상 예전의 과거가 아니다. 지금의 경험도 미래에 그 의미와 가치와 내용이 어떻게 바뀔지 모른다. 따라서 과거 현재 미래의 순으로 진행되는 기존의 직선적 시간관은 인생을 해석하는 데 충분치 못할 수 있다. 시간은 다방향성을 띠며, 다중적으로 혼합된 차원을 가질 수 있다. 이 경우, "나는 과거에 불행했기 때문에 미래에도 행복하지 못할 거야!"라는 해석은 힘을 잃게 된다. '객관적으로 불행한' 불변하는 과거란 인간에게 존재하지 않기 때문이다.

4) 의미의 불확정성

삶의 의미는 결코 하나로 고정되어 있지 않다. 과거에 자신이 겪었던 사건의 의미 역시 하나로 고정되어 있지 않다. 사건의 의미는 현재의 자아 상태와 욕망 상태에 따라 끊임없이 변화한다. '새옹지마(塞翁之馬)'라는 속담이 있다. 자신에게 불행을 가져왔다고 원망한 사건이, 나중에 보니 자신의 목숨을 살리는 대단히 가치 있는 사건이었던 것으로 밝혀진다. 이처럼 개인의 과거는 자신이 어떤 욕망을 품은 상태에서 어떤 관점으로 그것을 해석하느냐에 따라 끊임없이 그 의미를 달리해 간다.

'성공시대'라는 TV 프로그램이 있었다. 이 프로그램은 매주 인생의 고난을 딛고 일어서 크게 성공한 사람을 주인공으로 선정해, 그가 성공하게 된 원인과 성공하기까지 과정을 보여 주었다. 여기에 출연한 대부분의 주인공들은 보통 사람들보다 더 혹독한 고통을 겪었다. 그러나 보통 사람이라면 자신의 욕망을 포기하거나 수정했을 법한 고통스러운 사태에 직면해서도 끝까지 인내하며 밀고 나가 큰일을 성취해 낸다. '성공시대'에서 필자의 기억에 남는 사례가 하나 있다. 어떤 사람이 시골에서 태어나 가난하게 자라다가, 서울로 상경해서 줄곧 힘든 일들을 겪으며 성장한다. 학벌도 변변치 않은 그는 아내와 함께 억척스럽게 일한 결과로 마흔 살 무렵에는 조그만 중소기업을 세울 수 있었다. 그런데 어느 날 회사가 부도 위기에 직면한다. 아무리 애를 써도 도저히 부도를 막을 수는 없을 것처럼 보였다. 절망한 그의 머릿속으로 자신의 과거가 스쳐 지나간다.

"나는 어려서부터 부모에게 어떠한 혜택도 받지 못했고, 교육도 제대로 못 받고, 먹고 싶은 것을 마음껏 먹지도, 멋진 연애도 못해 봤다. 남들 잘 때 못 자고 놀 때 못 놀면서 살아왔는데 이제는 거지가 되어 감옥에 가야 하다니, 이런 재수 없는 인생이 또 있을까!"

그는 분노로 정신이 반쯤 나간 상황에서 자살을 결심한다. 그래서 유서를 써 놓고 밤중에 한강으로 향한다. 강물 앞에서 망연자실해 있던 그는 이윽고 구두를 벗고 강물 속으로 뛰어들려 한다. "미련 없는 인생! 이제 죽으면 모든 고통에서 벗어나겠지. 죽음은 수십 년간 쌓여 온 나의 온갖 상처들을 말끔히 거두어 가겠지……."

그런데 그가 강물에 뛰어들려는 순간, 갑자기 등 뒤에서 시끄러운 소리가 들려 온다. 소리가 나는 쪽으로 고개를 돌려 보니, 두 사람이 격하게 싸우고 있었다. 오가는 말들을 들어 보니, 지나가는데 왜 째려보았느냐, 째려보지 않았다는 식으로 쌍욕을 내뱉으며 멱살잡이를 하는 것이 아닌가. 이 모습을 물끄러미 바라보던 그는 문득 "저렇게 한심한 녀석들도 버젓이 잘 살고 있는데, 땀 흘려 열심히 살아 온 내가 왜 죽어야 하지?"라고 생각한다. 그래서 그는 자살할 마음을 거둔다. 그 길로 집에 돌아온 그는 "난 이미 죽은 목숨이다. 죽은 목숨인데 못할 일이 뭐가 있겠는가!" 하는 심정으로 밀려드는 고통스러운 상황을 이판사판으로 대처해 나간다. 이런 각고의 노력이 통한 것인지 행운이 따랐던 것인지, 그는 부도 위기를 넘길 수 있었고, 그 후에도 계속해서 보통 사람보다 몇 배의 노력을 기울인

결과 급기야 대기업의 회장이 되기에 이른다. 마지막 장면에서 여유 있어 보이는 노년의 회장에게 '성공시대' 연출자가 질문을 던진다. "오늘날 당신이 이처럼 성공할 수 있었던 인생의 특별한 계기가 있다면, 한 말씀 남겨 주시지 않겠습니까?' 그 회장은 다음과 같이 말한다. "나의 과거를 돌이켜보니, 부도에 직면해 목숨을 끊으려 했던 그 사건이 없었다면, 아마 오늘날의 나는 없었을 겁니다."

인생의 각 순간의 의미와 가치는 하나로 고정되어 있지 않다는 사실을, 우리는 이 이야기를 통해 재확인할 수 있다. 만약 그가 한강에 빠져 죽으려고 했을 때, '성공시대' 연출자가 마이크를 들이대면서 "남겨진 사람들과 자식들을 위해 죽기 전에 한 말씀 하시지요."라고 요구했다면, 그는 뭐라고 말했을까? 아마도 다음과 같이 말하고 검은 강물 속으로 뛰어들지 않았을까.

"얘들아! 너희는 행복하게 잘 살아야 한다. 너희들, 어떻게 살아도 좋으니 이 아빠처럼 살면 안 된다. 부디 이 아빠처럼 살지만 말아다오!"

그런데 성공하고 난 다음 돌이켜보니, 인생에서 최악이라고 여겼던 순간(들)이 자신의 성공에 밑거름이 된 최고의 순간으로 의미와 가치가 변한다. 한 사건이 갖는 의미가 이처럼 변하리라고 주인공 자신을 비롯해 누가 예측이나 했겠는가? 또한 최악의 순간에 자신의 뒤에서 치고받던, 당시 그가 쓰레기 같은 놈들이라고 경멸했던 이들이 없었다면, 아마 그는 죽었을지 모른다. 그렇다면 싸움질을 일삼던 그 사람들은 쓰레기가 아니라 고마운 사람들인 것이다. 이처럼 인간이 겪는 사건이나 자극은 하나의 고정된 의미에만 얽매여 있지 않다. 개인의 경험은 그(녀)가 어떠한 관점에서 자신의 삶을 해석하느냐에 따라 그 의미와 가치가 전적으로 달라진다.

5) 사후 해석의 이중 가치성

삶을 살아가다 보면, 여러 종류의 좌절을 겪게 된다. 좌절은 어린 시절부터 인간에게 주어진 운명이다. 좌절을 겪을 때면 정신이 혼란스러워지고, 분노가 치밀어오르곤 한다. 이것은 인간 존재의 자연스러운 모습이다. 인간이면서 항상 강한 정신을 유지하는 존재는 없다. 인생은 쓰러졌다가도 다시 일어서는 과정의 반복이다. 긴 삶을 살아가다 보면 자아가 유독 약해지는 순간도 찾아온다. 이런 상태일 때 자신의 과거를 돌아보면 병리적인 해석을 내리기 쉽다. 이 경우 기분은 더욱 비참해지고 트라우마와 신경증이 생길 수도 있다. 그러나 병리적인 해석과는 정반대로 자기 삶을 해석할 수 있다면, 역으로 신경증이 치유될 수도 있다. 프로이트가 엠마를 치료할 수 있었던 것은 엠마가 가지고 있던 병리적 해석 관점을 프로이트의 합리적 해석 관점으로 대체했기 때문이다. 자신의 인생을 병리적으로 해석하지 않고 성숙하게 해석하도록 이끌어 줌으로써 엠마의 내면에서 사후 해석 관점이 바뀌게 된 것이다. "내가 과거를 잘못 해석해 스스로 상처를 받은 것이었군. 과거 사건은 굳이 억압하거나 투사할 필요가 없는 일이었어. 나는 수치스러운 존재도 죄인도 아니구나!"

경직된 사후 해석 관점의 전환으로 인해, 억압과 투사 방어 기제가 풀리면, 이윽고 신경증은 치유된다. 이처럼 무의식에 억압된 관념들을 자기 인식하도록 하고 사후 해석 관점을 바꾸어 주는 데 정신분석 치료의 초점이 맞추어져 있다. 한 개인이 지금까지 의지해 온 기존의 관점을 바꾸기까지는 적지 않은 노력과 시간이 소요된다. 엠마처럼 젊은 사람은 몇 개월로 족할 수 있었지만, 중년의 개인이 오랜 기간 견지해 온 경직된 인생관을 바꾸려면 몇 년간의 꾸준한 정신분석이 필요하다. 이처럼 사후 작용은 병을 일으키는 원인인 동시에 병을 극복할 수 있게 하는 이중 가치를 지닌다.

9
삶 본능과 죽음 본능

"삶 본능과 죽음 본능은 규칙적으로 혼합, 융합되어 생명체 속에 존재한다. 삶은 두 부류의 본능 사이의 충돌, 또는 상호작용의 표현 속에서 존립한다."[29]

'죽음 본능(Thanatos)'은 프로이트의 정신분석 개념들 중에서 과학의 관찰 영역을 넘어서는 가장 사변적인 개념이다. 그로 인해 정신분석 이론이 과학적이라며 지지를 표명한 프로이트의 여러 동료들에게 이 개념은 비학문적인 주장으로 외면받았다. 오직 클라인 학파와 라캉 학파만이 이 개념의 고유한 가치를 적극적으로 수용하여 그들의 이론에 활용했다. 그렇다면 정신분석이 '과학적 학문'으로 인정받도록 하려고 그토록 애써 온 프로이트가, 말년에 가서 이런 초과학적인 개념을 끌어들인 원인은 무엇일까? 죽음 본능 개념의 등장은 '정신분석'에 관한 프로이트의 기존 관점이 어떤 변화를

---

29) 「정신분석학과 리비도론」.

맞이했음을 의미하는 것일까?

1. 인간 본능에 대한 새로운 해석

1914년에서 1917년 사이 유럽 강대국들 간에 벌어진 권력 다툼인 제1차 세계대전으로 유럽은 정신적, 경제적으로 참혹한 폐허가 된다. 사랑하는 세 아들을 모두 전쟁에 내보낸 프로이트는 행여나 아들들의 신변에 위험이 닥치지는 않을까 내내 근심에 시달려야 했다. 그리고 전쟁이 끝난 후엔 추위와 배고픔, 그리고 정신분석학계 내부의 오랜 의견 대립으로 번민이 끊이지 않았다. 그러던 중 그가 가장 아꼈던 둘째 딸과 손자가 갑자기 사망하자, 심신이 지친 프로이트는 삶의 의욕을 상실한다. 이런 상황에서 그는 인간 본성에 대한 기존의 관점에 의문을 갖게 된다. 인간으로 하여금 역사 속에서 되풀이해 대규모의 파괴 행위를 저지르고 정신적 파국을 겪게 한 내적 동인의 정체는 도대체 무엇일까?

1) 이전 본능 이론의 한계

프로이트는 정신의 제반 현상들이 성욕동과 자아 본능으로부터 발생한다고 해석해 왔다. 그런데 성욕동과 자기 보존 본능만으로는 반복되는 파괴 행위의 원인을 온전히 설명할 수 없다. 사람들이 오직 성욕을 충족시키기 위해 죽음을 무릅쓰고 전쟁에 참가한다고 보기는 어렵다. 왜냐하면 성욕동보다는 자기 보존 본능이 더 근원적인 본능욕동이기 때문이다. 그런데 개체의 안정적인 보존을 위한 최선의 방어책으로 전쟁을 반복하는 것이라는 해석에도 문제가 있다. 안정된 자기 보존을 꾀하기 위해서는 전쟁말고도 다른 방법들을 얼마든지 모색할 수 있기 때문이다. 전쟁이 성욕동이나 자아 본능에서 기인한 것이 아니라면, 왜 사람들은 집단적으로 흥분에 들떠 죽음의 위험을 무릅쓰면서까지 전쟁에 나가 서로 죽이고 죽는 것일까? 그 엄청난 공격 에너지들은 도대체 인간 내부의 어디에서 끊임없이 생성되는 것인가? 프로이트는 공격성 내지 파괴성을 억압된 항문기 성욕동의 특성으로 해석했었다. 그러나 수많은 보통 사람들이 그토록 오랜 기간 동안 집단 살인극에 참여하는 현상을, 전쟁이라는 특수 상황에서 억압된 유아 성욕이 돌출된 결과라고 해석하기엔 무리가 있다. 죽음의 긴장에 직면한 인간들의 엄청난 파괴 활동은 억압된 유아 성욕과 관련된 퇴행이라고 보기엔 파괴의 강도가 지나치게 크고 무제약적이기 때문이다. 억압이든 퇴행이든 모두 자기 보존과 쾌락을 위한 일종의 방어 활동이다. 따라서 '죽음을 무릅쓰는 파괴'와는 종류가 다르다. 그렇다면 도대체 쾌락원칙과 생명 보존원칙을 벗어나는 그 엄청난 파괴 에너지는 어디로부터 나온 것인가? 프로이트는 파괴 활동이 성욕동이나 자아욕동과는 구별되는 또 다른 본능에서 비롯된 것이라고 해석한다. 인간의 공격성은 자아에 의해 억압되어 평상시엔 잘 드러나지 않는다. 그러다가 자아의 방어 체계를 일시에 꿰뚫는 충격적 상처나 삶의 쾌락을 기대하기 힘든 극도의 긴장 상황에 처할 경우, 공격성은 무제약적으로 방출되어 타자와 자기 자신을 파괴한다. 그렇다면 이런 파괴 에너지는 어떤 본능으로부터 생성되는 것인가?

2) '자기애'

프로이트는 성욕동과 자아욕동 사이의 대립적 역학 관계로부터 정신의 제반 현상들이 발생한다고 해석해 왔다. 그런데 성욕동이 자아에 부착되는 ‘자기애 상태’의 경우, 성욕동과 자아욕동 사이의 대립적 구분이 애매해진다. 그리고 성욕동과 대비되는 자아의 고유한 활동성을 설명하려면, 먼저 ‘자아 에너지’의 고유성을 인정해야 한다. 또한 성욕동과 자아의 자기보존 에너지가 혼합된 ‘자아 성욕동’ 개념을 인정할 경우, ‘자기애’의 성질과 가치에 대한 기존의 해석은 달라져야 한다.

프로이트는 자아가 발달하기 위해선 무엇보다도 자기도취적인 ‘자기애 상태’를 벗어나야 한다고 강조해 왔다. 성욕동이 자아에 집중되는 자기애 상태는 전형적인 유아기의 심리 상태로서 그 상태를 벗어나야만 인간은 비로소 외부 대상에 관심을 갖고 대상을 인식할 수 있다. 성욕동이 ‘자아’에 과잉 부착되어 자기애가 과도한 사람은 외부 대상들에 무관심해진다. 그로 인해 외부와의 관계에서 파국에 직면하거나 고도의 자폐적 환상 상태인 정신병을 앓게 된다. 따라서 자기애 상태는 자아 발달을 방해하는 퇴행과 고착의 기호라고 해석해 왔다. 그런데 말년의 프로이트는 신경증을 치료하는 과정에서 ‘자기애’가 정신 건강과 자아 발달에 중요한 기능을 한다는 점을 새롭게 주목한다. 일정 정도의 자기애가 적절히 지속되어야 자아에 응집성이 생겨 정신이 안정된다. 그로 인해 외부 대상에게 ‘자아 성욕동’을 안정적으로 집중시킬 수 있게 되며, 대상에 부착했던 성 에너지를 다시 응집된 자아 내부로 안정적으로 회수하여 새로운 자아 발달을 꾀할 수 있다. 그렇다면 ‘자기애 상태’란 단순히 유아적 특성 내지 정신병의 기호가 아니라, 안정적인 자기 보존과 자아 발달에 기여하는 긍정적인 성질로 해석되어야 한다. 또한 자아욕동과 성욕동의 관계를 ‘억압하는 힘’ 대 ‘억압받는 본능충동’이라는 대립 구조로 구분할 근거가 약해진다. 이러한 학문적 난

제를 풀기 위해 프로이트는 자아욕동과 성욕동을 함께 포괄하는 새로운 개념인 '삶 본능'을 착안해 낸다. 자아욕동과 성욕동은 모두 새로운 자극을 능동적으로 수용하고 통합하여 향유하고자 하는 '삶의 욕동'을 구성하는 요소이다. 프로이트는 플라톤의 『향연』에 기록된 신화 내용에 자극받아 이 욕동에 '에로스Eros'라는 이름을 붙였다. 플라톤이 전하는 이야기에 따르면, 인간은 본래 남녀 양성이 한 몸에 깃든 자족적 상태에서 강력한 힘을 발휘하는 존재였다. 인간의 행복과 힘에 모종의 질투와 두려움을 느낀 제우스는 인간의 힘을 분산시키기 위해 인간을 반쪽으로 갈라 버린다. 그 결과 남자와 여자로 갈라진 인간들은 심리-생리적으로 커다란 결핍감을 느껴 자신의 잃어버린 반쪽을 찾아 헤매는 데 대부분의 에너지를 소모하게 된다. 에로스란 곧 자신에게 결핍된 '힘과 행복'을 충족시켜 줄 대상을 찾아 끊임없이 '새로운 결합'을 추구하는 활동력을 가리킨다. 그렇다면 이 에로스적 힘에 대립되는, 일견 당황스러운 정신 현상들을 낳는 또 다른 힘의 정체는 무엇인가? 프로이트는 에로스에 대비되며, 개인과 사회 내부에 온갖 파괴적 현상들을 일으키는 아주 강력한 힘이 우리 안에 존재한다는 생각을 새롭게 하게 된다. 그렇다면 도대체 이 낯선 힘의 정체는 무엇인가? 이 힘의 정체를 파악하려면 먼저, 정신분석 치료를 좌절시키며 개인의 삶을 반복해서 불행에 빠뜨리는 '반복강박'을 주목해야 한다.

2. 반복강박

전반적으로 사람들은, 끝없이 반복해서 똑같은 불행 상황에 빠지는 것처럼 보인다.

1) 쾌락원칙 대 반복강박

프로이트는 쾌락을 추구하고 고통은 즉각적으로 피하려는 쾌락원칙을 정신의 1차 과정이며 모든 생명체의 절대 원칙이라고 보았다. 정신적 사건들은 모두 쾌락원칙에 따라 자동적으로 규제된다. 모든 종류의 정신 활동은 항상 긴장과 불쾌를 최소화하는 방향으로 귀결된다. 쾌락원칙은 또한 '안정의 조건' 과 심리-생리적 연관성을 지닌다. 의식 위로 솟아오르는 모든 정신-신체적 운동은 안정성에 근접하는 데 비례해 쾌감을 주며, 안정성에서 벗어나는 정도에 비례해 불쾌감을 준다. 즉, 사람의 정신 기관에는 자극에 의해 촉발된 흥분과 긴장을 가능하면 낮은 상태로, 또는 일정한 상태로 유지하려는 '항상성 원리' 가 존재한다. 쾌락원칙은 바로 이 항상성 원리로부터 나온다.

우리의 경험에는 분명 쾌락원칙을 좇는 강한 경향이 존재한다. 그런데 그 경향은 종종 정신 내부의 '다른 힘' 이나 환경의 압력으로 변질되어, 쾌락과 조화를 이루지 못하는 결과를 초래한다. 즉,, 냉혹한 현실과 자아의 영향으로 쾌락원칙은 '현실원칙' 으로 대체된다. 현실원칙은 보다 '안정적인 쾌락' 을 확보하기 위해 즉각적인 쾌락 추구를 '지연' 시키거나, 욕망 대상의 현재 상태를 배려하는 '우회적인 욕망 충족 방법' 을 모색한다. 그리고 욕망 대상에 접근하기 힘들 경우 불쾌를 잠정적으로 참아 내거나, 욕망 대상을 '포기' 하는 정신 활동을 수행한다. 사회 활동의 많은 부분은 쾌락원칙을 대체하는 현실원칙을 좇아 이루어진다. 그러나 쾌락원칙은 결코 교육이나 개인의 의지만으로 쉽게 길들일 수 있는 것이 아니다. 그로 인해 인간에겐 치명적 위험을 감수하면서까지 현실원칙을 넘어서 쾌락을 추구하는 현상들이 종종 발생한다.

불쾌가 발생하는 또 다른 원인은, 자아가 고도의 합성 조직체로 발달해 가는 과정에서 파생되는 정신 내부의 갈등 속에서 찾을 수 있다. 자아가 새로운 경험 내용을 기존의 자료들과 통합하는 과정에서 어떤 관념과 충동은 기존의 관념 및 힘과 양립할 수 없기 때문에 억압된다. 억압된 관념들과 그에 부착된 충동 에너지는 자아 영역에서 유리(遊離)되어 더 이상 발달하지도, 방출되지도 못하므로 만족을 얻을 가능성이 차단된다. 그리고 이 억압된 관념과 충동이 의식에 분출되는 데 성공한다 해도, 그것은 자아의 방어 작용에 의해 불쾌로 감지된다. 그 이유는 억압으로 생긴 의식과 무의식 사이의 오래된 갈등 때문에 쾌락원칙에 새로운 '균열'이 생겼기 때문이다. 이 균열은 '어떤 본능'이 쾌락원칙을 이용해 '새로운 쾌락'을 얻으려 노력하는 바로 그 순간에 생겨난 것이다. '쾌락으로 감지되지 않는 쾌락'인 모든 신경증적 불쾌는 바로 이런 종류의 것이다. 이처럼 쾌락원칙이 온전히 적용되지 않는 묘한 정신 현상들이 우리의 경험 세계에 존재한다. 그렇다면 쾌락원칙을 변질시키는 '또 다른 힘'의 정체는 무엇인가?

개인의 성숙 내지 자아의 발달 과정이란 곧 쾌락원칙의 지배를 벗어나 현실원칙의 통제하로 들어가는 과정을 지칭한다. 현실원칙이란 안정되고 지속적인 쾌락을 누리기 위해 현실을 고려하는 계산 활동이란 점에서 쾌락원칙의 보충 및 대리 역할을 한다고 해석할 수 있다. 그런데 인간의 삶 속에는 쾌락원칙도 아니고 현실원칙도 아닌, 묘한 특성을 지닌 정신 현상이 존재한다. 그 대표적 예가 반복강박 현상이다. 반복강박은 외상성 신경증자의 반복되는 악몽, 아이들의 놀이, 부정적 치료 반응, 반복되는 동일한 실수 등에서 관찰된다. 이 사례들은 쾌락원칙과는 다른 어떤 정신 활동을 상징적으로 드러낸다. 반복강박은 쾌락원칙보다도 더 근원적인 힘인 양,

이따금 쾌락원칙을 무시하듯이 출현한다. 그렇다면 이런 반복강박이 나타나는 이유는 무엇일까? 그것을 유발하는 감춰진 힘의 정체는 무엇인가? 이에 답하기에 앞서 반복강박의 유형과 특징을 하나하나 검토해 보자.

2) 반복강박의 사례들

외상성 신경증자의 반복되는 악몽

'외상'이란 강력한 외부 자극의 갑작스러운 침입으로 자아의 방어 체계가 손상된 상태를 지칭한다. 외상은 정신의 평형을 깨뜨리며, 비상 방어 장치를 가동케 한다. 이와 함께 쾌락원칙의 활동은 당분간 정지된다.

외상성 신경증자들은 끔찍했던 외상의 흔적으로부터 지속적으로 정신을 방어하기 위한 일종의 타협책으로, 외상을 입은 당시의 상황을 재연하는 악몽을 반복해서 꾼다. 그들의 정신은 억압된 외상이 처음 발생한 순간에 고착되어 있다. 이들은 악몽과 증상을 통해 고착된 외상 장면과 부정적 생각 및 충격 에너지를 상징적으로 재연하며 분출한다. 그런데 꿈의 근본 기능이 휴식과 소망충족에 있다면, 이런 자기 파괴적이고 공포스러운 꿈이 반복되는 까닭은 무엇일까? 왜 그들은 못 견디게 고통스러워하면서도 동일한 악몽을 반복해서 꾸는 것일까? 쾌락을 주는 것도 아니고 현실적인 이익과도 무관한 악몽을 반복해서 꾸게 하는 그 괴상한 힘의 정체는 무엇일까?

외상성 신경증자의 꿈과 유년기의 정신적 외상을 연상시키는 꿈들은 소망충족이 아닌 반복강박의 원리에 의해 발생한다. 그들은 안전한 수면 상황에서 외상 장면을 거듭 직면함으로써, 낯설고 무기력했던 외상 상황에 대한 '모종의 적응'을 시도하는 것이다. 반복강박의 궁극적인 목적은 아무런 외상도 없었던 편안한 상태로 회귀하는 것이다. 모든 외상은 인간을 정신적으로 가장 편안했다고 느끼는 과거의 어느 상태로 퇴행시킨다. 충격에 질린 사람들은 새로운 자극보다 '영원한 안식'을 염원하게 된다.

"아, 내게 이토록 끔찍한 상처를 준 이 세계로부터 벗어나 부디 편안히 쉬고 싶다! 이것도 어렵다면, 차라리 아무 자극 없는 상태로 돌아가고 싶다!"

실타래 놀이

어느 날 프로이트는 한 살 반 된 손자 아이가 스스로 고안한 묘한 놀이를 하는 것을 목격한다. 아이는 자기 손에 잡히는 작은 물건은 아무것이나 방 구석이나 침대 밑으로 집어던지는 행동을 한다. 그러면서 관심과 만족이 수반된 묘한 탄성을 질러 댄다. "포오오오!(Fort:사라졌다!)" 그리고는 다시 사라진 곳으로 다가가 그 물건을 찾아서 끄집어내고는 즐거운 듯 더 큰 기쁨의 소리를 지른다. "다아!(Da: 있다아!)" 아이는 이처럼 '사라짐과 돌아옴' 놀이를 지칠 줄 모르고 반복한다.

아이에게 이 놀이는 어떤 의미가 있는가? 이 놀이는 아이의 욕망 대상인 엄마가 시야에서 사라졌을 때의 불안함과, 다시 나타났을 때의 반가움을 상징한다. 아이는 놀이를 통해 엄마가 없는 불쾌한 상황을 반복적으로 경험함으로써, 또다시 그러한 상황이 닥쳐도 적응할 수 있는 능동적 위치를 차지하려 한다. 아이가 물건을 던져 버리는 것은, 자기에게서 떨어져 나간 엄마에게 '복수하고자 하는 충동'을 만족시키는 것일 수도 있다. 문제의 초점은, 어떤 '고통스러운 경험'을 한 후 자신이 그 경험의 주체가 되기 위해 그것을 반복하는 행위가 쾌락원칙과는 무관한 또 다른 충동의 표현이라는 데 있다.

아이가 반복하는 놀이의 내용은 본래 불쾌한 경험이었다. 그런데도 그것을 반복하는 까닭은 무엇인가? 아이들은 놀이를 통해 실생활에서 그들에게 과도한 자극을 주었던 것은 무엇이든 반복한다. 부부놀이, 전쟁놀이, 병원놀이 등은 아이들이 받았던 과잉 자극과 연관이 있다. 아이들은 안전한 놀이 상황에서 과잉 자극이 몰려왔던 과거 상황을 상징적으로 반복 재연함으로써 그 자극의 강도를 소산(abreaction)시킨다. 그와 동시에 안전한 위치에서 자신이 그 위급했던 상황의 주인이 되는 만족을 누린다.

그런데 불쾌했던 경험을 놀이 속에서 반복하는 아이의 행동은 불쾌를 즉각적으로 피하려 드는 쾌락원칙에 어긋난다. 그렇다면 이런 반복 행동은 어떤 힘에 의해 추동되는가? 정신에 축적된 고통 흔적들을 안전한 놀이를 통해 반복해서 희석시키는 행동이 궁극적으로 지향하는 바는 무엇인가?

전이 반응

신경증자는 자신의 무의식을 기억하는 대신 행동으로 반복한다. 특히 이런 반복은 정신분석 작업 과정 속에서 활성화된다. 전이란 과거에 어떤 대상에게 품었던 감정이 다른 대상에게 투사되어 행동으로 재현되는 것을 지칭한다. 전이 상황에서 내담자는 과거의 중요 대상에 대해 가졌던 생각과 느낌을 (자신도 모르게) 분석가를 향해 분출한다. 즉, 분석가를 과거의 그 대상으로 착각하는 것이다. 프로이트는 전이 현상이 과거 상황을 반복하려 드는 묘한 힘 때문에 일어나는 것임을 알게 된다. 전이는 무의식을 떠올리는 일을 방해하는 일종의 저항이다. 저항 작용은 '억압하는' 정신 조직인 자아에서 나온다. 이에 비해 반복강박은 '억압된 무의식' 으로부터 기원한다.

분석 작업에 대한 저항은 억압된 것이 의식 차원으로 떠오름으로써 낳을 불쾌를 피하려는 데에서 기인한다. 그런데 전이 반응을 통해 분출되는 무의식은 주로 과거의 충격적인 경험과 연결되어 있다. 무의식은 주로 유아 성욕의 좌절 또는 과잉 자극으로 인해 정신-신체적으로 혼란을 겪었던 흔적들을 내포한다. 인간은 누구나 다 오이디푸스기를 거치면서 비극적 상처를 입게 된다. 아이들은 부모의 애정량 감소, 교육에 대한 점증하는 요구, 가혹한 말, 이따금 주어지는 처벌 등으로 자기애적 상처를 입게 된다. 그리고 이 상처들은 정신의 안정을 위해 억압되며, 이 억압을 통해 영속화된다. 그런데 주목할 점은 신경증자들이 전이를 통해 과거의 고통 감정과 고통스러운 상황을 대단히 정교하게 '재생' 해 낸다는 것이다. 그들은 다시 한번 경멸받고자 하고, 분석가로 하여금 자신에게 심한 말을 하거나 자신을 차갑게 다루도록 유도한다. 이러한 불쾌 경험은 강박적 힘에 의해 반복된다.

신경증자들의 비극적 운명은 대부분 그들 스스로가 만들어 낸 것이다. 그 배후에는 억압된 유년기 상처를 반복하려는 힘이 크게 작용한다. 가령 어떤 사람은 자신이 은혜를 베푼 대상에게 분노를 사고 버림받는 경험을 되풀이한다. 애정 대상과의 애정 문제 역시 동일한 단계를 거쳐 결국은 동일한 비극적 상황에 도달하고 만다. 이처럼 동일한 고통 경험이 반복되는 것은 동일한 경험의 반복 속에서 자기 표현을 하게끔 하는 어떤 정신 내적 힘에 기인한다. 그렇다면 동일한 숙명과 대면하게 하는 이런 일들이 반복해서 일어나는 이유는 무엇 때문인가? 쾌락원칙을 넘어서 반복강박을 추동시키는 힘의 정체는 무엇인가?

부정적 치료 반응

어떤 신경증자들에겐, 증상이 소멸되는 것을 두려워하여 그것을 계속 유지하려는 내적 힘이 작용한다. 이 힘 때문에 정신분석 치료를 방해하는 온갖 ‘저항’ 현상들이 발생한다. 가장 심각한 저항은 병의 회복을 반대하며 병을 욕구하는 힘이다. 회복되길 원치 않는 마음의 중심에 선 것은 죄책감이다. 강한 죄책감과 더불어 신경증적 고통 상태에 머물고자 하는 힘이 강할수록 정신분석 치료는 무력해진다. 예를 들어 어떤 신경증자는 수년 간에 걸친 고통스러운 정신분석 작업 끝에 자기 성찰이 깊어지고 증상에 휘둘리는 강도가 약화된다. 그런데 분석가로부터 “이제 거의 다 나은 것 같군요.”라는 칭찬의 말을 듣자, 그의 내부에서 무의식적 죄책감이 발동하여 치료받기 전과 다름없는 심각한 상태로 되돌아간다. 그는 자신이 치유되어 행복해지는 것이 마치 죄를 짓는 일이기라도 한 양, 고통스러운 증상에 계속 시달리고자 한다. 그는 흡사 자신에 대해 스스로 처벌을 내리는 것처럼 보이며, 그 처벌에 반복적으로 탐닉하는 듯이 보인다. 프로이트는 이런 무의식적 자기 처벌 내지 부정적 치료 반응의 기원을 오이디푸스 욕구에 대한 죄책감과 거세불안으로 해석했었다.

“아빠, 엄마, 저는 벌받아 마땅해요. 제가 나쁜 욕망을 품었다는 거 알고 있어요. 그렇지만 전 고통 속에서 깊이 반성해 왔어요. 이토록 오래 병을 앓고 있잖아요. 병에 시달리느라 나쁜 짓도 안 해요. 이것도 부족하다면, 계속해서 고통받을게요. 그러니 부디 절 가혹하게 버리거나 거세하진 말아 주세요, 제발!”

부모에게 거세되거나 사랑을 상실한 아이는 정신-신체적으로 곧 죽은 것이나 다를 바 없다. 그래서 정신 내부에 존재하는 부모의 이마고인 초자아에게서 혹독한 거세 처벌을 받느니, 차라리 자청해 고통스러운 증상에 반복해서 시달리는 자기 처벌을 내리는 것이 정신적으로 더 안전하다고 여긴다. 그런데 거세불안은 남근과 연관된 미래의 쾌락 욕망을 전제하여 발생되는 것이다. 거세가 아이에게 끔찍한 사건으로 인식되는 것은, 남근이 욕망 대상과 애정 관계를 형성하는 데 중요한 매개체가 될 거라는 모종의 기대감 때문이다. 즉, 거세불안의 배후에는 성욕동이 있다. 이에 비해 반복강박은 병리적 고통 상태 그 자체를 지향하는 매우 다른 활동이다. 그것은 삶을 적극적으로 향유하는 것과는 역방향으로 나아간다. 말년의 프로이트는 반복강박에 주목함으로써, 부정적 치료 반응 이면에서 들려오는 또 다른 목소리에 귀를 기울인다.

"아, 더 이상 세상 사람들과 관계를 맺고 싶지 않다. 욕망하는 순간 상처 입게 되는 그 섬뜩한 현실 세계와 더 이상 대면하고 싶지 않다. 싫다! 이젠 어떤 새로운 자극도 두렵고 역겹다. 차라리 이 상태 그대로 유지하다가 아무 자극 없는 상태로 사라졌으면!"

말년에 프로이트는 반복강박의 엄청난 힘에 맞서기에 정신분석 기법은 너무 약한 무기라는 생각을 갖게 된다. 그래서 그는 정신분석이 '정신질환의 치료술'이기 때문이라기보다, 인간 정신에 대한 심층적인 이해와 탐구 방법을 제공했기에 가치를 갖는다고 재평가한다.

하등 동물의 회귀와 교미 후의 죽음

물고기들은 성장해 가면서 자신들이 처음 태어난 곳을 떠나 다른 곳으로 이동한다. 그리고 어느 시점에 이르러 자신이 태어난 곳으로 되돌아와 생식 세포를 방출하고는 곧 죽고 만다. 자신이 태어난 바로 그곳으로 돌아오기 위해 이들은 죽음을 무릅쓴다. 곳곳에 포식자들이 산재해 있다 할지라도, 돌아오는 길이 너무도 험난하여 도중에 탈진해 죽을지라도 그들은 필사적으로 태어난 곳으로 회귀한다. 이런 현상은 개체 보존 본능이나 종족 보존 본능만으로는 충분히 설명할 수 없다. 개체의 안전이나, 종족 보존을 위한 생식 활동이 궁극적인 목적이라면 굳이 험난한 모험을 감행할 필요가 없기 때문이다. 그렇다면 왜 하등 동물들은 그토록 위험한 회귀를 대대로 반복하는 것일까?

프로이트는 하등 동물들이 그들 '특유의 죽음'을 맞으려고 회귀하는 것이라고 해석한다. 가령 태평양을 가로질러 태어난 곳으로 회귀하는 연어의 체조직은 연어답지 못한 죽음을 당하지 않도록 스스로를 보호한다. 이처럼 각 개체의 삶은 그 개체 '고유의 자연스러운 죽음'을 향해 나아간다.

곤충들에게 교미 행위는 죽음과 밀접한 관련이 있다. 만족스러운 교미 과정 속에서 곤충들의 에로스 에너지는 전부 소진되며, 그 순간 죽음 본능은 마음껏 자기 목적을 달성한다. 그로 인해 사마귀나 메뚜기, 수벌 등은 교미한 후 몇 시간 이내에 죽고 만다. 이처럼 죽음을 무릅쓴 회귀와 교미를 추동시키는 강력한 내적 힘의 정체는 무엇인가?

3. 죽음 본능과 삶 본능

1) 반복강박과 죽음 본능

반복강박은 생명체의 여타 본능들과 어떤 관련이 있는가?

본능은 '이전 상태'로 되돌아가려는 유기체 내부의 관성 내지 충동을 내포한다. 가령 동물의 생식 세포는 발생 과정에서 그것의 모체가 되는 이전의 모든 형태의 발달 단계들을 반복한다. 즉, 개체 발생은 계통 발생을 반복한다. 이런 반복의 원인은 모든 본능이 이전 상태를 회복하려는 경향을 지니기 때문이다. 그렇기에 모든 본능은 보수적이다. 그렇다면 보수적 본능을 지녔으면서도 유기체가 '진화'를 하는 원인은 '외부의 영향'에서 찾아야 할 것이다. 생명체는 본래 자발적인 변화 의지를 갖고 있지 않기 때문이다. 그리고 유기체의 진로에서 발생하는 커다란 변화들은 본능 속에 수용되어, 앞으로의 반복을 위해 저장된다.

유기적 본능이 지향하는 최종 목표는, 지금까지 발전해 온 길을 따라 생명체가 최초로 분리되어 나온 과거의 어느 시점에로 굽이굽이 거슬러 돌아가는 것이다. 이러한 회귀욕동으로 모든 생명체는 (내부적인 이유로) 최초의 상태인 무기물로 돌아간다. 즉, 모든 생물체의 궁극적인 목적은 죽음이다.

생명체에 내재된 가장 원초적인 본능은 무기물로 돌아가려는 본능이다. 이 점에서 볼 때, 자기 보존 본능이란 죽음 본능에 봉사하기 위해 형성된 것일 뿐이다. 자아 본능은 유기체가 정해진 길을 따라 죽음에 이르도록 보호해 주는 동시에, 곧바로 무기물로 회귀하지 못하게 방어하는 기능을 한다. 그 때문에 생명체가 그것의 목적인 죽음에 이르기까지는 매우 복잡한 '우회로'를 거쳐야 한다.

유기체는 그 자신의 방식대로 죽기를 바란다. 즉, 자신의 방식대로 살다가 죽음에 이르길 바란다. 인간은 유년기에 억압된 과잉 자극들을 의식 표면으로 충분히 분출하면서 살다가 죽기를 바란다. 이를 정신분석 언어로 표현해 보자.

"어린 눈으로 보았을 때 참 부러웠으나 두려워서 억압하고 말았던 '어른들의 생활'을 나도 현실 속에서 실컷 만끽해 보고 싶다. 그러고 나서, 또다시 긴장 속에서 현실과 대면하느니, 차라리 고통 없는 엄마의 품이나 자궁 속으로 돌아가고 싶다!"

'삶 본능' 인 자아 본능(개체 보존 본능)과 성 본능(종족 보존 본능)은 유기체가 죽음으로 곧바로 회귀하는 것을 도울 가능성이 있는 모든 위험 요소들에 강력히 저항한다. 정신 현상들은 이 두 본능 사이의 다양한 결합과 분리 과정에서 발생한다.

생명체를 죽음으로 이끌려 하는 본능적 힘은, 생명 보존의 힘에 의해 은폐되므로 직접적 증거를 찾기 힘들다. 죽음 본능은 결코 '관찰' 될 수 없다. 따라서 객관적인 검증을 요구하는 과학적 개념으로 인정받기 어렵다. 또한 삶의 유지와 활력을 제공하는 것을 근본 소명이자 가치로 간주해 온 의학자나 철학자의 경우, 죽음 본능의 힘과 가치는 결코 인정할 수 없는 것이다. 이처럼 생명 중심적인 전통 가치관의 벽에 부딪혀 프로이트의 죽음 본능론은 무익한 사변으로 비판받고 외면당한다. 그러나 수십 년간 과학적 진지성을 고수해 왔던 프로이트는 '삶' 의 수수께끼를 종합적으로 풀기 위해, 과학의 범주를 넘어서는 모험을 감행한다.

2) 쾌락원칙과 해탈원칙의 관계

개체의 생명 과정은 내적인 이유로 생리적 긴장의 소멸인 죽음을 향해 나아간다. 반면에 다른 생명체와의 성적 결합은 생리적 긴장을 고조시켜 또 다른 신선한 생명을 탄생시킨다. 인간의 정신생활 전반을 지배하는 경향은, 자극 때문에 생긴 내적 긴장을 줄이거나 일정 상태로 유지하거나 제거하는 것이다. 특히 모든 고통 자극들로부터 완전히 벗어나려는 경향은 해탈원칙이라는 이름으로 불린다. 프로이트는 이 해탈 경향이 쾌락원칙 속에서도 발견된다는 점에 주목한다.

쾌락원칙은 축적된 자극과 긴장으로부터 정신 기관을 해방시켜, 가능하면 긴장을 낮거나 일정한 수준으로 유지하려는 경향이다. 쾌락은 긴장의 방출 과정에서 온다. 가령 강렬한 쾌감을 주는 성행위는 고도로 축적된 흥분의 순간적 방출 및 소멸과 연관되어 있다. 그렇다면 쾌락원칙은 긴장이 완전히 방출된 무자극 상태를 지향하는 해탈원칙과 죽음 본능에 암암리에 봉사하는 것이다. 바로 이 점이 프로이트가 죽음 본능의 존재를 상정한 가장 강력한 이유 중 하나다.

초기에 프로이트는 항상성 원리와 쾌락원칙을 동일한 것으로 생각했다. 유기체는 내적 긴장을 최소화하려고 이를 방출하는 과정에서 정신의 평형과 쾌락을 함께 느끼기 때문이다. 그래서 그는 자극이 축적된 긴장 상태를 불쾌(不快)로, 자극과 긴장이 미미한 상태를 쾌(快)로 해석했다. 그런데 그는 반복강박 현상이 항상성 원칙과 관련이 있음을 알게 된다. 반복강박은 쾌락원칙을 넘어 무자극 상태를 지향하는 해탈원칙의 기호다. 그렇다면 항상성 원리는 쾌락원칙이 아닌 해탈원칙의 기호일 것이다.

항상성 원리가 해탈원칙의 기호라면, 생명 현상의 근원에는 죽음 본능이 있는 것이다. 항상성 원리가 유기체의 근본 활동이라면, ‘삶’은 죽음을 향한 지속적인 하강의 노정이다. 그리고 ‘삶 본능’이란 곧 그 하강 속도를 늦추기 위해 새로운 긴장에 관심을 집중시키는 활동인 것이다.

4. 인간의 근원적 욕망과 삶의 의미

> 에로스와 죽음 본능은…… 생명의 출현에 의해 혼란스러워진 상태를, 안정 상태로 재정립하려는 노력이다. 생명의 출현은 삶을 지속시키는 원인인 동시에 죽음을 향해 움직여가는 원인을 제공한다. 삶 자체가 이 두 경향 사이의 갈등이요 타협이다.[30]

프로이트는 에로스(삶 본능)가 원 없이 충족되거나 방출된 이후엔 죽음 본능이 자유롭게 활동하여 유기체를 점령한다고 본다. 그렇다면 에로스의 무제한적인 충족과 관련해 질문을 던져 보자.

"당신에겐 '그것' 을 만끽할 수만 있다면 미련 없이 죽어도 좋을 '그 무엇' 이 있는가? 죽음을 무릅쓰고라도 당신이 맛보고 싶은 '그것' 은 무엇인가?"

이 물음에 답하려면 먼저 '인생' 을 바라보는 자신의 관점을 정리해야 한다. '삶' 이란 무엇인가? 프로이트는 '삶' 을 삶 본능과 죽음 본능의 결합체로 파악한다. 성욕동과 보존욕동으로 구성된 삶 본능은 유기체를 보다 복잡한 통일체로 발달시키고자 한다. 삶 본능(에로스)은 삶의 여러 충동들을 독특한 방식으로 '묶는' 힘 또는 구성하고 합성하는 힘이다. 이에 비해 죽음 본능(타나토스)은 에로스적 결합 사슬을 해체하여 생명체를 비유기체로 환원시키는 힘이다. 그렇다면 이 서로 대립되는 두 힘은 삶 속에서 어떤 방식으로 관계 맺고 있는가?

삶 본능과 죽음 본능은 정신 현상들 속에서 늘 결합된 상태로 존재한다. 일례로 생명체의 신진대사 활동을 살펴보자. 신체와 정신

---

30) 『자아와 이드』.

의 원활한 신진대사를 위해서는 새로운 자극이 개체 내에 유입되어 기존의 요소들과 새로운 결합을 이루어 내야 한다. 아울러 새로운 결합을 위해서는 기존 상태가 해체 및 배설되어야 한다. 이처럼 유기체의 신진대사는 에로스의 결합 활동과 타나토스의 해체 활동 간의 상호 연관 속에서 활발하게 작동한다. 이 두 활동이 함께해야만 비로소 생명체의 보존과 발달이 가능해진다. 그렇다면 삶 본능과 죽음 본능은 생명이 탄생하는 순간부터 늘 함께하며, 두 본능은 '삶'의 유지와 발달에 똑같이 필수불가결한 것이다.

생명 현상은 삶 본능과 죽음 본능 사이의 융합이나 분열에 의해 생겨난다. 가령 성욕동과 공격욕동이 결합되면, 가학적 성 욕구가 일어난다. 사랑하는 동시에 증오하는 양가감정은 결합 욕구와 파괴 욕구 사이의 미완성된 융합 상태를 반영한다. 간질병의 발작은 두 본능이 분열된 결과로 나타나며, 리비도의 퇴행 역시 두 본능이 분열되었음을 말해 주는 기호다. 그러나 두 본능이 완전히 분리된 상태에서는 어느 쪽 본능도 작동할 수 없다. 가령 시체 속에서는 삶 본능은 물론이고, 무자극 상태를 '지향하는' 죽음 본능도 작동하지 않는다. 그냥 무기물만이 존재할 뿐이다. 삶 본능과 죽음 본능을 각각 분리해서 대변하는 순수 모델은 경험 세계에 존재하지 않는다.

이처럼 '삶'이 삶 본능과 죽음 본능의 결합체라면, 죽음이란 인간의 삶에 갑작스럽게 끼어든 낯선 타자(他者)가 아니다. 삶이 가치를 지니는 것은 삶 속에 죽음이 있기에 비로소 가능하다. 그렇다면 죽음은 '삶'의 가치를 부각시키는 배경인 동시에 긴장으로부터의 영원한 해방이라는 고유한 가치를 내포한다. 죽음은 결코 전통 철학자들과 의사들이 평가해 온 것처럼 생명의 '적' 내지 '악(惡)'만은 아닌 것이다. 죽음은 두려워하거나 그 앞에서 당황할 필요가 없는 자연스러운 삶의 일부이다. 그리고 의미를 부여하기에 따라서는, 죽음은 대자연의 품으로 돌아가는 일종의 고귀한 사건일 수 있다. 오직 생명을 지닌 것만이 죽을 수 있으며, 죽을 수 있는 존재만이 매 순간 삶의 고유한 질감을 소중히 음미할 수 있다. 낯설고 과도한 자극에 끊임없이 시달려 온 이들은 무자극 상태로 돌아간다는 것을 그윽한 휴식으로 받아들일 것이다. 그리고 무의식의 욕망을 꾸준히 성찰해 온 사람에게 죽음은, 그가 오랫동안 소망해 온 유아기적 안식처로 회귀하는 것으로 느껴질 것이다.

"엄마! 아빠! 저 이제 당신들의 품으로 돌아갑니다! 기쁘게 받아 주세요!"

죽음 본능에 주목한 프로이트는 '정신질환의 본질'을 새롭게 인식하게 된다. 신경증을 비롯한 모든 정신질환은 새로운 자극을 수용하고 통합하는 데 장애를 지닌다. 이전까지 프로이트는 이러한 신경증 증상들이 억압된 유아 성욕을 변장된 방식으로 다시 맛보고자 하는 퇴행적 소망충족 기호라고 해석해 왔다. 그런데 죽음 본능론 이후에 그는 신경증 증상들 속에서 죽음을 향한 욕구를 읽어 낸다. 즉, 증상의 반복은 끊임없이 낯선 자극들을 감당해야 하는 삶의 욕구보다 무자극 상태로 회귀하고 싶은 욕구가 더 크다는 것을 의미한다. 인간은 이런 죽음 욕구를 차분하게 대면하여 죽음의 의미를 주체적으로 해석할 수 있어야 한다. 그래야 비로소 무의식에 반복해서 휘둘리며 종말을 막연히 기다릴 따름인 수동적이고 신경증적인 삶에 대해 모종의 주체적 결단을 내릴 수 있게 된다.

그렇다면 '삶'이 궁극적으로 지향하는 바는 무엇인가? 이 물음에 대한 답을 얻기 위해서는 과학의 관점이 아닌 철학적 사유가 필요하다. 죽음 본능론은 프로이트로 하여금 과학의 관찰 영역을 넘어 인문학적 '의미'와 형이상학적 사변의 영역에 들어서게 한다. 수십 년간의 과학적 탐구 여정을 밟아 온 65세의 프로이트는, 이제 정신분석학을 철학에 접목하여 인생을 종합적으로 정리하고 싶어한다. 프로이트의 조심스러운 마음을 헤아리며, 다시 한번 물음을 던져 보자. "삶의 궁극적인 목표는 무엇인가?"

프로이트는 유기적 생명체는 궁극적으로 모든 불안과 고통이 부재하는 무자극 상태로 회귀를 지향한다고 본다. 즉, 생명체는 그것의 최초 상태인 무기물로 회귀하려는 강력한 죽음 본능을 지닌다. 그렇다면 왜 생명체가 자신의 궁극 목적을 곧바로 실행하려 들지 않는 걸까? 이는 삶 본능이 죽음 본능의 활성화를 저지하고 있기 때문이다. 삶 본능은 유기체가 원하는 바를 충분히 성취하기 위해 죽음에 이르는 시간을 끊임없이 '지연' 시킨다. 그렇다면 유기체가 원하는 바란 어떤 것일까? 프로이트가 수십 년간 다듬어 온 무의식론, 유년기론, 유아 성욕론, 오이디푸스 콤플렉스론을 죽음 본능론에 결합시키면 다음과 같은 해석을 내릴 수 있다.

인간은 자신이 원하는 방식으로 죽고 싶은 욕구를 지닌다.
인간은 자신이 원하는 방식으로 살다가 죽고 싶은 욕구를 지닌다.
인간은 유년기에 그토록 부러워했던 어른들의 행동을 충분히 다 경험해 본 후, 아무런 고통 없는 원상태로 돌아가고 싶어한다.

무의식에 억압된 유년기 욕구들을 삶을 살아가며 충분히 분출하고 맛보았을 즈음엔, 어느덧 인생의 실상이 대강 파악된다. 이와 더불어 삶을 향한 환상과 에너지도 거의 고갈된 상태이다. 아직도 분출해 보지 못한 무의식적 욕구가 있는 사람은 죽기 전에 그것을 성급히 분출하려다 파국에 직면하곤 한다. 소위 나이 든 사람들이 말년에 저지르는 사회적 스캔들은 이런 맥락에서 일어나는 것이다.

당신에게도 죽기 전에 꼭 경험해 보고 싶은 것이 있다면 그것은 무엇인가? 이에 대한 대답은 개인마다 다를 것이다. 그러나 그것이 어떤 내용을 포함하고 있건 간에, 무의식을 '정서적으로 인식' 해온 정신분석의 차원에서 이해하거나 공감하지 못할 인간의 욕망은 없다.

10
역동적 정신 구조론

67세의 고령에도 불구하고 프로이트는 30년간 고집스럽게 지켜온 자신의 기존 정신 이론을 보완하는 새로운 정신 모델을 제시한다. 이 이론에는 자아의 역할, 양심과 금지 명령의 정체, 죄책감과 죽음 본능의 관계 등에 대한 관심이 새롭게 부각되어 있다. 그리고 '본능 욕동들과 도덕 명령과 자아 사이의 역동적인 관계'가 자세히 규명되고 있다. 그렇다면 프로이트가 새로운 정신 모델을 제시하게 된 원인은 무엇인가?

1. 역동적 정신 구조론의 발생 배경과 특징

1) 지형학적 정신 모델의 문제점

다양한 유형의 신경증자들에 대한 오랜 기간의 정신분석 임상 과정을 거치면서, 프로이트는 기존의 이론으로는 만족스럽게 설명되

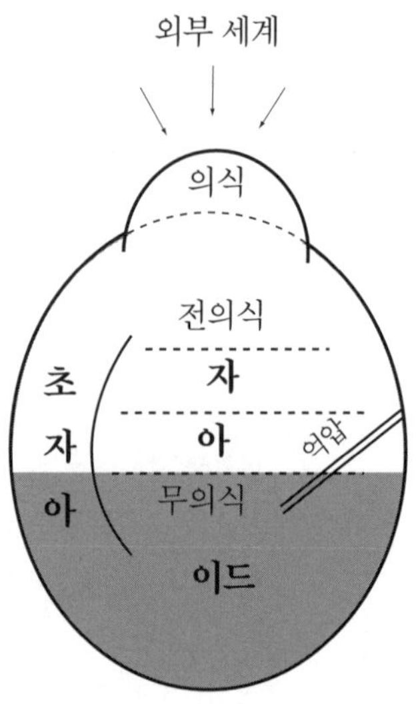

그림 10 역동적 정신 구조 모델

지 않는 새로운 임상 사례들에 직면한다. 그때마다 그는 그 현상을
더 명료하게 해명해 줄 새로운 이론과 개념의 필요성을 절감했다.
그래서 그는 그토록 소중하게 간직해 온 자신의 기존 이론에 대해
다음과 같은 냉철한 반성을 행한다.

첫째, 지형학적 정신 모델에서는 의식과 무의식 사이의 관계가
관심의 초점이었다. 신경증은 서로 다른 두 정신 활동 사이의 과도
한 갈등 때문에 생겨나며, 무의식을 의식으로 끌어올리면 이 갈등
이 해소되어 증상이 극복된다고 해석해 왔다. 그런데 문제는 억압
된 대상들뿐만 아니라, 억압하는 힘 자체도 의식되지 않는다는 데
있다. 그렇다면 의식과 무의식을 분리시키는 방어 작용의 위치를
지형학적 모델 내에서 설정하기 애매해진다. 이런 상황에서 프로이
트는 의식과 무의식 사이의 갈등보다 무의식 내부의 갈등이 더 근

본적이라는 사실을 인정해야 했다. 정신 작용들은 대부분 무의식적이다. 그렇다면 근본 갈등은 무의식적 정신 작용들 사이의 충돌에 기인한다. 그런데 지형학적 정신 모델로는 무의식 내부에서의 갈등 관계를 설명하기 어렵다.

둘째, 지형학적 정신 모델은 특정 관념을 무의식에 억압하는 '검열'의 기능과 위치를 이해하는 데 적합했다. 그런데 특정한 욕구와 관념을 금지하고 억압하는 '도덕적인 힘'은 (전)의식적일 뿐만 아니라 무의식적이기도 하다. 신경증자와 보통 사람들은 도덕 명령을 내리는 내부의 힘에 반복해서 압도당한다. 그러나 그 힘이 어디에서 발생하는지 인식하기란 거의 불가능하다. 이로 인해 지형학적 모델 안에서 도덕적 명령의 위치가 모호해진다. 그리고 지형학적 정신 이론으로는 금기 명령의 정체가 무엇인지 만족스럽게 해명하기 어렵다.

셋째, 의식과 무의식 사이의 갈등은 정신 에너지를 소진시킨다. 그 결과 방어 에너지가 고갈된 자아는 정신적 위기의 도래를 알리는 불안 신호를 발산한다. 그러나 의식과 무의식 사이의 갈등이 불안의 유일한 원인은 아니다. 불안에는 본능 때문에 생겨나는 불안, 도덕적 불안, 현실 불안도 있다. 이런 다양한 불안의 차이를 지형학적 정신 모델로는 설명하기 어렵다.

넷째, 지형학적 정신 모델에서는 의식적인 '현실 검증'과 무의식적인 '방어 작용'을 동시에 수행하는 자아의 위치를 설정하는 데 곤란을 겪는다. 그리고 자아로 하여금 강한 죄책감을 느끼게 하는 또 다른 정신 조직(초자아)을 설명하고 위치를 설정하는 일 역시 수월치 않다. 이 두 정신 조직과 활동은 의식과 전의식, 무의식 모두에 걸쳐 있기 때문이다. 나아가서 정신분석의 골칫거리인 '부정적 치료 반응'이 발생하는 원인을 다각도에서 해명하는 것 또한 지형학적 정신 모델로는 어렵다.

다섯째, 정신 현상들과 정신 조직의 양태는 성욕동이 어떤 '대상'에 부착되느냐에 따라 달라진다. 가령 성욕동이 자아에 집중되면 자기애 상태에 빠지게 된다. 그리고 성욕동이 외부 대상에 부착되었다가 자아 내부로 회수되면, 자아의 새로운 통합과 발달이 가능해진다. 그러나 지형학적 정신 모델로는 '대상'을 향한 '자아성욕동'의 집중 및 반(反)집중 활동과 그 결과에 대한 설명을 제시하기 어렵다.

여섯째, 개인의 정신은 타고난 기질과 외부 대상 사이의 관계 경험에 영향 받아 형성된다. 그런데 지형학적 정신 모델에는 유년기 대상들과 사회적 대상들이 개인의 정신에 미친 각각의 영향과 여러 관계들에 대해 설명할 수 있는 개념 장치가 부족하다. 예를 들어 가족과 문화가 어떤 시점, 어떤 상황에서 개인의 정신에 내면화되며 어떤 방식으로 영향을 미치는지 설명하기 위한 이론적 토대가 결여되어 있다. 이런 상황에서 프로이트는 중요한 대상들과의 다양한 '대상관계' 양태가 자아의 발달과 초자아 발생에 영향을 미치는 방식까지도 조명할 수 있는 새로운 정신 모델이 필요했다.

일곱째, 제1차 세계대전을 통해 인류 내부의 엄청난 파괴욕동을 절감한 프로이트는 죽음 본능에 대해 숙고하게 된다. 이후 그는 정신 깊은 곳에 내재한 파괴욕동으로부터 유기체를 보호하는 자아의 제반 방어 기능에 대해 보다 적극적인 관심을 갖는다. 지형학적 정신 모델에서는 정신이 의식과 무의식으로 '분열'되어 있다는 사실이 강조되었다. 이 분열성을 인정해야 비로소 사람들이 무의식의 힘에 주목할 것이기 때문이었다. 그러나 노년의 프로이트는 서로 다른 정신 조직들 사이의 분열과 차이를 '통합'하는 자아 기능의 소중함을 절감한다. 그리고 신경증을 유발하는 부정적 요인으로 해석되어 온 죄책감과 양심의 목소리가 갖는 긍정적 기능에도 관심을 기울인다.

이상의 이유들로 인해 프로이트는 지형학적 정신 모델의 문제점을 보완하려 고심한다. 역동적 정신 구조론은 이 같은 이론적 곤경을 극복하려 노력하는 과정에서 발생했다.

2) 역동적 정신 구조론의 특징

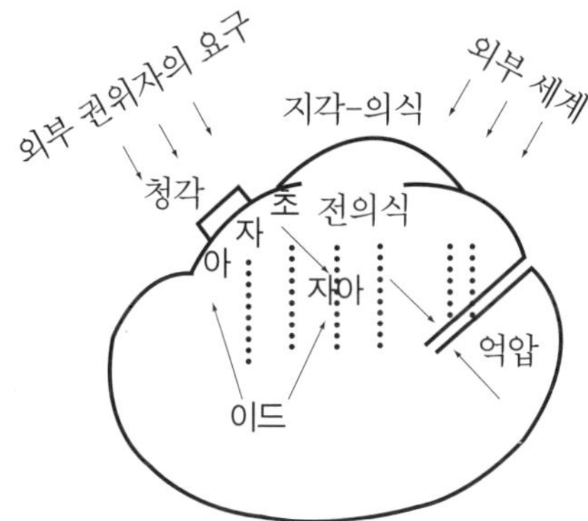

그림 11 정신 조직들의 역동적 관계 양태

정신 내부는 본능 충동들과 그것을 방어하고 조절하는 힘, 그리고 금지 명령 사이의 역학적 관계 활동들로 구성되어 있다. 프로이트는 이 힘들을 각각 이드, 자아, 초자아로 명명한다. 정신 현상의 다양한 변화는 이 힘들 사이의 역학 관계 변화에서 기인한다.

탄생 직후의 생명체는 원본능들이 자유롭게 활동하는 이드 상태에 있다. 이드는 외부 세계를 인식할 수 있는 능력이 없기 때문에, 외부 세계와 자주 충돌을 일으킨다. 따라서 외부에서 오는 고통스러운 자극들에게서 유기체를 방어하기 위해 이드로부터 자아가 분화된다. 그리고 자아로부터 초자아가 가장 늦게 분화한다. 자아와 초자아는 결국 이드로부터 발생한 것이며, 자신의 활동 에너지를 이드로부터 계속 공급받는다. 그로 인해 암암리에 이드의 요구에 봉사하게 된다. 이드의 직접적이고 즉각적인 요구에 대해 자아와 초자아가 어떤 방식으로 대응하는가가 정신의 핵심 문제이다. 개개의 정신 현상들을 이해하기 위한 열쇠는 바로 이 대응 방식과 대응 과정에 대한 세세한 인식에 있다.

이드, 자아, 초자아는 각기 다른 정신 원칙과 기능 및 목적을 갖는다. 이드는 쾌락원칙과 해탈원칙을 추구하며, 자아는 현실원칙을, 초자아는 도덕원칙을 추구한다. 개인의 정신은 결코 하나의 법칙에 따라 통일적으로 기능하는 단일한 조직이 아니다. 정신 내부에선 서로 다른 목적을 지닌 욕구와 요구들 간에 끊임없는 충돌이 일어나고 있다. 가장 단순해 보이는 정신 현상조차 이들 충돌의 결과로 이루어진 복잡한 타협의 결과물이게 마련이다. 개인이 느끼는 심리적 갈등은 각기 다른 원칙과 목적을 추구하는 내부적 힘들 사이의 충돌로 인해 발생한다. 인간은 내부의 본능욕동과 외부의 사회적 요구 사이에서 갈등할 수밖에 없는 존재이다. 이드의 본능 욕구와 이를 금지하는 초자아의 엄한 명령과 외부 세계의 냉정한 요구 사이에서 자아는 종종 갈등을 겪는다. 신경증 증상과 꿈, 실수 등에는 정신 내부의 다중적인 욕구와 갈등이 상징적으로 압축되어 있다.

정신 구조론은 외부 대상이 정신 내부 조직의 형성에 미친 다양한 영향력과 이들 사이의 관계를 설명하는 데 적합하다. 먼저 이드는 인류와 그 조상들이 겪은 강렬하고 반복된 경험 흔적이 현재의 개인에 미치는 (과거의) 유전적 영향력을 대변한다. 그리고 자아는 출생 이후부터 현재까지 경험하고 내면화한 외부 대상들의 영향력을 '현재의 관점'에서 반영한다. 그리고 초자아는 부모가 미친 '유년기의' 영향력과, 성장 과정에서 자신이 동일시한 권위 대상의 도덕관점과 규범 요구들이 어떠했는가를 반영한다.

정신 구조론은 무의식의 특정한 내용보다, 정신 내부 조직들 사이의 '관계'가 정신 현상에 미치는 영향을 주목한다. 가령 초기에 프로이트는 신경증이 정신 내부의 이물질인 억압된 무의식 요소 때문에 발생한다고 해석했다. 그런데 노년에 이르러서는 신경증이 기질적으로 강한 이드와 경직되고 비대한 초자아에 비해 상대적으로 약하고 덜 발달된 자아로 인한 정신 내부의 불균형 때문에 발생한다고 해석한다.

역동적 정신 구조론에서 프로이트가 새롭게 주목하고 부각시킨 정신 활동과 정신 조직은 자아였다. 말년에 그가 견지했던 이 같은 관점은 이후 그의 막내딸 안나 프로이트와 영국과 미국의 정신분석가들로 계승되어 자아심리학파가 구성되기에 이른다. 안나 프로이트는 『자아와 방어 기제들』(1936)이란 책에서 자아의 여러 기능들을 세세히 정리하고 있다. 그리고 자아심리학자들은 자아의 발달 과정 및 성장 조건에 대한 세밀한 탐구를 진행시킨다. 오늘날 세계 정신분석학계는 소위 자아심리학자들이 주도하고 있다. 이들은 정신질환의 중심 원인이 정신 내부의 다양한 활동들을 총괄하여 조정하고 부적절한 자극들로부터 스스로를 방어하는 자아 기능이 미성숙하거나 약해진 데 있다고 해석한다. 그런데 이들은 프로이트가 말년에 세운 이론이 프로이트의 종합적 입장 또는 최종적 결론을 대변한다는 편견을 가지고 있다. 프로이트 자신은 결코 지형학적 정신 모델을 포기하지 않았다. 단지 기존 모델이 해명하지 못하는 문제를 역동적 정신 구조론을 통해 보완하려 했을 뿐이다. 그렇다면 우리는 이 정신 모델을 통해 어떻게 우리 자신의 정신을 성찰할 수 있을까?

사례 분석을 통해 이드, 자아, 초자아가 정신 속에서 어떻게 작동하는지 살펴보자.[31]

사례

사건과 증상   준수한 외모와 많은 친구, 좋은 학벌을 지닌 J는 신문 기자와 대기업 사원을 거쳐 사업가로 활동하던 30대 중반에 도박 중독에 빠져 자신이 소중하게 여겨 온 모든 것을 철저히 파괴한다.

J는 사춘기 시절부터 대학을 거쳐 사회에 나가서까지 유난히 친구들을 좋아했다. 무척 솔직했고 타인에 대한 배려 또한 깊었기에 친구들은 그를 '정 많은 인간'이라고 여겼다. 주위는 늘 그와 친분 관계인 것을 자랑스러워하는 친구들로 북적거렸다. 그러던 어느 날 단 한 번도 약속을 어겨 본 적이 없는 그는, 자신이 알고 지내던 모든 사람들에게서 최대한도로 돈을 빌려 도박과 소비에 탕진하고 부도를 낸다. 너무도 뜻밖의 사태에 친구들은 당황했고, 그 중 몇몇은 그를 돕고자 자신들이 지닌 재산의 상당량을 주기까지 했지만, 그것 역시 단숨에 도박으로 날려 버린다. 신뢰감이 깨진 친구들은 그를 떠난다. 외톨이가 된 그는 자식들을 돌보기 위해 애쓰는 아내의

---

31) 이 글은 내담자의 사례가 아닌 어떤 현실 인물을 약간 각색하여 분석한 것이다.

모든 것을 붕괴시키기 시작한다. 집과 신용 카드를 비롯해 돈이 될 만한 것은 모조리 담보로 잡혀 도박에 탕진한다. 빚 독촉에 시달려 몸져누운 아내는 이윽고 그를 고발하기에 이른다. J는 감옥에 간다. 그리고 감옥에서 나온 후에는 타고난 사교성과 재능으로 재기에 성공한다. 그런데 사람들이 그의 과거를 눈감아 주고 그에게 깊은 신뢰를 보내던 어느 순간 그는 또다시 회사 돈을 횡령하여 도박에 탕진하고 잠적해 버렸다. 그렇다면 수십 년간 정성 들여 쌓아 온 우정과, 두 자식을 헌신적으로 키워 온 아내의 모든 것을 '반복해서' 파괴한 J의 행동은 어떤 원인에 의해 발생된 것인가?

프로이트 무의식론에 의하면, J의 행동은 결코 일부러 한 것이 아니다. 그는 무의식의 어떤 감정과 생각을 상징적 의미를 지닌 '도박'을 통해 '대리 분출' 하는 것이다. 그의 (도박) 중독 현상이 특히 무의식의 쾌락원칙 및 향락원칙과 상처에 적응하기 위한 '반복강박' 을 띠고 있음을 주목하자.

J의 유년기는 매우 불우했다. 그의 모친은 그가 갓난아이일 때 남편의 구타와 외도를 못 견뎌 이혼한 후, 불안하고 열악한 환경에서 여러 자식들을 길러 냈다. J가 친아버지를 닮았기 때문이었는지, 그에겐 어릴 적에 따스한 엄마 품에 안겨 본 기억이 없다. 그러던 중 J가 6세 되던 어느 날 엄마의 요구로 양아버지 될 사람과 처음으로 상봉하게 되었고, 그 자리에서 심한 거부감을 표현하다가 모친에게 '따귀' 를 맞는다. 그때 일을 그는 두고두고 잊지 못했다.

그의 성욕동 발달 과정은 어떠했는가? 구강기와 항문기에 부모의 이혼 사건을 겪느라 엄마에게서 구강 욕동과 항문 욕동을 온전히 충족받기는 어려웠을 것이다. 그리고 엄마에게 한창 밀착되어 있을 남근기 때 (양)아버지가 등장했고 엄마가 자신보다 새 남자를 더 신경 쓴다는 사실을 절감했을 '따귀' 를 맞던 순간, J의 오이디푸스 상처는 가슴 속 깊이 각인되었을 것이다. 그 후 새로운 가정환경 속에서 성장하던 중 '사춘기'에 이르러 당시의 아버지가 친아버지가 아니고, "엄마가 두 번 결혼해서 이복 동생들을 낳았다."는 사실이 갑자기 충격으로 밀려들면서 가출을 한다. 그리고 대학 때 한 여성과 열렬히 연애를 하다가 별다른 이유 없이 망설이던 상태에서 그녀가 다른 남자와 결혼하는 아픈 경험을 한다. 그 후부터 그는 무절제한 여성 편력에 빠지게 된다.

자, 그렇다면 역동적 정신 구조 모델을 바탕으로 J가 어떤 정신 내적 힘들 때문에 모든 사회적 관계를 파괴하는 중독에 빠지게 되었는지 해석해 보자. 그러기 위해 독자는 먼저 이드, 자아, 초자아가 각각 어떤 특성을 지녔는지에 대해 차분히 숙지해야 한다.

2. 이드

이드Id는 '그것(it)'을 의미하는 라틴어로, '본능욕동'을 지칭한다. 이드 속에서는 성욕동과 보존욕동으로 구성된 삶 본능과 파괴 활동인 죽음 본능이 투쟁하고 있다. 이 본능들 자체는 결코 의식이 직접적으로 관찰하거나 지각할 수 있는 것이 아니다. 본능은 그것에서 파생된 정신 현상들을 통해 상징적으로 드러날 뿐이다. 이드는 전의식의 변형을 거친 모습으로만 의식에 출현한다. 따라서 우리는 꿈, 증상, 실수, 전이 현상, 환상 등의 형태로 나타난 이드의 표상들을 해석함으로써 이드의 정체에 우회적으로 접근할 수 있다. 이드는 다음의 특성을 지닌다.

첫째, 이드는 정신 에너지의 원천이다. 출생 직후의 모든 본능 에너지는 이드 속에 축적되어 있다. 따라서 이드는 끊임없이 역동하며, 정신 현상의 발생에 숨겨진 동기로 작용한다. 이드는 또한 모든 정신 조직의 발생 모태이다. 이드로부터 자아가 발생하며, 자아로부터 초자아가 발생한다. 이처럼 이드가 정신 활동의 에너지원이며 정신 조직들의 모태라면, 이드야말로 '정신적인 것'이다. 즉, 본능적인 것과 정신적인 것을 전혀 다른 부류의 것으로 대립시켰던 전통 관점은 재고되어야 한다. 이드는 자아의 싹을 내포한 '원초적 자아'인 것이다. 이드에는 '인류'라는 생물학적 종(種)이 이룩한 고유한 유전적 특성과 개체의 특수한 기질이 담겨 있다. 따라서 이드는 인류의 강렬한 원시적 경험 흔적들을 포함하며, 이로부터 개인이 경험해 보지 못했던 '원초적 환상'들이 정신에 발생한다.

둘째, 이드는 정신의 자유로운 에너지 흐름인 1차 과정이다. 원초적 정신 작용인 1차 과정은 축적된 긴장이 없거나 최소화된 일정한 상태를 지향한다. 생화학자 페히너(G. T. Fechner)는 이것을 '항상성 원리'라고 명명했다. 이 원리는 긴장이 외부로 분출되는 과정에서 쾌락을 추구하는 쾌락원칙과 연관된다. 즉, 이드는 쾌락원칙을 추구한다. 그런데 긴장을 방출하려는 욕구에는 자극과 긴장들에서 완전히 벗어나려는 해탈욕구 내지 죽음욕동도 섞여 있다. 그렇다면 이드 내부에서는 쾌락원칙과 해탈원칙, 에로스와 죽음 본능이 끊임없이 결합과 분리를 거듭하고 있다.

셋째, 쾌락원칙과 해탈원칙을 지향하는 이드는 자아의 관점에서 보면 자기중심적이고 반사회적이며 파괴적인 충동이다. 이드에는 외부 세계를 판단하는 기능이 없다. 따라서 타자에 대한 이해와 배려 및 질서와 도덕에 대한 인식이 부재한다.

넷째, 이드는 좀처럼 변하지 않으며 보수적이다. 인간의 정신은 한번 도달한 상태에서 멀어질 경우, 곧바로 원상태로 되돌아가려는 성질이 있다. 이러한 보수성 때문에 퇴행 현상과 고착 현상이 일어난다. '소망충족' 욕구 역시 이드의 보수성에 기인한다. '소망' 이 란 유년기에 느꼈던 쾌락 지각을 '환각적으로 반복해서 체험' 하려 는 정신 활동을 의미한다. 이 소망을 충족하려는 욕구로 인해 꿈과 증상이 발생한다. 신경증 증상의 이면에는 성욕동의 퇴행 및 고착 활동과 소망충족 욕구와 반복강박이 함께 역동한다. 이 움직임들은 모두 이드의 보수적 특성들이다. 이러한 보수성과 죽음 본능으로 인해, 새로운 정신적 발달과 더 완벽한 이상을 추구하던 인간은 종 국에 가서는 이드로 되돌아오게 된다.

이드의 힘이 자아에 비해 월등하게 강할 경우 정신을 통제하기가 힘들어진다. 이런 통제 불능 상황에서 정신의 총체적 붕괴를 막기 위한 타협책으로 신경증 증상이 발생하고, 증상을 치료하려는 정신 분석 관계가 형성된다. 그런데 이드 속의 죽음욕동이 지나치게 강 할 경우에는 '부정적 치료 반응' 이 야기되어 정신분석의 효과는 미 미해지고 만다.

다섯째, 이드의 에너지는 상당 부분 자아에 이전할 수 있다. 이 드는 제 성욕동의 일부를 자아에 옮김으로써 자신의 목적을 우회 적으로 성취한다. 예컨대 정신은 이드의 쾌락원칙을 자아의 현실 원칙으로 대체함으로써 더욱 안정적으로 많은 양의 쾌락을 확보하 게 된다.

여섯째, 이드는 또한 자신의 에너지를 초자아에게 직접적으로 제 공하기도 한다. 그 결과로 이드는 초자아를 통해 자신이 목적하는 바를 우회적으로 성취하곤 한다. 가령 이드 속의 강렬한 공격 에너 지가 초자아에 위임될 경우, 초자아의 혹독한 비난을 견디다 못한 자아는 살인을 저지르거나 자살을 택할 수도 있다. 이때 이드 속의 죽음 본능은 자신의 목적을 우회적으로 성취한 셈이다.

3. 자아

1) 자아의 목적과 기능

자아의 발생 기원

쾌락원칙을 추구하는 이드와 복잡한 가치 체계들로 엮인 외부 세계 간의 관계는 대립과 부조화로 점철되어 있다. 그로 인해 원초적 유기체는 심각한 고통을 겪게 되며, 심지어 생명을 부지하는 것조차 어려운 상황에 처하게 된다. 이런 위기 상황에서 이드의 표면에는 외부 세계에 안전하게 적응하여 개체를 보존하기 위한 새로운 정신 조직이 생성되어 분화되기 시작한다.

자아의 목적과 제1기능

후천적으로 이드로부터 분화된 자아는, 이드와 외부 세계 사이의 관계를 대립과 불일치에서 조화로 조정하는 기능을 한다. 즉, 본능 욕동들을 외부 세계의 요구에 부응하는 방식으로 적절히 변형시켜 분출하거나, 적절한 상황에서만 직접적 분출을 허용하거나, 여건이 안 좋을 경우엔 억압한다. 이러한 모든 활동의 목적은 한마디로 '유기체의 안정된 보존'이다.

자아의 제1기능은 과도하거나 부적절한 외부 자극과 내부 충동들로부터 개체를 안전하게 보존하고자 '방어'하는 데 있다. 그런데 자아의 방어 능력은 결코 완전하지 않다. 특히 유년기의 미성숙한 자아의 방어는 매우 취약하고 불완전하다. 그로 인해 인간은 유년기에 자신도 모르게 많은 정신적 상처를 입게 된다. 그리고 과도한 방어 기제를 반복해서 작동시킬 경우 병리적 정신 구조를 지니게 된다.

자아의 제2기능

① 조정

자아는 무엇보다도 정신 기관들 사이의 대립 관계를 조화롭게 조정하는 역할을 한다. 이 조정 기능이 불완전해지면 정신 조직들과 충동들이 제멋대로 역동하여, 정서 불안과 더불어 비합리적이고 부적절한 행동들이 돌출하게 된다. 자아는 또한 유기체와 외부 세계가 서로 조화되게끔 정신 내부의 작용들을 조절하거나, 외부 환경을 각 개체의 상황에 적합하게 변형시키는 기능을 한다.

② 현실 검증과 통합

자아는 개체의 안전한 외부 세계 적응을 돕기 위해 외부 세계를 가능한 한 정확하게 인식하고자 한다. 이를 위해 먼저 내부로부터 오는 자극과 외부 지각의 차이를 구별하는 능력을 키운다. 그리고 외부 지각들 간의 차이를 분별한다. 그와 더불어 생존과 밀접하게 연관된 외부의 자극들을 선별하여 그에 초점을 맞추고, 생존에 덜 중요하거나 부적합해 보이는 자극들은 변형시켜 수용한다.

의식을 통해 외부 자극을 지각하는 과정에서 자아는 낯설고 이질적인 타자성과 접촉한다. 이때 새로 수용된 타자성은 기존의 자아 내용들과 조화 혹은 부조화를 이룬다. 자아는 이들을 하나로 통합하려 하지만, 이들이 심하게 불일치하고 대립할 경우 타자성은 부정되고 역압된다. 새로운 타자성이 자아 내부로 통합되지 못한 채 억압될수록 자아의 발달은 어려워진다.

③ 환상 기능

자아는 한편으로는 외부 세계에 대한 정확한 정보를 얻으려 하지만, 다른 한편으로는 (생존에 필요할 경우) 환상을 일으키기도 한다. 프로이트는 유년기의 자기애 단계에서 왕성했던 '자아 전능 감정'

과 자기애적 환상을 이후 환상 작용의 모태로 본다. 그런데 인간은 어떤 경우에 환상 작용을 작동시키는가? 본능이 과도하게 억압되어 더 이상 방어하기 힘든 경우 자아는 환상을 통해 이를 대리분출한다. 또한 개인은 외부 세계로부터 자신의 존재 가치를 심하게 부정당할 경우, 정신적 생존을 위해 자신의 힘과 가치를 환상화한다. 그럼으로써 외부 대상들은 본래 심각한 문제를 지니고 있으며, 자신은 대단한 힘을 숨기고 있는 존재로 느끼게 된다. 이런 환상은 방어 작용의 일종이다. 무기력한 유년기나 사춘기의 환상 작용은 생존을 위해 불가피한 방어 작용일 수 있다. 그런데 유아적 환상이 아무런 위험 요소가 없는 상황이나 어른이 되어서까지 지속될 경우 그것은 자아의 발달을 저해하는 병리적 방어 작용으로 변질된다.

④ 해석

자아는 해석 활동을 통해 낯선 자극을 자신이 감당할 수 있는 무엇으로 정리한다. 그런데 경험한 자극에 대한 해석(판단과 평가)은 개인의 자아 발달 정도에 따라 다른 양상을 띤다. 자아가 강하고 성숙한 사람일수록 고통스러운 체험의 원인에 대한 이해의 폭이 넓어져서, 고통의 가치를 유연하고 긍정적으로 평가하는 경향이 높다. 반면에 약하고 미성숙한 자아의 경우에는 외부와 내부로부터 밀어닥치는 자극들을 감당할 힘이 없기 때문에 '상처'를 받게 된다. 그와 더불어 외부 대상에게 상처받았다는 부정적 해석에 붙들려 피해의식에 시달리게 된다.

⑤ 내적 성찰과 언어 소통

자아는 외부 세계를 검증하는 동시에 정신 내면에 대한 성찰을 시도한다. 이로써 인간은 자신이 어디로부터 어떤 과정을 거쳐 현재의 정신 상태에 이르게 되었는지 자기 인식할 수 있게 된다. 검증과 성찰은 자연계에서 오직 인간의 자아만이 보유한 기능으로 추정된다.

자아는 또한 자유롭게 분산되는 에너지 활동과 여러 충동들을 하나로 응집한다. 이 응집성에 의해 인간은 안정된 삶의 느낌을 지닐 수 있게 된다. 그렇다면 자아의 응집성은 어디에서 오는가? 프로이트는 이 응집성이 '아버지의 말씀'과 밀접하게 연관된 '언어'로부터 온다고 해석한다. 자아에는 남근기에 최초로 내면화된 언어적 분별 체계가 존재한다. 이 언어 구조가 수많은 자극과 충동 에너지를 특정한 양태로 '묶는' 기능을 한다. 그리고 공통의 언어 구조 덕분에 서로 다른 개체라 해도 대화를 나누고 사고를 공유할 수 있는 것이다.

2) 자아의 특성

자아의 구성 요소

자아는 자신의 표피 조직인 의식을 통해 외부의 자극과 접촉하고 그것을 지각한다. 자아는 지각조직인 의식에서 출발하며, 지각한 내용의 흔적을 저장하고 있는 전의식을 통합함으로써 형성된다. 자아는 원래 지각 조직에서 발전해 온 것이므로, 그동안 의식이 관심을 집중하고 동일시해 온 선택 대상들의 흔적들로 구성되어 있다. 즉, 자아는 관심을 쏟았다가 포기한 대상들이 남긴 침전물이다. 자아의 기능 중 하나는 이처럼 삶의 과정에서 상실한 대상들의 흔적을 유지하는 데 있다. 이를 통해 정신은 떠나간 과거 대상들을 내면에서 적절히 다룰 수 있게 된다. 자아에게 살아 있다는 것은 '유년기의 부모'를 비롯한 상실한 애착 대상들에게 정신 내면에서 지속적으로 사랑받는 것을 의미한다.

자아와 이드의 관계

이드에서 자아가 분리되는 것은 개체가 외부 세계에 적응하기 위한 불가피한 반응이다. 일단 분리가 이루어진 후에는, 어떠한 외부 사건도 자아를 경유하지 않고는 이드와 접촉할 수 없다. 자아와 이드의 차이를 지나치게 엄격히 받아들여서는 안 된다. 자아는 이드의 일부가 특수하게 분화된 것이라는 사실을 잊어서는 안 된다……. 자아의 경험이 몇 세대를 거치는 동안 충분한 강도로 자주 반복되면 이드의 경험으로 변형된다. 그리고 그 인상은 유전으로 보존된다. 이처럼 이드 속에는 무수히 많은 자아들의 잔존물이 숨겨져 있다.[32]

자아는 칼로 자르듯이 이드와 분리되어 있지 않다. 자아는 외부 자극의 영향으로 변형된, 이드의 한 부분이며 자아의 하부 조직 가운데 일부는 이드와 합칠 수도 있다. 가령 억압된 것은 억압하는 활동에 의해 자아에 접근할 길이 단절되어 있지만, 이드를 통해 자아와 모종의 의사소통을 할 수 있다.

자아는 이드의 조력자인 동시에 노예이다. 자아는 말 등에 탄 사람과 같다. 말 탄 사람은 한편으로 말을 조정하긴 하지만, 말에서 떨어지지 않으려면 말이 가고자 하는 곳으로 이끌려 가는 수밖에 없다. 마찬가지로 자아도 비록 이드에 어느 정도 영향을 미치긴 하지만, 이드의 의지를 마치 자신의 의지인 양 착각하며 행동으로 옮기는 경향이 있다.

동일시와 자아 발달

자아는 어떤 요인들로부터 영향을 받고 어떤 과정을 거쳐서 현재

---

32) 『자아와 이드』.

의 상태로 형성, 유지, 변천되어 온 것인가? 자아는 무엇보다도 외부 대상에 대한 동일시 과정을 거쳐서 형성되고 발달한다. 동일시에는 여러 양태가 있다. 최초의 원시적 동일시인 함입(incorporation)은 자신과 타인을 전혀 구분하지 못하는 유아가 대상(엄마)의 성질을 흡수하여 그것을 자신으로 착각하는 상태를 지칭한다. 그보다 조금 더 발달한 형태의 동일시인 내사(introjection)는 자기와 타인을 '막연하게' 구별하는 상태에서 타자의 성질을 주관적이고 환상적으로 내면화하여 자아의 구성 요소로 만드는 활동이다. 그리고 가장 성숙한 동일시(identification)는 자신과 타인을 구별할 줄 아는 상태에서 타자의 특정 성질을 선별적으로 수용하여 자신의 일부로 받아들이는 활동이다. 특히 어린 시절에 이루어진 '최초의' 동일시 흔적의 영향은 영속적이다. 프로이트는 여러 동일시 유형 중에서 가장 중요한 동일시를 사회적 성격 형성과 초자아 형성에 결정적인 영향을 미치는 '아버지와 동일시' 라고 본다.[33] 유년기에 성욕동이 발달해가는 동안 '자아 성욕동' 의 대상 집중(카텍시스)은 직접적이고 즉각적인 동일시를 낳는다.

동일시된 대상 경험들은 자아를 비옥하게 한다. 그리고 자아는 이드에서 자신의 활동에너지인 성욕동을 끌어낸다.[34] 일단 자아에

---

33) 현대의 대상관계 정신분석학자들은 최초의 동일시 대상을 젖가슴과 엄마로 본다. 엄마는 유아가 성욕동을 집중시키는 최초의 대상이며, 유아에게 불가피하게 '분리' 의 고통을 안겨 주는 최초 대상이기 때문이다. 이런 사실에도 불구하고 프로이트가 아버지를 최초의 동일시 대상으로 강조한 까닭은 동일시 작용이 오이디푸스 콤플렉스의 극복과 연관해서 가장 강력하게 일어난다고 보았기 때문이다. 또한 최초의 강력한 동일시 결과로 발생하는 초자아는 '아버지의 목소리' 를 대변한다고 보았기 때문이다. 이러한 프로이트의 주장에 맞서 유아에 미치는 엄마의 영향력을 주목하는 대상관계론자들은, '부권적 초자아' 이전에 강력한 '모권적 초자아' 가 존재한다고 주장한다.

저장된 '자아 성욕동'은 비성화(非性化)되어 대상에게 부착되고 내면화를 통해 회수됨으로써 자아의 내용을 풍성하게 한다.

외부 대상에 집중되었던 자아의 성 에너지가 자아발달로 연결되려면, 외부대상의 성질을 '나'의 성질로 내면화하여 동일시하는 정신 작용이 일어나야 한다. 또한 동일화에 의해 외부 대상을 대체하는 내적 대상이 계속 생성되면, 그것을 기존의 정신 내용과 '통합'하는 자아 기능이 활성화된다. 이 새로운 통합 작용에 의해 자아는 점점 성숙해 간다.

이처럼 자아는 개인이 현실 세계 속에서 관계 맺는 중요한 대상들에 대한 내면화와 동일화에 의해 형성, 발달한다. 그리고 동일화 결과로 생성된 내적 대상과 안정된 관계를 맺음으로써 정신은 안정과 만족을 얻는다. 이를 도식화하면 다음과 같다.

특정 대상을 향한 성욕동 집중→대상 애착 관계 형성→대상과의 분리(대상 포기)→내면화와 동일화→기억 흔적과 내적 대상 형성, 기존 정신 자료들과의 통합→자아 발달

동일시는 결코 완벽하지 않다. 외부 대상의 성질이나 생각을 내면화하는 과정에는 반드시 개인의 주관적 환상 내지 주관적 해석이 개입되게 마련이다. 그로 인해 현실의 부모를 동일시한 결과로 나타난 내부 대상으로서의 부모의 이미지는 결코 실재하는 부모의 그것과 동일하지 않다. 신경증자들은 이러한 사실을 모르고, '현재의 부모'를 향해 여전히 '유년기의 부모' 이미지를 투사한다. 그 결과,

---

34) 프로이트는 성욕동과 보존본능을 자아에너지의 두 원천으로 보았다. 이에 비해 현대 정신분석가 위니컷은 타고난 공격성과 성욕동을 자아에너지의 두 근원으로 해석한다.

대상에 대한 왜곡된 지각과 감정에 반복해서 휘둘린다.

최초의 자아는 신체적 자아이다. 그 이유는 자아가 처음 형성되는 과정에서 '통일된 신체의 이미지'가 결정적 역할을 하기 때문이다. 유아는 외부의 신체 이미지를 내면화하고 동일시함으로써 그것을 최초의 자아로 경험한다. 그렇다면 자아란 외부 대상의 신체 이미지를 '나'로 오인하는 환상적 구성체이기도 하다.

아이는 자신이 동일시한 사람을 닮는다. 그 대상이 여럿이면 여러 사람을 닮게 된다. 따라서 현재 '나'의 인격을 구성하는 부분들은, 본래는 타인들의 속성이었다. 자아란 타인들의 태도와 성격, 금지와 명령, 그리고 '나'에 대한 부모의 소망과 생각이 모여 형성된 하나의 심리적 합성체다.

동일시는 개인과 외부 대상의 직접적인 관계 경험과 주관적 환상 관계 속에서 이루어진다. 이때 관계의 정서적 강도가 강할수록 내면화된 내적 대상의 영향력도 그만큼 커진다. 타인에게 절대적으로 의존하는 시기인 유년기에 부모에 대한 유아의 정서적 의존 강도는 생사를 좌우할 정도로 강력하다. 그 결과 유년기에 '최초로' 동일시한 대상은 기존 정신 조직을 크게 변화시킬 정도로 평생 동안 심대한 영향력을 발휘한다.

3) 안면 기형 소녀의 자아

앞에서 고찰한 자아의 특성을 토대로 개인의 자아가 어떤 환경 조건에서 발달하며, 현실 환경에 어떻게 반응하는지 구체적으로 살펴보자. TV 프로그램 '병원 24시'는 어느 17세 안면 기형 소녀의 무료 수술 사례를 다룬 적이 있다. 극도로 빈곤한 환경에서 엄마와 딸이 살고 있다. 선천적 기형인 딸의 얼굴은 괴기스러울 정도로 추하다. 이런 얼굴 때문에 소녀는 아버지에게 버림받았고, 학교도 제대로 다니지 못했으며, 동네 아이들과 어울리고 싶어도 놀림감이 되거나 외면당하는 게 고작이었다. 이 외로운 딸아이 때문에 미모를 갖춘 40세의 엄마는 자신의 생활을 포기한 채 줄곧 아이 곁에만 머물러 왔다. 남편과는 이혼했으며, 단칸 셋방에서 겨우 밥만 먹고 사는 형편이다. 딸 때문에 엄마는 인생을 향유하기는커녕 모든 대인 관계를 체념한 듯한 표정이다. 이러한 딱한 사정이 외부에 알려져, 큰 종합병원에서 무료 성형 수술을 해 주기로 했다.

수술 직전의 소녀와 엄마는 새로운 삶을 살리라는 희망에 들떠 있다. 그리고 드디어 장시간의 수술이 이루어졌다. 수술 다음날 소녀는 퉁퉁 부은 얼굴에 붕대를 칭칭 감고 있다. 수술 후유증으로 얼굴은 쑤시고 아직 성형된 모습을 보지는 못했지만, 소녀와 엄마는 행복한 기대에 부풀어 있다. 기자가 소녀에게 묻는다.

기자 얼굴 고치면 제일 먼저 하고 싶은 일이 뭐야?
소녀 머얼리 나가 보고 싶어요!
　　　(옆에서 이 말을 듣고 있던 엄마가 무심코 한마디 던진다.)
엄마 이렇게 못나게 너를 태어나게 한 엄마가 밉지?
　　　(어설프고 가녀린 목소리로 답한다.)
소녀 아니야, 누구에게도 잘못은 없어!

철든 딸의 목멘 대답에 갑자기 가슴이 뭉클해진 엄마가 눈시울을 붉힌다. 며칠이 지난 후 드디어 얼굴 붕대를 풀자 소녀의 새로운 얼굴이 드러났다. 괴물은 아니지만, 썩 보기 좋은 얼굴은 아니다. 엄마와 소녀는 그래도 이 정도만으로도 사람들이 질겁하거나 외면하지는 않으리라 안심한 듯하다.

그로부터 일주일 후에 기자는 길거리에서 소녀를 만났다. 이 프로그램의 종결과 하이라이트는 바로 그 순간 카메라에 잡힌 '소녀의 눈빛'이다. 소녀의 눈에는 도무지 '희망'이라는 빛이 보이지 않는다. 그녀는 사람들에게 놀림도 관심도 받지 않는, 조금 못났을 뿐인 존재지만, 두 눈은 공허와 암울함으로 덮여 있다. 도대체 어떻게 불과 일주일 만에 이런 사태가 발생하게 된 것일까?

소녀는 추한 얼굴과 극빈한 생활환경으로 인해 엄마와 TV와 동화책 이외의 외부 대상과는 관계가 단절된 채 지내 왔다. 그 때문에 외부 대상에 대한 다양한 수용 및 동일시, 통합 과정을 거쳐 자아를 발달시킬 기회가 극히 제한되어 있었다. 그리고 이미 사춘기에 접어든 소녀의 왕성한 성욕동은 관심을 쏟을 외부 대상을 만나지 못한 채 오랫동안 억압되었다. 그 결과로 그녀의 이드는 오직 환상과 공상을 통해 대리 분출되는 것이 고작이었다. 환상의 내용은 주로 TV나 책에서 보아 온 여러 대상들과 기분 좋은 관계를 맺는 것이었다. 이런 환상을 품고 있던 소녀가 우연히 무료 성형 수술이라는 따스하고 거대한 '현실 관계'에 직면하게 된 것이다. 이제 그녀는 자신의 주관적 환상 세계를 벗어나, 외부 세계로 '멀리' 나아가 다양한 대상관계 체험을 할 수 있을지 모른다는 희망에 부푼다. 그리고 기형이 반쯤 해소된 얼굴을 하고 외부 세계에 뛰어들었다. 그런데 외부 대상과의 관계는 그녀가 원하던 그런 느낌으로 충만한 것이 결코 아니었다. 그 누구도 가난하고 초라하며 무지하고 못생긴 그녀에게 온전한 관심을 기울이지 않았다. 그녀의 자아는 급작스럽게 밀려드는 고통스러운 자극에 당황하며, 그 같은 상황에 어떻게 대처해야 할지 갈피를 잡지 못했을 것이다. 자신이 품어 온 이 세상에 대한 기대가 '환상'에 불과했다는 사실을 '직면'하는 순간, 그녀는 물질적, 정신적으로 더 이상 돌아갈 안식처가 없는 신세가 되고 말았다. 딸이 성형 수술을 받았다는 안도감에 엄마는 죄책감을 털고 그녀 곁을 떠나갔다. 이젠 엄마와 오붓하게 지낼 공간마저 존재하지 않는다. 좋은 자극을 주는 사람이나 편안한 생활환경은 곁에 없다. '삶'에 대한 환상과 희망도 다 깨져 버렸다. 이런 뜻밖의 고통과 불안 속에서 그녀의 정신은 불과 일주일 만에 초점을 잃고는 우울에 빠지고 말았다. 그녀는 이제 자신을 위해 17년간을 희생한 엄마에 대한 죄책감과 원망, 자신을 무가치하게 바라보는 세상의 시선에 함몰되어 자신의 존재 의의를 발견하지 못한다. 살 수도, 죽을 수도 없는 상태에서 그녀의 자아는 생존을 위해 새로운 환상과 강력한 방어 장치를 모색해야 할 것이다. 그리고 그 후유증으로 앓게 될 신경증의 부담을 혼자서 끙끙 짊어지고 살아갈 것이다. 그것도 자신이 '본래 결함이 있는' 존재라서 그렇게 된 것이라고 스스로 자책하며, '못난 정신질환자'라는 세인들의 따가운 눈초리까지 감당해야 하는 삶을 살게 될 것이다. 다시 한번 소녀의 말을 음미해 보자.

"머얼리 나가 보고 싶어요!", "아니야, 그 누구에게도 잘못은 없어!"

4. 초자아

초자아는 삶의 목표, 양심, 금지 명령, 죄책감 등의 정신 현상을 유발하는 가장 '인간적'이고 문화적인 정신 활동이다. 그렇다면 초자아는 어떤 과정을 거쳐 형성되며, 그 특성은 어떠한가?

1) 초자아의 기원

남근기가 끝날 무렵 아이는 불안하기 그지없는 오이디푸스 상황을 벗어나기 위해, 힘센 대상의 요구를 수용하게 된다. 그와 더불어 대상의 성질과 태도는 강력한 동일시를 통해 자아에 내면화된다. 이 최초의 동일시 작용의 결과로 자아에는 새로운 내적 대상 내지 정신 기관이 생성된다. 이 새로운 내적 대상 내지 정신 기관은 외부의 인격이 아이에게 행사했던 기능을 내면에서 지속적으로 수행한다. 초자아는 특히 본능 욕구의 자유로운 표출을 금지하던 '아버지의 이마고'를 대변한다.

2) 초자아의 특성

유년기 부모 이마고

초자아는 자아의 최초 동일시 작용으로 정신 내부에 형성된 침전물이다. 일생 동안 진행되는 동일시 활동들 가운데 '최초의 동일시'는 자아 내부에서 특별한 실체로 기능한다. 성차이를 지각한 이후 처음으로 특정 대상에게 성욕동을 집중시킨 '아이의 첫사랑'은 그(녀)의 인생을 통틀어 가장 강력한 것이다. 그러나 불가항력적인 외부 압력과 거세불안 때문에 아이는 그 대상에 대한 욕구를 포기할 수밖에 없다. 이때 기존의 대상이 제공하던 만족을 대리 보상해 줄 것으로 기대되는 새로운 대상을 향한 동일시는 매우 강력한 것이다. 그리고 이를 통해 형성된 새로운 내적 대상이 기존 정신에 미치는 영향 역시 엄청나다. 성욕동이 왕성한 남근기에 이루어진 새로운 욕망 대상에 대한 최초 동일시의 여파는, 기존 정신 조직을 변화시켜 평생 지속되는 이마고를 남긴다. 나중에 자아가 충분히 강해지면 최초로 동일시한 내적 대상의 영향에 대해 자아는 저항할 수도 있다. 그러나 성숙한 자아라 할지라도, 초자아의 지배를 벗어날 수는 없다. 부모의 요구를 아이가 거부하기 힘든 것처럼 자아는 초자아의 지상 명령에 강박적으로 복종한다.

정신 내면의 관찰자인 초자아는 자아에 대해 항상 명령하고 지시하는 '상급 기관'의 역할을 한다. 부모가 아이를 대하는 것처럼 초자아는 자아에게 행동 방향을 제시하고 명령하며, 상벌을 내리는 재판관 기능을 한다. 그리고 자아는 내면의 부모에 해당하는 초자아의 지시와 명령을 고분고분 따름으로써, 사랑받고 인정받는 아이가 되고자 한다.

내면에서 들려 오는 칭찬하거나 비난하는 목소리와, "……해야만 한다!"라고 명령하는 목소리 역시 초자아에서 기인한다. 초자아는 자아가 나아가야 할 삶의 방향을 제시하는 '자아 이상(理想)' 내지 완전성의 모델이다. '자아 이상'이란 곧 무기력하고 미성숙한 아이의 자아가 앞으로 되고 싶은 전능한 아버지(어머니)의 모습을 지칭한다. 생존을 위해 양육자에게 의존할 수밖에 없으며 작은 몸과 미성숙한 자아를 지닌 아동의 눈에 비친 부모는 '거대한 존재'다. 아이에게 부모는 자신의 욕망을 충족시켜 줄 수도 좌절시킬 수도 있는 전지전능한 힘을 지닌 존재다. 자아의 목적과 기쁨은 바로 이런 '어릴 적 부모'를 대리하는 초자아에게서 영원히 사랑받을 만한 존재로 인정받고 칭찬받는 것이다. 이를 위해 사람들은 사회적으로 성공한 권력자가 되려고 그토록 부단히 버둥대는 것이다.

"아빠! 엄마! 저 이 정도면 인정받을 만하지요! 더 이상 절 외면하시진 않겠지요! 절 사랑한다고 확실히 말해 주세요!"

이중성

오이디푸스 욕구를 지속적으로 제압할 수 있는 힘은 초자아로부터 나온다. 오이디푸스 욕구는 매우 강렬한 것이다. 그리고 그것을 온전히 억압하느냐의 여부는 개인이 '사회적 존재'로 성장할 수 있느냐 없느냐를 결정하는 절대적 과제다. 이런 위급 상황에서 미성숙한 아동의 자아는 혼자 힘만으론 이 사태를 해결할 수 없다. 그래서 이를 처리하기 위한 힘을 아버지로부터 빌려 온다. 즉, 아버지를 동일시하여 '내적 대상' 내지 초자아로 만듦으로써 오이디푸스 욕구의 억압을 지속적으로 수행하기 위한 요새를 구축하는 것이다. 이처럼 초자아의 발생은 오이디푸스 콤플렉스라는 위기 상황에서 기인한다. 따라서 초자아의 첫째 임무는 오이디푸스 콤플렉스를 지속적으로 억압하는 것이다.

그런데 바로 이 때문에 초자아는 두 개의 서로 다른 목소리를 내게 된다. 초자아는 남근기 자아의 대상 선택과 동일시의 결과물인 동시에, 그런 동일시에 대해 강력한 '반동'을 형성한다. 예를 들어 초자아는 자아에 대해 다음과 같은 모순되는 명령을 내린다.

"네 생각과 행동은 아버지와 같아야 된다!"

"네가 아버지와 똑같을 필요는 없어!"

나중의 말은 "너는 아버지가 하는 것을 모두 다 따라하지 않아도 돼. '어떤 행동'은 그만의 특권이니까."라는 예외적 금지 조항을 내포한다. 가령 엄마를 향한 아버지의 성욕망과 성행위는 아버지만의 특권이기에, 아이가 동일시해선 안 되는 부분이다. 이러한 이중성 때문에 어른의 말을 철석같이 믿고 따르던 순박한 개인은 종종 정신적 혼란에 직면하게 된다.

"어른들은 도덕이 불변하는 보편 규칙이라고 말하면서, 왜 어떤 때는 이랬다저랬다 하는 거지? 왜 자꾸 자신은 예외로 남겨 두고, 나한테만 힘든 요구를 하는 거지? 골치 아파! 믿을 수 없어!"

초자아의 이중적 목소리로 인한 도덕적 가치판단의 혼란은 논리적으로 따져서 해결할 수 있는 것이 아니다. 여기엔 오이디푸스 욕구와 연관된 개인의 심리적 문제가 얽혀 있다. 따라서 이들 윤리적 문제를 온전하게 이해하고 해결하기 위해서는 정신분석학적 인식이 필요하다.

초자아와 이드의 관계

자아는 초자아를 '자아 이상'으로 삼아 오이디푸스 욕구를 억압한다. 그런데 초자아의 강력한 에너지는 이드로부터 제공된다. 이드의 본능욕동들 속에는 인류가 쌓아 온 강렬한 경험들이 유전 형질로 담겨 있다. 이 유전자 정보와 본능 에너지는 초자아에 유입되어 '자아 이상'의 모습으로 자아에 전달된다. 즉, 이드 속에 저장되어 있는 지난 시대의 경험들은 초자아를 거쳐 자아에 전달된다. 이로써 정신적 삶의 가장 낮은 차원에 속했던 이드는, 이상(理想) 형성 과정에 참여함으로써 인간 정신의 가장 높은 차원에 위치하는 무엇으로 변환된다. 그렇다면 인류의 가장 고귀한 문화적 결실인 초자아는 인류 자신이 경멸해 온 본능욕동으로부터 생성된 것이다.

부모의 엄격한 도덕 교육만으로는 이드와 자아로부터 '자아 이상'과 양심이 태어나지 않는다. 아이가 부모를 '동일시'하는 근본 이유는, 부모로부터 받았거나 받을 것으로 기대되는 사랑과 기쁨을 매우 소중한 것으로 느끼기 때문이다. 이 느낌이 소중하기에 '부모로부터 버림받는 거세 환상'이 아이에게 그토록 끔찍하게 다가오는 것이다. 이 사랑을 계속 유지하기 위해 아이는 새로운 권위 대상의 특성을 그토록 강력하게 동일시하는 것이다. 그리고 '내면화된 대상'에게 잘 보이기 위해 외부로 분출되지 못하고 축적된 이드의 공격 에너지는 초자아에게 전적으로 위임된다.

초자아 강박의 근원

오이디푸스 콤플렉스가 강하고 그에 대한 억압이 이른 시기에 일어날수록, 자아에 대한 초자아의 지배는 더욱 엄격해진다. 이 지배력은 양심이나 죄책감의 형태로 발현된다. 그리고 초자아의 자아 지배력이 강해질수록, 정신은 강박성을 띠게 된다. 엄격한 초자아는 자아에게 '지상 명령'을 내리며, 자아가 그 명령을 온전히 따르지 못할 경우 혹독한 죄책감을 느끼게 만든다. 초자아가 이토록 강한 힘을 지니게 된 데에는 생물학적 요인과 경험적 요인이 작용한다. 즉, 유년기에 타인에게 의존하여 무력하게 지내는 기간이 너무 길다는 점과 오이디푸스 콤플렉스 때문이다.

특정 대상에게 너무도 오랜 기간 절대적으로 의존하다 보면, 그 대상으로부터 떨어져 나와 독립하는 데 어려움을 겪는다. 따라서 '사회적 적응'을 위한 엄마와의 운명적인 분리 과정에서, 새로운 대상의 힘과 특성을 흡수하여 난관을 극복하는 도움을 받으려는 욕망은 필연적이고 필사적인 것이다. 오랜 기간 안전하게 돌봐 주며 아이의 '대리 자아' 역할을 한 부모를 내면에 정착시킬 때, 아이는 비로소 안심하고 다른 외부 대상들과 관계를 맺을 수 있게 된다. 이처럼 규범 습득을 요구하는 외부 대상을 정신 내부에 정착시키는 초자아의 발생은 인류의 정신사에서 가장 독특하고 중요한 사건이다.

그러나 초자아는 태생부터 모종의 문제를 안고 있다. 개인의 자아는 너무도 이른 시기에, 단기간 내에 사회적 규범들을 내면화하라는 강제적 요구를 받는다. 초자아는 이런 벅찬 부담 속에서 정신 내면에 생성된 것이기에, 자아 발달에 좋은 영향을 주는 동시에 종종 심각한 방해물이 된다.

3) 초자아의 기능

초자아의 긍정적 기능

초자아는 자아에게 '자아 이상'을 제공함으로써, 자아 발달의 촉매제 역할을 한다. 자아 이상에는 유년기 부모의 이미지와 더불어 부모에게 영향을 준 문화적 관점들이 담겨 있다. 따라서 초자아는 전통적 가치 관점을 자아에게 전달하는 기능을 내포한다.

초자아는 또한 '도덕원칙'에 따라 자아에게 금지 명령을 내린다. 이는 주로 쾌락원칙, 오이디푸스 욕구, 퇴행적 향락 욕구를 포기하라는 요구다. 이 요구는 자아가 사회적 현실에 적응하기 위한 필수 조건이다.

초자아는 또한 '유년 시절 아버지의 권위'를 재현한다. 이 권위로 유아 성욕을 반복해서 탐닉하려는 퇴행 욕구가 억압되며, 아이는 '사회화된 욕망'에 관심을 쏟도록 격려받는다. 자아의 욕망 방향을 안내하는 데 이 격려의 힘이 딸릴 경우에는 강력한 거세 위협을 동원하기도 한다.

초자아는 원초적 공격성에 대항하는 심리적 힘이기도 하다. 인간의 공격성은 너무도 강력하기에 자아만으로는 통제하기 어렵다. 잔혹한 전쟁, 만성적 착취, 증오심 등은 정신의 일상 리듬을 깨뜨리며 요동친다. 따라서 무시무시한 힘을 지닌 초자아의 도움을 받아야 어느 정도의 통제와 대항이 가능하다.

초자아의 부정적 기능

초자아는 융통성이 부족해서 현실 환경과 자아의 현 상태를 고려하지 못한다. 초자아는 자아에게 오직 '승화'만을 요구한다. 이 때문에 자아가 감당할 수 있는 능력에 비해 초자아의 이상적 요구가 너무 강할 경우, 정신의 평형이 위협받게 된다. 그 결과 자아는 초자아의 혹독한 비난을 피하기 위해 병리적 방어 기제를 작동시키거나 자학적 자기 처벌을 가하게 된다.

초자아는 유년기 부모의 내적 대변체이므로 초자아의 요구는 과거 대상의 시선과 요구에 고착되어 있다. 이 결과로 초자아는 자아가 주체적으로 현실을 판단, 평가하는 데 방해가 되곤 한다. 고유하고 주체적인 것이라고 착각했던 자아의 가치 관점은, 실제로는 내면화된 과거 대상의 가치 관점에 불과했던 것으로 드러난다. 또한 도덕적 '정언명령' 들의 정체는 오이디푸스기에 거부할 수 없었던 '아버지의 말씀' 이 갖는 절대적인 힘을 상징한다.

자아로 하여금 이드를 억압하게 명령하던 초자아는 역설적이게도 이드를 대변하기도 한다. 초자아는 이드로부터 활동 에너지를 공급받으며, 이드의 조직 일부와 연결되어 있기도 하다. 그로 인해 이드의 성욕동과 파괴적 죽음 본능은 고귀한 자아 이상을 표방하는 초자아의 이면에서 자신의 욕구를 교묘하게 관철시킨다. 예를 들어 법과 도덕의 이름을 내건 잔혹한 공격 행위들은 이드에 휘둘리는 초자아의 또 다른 모습이다. 정신 내면의 좋은 요소들을 무제약적으로 파괴하는 우울증 상태에서 초자아는 죽음 본능을 위한 일종의 집합소 역할을 한다.

4) 죄책감의 기원과 특성

자신에게 결코 행복을 허용하지 않고 스스로 파국을 향해 치닫는 자들이 있다. 그들은 "나는 그런 행복을 누릴 만한 가치가 없는 인물이야."라는 생각을 떨치지 못한다. 이처럼 자신을 혹독하게 다루어 주기를 기대하는 운명은, '가혹한 초자아' 작용의 부산물이다. 그리고 가혹한 초자아는 우리가 어린 시절에 만났던 '처벌하는 부모 이미지의 잔재' 이다.……

   가혹한 초자아를 지닌 개인은 그가 모종의 성공을 거두고 만족을 느낄 때마다 자동적으로 어떤 죄의식이 부착된다.……이런 현상의 이면에는 "아버지를 앞지르는 것은 금지된 사항이야!"라는 잠재의식이 깔려 있다.[35]

죄책감이란 초자아에 대한 자아의 불안을 의미한다. 즉, 죄책감은 내면화된 대상에 대한 (유아적) 불안이다. 외부 대상에게서 '외적인 처벌'을 당할까 봐 두려워하는 것은 죄책감 이전 단계의 본능적 불안이다. 이에 비해 죄책감은 내적 대상으로부터 '내적인 처벌'을 당할까 봐 두려워하는 감정이다. 가령 성욕동과 공격욕동은 외부로 분출되지 못할 경우, 환상이나 몽상 혹은 꿈을 통해 대리 분출된다. 그런데 자아는 나중에 이런 공격적이고 성적인 환상이 내면의 관찰자인 초자아에게 발각되어 벌을 받을 거라는 불안을 갖게 된다. 여기서 우리가 주목할 점은 죄책감을 지닌 사람은 초자아의 내적 처벌을 마치 현실에서 일어나는 위협처럼 생생히 느낀다는 데 있다.

   외부로 발산되지 못한 채 내향화된 이드의 공격 에너지는 상당 부분 초자아에 위임된다. 초자아는 자아가 '자아 이상'을 위반하는 생각이나 행동을 할 경우, 자아를 향해 이 공격 에너지를 가혹하게 분출한다. 그 결과로 자아는 마땅히 해야 할 일을 다하지 못했다는 비난의 목소리와 죄책감에 시달리게 된다.

   "으! 아빠, 엄마. 잘못했어요. 제발 저를 '거세' 하지 마세요! 절 버리지 마세요!"

   죄책감은 주로 억압된 오이디푸스 욕구가 현실의 촉발적 자극과 결합하여 의식에로 치솟아 오이디푸스적 행동이나 환상을 가질 경

---

35) 「아크로폴리스에서 일어난 기억의 혼란」.

우에 발생한다. 초자아가 자아 내부에 스며든 이런 생각이나 환상 또는 행동을 결코 용납하지 않고 강하게 질책하기 때문이다. 도덕 규범을 벗어나려는 욕망이 과도할 경우에도, 자동적으로 초자아의 문책이 가해져 죄책감이 발생한다.

프로이트는 말년에 죄책감이 죽음 본능의 기호라는 점에 주목한다. 자기 처벌 욕구와 강한 죄책감에 시달리게 만드는 반복강박은 어디에서 오는가? 이 의문에 대해 그는 죄책감이 '죽음을 향한 기대감'을 은폐하고 차단하는 역할을 수행한다고 해석한다. 죄책감과 그 결과 발생하는 자기 처벌적 증상 및 행동의 반복은, 새로운 통합을 이룩하려는 에로스 활동에 대립한다. 죄책감은 외부 지향적인 성취 욕구와 쾌락 욕구를 해체시킨다. 그 결과 개인은 무기력하고 불감증적인 심리 상태에 처하게 된다. 그런데 죄책감이 심한 사람은 자신을 끊임없이 고통스러운 상태로 몰아넣음으로써, 더 심각한 사태에 직면하는 것을 방어하는 것일 수도 있다. 그 사태란 도대체 무엇일까? 프로이트는 과거에 이것을 오이디푸스기의 거세공포가 엄습하는 사태일 것이라고 해석했다. 그런데 죽음 본능에 주목한 이후부터는 죄책감과 자기 처벌 활동을 삶의 욕망을 해체하는 죽음 본능의 기호로 해석한다. 아울러 죄책감과 그 증상 및 사회적 실패를 통한 자기처벌 활동은 틈만 나면 무자극 상태로 돌아가려는 죽음욕동을 차단하는 긍정적 기능을 하기도 한다.

죄책감이 너무 클 경우, 자아의 온전한 현실 인식과 전인적 관계 맺기는 불가능하다. 죄책감에 강박적으로 휘둘리는 사람은, 자신이 다스리지 못하는 힘에 자아가 좌우되는 일종의 유아 상태 내지 노예 상태에 있는 것과 마찬가지다. 죄책감은 또한 정신분석 작업에 대한 '부정적 치료 반응'과 사회적 성공의 방해, 쾌락에 대한 불감

중, 인식 기능과 관계 기능의 마비 등의 부정적 결과를 낳기도 한다. 그러나 한편 죄책감은 유아적 쾌락을 향한 퇴행적 성욕구를 차단시키고, 개인이 '사회적 존재' 로 발달하는 것을 돕는다는 점에서 긍정적인 기능을 한다.

5) 초자아의 다양한 얼굴

초자아는 그것을 형성하고 유지하는 원인이 되는 힘들의 특성을 다중적으로 내포하고 있다. 초자아는 '유년기 부모' 의 특성을 비롯하여, 개인의 성장 과정에서 강한 영향을 미쳐 동일시된 권위 있는 외부 대상들의 특성들로 구성되어 있다. 아울러 초자아는 때로 정신 작용의 에너지원인 이드의 성질과 요구를 대변하기도 한다. 이드의 성 에너지와 공격 에너지는 초자아에 유입되어, 교묘하게 초자아 활동에 영향을 미친다. 예를 들어 미국과 이집트, 이스라엘과 팔레스타인 사이에 오가는 치열한 타자 비난 언어들을 보라. 거기엔 '도덕의 이름' 을 가장한 잔인한 공격적 목소리들이 난무한다. 그들은 자신의 말과 행동과 정서가 어떤 내적 힘에 의해 형성된 것인지 좀처럼 자각하지 못한다. 그 까닭은, 초자아의 명령이 한결같이 거룩한 도덕의 얼굴과 목소리를 표방하고 있기 때문이다. 그런데 이들의 강박적인 초자아의 배후에는 이질적 문화와 낯선 생명체들을 파괴하고자 하는 죽음 본능이 역동하고 있다. 또는 사랑이 아닌 권력으로 아이를 학대하던 무시무시한 아버지나 증오스러운 선생들, 그리고 유아의 욕구를 외면하거나 일일이 침범하며 괴롭히던 '나쁜 엄마' 의 환상이 작동하고 있다.

이처럼 초자아에는 다양한 외부 대상과 내부 욕동의 힘과 성질이 반영되어 있다. 초자아는 표면적으로는 '자아 이상' 의 고귀한 얼굴과 목소리를 취하고 있다. 그러나 그것을 추동시키는 배후의 힘이 어떤 성질의 것이냐에 따라, 초자아는 개체를 파멸로 이끌기도 하고 유익한 길로 안내하기도 한다. 따라서 내면의 명령에 무조건 복종하기보다, 자아의 성찰을 통해 그것의 옥석을 가릴 줄 알아야 한다.

우리는 어떤 기준으로 초자아의 좋고 나쁜 얼굴을 구분할 수 있을까? 프로이트는 신경증자들의 초자아가 유난히 '과도한' 금기를 부과하고 죄책감을 유발하며, 원시인들의 '터부(taboo)' 의식이 지나치게 강박적이라는 점을 주목한다. 신경증자들과 원시인은 강력한 내적 금기 명령에 삶 전체를 휘둘리며 산다. 이들은 금기를 위반할 경우, 죽음의 공포를 느낄 정도의 죄책감에 시달린다. 즉, 그들의 금기 의식은 '절대적 정언명령' 의 특성을 지닌다.

"……해서는 절대로 안 돼! 너는 반드시 ……해야 해! 아니면 끝장이지."

신경증적 초자아는 '과도한 금지 명령' 과 더불어 '지나친 격려' 를 하기도 한다. 심각한 갈등 상황에서 살인과 자살과 중독적 쾌락 행위를 교묘히 조장하는 초자아의 목소리는 결코 자상한 '내적 부모' 에게서 나온 것이 아니다. 그것은 곧 '도덕의 이름' 을 수단 삼아 자신의 목적을 이루려는 죽음 본능의 목소리인 것이다.

"너는 뭐든지 할 수 있어! 어떤 금기도, 심지어 죽음조차 너를 두렵게 하지는 못할 거야! 네가 원한다면 끝까지 즐겨 봐!"

지금까지 살펴본 이드, 자아, 초자아에 대한 지식을 바탕으로 J의 중독증 현상(292쪽의 사건과 증상 참조)을 분석해 보자.

사례 분석　　중독에 빠지는 자의 심리는 어떤 것일까? 역동적 정신 구조론에 의하면 기존에 자신이 이룩해 놓은 창조적이고 생산적인 사회적 관계들을 일시에 해체시키는 행동은 죽음 본능의 기호이다. 보수성과 반복성을 내포한 죽음 본능은 보통 때에는 삶 본능에 은폐되어 있다. 그런데 뜻밖의 촉발 원인에 우연히 자극받거나, 공격성이 오랜 기간 억압되어 자아가 더 이상 감당하기 힘들 경우 갑자기 삶 본능을 뒤엎고 발현된다. 죽음 본능과 그것의 변형태인 파괴욕동 내지 공격성을, J는 자신이 가장 소중하게 보호해 온 (아버지를 대리하는) 친구와 (엄마를 대리하는) 아내를 향해 집요하게 분출하였다. 생사고락을 함께할 만큼 친밀한 관계가 유지되던 상황에서는 도저히 상상도 못했던 뜻밖의 행동이 J의 이드(원본능)로부터 계속 분출되어 나온다. J의 강력한 파괴욕동 속에서 그토록 여유 있고 배려 깊던 그의 품성은 찾을 수 없다. 이 파괴욕동은 직접적인 폭력이 아닌 거짓말과 사기라는 간접적인(변형된) 공격의 양태로 표출된다. 가령 아내를 향해서는 채권자를 통한 대리 폭력의 양태로 간접적으로 공격성을 분출한다. 그의 이드는 말한다.

"야, 이 X 같은 세상아(아버지야). 나는 당신이 내게 준 생명을 그대로 충실히 사용하고 있을 뿐이야. 세상의 속박을 벗어던지는 순간 나는 당신을 가장 생생히 느껴! 날 '버리고' 떠난 인간아! 내가 너를 좋아하는 줄만 알았지? 천만에. '너'에게 철저히 보복할 거야. 난 말 한마디(사기)로 당신(아버지 대리체로서의 친구) 인생을 이처럼 단숨에 파멸시킬 수도 있어……."

"엄마, 당신은 날 버리고 다른 남자를 택했지. 성교해서 애까지 낳고. 이 더러운 여자야. 당신이 불쌍하고 좋은 사람이란 걸 알아! 하지만 결코 용서할 순 없어. 앞으로 당신이 원하는 대로 살지 않을 거야. 날 파괴해서라도 당신에게 복수하고 말 거야. 다 깨부수고 싶어……."

초자아는 J의 정신 내부에서 어떤 기능을 했을까? J의 모친과 양아버지는 모두 모범적인 시민이자 착한 분들이었다. 그들은 어린 J가 앞으로 세상을 올바르게 살아가기를 진심으로 원했고, J 역시 그 마음을 느낄 수 있었기에 그의 내부 한편에는 온유한 초자아가 형성되었다. 그 결과로 그는 신문 기자 시절에 재능은 타고났으나 그것을 뒷받침해 줄 만한 환경을 만나지 못해 안타까워하는 사람들의 처지를 종종 보도했다. 그런데 다른 한편으로는 '따귀'를 맞은 6세 때 억압된 공격성과 성욕동이 초자아에 위임되어, 사춘기 이후 힘든 상황에 처할 때마다 묘한 형태로 분출된다. 가령 그는 대학 시절부터 여성들에게 집착하다가 상대에게 상처를 주는 행동을 반복한다. 그리고 연약한 아내(대리 엄마)를 향해 (마치 뭔가를 보복하는 듯) 공격성을 한없이 분출한다. 급기야 그의 초자아는 자아에게 모든 현실 관계를 파괴하라는 명령을 내리고 만다.

"J야. 너는 이미 사회적으로 인정을 받은 대단한 인간이란다. 이제 넌 '네가 하고 싶은' 일을 할 만한 자격이 있어……. 모든 걸 마음껏 즐길 수 있고, '가치 없는 것'들은 철저히 파괴할 수도 있어……."

얼핏 보면 J의 존재 위상을 높이는 듯한 이 초자아의 과격하면서도 유혹적인 목소리는 사실, 자식을 걱정하는 내면화된 부모의 목소리가 아니다. 이 무의식의 소리는 공격욕동과 성욕동이 초자아에 섞여들어 발생한 '혹독한 초자아' 내지 '본능적 초자아'의 표상이다.

자아의 제1기능은 현실 세계 속에서 개체가 안전하게 보전되도록 하는 데 있다. 그렇다면 J의 인생이 그토록 엉망진창이 되기까지 그의 자아는 도대체 어떤 역할을 했는가? 무릇 모든 정신질환과 증상은 자아가 개체를 보호하기 위해 특정한 방어 기제를 사용한 후 유증으로 발생된다. 즉, 증상이란 최악의 사태로부터 개체를 보호하기 위해 자아가 선택한 차선책 내지 다른 정신 내적 힘들과의 타협적 결과물이다. J의 유년기 상처가 대학 시절 연애의 실패와 결합되는 그 순간부터, 그의 자아는 온전히 기능하기 힘든 상황이었다. '두 번의 유사 상처'로 인해 그는 더 이상 여성 일반에 대해 온전한 애정 욕망을 품을 수 없는 병리적 증상에 빠지게 되었다. 출세하여 누군가에게 잘 보이고 인정받고 사랑받고 싶은 대상이 없었기에, 그는 더 이상 뚜렷한 사회적 목표를 지닐 수 없었다. 뭔가를 베풀 수 있는 힘을 지녔던 유년기 부모를 대리하는 '돈 있는 자'들에게 거짓말을 해 돈을 빌려 도박에 날리고 쫓기는 신세가 되는 것은 결코 수치스러운 행동으로 느껴지지 않는다. 오히려 그토록 해 보고 싶었지만 두려워 억압했던 무의식의 욕구를 죽기 전에 분출하는 자기 치료적인 진짜 인생처럼 느낀다.

"애걸해서 빌린 돈을 도박에서 다 잃고 잘 곳도 먹을 것도 없이 공원 벤치에서 지내다가, 소주를 마시고 홀로 누워 추위에 떠는데…… . '이런 게 인생이다!'라는 묘한 쾌감이 들더군…… . 뭔가 '진짜' 같은 느낌…… ."

그의 도박 중독은 오랫동안 억압했던 파괴욕동에 일시에 함몰되어 정신이 총체적으로 붕괴될지 모른다는 불안으로부터 자신을 방어하려는 자아의 타협적 산물로 해석할 수 있다. 또는 초자아의 혹독한 비난을 두려워한 나머지 스스로 (사기를 치는) 범죄를 저질러 자신을 사회적으로 거세된 비참한 존재로 전락시킴으로써, 더 이상의 초자아 비난을 모면하려는 방어 행동일 수 있다.

11
정신분석학이
현대 사상에 미친 영향

1. 철학자와의 대화

철학자의 특성 중 하나는 어떤 주장의 숨겨진 전제를 찾아내어, 그것의 확실성이나 문제점이 드러날 때까지 예리한 물음을 던지는 것이다. 그렇다면 프로이트의 이론에 대해 철학자는 어떠한 태도를 취할 것인가? 프로이트의 핵심 주장 중 하나를 예로 들어 보자. "인간은 타고난 성욕동 발달 과정을 지니며, 그 과정의 온전한 성취/실패는 인격의 성숙/퇴행에 중대한 영향을 미친다." 철학자는 논리적 반성을 통해 이 주장의 배후에서 다음 전제들을 발견해 낼 것이다.

"복잡해 보이는 인간의 제반 정신 현상들은, '심리적 조건' 들에 근거해 설명할 수 있다."
"인간은 그것으로부터 모든 활동들과 정신 현상들이 발생하는 고유한 본능욕동들을 지닌다."

"성욕동은 핵심 욕동이며, 성욕동의 충족/좌절은 정신과 정서의 '발달' 에 필연적 영향을 미친다."

"아이의 정신 상태에 머무는 것보다 어른의 상태로 변화하는 것이 더 가치 있는 삶이다."

단순해 보이던 한 주장의 타당성이, 검증을 요하는 이토록 많은 전제들에 '의존' 해 있음을 드러낸 후, 철학자는 다음과 같은 물음을 던질 것이다.

대화 1

철학자 : 프로이트씨, 이 전제들 각각이 과연 "모든 인간에게 타당한 사실" 인가요?

프로이트 : 오랜 기간 자기분석을 해 온 나 자신과 내가 정신분석한 내담자들, 그리고 나와 삼 십 여 년간 세계정신분석학회를 설립하여 함께 활동해 온 정신분석가들과 그들의 내담자들 경우에선 검증된 사실이었다고 말할 수 있습니다.

철학자 : 세상에는 당신이 만나지 못했던 더 많은 사람들이 있었을 텐데, 당신의 이론이 그들에게도 보편타당한 것이라고 확신할 수 있는가요? 그리고 과연 전 세계 정신분석가들이 당신이 믿고 있는 대로 정신분석 과정에서 당신의 이론이 절대적으로 타당한 것이었다고 확신하고 있을까요? 겉으로 드러내지 않은 속마음을 어떻게 검증할 수 있는 거죠? 당신의 시대에서도 측근들이 정신분석 이론에 이의를 제기하고 계속 떠나지 않았나요?

프로이트 : 저의 모든 개념들은 기본적으로 '무의식' 을 설명하기 위해 구성된 것입니다. 무의식의 내용과 활동은 의식과 달리 직접적으로 관찰되거나 명료하게 정의될 수 없는 것입니다. 그러나 적어도 정신분석과 꿈해석을 행할 수 있는 '전이 신경증' 자와 일반 사람들의 무의식에 대해서, 성욕동 이론의 타당성을 드러낼 많은 임상 자료들을

제시할 수 있습니다.

철학자 : 인간의 가장 근본 본능이 성본능인가요?

프로이트 : 성본능 하나만 강조하진 않았습니다. 인간의 본능은 항상 이원적입니다. 나는 항상 서로 대립되면서도 상호 의존관계를 맺고 있는 자기보존본능과 성본능을 함께 언급해 왔고, 말년엔 삶 본능과 죽음 본능의 상호 관계에 의거해 정신 현상들을 설명하려 노력했습니다. 성본능이 정신 발달에 미치는 영향을 유난히 많이 언급한 것은, 그것이 지나치게 억압되어 왔고, 그것에 대한 연구가 학자들에게 외면되고 미개척되었기 때문입니다. 학자들은 유독 '무의식적 욕망' 문제에 대해선 세세히 파고들지 못하더군요.

철학자 : 인간은 다양한 것을 추구할 수 있습니다. 개인마다 일차적 관심이 다를 수도 있고요. 성욕동이나 사랑 감정보다 더 중요한 무엇이 있기 때문에 거기에 신경 쓰지 않아 온 것일 수도 있지요. 가령 인간이 동물과 다른 본질은 본능과 감정에 대한 집착에서 벗어나, 정신의 고양과 특별한 의미를 끊임없이 추구하는 것이라고 볼 수도 있지요.

프로이트 : 적어도 내가 살던 19세기와 20세기 초반의 유럽에서는 성욕동이 보편적으로 가장 심하게 억압되어 왔기에 무의식에서 지속적 영향을 미쳤던 것이 분명합니다. 문화가 바뀌어 성욕동이 주요 억압 대상에서 제외될 경우, 일차적 관심이 다른 무엇이 될 수도 있지요. 그러나 그 경우에조차 그(녀)의 활동은 성에너지로부터 '전환' 된 것으로 보아야 합니다.

철학자 : 끝까지 '성본능' 이라는 특정 개념으로 인간의 모든 활동과 현상들을 설명하려 하는군요.

프로이트 : 명칭이 어떻게 바뀌든 상관없습니다. 그렇지만 인간이 '쾌락을 추구하고 고통을 피하고 싶어하는 존재' 인 한, '성' 은 인간이 외면할 수 없는 본질적 개념일 수밖에 없습니다.

철학자 : 도대체 어떤 인간적 '본능' 이 있다는 걸 미리 설정해 놓고, 그것에 근거해 복잡다단한 정신 현상들을 단순화해 설명하려는 것 자체가, 과도한 환원주의 아닌가요? 보통 사람들이 왜 정신분석 개념들

을 굳이 머리 속에 집어넣고서, 그것에 근거해 자신과 타인들의 삶을 해석해야 하는 건가요?

프로이트 : 어떤 욕구나 불안에 반복해서 휘둘리는 고통스런 상태를 벗어나 주체적으로 살고 싶어하는 사람들에게 정신분석 개념이 모종의 도움을 주기 때문입니다. 행복하게 잘 살고 있는 자들에게, 굳이 정신분석 공부를 권유하고 싶진 않습니다. 그러나 자기 자신의 무의식을 전혀 모르면서, 마치 인간 내면에 대해 뭔가를 알고 있는 사람인 양 무게 있는 말을 하기는 곤란할 겁니다.

철학자 : 현대 정신분석 입장들은 '자기 욕구' 나 '관계 욕구' 가 근원적인 것이고, 본능욕동들은 부차적인 것으로 해석합니다. 인생 초기의 '엄마-유아' 관계가 온전치 못해 '자기' 가 취약해진 경우에 이를 보충하여 불안을 달래기 위한 수단으로 본능욕동에 매달리게 된다고 보지요. 묘하게도 전통 철학들이 본능을 해석해 온 시각과 매우 유사하더군요.

프로이트 : 나는 자아의 형성 및 발달 과정이 성욕동의 발달 과정과 어떤 연관이 있는지를 주목한 선구자입니다. 현대의 정신분석학자들은 유아의 '자기' 가 온전히 형성되기 위해 필요한 조건으로 엄마가 유아에게 제공해야 할 몇 가지 본질적 '관계' 가 있음을 강조합니다. 그런데 인간의 본능욕동은 '생리-심리적 이중성' 을 지니며, 심리적 특성에는 이미 애정 대상과의 관계 욕구가 내포되어 있는데, 그들은 내 이론이 마치 생리적 본능의 충족/좌절만을 강조한 것인 양 왜곡하는군요. 나의 역동적 정신구조론은 여러 유형의 '대상' '관계' 속에서 내부의 정신 조직들이 어떻게 형성-발달되는가에 대한 이론입니다. 또한 오이디푸스 콤플렉스는 바로 '엄마-아이' 사이의 '2자 관계' 에서 '아버지-엄마-나' 사이의 '3자 관계' 로 전환되는 과정에서 발생하는 심리적 갈등을 다룬 것이지요. 내 이론을 잘 들여다보면, 내가 항상 비환원적 '균형' 을 중시해 왔음을 발견하실 겁니다.

나는 정신 발달과 성욕동 발달이 자아와 이드, 의식과 무의식의 관계처럼 상호 밀접한 영향 관계에 놓여 있음을 주목시킨 겁니다. 그러니

‘자기 발달 욕구’ 나 ‘관계 욕구’ 가 마치 성욕동 발달과 무관한 것이거나 전혀 다른 것인 양 주장하는 것은, ‘정신분석’ 을 충분히 이해하지 못했거나 서로 다른 개념들을 통합할 기반이 취약한 모습같이 보이는군요.

철학자 : 하나의 심리적 개념으로 정신 현상들의 본질과 다른 개념들마저 포섭할 수 있는 듯한 환원적 태도를 견지하시는군요.

프로이트 : 나는 실제로 경험한 내용들을 개념화한 것이며, 새로운 경험들에 의해 내 이론이 수정될 수 있다는 걸 부정하지 않습니다. 그렇지만 만약 성욕동 발달론이 부정된다면, 인간의 욕망과 불안, 신경증의 원인을 설명해 온 ‘정신분석’ 의 기둥이 균열될 것입니다.

철학자 : 당신 이론은 성욕동과 정신이 새로운 단계로 ‘발달’ 해 가는 게 바람직하다고 전제하고 있습니다. 그런데 그 전제의 타당성은 정신분석학적으로 어떻게 증명될 수 있습니까?

프로이트 : 어린 시절에 성욕동 발달이 좌절되면 나이 들어서도 여전히 유아적 욕망에 고착됩니다. 그로인해 사회적 관계와 성숙한 애정 관계에 적응하기 힘들어하는 증상을 지닌 자가 신경증자입니다. 나는 그들이 신경증적 고통에서 벗어나길 원하는 것을 수없이 보아 왔지요. 증상을 극복하려면 고착된 성욕동을 해소하여 발달시키고, 성숙된 정신 관점으로 자신의 인생을 재해석할 수 있어야 합니다.

철학자 : 당신은 자신을 과학자라고 생각합니까? 철학자라고 생각합니까?

프로이트 : 나는 내 자신이 ‘과학자’ 라는 데 자부심을 가져 온 사람입니다. 그러나 말년에 가서는 ‘인간’ 에 대한 ‘과학’ 적 설명의 한계를 느껴 욕심을 내어 인문학적 사변을 꾀하기도 했습니다.

철학자 : 과학은 ‘사실’ 들에 대한 가치중립적인 관찰과 분석을 행하는 활동일 텐데, 어떤 과학적 근거로 어떤 유형의 삶이 다른 유형의 삶보다 “더 가치 있다. 더 좋다” 는 말을 할 수 있는 겁니까? 가령 신경증자는 자신의 고통에서 벗어나고자 보통 사람보다 더 절실한 어떤 노력을 하게 되지요. 그 과정에서 보통 사람들이 이룩할 수 없는 문화적

업적들이 성취되곤 하지 않는가요? 그 경우 누가 누구를 덜 '발달' 된 병자라고 규정할 수 있는가요?

프로이트 : 정신과 정서의 어떤 부분이 미발달 상태에 있어 인생을 손해 보고 있다고 '알려주기' 위해 병명을 쓴 것 뿐입니다. 그것이 곧 개인의 전체 인격에 대한 총체적 평가는 아닙니다. 정신분석은 고통의 원인을 이해하고 공감하며 치유하는 학문이지, 결코 개인의 인격을 '평가' 하는 학문이 아닙니다. 정신분석학은 '가치' 의 문제를 종합적으로 다루지 않으며, 과학임을 주장하는 한 가치 문제를 다룰 수 없습니다. 그런데 인간의 정신적 문제는 도덕적 가치를 비롯해 여러 유형의 가치 평가에 얽혀 있다는 걸, 정신분석 과정에서 늘 직면하게 됩니다. 저는 당대 문화의 권위적이고 금욕적인 가치관에 대해 큰 문제의식을 지녀 온 혁신적 사람입니다. 그리고 수많은 요인들로 구성된 인간에 대해 정신분석의 관점과 개념들만 가지고는 '총체적' 인 설명을 제시할 수 없다는 걸 오랜 기간 절감해 왔습니다. 무의식의 학문인 정신분석의 개념들이 의식의 힘을 보강시키는 여러 인문사회과학 개념들과 결합될 경우, 인류의 정신과 정서를 발달시킬 탁월한 결실이 탄생할 것으로 추정됩니다. 다행스럽게도 현대에는 정신분석가와 철학자, 언어학자, 사회과학자들이 상호 대화를 시도하고 있다는 소식도 간간이 들리는군요. 한국에서도 그런가요?

철학자 : …… 당신의 말이 사실이라면, 정신분석은 독단적 거대담론이 아니라, 개방성을 지닌 학문같이 느껴지는군요.

프로이트 : 저는 무의식을 직면하기 두려워하는 '저항' 과 방어 작용으로 '정신분석' 이 사람들에게 온전히 이해받기 어려울 거라고 예상합니다. 생존시에 50여 년 간이나 나는 그 현상을 목격해 왔고 감당해 내야 했지요. 참 고통스러웠습니다! 전통 학문들로부터 '정신분석' 을 독립된 학문으로 분리시키는 데 오랜 기간을 천대받아 왔지요. 그런데 20세기 후반부터 정신분석 담론은 마치 인간의 무의식이 쉽게 이해될 수 있는 것인 양 유혹하는, 이윤 높은 상품으로 변질되고 있군요. 그것들은 손쉽게 교환되는 의식의 '정보' 일 뿐, 결코 '무의식' 에

이르는 뼈저린 실천적 지식인 정신분석이 아닙니다.

'정신분석의 정신'은 고통의 근원이 어디에서 비롯되었는지에 대한 앎의 욕구와 '무의식의 대화' 체험을 통한 정신 발달과 삶의 향유에 있는 것이지, 어떤 권력이나 이익을 챙기는 데 있지 않습니다!

철학자 :……

대화 2

철학자 : 인간이 정신 활동을 통해 이룩해 낸 모든 것들이, 무의식의 심리 메카니즘들로 결국은 '설명'될 수 있다는 정신분석 관점 자체에 여전히 문제가 느껴집니다. '심리적 조건'들과 그것에서 발생된 정신 내용들 사이에 '엄밀한 인과 관계'를 증명할 수 있습니까?

프로이트 : 나는 무의식의 심리 작용들과 본능욕동들을 명료화하면 인간의 모든 정신 현상들이 완벽히 '설명'될 수 있다는 '메타심리학'적 희망을 말년에 버렸습니다. 무엇보다도 정신의 구조적 분열성(의식/무의식) 때문에 심리적 조건들은 결코 낱낱이 해명될 수 없는 것이었어요! 수많은 요인들이 정신의 형성과 발달에 영향을 미치며, 미지의 천재성에서 뛰어난 업적들이 창조되기 때문에, 그것들을 심리적 개념만으로 모두 '설명'할 수 없음을 인정하게 되었지요. 그래서 심리학의 경계를 넘어 문화와 사회제도, 예술과 신화, 인류학적 과거와 인생에 대한 형이상학적 사변들을 시도했습니다.

철학자 : 예술가나 종교가나 철학자는 각각 고유한 관점과 관심을 가지고 '인간 실재'에 관한 해석을 시도합니다. 그런데 예술가, 종교인, 철학자들에 관해 분석해 낸 당신의 글들을 보면, 마치 그들이 어떤 병리적 결함을 지닌 자들로 비칩니다. 무의식의 문제를 솔직히 직면하고 성찰할 능력과 용기가 없어, 안전하게 느껴지는 예술과 종교와 사변세계로 도피한 사람같이 해석하더군요.

프로이트 : 정신분석은 결코 창조적 개성을 지닌 인물들의 가치를 비하하지 않습니다.

철학자 : 철학, 종교, 예술 그리고 여러 학문의 업적들이, 억압된 '심리-

성적(psycho-sexual) 결핍'을 대리 충족하기 위한 과정에서 타협적
으로 생성된 결과물이라고 보지 않았나요?

프로이트 : 독특한 정신적 표상을 인류에게 남긴 인물을 보면 무의식을
대리 분출하고 무의식의 결핍을 대리 충족하려는 과정에서 '창조적
합리성'을 발휘합니다. 이 창조성은 매우 귀중한 것이지요.

모든 사람은 성욕동 발달 과정에서 특유한 상처와 만족을 경험하게
됩니다. 문화에 인상적 자취를 남긴 인물은 그 발달 과정이 특이한 경
우가 많습니다. 그 특이성에 대한 분석이 그들을 깎아내리기 보다 진
지하게 공감하며 이해하려 한 시도로 볼 수는 없는가요?

철학자 : 어떤 사람의 정신성이나 그(녀)의 업적이 정신분석의 관점에서
'분석'되어지는 순간, 그것의 가치가 손상된다는 생각을 해 본 적은
없나요?

프로이트 : 분석으로 무의식이 드러나면 정신성의 가치가 '객관적으로
손상'되나요? 숨기고 싶은 무의식에 휘둘려 살며 더 이상 '발달'하기
를 회피해 온 사람일수록, 무의식이 드러나는 걸 모욕으로 느낍니다.

철학자 : 타인을 분석하는 예리한 '무기'를 당신 자신에게 들이댄다면
어찌 될까요? 가령 당신이 혼신을 기울여 이룩한 '정신분석'이, 어린
시절 좌절된 성욕동을 위장된 방식으로 대리 충족하기 위해 만들어
낸 결과물일 뿐이라고 누군가에게 규정되면, 기분이 어떻겠습니까?
자신보다 힘이 강했던 사람들, 즉 조카와 형들과 아버지 그리고 유대
인이라고 차별했던 자들에게 당한 자존심의 상처를 회복하고 보복하
기 위해, 분석가에게 엄청난 힘과 권위를 느끼게 되는 '정신분석'을
창시한 것이라 한다면, 기분이 어떨까요?

프로이트 : (심란한 표정으로) 그럴 수도 있겠지요. 어떤 부분은 인정합
니다. 그러나 내가 어릴 적부터 상처를 받았고 불안을 느꼈다는 것과,
상처와 불안의 원인을 알고 싶었고 자존감을 높여 줄 이상을 이루고
싶어한 것과, 오랜 반성을 거쳐 무의식을 해독하는 '정신분석'을 이
룩한 것이 같은 것입니까?

철학자 : …… '정신적 차원'이 '심리적 차원'과 다르며, 정신 현상이 심

리적 요인으로 환원되지 않음을 진정으로 인정하는 것이라면, 더 이상 물음을 던지지 않겠습니다.

프로이트 : ……

대화 3

철학자 : 당신은 인류의 정신 발달에 기여한 혁명적 사상가로 갈릴레이, 다윈 그리고 자신을 꼽았지요. 그런데 고대에서 현대에 이르기까지 철학자들의 주요 활동 중 하나는, 당대 의식의 한계를 넘어 미지의 영역을 집요하게 탐구하는 것이었어요. 그렇다면 인류 사상사에 전환점을 제공한 독창적 사상가들은 결국 '실재'에 대해 당대의 의식이 알지 못했던 '무의식'을 탐구한 것이 아니었나요?

프로이트 : 정신분석이 주목하는 '무의식'은 철학자들이 밝히려 했던 드넓은 무의식('존재')과 다릅니다. 내가 주목한 무의식은, 의식의 배후에서 의식에 영향을 미치는 어떤 '정신 내용과 정신 작용'이었어요. 그것은 의식의 눈에 직접적으로 관찰되지 않고, 의식의 도구인 논리와 개념의 그물에 쉽게 포착되지도 않지요. 무엇보다도 어떤 무엇을 인식하려는 동기와 작용 자체에 (무의식적으로) 스며들어, 의식 내용을 좌우합니다.

철학자 : 의식의 배후에서 의식에 영향을 미치는 힘들은 결코 특정한 '심리적 무의식'에 국한되지 않습니다. 거기엔 언어적 무의식, 사회문화적 무의식, 생물학적 무의식 등등을 포괄하는 '존재'라는 거대한 근원적 무의식이 있는 것입니다. '무의식'을 보는 당신의 시각을 좀더 넓힐 수는 없는가요?

프로이트 : 정신의 형성과 발달에 영향을 미치는 제반 무의식적 힘들을 다중적으로 이해할수록, 현재 정신성에 대한 보다 온전한 인식이 이루어지는 것임을 인정합니다. 그렇지만 '과학'의 엄밀성을 유지하기 위해, 정신분석의 탐구 대상을 '심리적 무의식'에 한정하는 게 좋을 듯 싶습니다.

철학자 : '존재'라는 광대한 무의식에 대한 철학자의 탐구 작업은 독특

한 직관력, 상상력과 더불어 주로 '논리적 사변' 을 통해 이루어집니다. 과거 인류가 전혀 생각지 못했던 새로운 관점과 관념들은, 이런 철학적 사유 활동에 의해 탄생합니다. 이 때문에 과거엔 보이지 않던 '실재' 의 어떤 부분이 인류에게 보이게 되지요. 무의식의 학문인 '정신분석' 이란 결국 그러한 철학적 활동의 한 양태가 아닐까요?

프로이트 : 내가 지닌 선입견인지 모르지만, 철학자들은 '논리' 와 의식 능력이 마치 '실재' 의 숨겨진 본질을 발견하는 특권적 도구인 양 너무 믿는 경향이 있는 것 같아요. 의식의 논리적 사유는 세상을 질서있게 정리하여, 정신을 응집시키는 데 도움을 줍니다. 그러나 의식되기를 거부하며 비논리적으로 역동하는 어색하고 섬뜩한 무의식의 욕망과 상처 · 불안을 '인식' 하는 데, 논리적 접근은 적절하지 않습니다.

철학자 ; 오늘날 '논리적' 사유란, 단지 형식논리적 사유만을 지칭하진 않습니다. 오히려 기존의 사유 관점과 사유 도구의 기득권에 대해 과감하게 의심해 보고, 새로운 관점과 도구의 발굴을 모색하는 개방적인 사유 방식을 지칭한다고 볼 수도 있지요. 당신의 '무의식' 론이 이런 새로운 사조의 융성에 큰 기여를 했다고도 볼 수 있습니다.

프로이트 : 저는 '현대 사상' 의 동향에 대해선 잘 모릅니다. 만약에 철학이 '과학' 처럼, 경험적 사실들에 대한 끈기 있는 관찰과 반성에 근거해 이론을 정립하고, 그것의 논리적 타당성을 숙고하는 활동이라면 정신분석이 철학의 한 양태라는 당신의 주장을 부정하고 싶진 않군요.

철학자 : 철학은 한편으론 당대의 정신에서 소외된 타자성을 집요하게 주목하고 의식화하여 해방시킵니다. 그리고 다른 편으론 다양한 관점과 중후한 의미들을 제공하여 의식에 힘을 보충해 줍니다. 나아가서 인간 정신의 본질적 한계를 직면케 하는 물음을 던짐으로써, 인간 '존재의 심연' 을 끝까지 스스로 감당케 하지요.

프로이트 : 정신분석 작업과 깊은 연관성이 느껴지는군요. 그런데 과연 자기 자신에 대한 철저한 자기인식이 철학의 방법만으로 충분히 이루어질 수 있을까요? 무의식적 방어 작용이 철학적 반성 활동으로 해

체될 수 있을지 의문입니다.

철학자 : 그 점에 대해 서로 간의 깊은 대화가 필요할 듯 싶군요.

프로이트 : 미래의 대화 모습들을 함께 지켜봅시다.

2. 정신분석이 철학에 미친 영향

1) 이론과 실천의 종합 모델

철학자는 어떤 주장의 숨겨진 전제를 찾아내, 그것이 얼마나 타당한지에 대해 논리적 물음을 던진다. 그리고 겉으로 표현된 주장과 은폐된 전제들 사이에 논리적 일관성이 유지될 수 있는지 비판적 질문을 통해 끊임없이 흔들어 댄다. 그런 '철학적 대화' 과정을 통해 확실하다고 믿어 온 어떤 이론의 논리적 비약이나 불완전성이 주장자 스스로에게 자각된다. 그 자각은 기존의 정신성을 해체시키고 사유 관점의 한계를 확장시켜 정신성의 고양을 가져다 준다. 그런데 철학자는 어떤 전제나 이론의 타당성을 검토하는 과정에서 논리적 사유만을 사용할 뿐, 정밀한 관찰과 정서 체험에는 관심 갖지 않는다. 그로 인해 다양한 정서적 흥분들로 가득 찬 인간의 삶을 철학적 개념들로 설명할 경우에는 자신의 삶이 온전히 반영되고 있다는 느낌, 즉 밀도감을 느끼기가 어렵다. 이에 비해 무의식에 대한 '정서적 인식' 체험을 토대로 구성한 '정신분석' 개념들은, 정신을 흥분시키는 생생한 현실 기호로 밀려든다.

철학이 현실을 담아 내는 고도의 정신 작업으로 인정받기 위해서는 정신분석 임상 작업처럼 현실과 심층적으로 접촉하는 구체적인 '실천 영역과 기법'이 마련되어야 한다. 그래야 이론과 현실 사이의 틈과 괴리가 메워져, 일반인들이 철학과 철학자에 대해 신뢰와 친밀감을 느끼게 될 것이다.

철학이 삶을 온전히 반영하려면 논리적 인식과 더불어 정서적 공감과 탈의식적 상상력 및 직관을 통한 이해가 함께 이루어져야 한다. 과학적 관찰과 인문학적 해석 및 사변 활동을 병행해 온 프로이트의 정신분석 이론과 방법은, 현대 철학이 참고하기에 좋은 모델이다. 개인의 정신을 구체적으로 변화시키는 힘은 개념적 인식보다 '정서적 인식'에 의해 생겨난다는 것은 증상과 싸우는 '정신분석 관계' 속에서 거듭 확인할 수 있는 사실이다. 정신분석학이 일관성도 객관성도 띠지 않는 이론이라고 비판하는 입장들에 대해 프로이트는, 무의식에 무관심하고 '정신분석 체험'을 해 보지 못한 자들에게 정신분석 이론의 진리성을 납득시키기란 참으로 힘든 일이라고 한탄한다. '심리적 사실'의 영역에서는 논리적 일관성이나 의식적 논변보다 생생한 자기 분석 체험이 중요함을 말하고 있는 것이다. 즉, 정신분석학은 논리적 사유와 정서적 경험을 종합하는 '새로운 학문'을 제시하고 있다.

2) 의식 철학에 대한 반성 기호

프로이트 이전의 서양 철학은 의식에 포착되는 경험 대상들만을 주시해 왔다. 그리고 의식의 확실성을 존재 일반에 대한 참된 인식의 징표로 간주했다. 즉, 의식은 자율적인 반성 활동을 통해 자기 자신과 외부 세계에 대한 총체적 인식을 지닐 수 있다는 것이 전통 철학의 기본 전제였다. 그런데 프로이트는 의식은 결코 정신 활동 그 자체와 무의식의 내용을 '직접적으로' 인식할 수 없음을 드러낸다. 모든 정신 작용은 그 자체로는 의식의 직접적 관찰 대상이 될 수 없기 때문에 무의식적이다. 그리고 정신 속에는 의식이 인식하지 못하는 방어 작용이 항상 작동되고 있다.

정신은 유기체의 생존에 불필요하거나 심각한 손상을 줄지 모르는 제반 지각들을 자동적(본능적)으로 의식의 영역에서 배척한다. 그리고 의식의 중심 관념과 대립되는 표상이나 금지된 욕동 및 방어 작용을 의식이 (직접적으로) 인식하는 것을 막는다. 그 결과 인간 정신은 의식과 무의식이라는 서로 다른 두 정신 조직 내지 영역으로 분열된다. 그리고 이 분열로 뜻밖의 불합리한 정신 현상들이 발생한다. 따라서 '분열'을 넘어서 의식이 무의식에 접근하려면, '정신분석 기법'과 같은 특별한 접근 방법이 필요하다.

어떤 대상에 관해 의식이 파악한 지각과 의미는 단지 의식의 질서 안에서만 통용되는 표면적 지식에 불과하다. 의식 이면에 숨겨진 힘과 관념과 충동에 대해 의식은 무지하다. 갖가지 정신 현상들을 배후에서 생성하는 이 무의식은, 오직 정신분석학적 지식 기반과 실천 기법들을 통해서만 간신히 해석할 수 있는 무엇이다.

그렇다면 의식을 통해 인생에 대한 총체적 인식과 자율적 의미 해석과 자유 의지적 행동 선택이 가능하다고 주장해 온 전통 철학 관점의 정체는 무엇인가? 프로이트의 이론을 되새겨 보면, 전통 학문들에는 의식을 통해 존재 일반을 안정적으로 해석하고 통제하려는 자아 중심적 환상 흔적이 섞여 있다. 고통 자극을 유발하는 부조리한 '현실'에 대한 혐오와 무관심과 무기력은 철학자들이 자아의 힘과 가치를 지지하는 관념들에 도취하는 데 큰 영향을 미친다. 그리고 철학자들은 그 관념들과 이론에 특별한 의미와 가치를 부여하고 그것을 '보편적 진리'로 명명함으로써 심리적 만족을 얻는다. 이런 상황에서 무의식의 힘과 목소리에 진술하게 귀 기울일 것을 외치는 프로이트의 '정신분석 정신'을 앞에 두고, 의식에 모든 가치를 집중시켜 온 철학자들은 어떤 반응을 보일 것인가? 무의식을 외면했던 철학자들은 과연 자기 인생의 진정한 성찰자이고 주체였는가?

프로이트에 의하면 인간의 정신은 늘 의식과 무의식 내지 이드와 자아와 초자아라는 서로 다른 힘들 사이의 역동적 타협 관계 속에서 살아간다. 각각의 정신 활동들은 서로를 제약하는 관계에 놓여 있기 때문에, 인간은 자신이 원하는 바를 어느 한 정신 조직의 일방적 의도만으로 실행에 옮길 수 없다. 자아는 무의식적 욕구와 환상을 억압하는 동시에 역설적으로 억압된 것에 지배받는다. 그리고 의식은 무의식의 본능욕동들로부터 자신이 활동하는 데 필요한 에너지를 공급받는다. 그렇다면 "이성은 자립적이고 자족적으로 자기를 인식하고 규정하는 능력을 지닌다."는 전통 철학의 관념에는 자아 중심적 환상과 편견이 섞여 있다고 볼 수 있다. 자신을 직접적이고 총체적으로 인식하는 자립적이고 '자율적인 이성'이란, 억압된 자기애를 반복 재현하는 환상의 기호일 뿐이다. 인간 정신의 운명적 '분열성' 때문에, 의식은 결코 정신 활동 및 자기 자신의 활동에 대해 직접적인 인식을 얻지 못한다. 정신 활동 그 자체는 무의식적이며, '그것'의 성질은 '그것'으로부터 발생된 '표상체'들을 통해 간접적으로만 해석될 수 있을 뿐이다.

의식의 인식 활동을 제약하는 정신 내부의 조건을 탐구하는 심층 인식론을 구성하려면, 무엇보다도 의식 중심적인 철학 관점의 문제를 자각해야 한다. 현대 사상가들이 소위 '의식 철학'에 대해 결정적으로 반성하게 된 계기는 니체, 마르크스와 더불어 프로이트의 무의식론으로부터 유래한다. 소크라테스 이후로 서양 철학 전통에

서는 인식의 초점이 의식의 관점과 기준에만 집중되어 왔다. 그 결
과 무의식적 정신 작용과 정신 내용에 대한 관심과 고려는 배제되
어 왔다. 그러나 이러한 전통적 관점은 합리적 의식이 통제하지 못
하는 다양한 갈등과 부조리 현상, 신경증 증상, 꿈, 실수 등의 동시
다발적 출현이 주목을 끌면서부터 더 이상 정당화되기 힘든 상황에
놓이게 되었다.

3) 계보학적 정신 탐구 모델

프로이트 이후의 현대 철학자들은 의식의 이면에 억압된 다양한
정신 활동과 그 내용에 대한 발굴을 시도했다. 그리고 정신의 지하
세계로부터 새롭게 캐어 올린 비합리적인 힘과 표상에 획기적인 의
미를 부여하고 새롭게 가치를 평가한다. 가령 프랑스의 현대 구조
주의자들은 당대의 '사회적 합리성'에 의해 소외되어 온 '의식의
타자성'에 주목한다. 그리고 이 타자성에 온전히 접근하고 이해하
기 위해, 지적 성찰과 더불어 비의식적 체험의 중요성을 강조한다.
푸코(M. Foucault)는 광기, 범죄, 성 등의 비사회적 관점과 힘들이 사
회의 권력 작용에 의해 '인간'에게서 얼마나 교묘하게 배제되어 왔
는가를 계보학적 방법으로 드러낸다. 계보학은 현실 속에서 사람들
에게 '사회적 합리성'으로 찬양받는 것들의 이면에는, 그 합리성에
의해 어둠 속으로 밀려난 수많은 희생양들이 존재한다는 사실을 발
견한다. 그리고 어떤 것이 사회적 '진리'로 인정받는 과정 속에 묻
혀 온, 오늘날 우리가 기억하지 못하는 사건들의 흔적을 추적한다.
무릇 모든 의식의 '의미와 가치'들은 다양한 힘들 사이의 충돌과
불일치, 병치와 통합을 거쳐 치장을 끝낸 후 최종적으로 드러난 결
과물이다. 푸코는 특히 외부의 권력이 무기력한 개인의 정신과 육

체에 어떤 전략과 고통스러운 압력을 가하여 특정 관념과 관점을 '진리' 또는 이상적 가치로 수용하게 만들었는지, 그 과정을 연구한다. 이런 권력 작용들은 은밀히 작동되며 일단 제 목적을 성취한 후엔 교묘하게 은폐되고 망각된다. 그러나 비록 의식은 이들 권력 작용과 고통 체험을 망각했으나, 그 '흔적'은 육체와 정신 어딘가에 보존된다. 그리고 이 흔적들은 여전히 현재의 정신에 모종의 영향을 미치고 있다. 따라서 만약 혹자가 자기 삶의 진정한 성찰자이자 주체가 되길 원한다면, 그는 자신의 삶을 좌우하는 이 은폐된 흔적들을 추적하여 직면하고 의식 속에 주체적으로 통합해야 한다. 현대 계보학자들은 진정한 주체성을 획득하기 위해, 그동안 사람들의 관심에서 제외된 '의식의 타자성'과 은폐된 흔적들에 주목한다. 그리고 그 흔적들이 은폐될 수밖에 없었던 역사적, 언어적, 심리적 기원을 각기 고유한 주제와 방법으로 추적해 간다.

프로이트는 개인이 겪은 과거 체험은 결코 소멸되지 않고 정신에 모종의 흔적으로 보관된다는 사실을 정신분석 임상 과정에서 반복해서 관찰한다. 특히 무의식에 억압된 흔적들은 원상태 그대로 생생하게 영원히 보존된다. 무의식의 흔적들은 의식과 단절되어 있기 때문에 의식이 직접 인식하지는 못한다. 그러나 의식으로부터 소외된 과거 흔적들은 억압된 충동 에너지와 결합하여 의식이 예측하지 못하는 순간에 증상, 실수, 꿈 등의 형태로 상징적으로 발현된다. 따라서 상징적 변형 과정을 제대로 역추적할 수만 있다면, 무의식에 억압된 충격적 관념과 충동을 우회적으로 재구성하여 해석할 수 있으며 또한 그것들이 현재 내가 지닌 생각과 관점, 정서와 행동에 어떤 영향을 미쳐 왔는지를 주체적으로 인식할 수 있게 된다.

이처럼 내가 어떤 숨겨진 과정을 거쳐서 '현재의 나'로 성장하게 된 것인지를 온전히 인식하려면, '나'의 최초 형성 및 발달 과정과 억압된 무의식에 대한 끈질긴 자기 직면과 분석을 거쳐야 한다. 오늘날 현대인의 정신을 형성하는 데 큰 영향을 미쳤을 것으로 추정되는 여러 대상들, 즉 특정한 사회 제도와 사회적 이념, 거대한 사건들, 도덕관념, 중심 가치는 모두 계보학적 반성의 대상으로 등장한다. 정신에 관한 이런 계보학적 탐구 활동을 촉발시킨 주요 모델로서 프로이트의 정신분석 관점과 방법론이 미친 영향은 매우 크다. 의식에 드러난 현상적 기호들의 표면적 의미에서 그 이면의 '다른 의미'를 세세하고 끈질기게 추적하는 정신분석 방법은 마르크스와 푸코의 역사 계보학, 니체와 구조주의자의 언어 계보학 등과 더불어 현대 계보학의 핵심 도구로 활용된다.

4) 성욕동론과 현대의 철학적 인간학

전통 철학은 인간의 '욕동(drive)'을 동물적 '본능(instinct)'과 동일시했다. 그리고 본능은 정신과 무관하고 무가치한 것으로 간주되었기에, 그것이 정신 활동과 어떤 연관이 있는지 연구조차 되지 않았다. 이러한 시대 상황에서 프로이트의 새로운 본능 이론인 성욕동론은 정신과 신체를 상호 대립적 타자성으로만 보던 전통적 관점에 문제를 제기한다.

인간의 성욕동은 심리–생리적인 이중성을 띤다. 바로 이 점에서 생물학적 성질만을 지닌 다른 자연 생명체들의 성본능과는 확연히 구분된다. 또한 인간의 성욕동이 집중되는 대상은 선천적으로 결정되어 있지 않다. 그 대상은 자신의 신체, 동료, 이성(異性), 관념, 환상, 물건 등 다양할 수 있으며, 상황에 따라 욕망 대상의 유동적 대체도 가능하다. 나아가 인간의 성욕동은 그 목표를 전환(승화)할 수 있다. 성 에너지는 직접적인 성교 활동에 쓰일 뿐 아니라, 학문과 예술, 노동 등의 다양한 목적에 이바지하는 탈성화된 에너지로 전용될 수 있다. 이렇듯 성욕동의 대상과 사용 양태가 유동적으로 변할 수 있다는 점에서 인간의 본능과 욕망은 동물의 본능과 차이를 보인다.

인간의 정신 활동은 성욕동 에너지와 성 환상에 의해 추동된다. 그리고 인간의 사회적 판단과 행위 속에는 성적 동기와 여타의 동기들이 교묘하게 결합되어 있다. 성과 전혀 무관해 보이는 학문 활동과 종교 활동에조차 성적 동기가 개입되기도 한다. 성욕동의 전환성과 여러 충동들과의 다중적 결합성 때문에, 성적 동기를 다른 동기들로부터 엄밀히 구별해서 정신 현상들을 설명하는 것은 현실적으로 불가능할 뿐 아니라 무의미하다.

프로이트는 성욕동의 적절한 충족과 좌절을 경험해야 개인의 성격과 정신이 온전한 발달 과정을 거쳐 성숙한다고 본다. 그런데 전통 철학자들은 '정신의 성숙'을 위해 성욕동과 성적 감정에 대해 민감한 거부 반응을 보이며 대대적인 억압 전략을 취해 왔다. 그 결과로 인간은 역으로 성욕에 고착되어 계속 신경 쓰게 되며, 자신의 에너지 원천으로부터 단절되어 무기력해진다. 뿐만 아니라 성욕동에 대한 방어 활동에 정신 에너지가 과다 지출되어, 신경증을 비롯한 뜻밖의 곤경에 처한다. 프로이트는 성욕동의 가치를 부정하고 과잉 억압하는 태도의 병리성을 극복하기 위해, 인간의 성욕동이 동물적 성본능과는 다른 고유한 '인간적 욕구'임을 부각시킨다. 그리고 온전한 사유 활동과 사회적, 문화적 적응을 위해 성욕동에 대한 자기 인식과 더불어 적절한 승화와 적절한 만족이라는 이중 전략을 취할 것을 권한다.

프로이트의 성욕동론은 성욕의 과도한 충족과 과도한 좌절이 자아 발달과 온전한 정서 발달에 부정적 영향을 미친다는 사실을 밝혔다. 그 결과 프로이트 이후 현대 사상가들에게 '성'은 더 이상 죄책감과 수치감을 안겨 주는 대상으로 외면받거나 억압되지 않는다. 푸코는 말년의 저서 『성의 역사』를 통해 '성'에 대한 편견 없는 인식과 성을 자기 발달을 위해 능동적으로 활용하는 태도를 확립하는 것이 곧 주체적인 윤리적 존재로 서는 길이라고 말한다. 성욕동론은 이처럼 현대 철학자들이 '인간적 욕망의 인간적 가치'를 새롭게 재음미하는 데 직접, 간접적으로 영향을 미친다. 그 결과 현대에는 억압된 다양한 성충동에 대한 긍정과 해방의 목소리가 유행한다.

현대는 그 동안 억압되어 온 다중적 욕망들이 각각의 권리를 주장하는 욕망 범람의 시대다. 현대의 이런 독특한 문화 현상의 어딘가에는 항상 프로이트라는 이름이 등장해 왔다. 프로이트는 '인간'을 해석하는 새로운 '현대의 눈'을 제공한 자로 우상시된다. 그런데 정작 프로이트 자신은 자신의 이론이 상당 부분 왜곡된 채로 사람들의 입에 오르내리는 것에 대해 우려를 표방했다. 프로이트는 결코 단순한 '성욕론자'가 아니었다. '인간'에 대한 그의 관점을 온전히 이해하려면, 무의식론, 유아 성욕론, 오이디푸스 콤플렉스론, 사후 작용론, 죽음 본능론, 정신 구조론 등에 대한 기본적 이해가 선행되어야 한다. 프로이트의 '정신분석 정신'을 온전히 이해하지 못한 자들에게, 그의 '인간학'은 단지 무절제한 본능 해방론으로 오인될 뿐이다.

5) 정신분석학이 윤리학에 미친 영향

프로이트의 무의식론, 성욕동론, 오이디푸스 콤플렉스론, 사후 해석론, 죽음 본능론, 초자아론은 도덕의 본성에 대한 전통적 해석 관점을 획기적으로 변화시켰다. 전통 형이상학자들은 도덕성이 신이 인간에게만 특별히 부여한 '이성'에 선천적으로 내재한다고 해석했다. 그리고 육체의 욕구를 떨쳐 버리고 정화된 영혼을 지닌 성인(聖人)의 경지에 오르면 도덕성이 탁월하게 발현된다고 생각했다. 프로이트는 이 같은 통념에 맞서 도덕관념과 도덕 감정이 인생의 최대 격동기인 유년기에 오이디푸스적 비극 상황에서 유래한다고 해석한다.

인간의 도덕관념은 '초자아'와 '거세불안'이라는 두 원천으로부터 유래한다. 초자아는 아이의 삶에 막대한 영향력을 행사하던 양육자의 힘과 성질이 모종의 '유아적 변형'을 거쳐서 정신에 내면화된 결과물이다. 거세불안은 초자아의 명령과 요구를 자아가 거부할 경우 내면에서 자동적으로 재현되는 유아적 불안을 지칭한다. 거세불안 때문에 초자아의 목소리는 자아에 대해 엄청난 힘과 권위를 행사하게 된다. 아울러 개인의 공격욕동이 외부로 분출되지 못하고 내향화될 경우, 그 공격 에너지는 초자아에 위임된다. 그 결과 자아는 초자아의 무시무시한 공격이 두려워 죄책감에 떨게 된다.

프로이트는 아무런 설명도 없이 일방적으로 '금지 명령'을 하달하는 초자아 활동엔 여러 문제들이 담겨 있음을 통찰한다. 첫째, 초자아의 목소리는 '과거 대상의 규범 요구'를 일방적으로 대변한다. 초자아는 이해력이 부족한 아이에게 자상하게 설명하기보다는 뭔가를 명령하듯 강요하는 권위자의 특성을 지닌다. 또한 자아의 현재 상태나 외부 현실을 고려하지 않는다. 즉, 자아에 대해 '과거 대상'이 욕망했던 특정한 행동 기준을 어떤 상황에서도 변함없이 준수할 것을 무조건적으로 요구한다. 초자아의 이런 벅찬 요구로 탈진한 자아는 신경증 증상으로 탈출을 모색하게 된다. 둘째, '사회적 인간'이란 타자들이 요구하는 도덕에 의해 본능욕동이 길들고 억압된 존재이다. 경직된 형식주의적 도덕은 거세불안 때문에 인간이 원초적 만족의 희생을 감수하고, 타자의 명령에 복종하는 유아 상태로 퇴행하도록 부추긴다.

프로이트는 유아적 거세불안을 일으켜 위협하는 권위적 초자아의 표상이 아니라, 사회적 현실에 합리적으로 적응할 수 있도록 돕는 자기 성찰적이고 유연한 도덕 관점을 선호한다. 그가 보기에 '사회적 규범'이란 사회 질서를 유지하는 데 반드시 필요한 '1차 억압' 요구와 금지로 족하다. 1차 억압 요구를 넘어서 강압적으로 각인된 도덕규범들은 과도한 거세불안과 죄책감을 유발한다. 그 결과로 개인의 창조적 자율성과 삶을 향유하는 능력은 심각하게 위축되고, 마침내는 신경증적 인간이 되고 만다.

프로이트의 초자아론 이후, '완전성과 절대성'을 강조해 온 전통 도덕 관점은 유아성과 병리성의 기호로 해석된다. 가령 전통 윤리학이 강조했던 무조건적이고 절대적인 도덕 법칙 내지 도덕적 정언명령은, 힘세고 엄격한 부모가 이해력이 부족하고 연약한 아이에게 내렸던 가혹한 명령을 재현하는 기호로 해석된다. 그런데 아이가 아닌 '어른'이 극심한 내적 불안과 더불어 도덕 명령의 절대성에 고착된 경우, 그것은 혹독한 초자아에 자아가 노예처럼 지배받는 신경증적 증상 기호다. 그렇다면 절대적 명령은 아이의 주체적인 성장을 기원하는 부모의 자상한 권유로 대체되어야 한다. 아이가 냉정한 현실 세계에 유연하게 적응하기를 바라는 부모의 마음처럼, 현대인은 전통 도덕 규범과 대면하여 굴종도 거부도 아닌 다각도의 유연한 태도를 견지할 수 있어야 한다. 정신분석학자들은 그 여러 모델들 중 하나로 완전성(perfection) 대신 온전성(wholeness)의 가치를 부각시킨다. 온전성이란 의식과 무의식이 분열적 대립 관계에 있는 것이 아니라 조화롭게 '통합'을 이루는 상태를 의미한다. 그리고 초자아와 자아, 자아와 이드, 자아와 외부 현실 사이에 균형과 조화를 이룬 상태를 지칭한다.

당대의 교양 있는 식자층에게 부당한 도덕적 비난을 받고 살아온 프로이트는 누구보다도 '도덕의 두 얼굴'을 절감했던 사람이다. 그 경험을 바탕으로 프로이트는 초자아가 자아 이상과 더불어 때로 파괴적 죽음 본능을 대변한다는 사실을 통찰한다. 이 말은 도덕이 인류의 가장 고귀한 상징인 동시에 때로는 가장 위험하고 무시무시한 상징일 수 있음을 암시한다. 인류는 도덕의 이름으로 수많은 전쟁과 살생과 부도덕한 만행들을 저질러 왔다. 그리고 도덕의 이름으로 자신의 증오와 탐욕을 타인을 향해 분출해 왔다. 경직된 초자아를 지닌 사람일수록 부모와 인간과 도덕을 진심으로 존중하거나 가치 있게 생각하지 않는다. 그에게 도덕이란 인간을 거세시키는 파괴적 상징일 뿐이다. 따라서 그는 타자의 시선에 의해 거세되지 않기 위해 도덕을 적절히 이용하려 든다. 그에게 도덕이란 생존을 위한 위장과 출세의 도구일 뿐이다. 도대체 왜 이런 위선적이고 자기모순적인 현상이 역사적으로 반복되어 온 것인가? 그것은 초자아가 때로 죽음 본능의 요구를 대변하기 때문이다. 프로이트의 초자아론과 죽음 본능론에 의해 우리는 비로소 인류의 역사에서 도덕이 정반대의 두 얼굴을 지녔던 원인을 심층적으로 이해할 수 있다.

6) 프로이트의 '정신분석 정신'은 어떻게 해석되어 왔는가

프로이트가 사망한 후 세계 정신분석학회에는 '정신분석'을 둘러싼 깊은 의견 대립이 계속해서 발생했다. 그 기점 중 하나가 프로이트의 막내딸인 안나 프로이트와 여성 정신분석가인 멜라니 클라인 사이의 아동 정신분석 논쟁이다. 안나는 아이들의 언어 표현 능력과 자아가 미성숙하기 때문에, 무의식을 직면시키거나 언어로 표현시켜 해석과 성찰을 유도하는 정신분석 치료가 적합지 않다고 보았다. 이에 대해 클라인은 아이들은 놀이나 그림, 몸짓, 유아적 언어 등을 통해 자신의 무의식을 나름의 언어로 표출한다고 주장했다. 그리고 아이들과 분석가 사이에 정신분석 '전이 관계' 형성이 가능하므로, 정신분석 치료가 가능하다고 보았다. 이 두 입장은 영국 정신분석학회를 안나 지지파와 클라인 지지파, 그리고 제3의 중도 입장(위니코트)으로 분열시킨다. 그리고 가장 많은 수의 정신분석가를 보유하고 있던 미국에서는 안나의 입장에 근접하여 '자아' 기능의 가치를 강조하는 자아심리학파가 형성된다. 자아심리학자들은 역동적 정신 구조 모델이 프로이트의 최종 입장이라고 해석한다. 안나와 클라인의 입장은 오늘날 자아심리학파와 클라인 학파, 대상관계론, 자기심리학, 라캉 학파 등에 다양하게 반영되어 있다. 이들은 각각 자신이 프로이트의 '정신분석 정신'을 현대적으로 발전시켜 계승한 프로이트주의자라고 주장한다. 이들 사이의 입장 대립은 각자의 고유한 정신분석가 양성 교육 프로그램과 제도의 차이를 낳는다. 그리고 급기야 '정신분석가 자격' 인정을 둘러싼 정치적 싸움으로까지 비약된다. 그 논쟁의 가장 첨예한 모델은 세계 정신분석학회에서 파문당한 프랑스의 정신분석가이자 철학자인 자크 라캉에게서 찾아볼 수 있다.

라캉은 당대의 세계 정신분석학회를 주도하는 자아심리학의 입장이 프로이트의 '정신분석 정신'을 근본적으로 왜곡하고 있다고 비판한다. 그는 프로이트 '정신분석 정신'의 핵심은 자아의 통합적 발달을 위해 노력하는 데 있지 않고, 수천 년간 주목받지 못했던 '원초적 정신 작용인 무의식'의 탐구에 쏟은 진지한 관심에 있다고 해석한다. 라캉은 프로이트의 위대함은 인간 정신이 구조적(운명적)으로 의식과 무의식으로 '분열' 될 수밖에 없음을 성찰한 데 있다고 주장한다. 바로 이 분열성에 의해 인간은 실재계와 상징계 사이에서 갈등하는 존재가 된다. 그리고 이 (오이디푸스적) 갈등이 억압됨으로써 평생 동안 유년기의 갈등을 해소하고 결핍을 충족시키고자 '욕망하는 존재' 로 살아간다. 정신이 의식과 무의식으로 '분열' 되는 것은 인간이 언어적 상징으로 둘러싸인 세계에서 끊임없이 욕망하는 존재로 존립하기 위한 운명적 조건이다. 신경증이란 바로 이 '욕망' 이 자유롭게 율동하고 향유하는 데 모종의 장애가 발생했음을 의미한다.

라캉은 또한 프로이트의 사후 작용론에 내포된 철학적, 언어학적 의미를 주목한다. 프로이트의 병인론에 의하면 개인 정신에 각인된 자극과 그 흔적의 의미와 가치는, 그 사람의 '현재' 정신 상태에 따라 달리 해석된다. 과거의 경험은 개인의 리비도 발달 상태와 자아 발달 상태에 따라 끊임없이 그 느낌과 의미를 달리한다. 자아가 강한 상태에선 사소한 자극에 불과하던 것들이, 자아가 민감하고 약해질 경우에는 충격적 상처로 밀려든다. 그렇다면 어떤 사건 내지 기표의 의미는 본래부터 고정되어 있지 않다. 기표('대상' 또는 사건)의 의미와 가치는 맥락에 따라 또는 개인의 현재 정신 상태에 따라 끊임없이 변화되는 것이다.

그는 언어적 의미 분별 체계로 엮인 상징계가 인간 정신과 신체에 미치는 강력한 영향을 이미 프로이트가 발견했음에 주목한다. 프로이트는 아이가 어머니와 원초적 애정 관계에 계속 머물고 싶은 욕구와 상징적 언어와 규범을 습득하라는 아버지의 요구 사이에서 정신적으로 벅찬 부담을 겪게 된다는 점을 주시한다. 이 과잉 부담은 '억압' 됨으로써 평생 영향을 미치는 흔적으로 남는다. 오이디푸스 갈등이 거세불안 때문에 억압되고 마는 것이 인간의 신경증적 운명이며, 이를 거부하게 되면 더 심각한 정신질환에 걸리게 된다. 인간은 '아버지의 요구'를 내면화함으로써 비로소 '상징적 인간'으로 재탄생한다. 그렇다면 '개인'의 운명은 곧 그(녀)에게 내면화된 독특한 상징 체계의 질에 따라 결정된다고 해석할 수 있다. 라캉은 개인이 주체적 사유 능력을 형성하기 전인 탄생 초기부터 이미 엄마와 아버지의 상징적 요구들에 직면할 수밖에 없는 존재라고 말한다. 태어나면서부터 유아는 이미 자신과 밀접한 관계에 있는 부모의 무의식적 욕망과 태도 속에서 상징 체계의 요구에 직면한다. 그리고 부모의 사랑을 얻기 위해 불가피하게 내면화한 상징 체계에 의해 비로소 자아 전능 환상에서 벗어나 자신을 유한한 개체로 자각하게 된다. 미성숙한 존재로 태어나 오랜 기간을 타자(양육자)에게 절대적으로 의존해야만 생존할 수 있는 유아는, 출생 직후부터 밀려드는 상징적 외부 자극의 압력에 대해 그것을 받아들일 것인가 거부할 것인가를 주체적으로 선택할 힘이 없다. 그리고 인간 정신은 상징적 의미 체계를 내면화함으로써 비로소 주관적 상상계의 틀을 벗어나 발달해 가는 '무엇'이다. 문제는 정신에 내면화된 상징 체계 때문에 개인은 그 체계를 구성하는 중심 기표들이 요구하는 방식대로 살아갈 수밖에 없다는 점이다.

인간의 1차 정신 과정은 압축과 전치, 상징적 이미지화라는 독특한 언어 작용을 포함한다. '본능'은 이를 사용해 자신을 변형된 표상체로 드러낸다. 그 대표적 예가 꿈과 증상이다. 꿈과 증상은 일종의 1차적 언어 작용인 꿈작업과 증상화 작업의 산물이다. 이런 무의식의 언어 작용은 상징계가 인정하는 '주체'로 형성되기에 '앞서' 진행된다. 그렇다면 인간은 언어를 선택하거나 '매개'로 활용해 자신의 마음을 주체적으로 표출하는 것이 아니다. 오히려 인생 초기부터 존재해 온 원초적 언어 작용과, 무기력했던 어린 시절에 의지와는 무관하게 내면화된 특정 언어 체계와 기표들이 주체 속에서 무엇인가를 표현하는 것이다. 우리는 이러한 '무의식의 언어적 특성과 힘'을 평상시에는 지각할 수 없다. 그러다가 뜻밖의 증상이나 미묘한 꿈과 맞닥뜨렸을 때 갑자기 자각하곤 한다. 증상과 꿈과 실수 속에는 개인 무의식의 중심을 이루는 상징적 타자들의 특정 요구들이 표출되고 있다. 아울러 거세불안 때문에 억압된 유아적 욕구 및 환상이 상징적으로 발현되어 있다. 정신분석 작업이란 곧 증상의 이면에서 무의식을 구성하는 '타자들의 욕망'이 무엇인지를 신경증자 스스로 자각하게 하는 과정이다. 증상이란 곧 내 안에서 내 삶을 좌우하는 망각된 '타자들의 욕망'을 의미한다.

라캉은 또한 프로이트의 리비도가 심리-생리적 차원을 갖는다는 점, 즉 '자연성과 상징성'을 동시에 내포한다는 점을 주목한다. 그는 자연성과 상징성을 실재계와 상징계라는 명칭으로 분류한다. 양쪽 차원은 서로 이질적인 세계인 동시에, 모종의 연결 고리를 맺고 있다. 그로 인해 기질적 요인이 심리 상태에 영향을 미치며, 역으로 심리적 충격이 특정한 신체적 마비 증상을 유발하는 것이다. 라캉은 정신과 신체 또는 상징계와 실재계가 '연결되는 지점 내지 연결되는 방식'에 관심을 쏟는다. 이 연결 고리는 상징적 의미를 발생시키는 언어 작용과 의미에 포섭되지 않고, 소외된 본능 충동(실재계)과 상징계 '사이'에 위치한다. 그 때문에 언어적 의미를 통해 대상을 정리하는 인간의 의식은 결코 이 연결 고리를 직접적으로 인식할 수 없다. 이 연결 고리는 의식과 무의식의 '사이' 내지 의미와 의미의 '사이를 나눔'으로써, 의미를 구별짓는 동시에 연결시키는 의미 이전의 비의미적인 경계 작용이다. 이것은 의미와 의미 사이의 여백에 위치한다. 따라서 데카르트적인 내적 직관이나 경험과학자들의 관찰로는 그 정체를 파악할 수 없다. 이것을 인식하려면 프로이트가 꿈과 증상을 발생시키는 무의식적 정신 과정을 추적하면서 사용한, 상징적 결과물에 대한 '간접적 해석 방식'을 활용해야 한다.

프로이트의 '정신분석 정신'에 대한 라캉의 해석은 현대 언어학과 프랑스 구조주의 철학의 관점을 다분히 반영하고 있다. 프로이트의 '정신분석'은 라캉에 이르러 현대 사상과 결합된 중후한 이론으로 자리매김한다. 라캉의 언어는 현대인의 지적 호기심과 욕망을 한껏 자극하고 충족시키며 강력한 흡인력을 지닌다. 그러나 라캉의 프로이트 해석은 프로이트가 지닌 '균형'을 결여하고 있다. 『프로이트와 철학』에서 리쾨르(P. Ric ur)는 '자연과학적 설명'과 '인문학적 해석' 관점을 모두 균형 있게 유지했던 프로이트의 이중성이, 라캉에 와서 한쪽 방향으로 환원되었다고 비판한다. 라캉 이후에 등장한 프랑스 정신분석학자 라플랑쉬(J. Laplanche) 역시 "무의식은 언어적으로 구성되어 있다."는 라캉의 언명이 프로이트 무의식론의 일부 특성을 과도하게 일반화한 주장이라고 비판한다. 또한 프로이트의 후기 입장을 부각시킨 자아심리학파에 대한 라캉의 지나친 비판과 대립은, 다른 분야의 학문들과 '정신분석' 사이의 진지한 '대화'를 희망했던 프로이트의 말년 태도와는 차이를 보인다.

오늘날 어떤 학파가 정신분석학의 창시자인 프로이트의 정신을 온전히 계승하고 발전시키고 있는지에 대해서는 각 학파들마다 주장과 해석이 분분하다. 자아심리학파, 클라인 학파, 대상관계론, 자기심리학 등은 각자 자신들이 '정신분석 정신'을 보다 심오하게 계승, 발전시켰다고 주장한다. 이런 주장들에 대해, 외국의 입장을 수입하여 동일시하는 것을 자부심의 근원으로 삼아 온 한국의 정신분석학자들은 어떤 주체적 해석을 내릴 수 있는가? 각양각색의 정신분석 담론이 욕망을 자극하는 새로운 문화적 기호로 밀려드는 21세기의 한국 상황에서, 우리가 주목해야 할 점은 무엇인가?

프로이트의 '정신분석 정신'은 어느 특정한 정신분석가나 철학자의 관점으로 대변되지 않는다. 그가 남긴 흔적들은 현대 정신분석학파들의 이론 및 분석 기법과 현대 사상가들의 인식론, 인간학, 윤리학의 관점 속에 다양한 형태로 남아 있다. 따라서 프로이트의 개념들은 현대의 정신분석 입장들과 철학 담론들을 이해하기 위해 차분히 음미해야 할 열쇠인 것이다.

7) 정신분석의 힘을 체험하기 위하여

'정신분석의 힘'은 무엇보다 '정신분석의 정신'으로부터 나온다. 이 부분에 대한 정서적 끌림과 신뢰가 가지 않을 경우, 예기치 않게 의식의 질서를 뒤흔들기도 하는 정신분석에 대한 진정한 관심은 존립하기 어렵다. 수많은 현실 난관들을 무릅쓰면서까지 프로이트가 자부심을 갖고 인류를 향해 뭔가를 외칠 수 있었던 것은, 그의 '정신분석 정신'에 내포된 어떤 힘 때문이다. 이 독특한 힘은 정신분석의 구체적 활동들 속에서 역동한다. 따라서 독자가 이 책에 소개된 정신분석 개념들의 의미와 가치를 온전히 음미하려면, 반복되는 정신적 고통을 '병'이라는 '평가의 눈'이 아닌 뿌리로부터 '이해와 공감의 마음'으로 대면하고 해소하는 정신분석의 힘을 직접 체험해 보아야 한다.

프로이트가 인류에게 알려 준 정신분석 체험의 장은 바로 꿈, 예술 작품, 신경증 증상이다. 무의식 영역에 접근할 수 있게 하는 매체는 증상을 소유한 신경증자나 증상 해석에 몰두하는 정신분석가에게만 한정되어 있는 것이 아니다. 프로이트의 위대성은 꿈과 예술 작품이라는 보편적 매체를 통해 개개인이 자기 자신과 인류의 정신구조에 대한 심층 인식에 도달할 수 있음을 전해 준 데 있다. 이 차원에서 보면 신경증 증상들조차 정신의 무의식적 특성들과 쾌락과 고통, 욕망과 불안을 그 뿌리에서부터 이해할 수 있게 하는 대단한 역할을 수행한다. 따라서 만약 그대가 자신과 인류의 특성에 대한 뿌리 깊고 다중적인 인식을 희구한다면, 먼저 정신분석의 기초 개념들을 충분히 숙지해야 한다. 그런 후에는 자신의 꿈과 인류의 신화, 예술 작품을 직접 스스로 해석해 보아야 한다. 그리고 최종적으로 신경증 증상들의 발생 원인과 발생 과정, 심층 의미에 대한 '정서적 인식' 체험으로 나아가야 한다. 이 과정들이 순차적으로 절절히 섭렵된다면 "아, 프로이트가 세인들과 동료들에게 그토록 오해와 비난을 받으면서까지 기필코 전하고 싶었던 '정신분석의 정신' 이라는 것이 바로 이런 것이구나!"라는 느낌을 조금은 맛볼 수 있을 것이다.

프로이트 '정신분석 정신' 에 대한 독자의 온전한 입문을 위해, 필자의 다음 저술은 '꿈해석론' , '작품해석론' , '증상분석론' 으로 이어질 것이다.

부록
– '정신분석 정신'에 온전히 접근하기 위한 하나의 공부 방법

1. 먼저 프로이트의 저서들 중에서 독자의 관심을 끄는 주제나 목차를 스스로 찾아 그 부분을 집중해 읽어 보라. 이때 프로이트 자신이 쓴 각주도 세세히 음미해 보라.

2. 프로이트의 저서들을 읽어 가는 도중에 기초 지식이 부족한 것 같으면, 자신의 수준에 적합한 2차 개설서들을 참조하되, 되도록 1차 저서를 보라.

3. 프로이트가 플리스 및 당대 정신분석가들과 주고받은 편지들을 보라.

4. 프로이트 이후에 부각된 현대 정신분석가들의 저서를 프로이트와의 관계를 비교해 가며 음미하라.

5. 안나 프로이트, 멜라니 클라인, 위니컷, 코헛 등의 저서를 (자신

의 취향을 고려해 가며) 차근차근 섭렵하라. 그 다음에 자크 라캉의 저술을 프로이트와의 차이성을 생각해 가면서 조심조심 읽으라. 라캉의 글들은 철학적 사유의 깊이와 현대화된 언어 패턴으로 독자의 무의식을 다중적으로 자극하거나 정신을 라캉적 언어 틀 속으로 강하게 빨아들인다. 그 때문에 정신분석의 기초가 부족한 사람이 그의 글에 먼저 접하게 되면, 난해할 뿐만 아니라 '정신분석 정신'에 대한 왜곡되고 들뜬 선입견을 가지게 될 위험이 높다. 따라서 그의 글을 본격적으로 대면하기 전에 프로이트에 대한 공부를 몇 년간 차분히 하기를 권하고 싶다. 그런 다음에 클라인과 위니컷과 코헛의 개성 있는 이론들을 접하게 되면, 프로이트 이론이 또 다른 에너지에 의해 보충받는 듯한 느낌으로 자신과 인간의 정신에 대한 확장된 지식에 도달할 수 있다. 그 다음에 라캉의 글들을 읽는다면, 그의 독창성과 특수성을 '반성'해 가면서, '정신분석 정신'에 대한 독자 자신의 주체적인 해석이 가능해질 것이다.

6. 클라인의 '무의식적 환상론'은 프로이트의 죽음 본능론과 환상설을 세밀화했으며, '분열'과 '투사적 동일시' 개념은 프로이트의 '억압'보다 더 원시적인 방어 기제의 영향력을 부각시킨 의의를 지닌다. 또한 '편집-분열적 자리'와 '우울적 자리' 개념은 남근기 이전의 (초)자아 형성 과정과 거세불안 이전의 원초적 불안들이 어떤 것인지에 대해 확장된 이해를 제공한다.

7. 위니컷의 '거짓자기론'과 '과도기적 대상(transitional object)론'은 프로이트가 충분히 규명하지 못했던 '자기애'의 중요성과 '자기'의 발달 과정에 대한 지식을 확장시켰다. 그리고 그의 '공

격성’ 론은 유아의 선천적 공격성이 외부 환경에 의해 얼마나 수용/좌절되느냐가 개인의 인격 형성 및 발달에 미치는 영향에 대해 독창적이고 깊이 있는 해석을 제공한다.

8. 코헛의 ‘자기’ 와 ‘자기 대상’ 개념은 프로이트가 주목한 신경증 증상들의 배후에 이미 자기애적 취약성이 깔려 있음을 복합적으로 이해하는 데 명료한 도움을 준다.

　　독자가 만약 프로이트의 성욕동 발달 장애론과 더불어 위니컷의 공격성 및 거짓자기론, 코헛의 ‘자기’ 론을 심층적으로 종합한다면, 이미 인격의 본질과 증상의 발생 원인(들)에 대한 핵심 지식에 입문했다고 볼 수 있다.

9. 클라인과 위니컷은 오이디푸스기 이전의 유아에 대한 ‘엄마 역할’ 이 인격 발달에 미치는 영향을 집요하게 강조했다. 이에 비해 프로이트와 라캉은 오이디푸스기에 ‘아버지의 요구’ 가 아동에게 어떤 양태로 경험, 수용되는지 여부가 이후의 정신 발달에 미치는 영향을 주목했다. 만약 엄마 역할과 아버지 역할 각각이 정서 발달과 자아 발달에 미치는 영향을 독자가 차분히 음미하여 주체적으로 종합한다면, ‘정신분석의 정신’ 에 대한 온전한 입문과 비독단적인 자기정립이 가능해질 것이다.

참고문헌
프로이트의 저서와 논문들

1893

「히스테리 현상의 정신 기제에 대하여(On the Physical Mechanism of
Hysterical Phenomena: Preliminary Communication)」
「신체 기관의 운동성 마비 증상과 히스테리성 마비 증상의 비교 연구를 위
한 몇 가지 고찰(Some Points for a Comparative Study of Organic
and Hysterical Motor Paralyses)」

1895

『히스테리 연구(*Studies on Hysteria*)』
『과학적 심리학을 위한 구상(*Project for a Scientific Psychology*)』
「강박증과 공포증: 정신 기제와 병인론(Obsession and Phobias: Their
Psychical Mechanism and their Aetiology)」

1898

「신경증 원인에 있어 성의 기능(Sexuality in the Aetiology of the
Neuroses)」
「망각의 정신 기제(The Psychical Mechanism of Forgetfulness)」

1899
「은폐 기억(Screen Memories)」

1900
『꿈의 해석(*The Interpretation of Dreams*)』

1901
『꿈에 대하여』(On Dreams)
『일상생활의 정신병리학(*The Psychopathology of Everyday Life*)』
「히스테리 사례 분석의 한 단편: "도라"(Fragment of an Analysis of a
　　Case of Hysteria)」

1905
『성욕에 관한 세 편의 에세이(*Three Essays on the Theory of Sexuality*)』
『농담과 무의식의 관계(*Jokes and Their relation to the Unconscious*)』

1906
「신경증 발생에 있어 성의 역할에 대한 나의 견해(My Views on the Part
　　Played by Sexuality in the Aetiology of the Neuroses)」

1907
『옌센의 「그라디바」에 등장하는 망상과 꿈들(*Delusions and Dreams In
　　Jensen's* 「*Gradiva*」)』
「강박적 행동과 종교 행위(Obsessive Actions and Religious Practices)」

1908
「창조적 작가와 백일몽(Creative Writers and Day-Dreaming)」
「히스테리적 환상들과 양성성의 관계(Hysterical Phantasies and their
　　Relation to Bisexuality)」
「성격과 항문 성애(Character and Anal Erotism)」

「문명화된 성 도덕과 현대의 신경성 질환('Civilized' Sexual Morality and Modern Nervous Illness)」

「어린이의 성 이론에 대하여(On the Sexual Theories of Children)」

1909

「히스테리 발작에 대한 몇 가지 일반적 언급(Some General Remarks on Hysterical Attacks)」

「가족 로맨스(Family Romances)」

「5세 소년의 공포증 분석: 한스(Analysis of a Phobia in a Five-Year-Old Boy)」

「강박신경증 사례에 관한 노트: 쥐 인간(Notes upon a Case of Obsessional Neurosis)」

1910

『정신분석에 대한 다섯 번의 강의(*Five Lectures on Psycho-Analysis*)』

『레오나르도 다 빈치와 그의 어린 시절 기억(*Leonardo Da Vinci and a Memory of His Childhood*)』

「정신분석적 치료의 미래 전망(The Future Prospects of Psycho-Analytic Therapy)」

「원시 언어들의 동시 대립적 의미(The Antithetical Meaning of Primal Words)」

「사랑 대상을 선택하는 특별한 기준(A Special type of choice of object made by men)」

1911

「편집증 사례의 자서전적 해명에 대한 정신분석적 해석: 슈레버(Psycho-Analytic Notes on an Autobiographical Accounts of a Case of Paranoia(Dementia Paranoides)」

「정신 기능의 "두 가지 원칙"들에 대한 정립(Formulations on the Two Principles of Mental Functioning)」

「민담 속의 꿈들」(Dreams in Folklore)

1912

「전이의 역동(The Dynamics of Transference)」

「자위에 대한 논의의 공헌들(Contributions to a discussion on Masturbation)」

1913

『토템과 타부(*Totem and Taboo*)』

「세 상자의 주제(The Theme of the three Caskets)」

「미켈란젤로의 '모세 조각상' 분석(The Moses of Michelangelo)」

「사실을 드러내는 꿈(An Evidential Dream)」

「우화로부터 사실을 취하는 꿈들의 발생(The Occcurrence in Dreams of Material from Fairy Tales)」

1914

『정신분석 운동의 역사(*On the History of the Psycho-Analytic Movement*)』

「기억하기, 반복하기, 그리고 훈습: 정신분석 기술에 대한 진전된 언급 (Remembering, Repeating and Working-Through(Further Recommendations on the Technique of Psycho-Analysis, II)」

「나르시시즘에 관하여(On Narcissism: An Introduction)」

1915

『메타 심리학 논문들(*Papers on Metapsychology*)』

「본능과 그것의 변형태들(Instincts and their Vicissitudes)」

「억압(Repression)」

「무의식(The Unconscious)」

「전쟁 시대와 죽음에 대한 사유(Thoughts for the Times on War and Death)」

「꿈이론에 대한 메타심리학적 보충(A Metapyschological supplement to
the theory of Dreams)」

1916
『정신분석 강의: 실수, 꿈(*Introductory Lectures on Psycho-Analysis
Part I Parapraxes, part II Dreams*)』

1917
『정신분석 강의: 신경증론(*Introductory Lectures on Psycho-Analysis
Part III General Theory of the Neuroses*)』
「괴테의 『시와 진실』에 나타난 어린 시절의 추억(*A Childhood
Recollection from* 『*Dichtung und Warheit*』)」
「슬픔과 우울(Mourning and Melancholia)」
「항문성애에서 예증되는 본능의 변형에 대하여(On Transformation of
Instinct as Exemplified in Anal Erotism)」

1918
「유아 신경증의 한 사례: 늑대 인간(From the History of an Infantile
Neurosis)」

1919
「매 맞는 아이: 성도착의 기원에 대한 연구('A Child is being beaten' : A
Contribution to the Study of the Origin of Sexual Perversions)」
「낯익은 섬뜩함(The Uncanny)」

1920
『쾌락원칙을 넘어서(*Beyond the Pleasure Principle*)』
「어떤 동성애 여성 사례 분석(The Psychogenesis of a Case of
Homosexuality in a Woman)」

1921

『집단 심리학과 자아 분석(*Group Psychology and the Analysis of the Ego*)』

1922

「질투, 편집증 그리고 동성애에 있어 몇 가지 신경증 기제들(Some Neurotic Mechanisms in Jealousy, Paranoia and Homosexuality)」
「백과사전에 실은 두 논문 : 〈정신분석〉, 〈리비도론〉(Two Encyclopedia Articles : (A) Psychoanalysis (B) The Libido Theory)」

1923

『자아와 이드(*The Ego and the Id*)』
「17세기 악마 신경증(A Seventh-Century Demonological Neurosis)」
「꿈해석의 이론과 실천에 대한 언급(Remarks on the Theory and Practice of Dream-Interpretation)」

1924

「신경증과 정신병(Neurosis and Psychosis)」
「마조히즘의 경제적 문제(The Economic Problem of Masochism)」
「정신분석에 대한 짧은 설명(A Short Account of Psycho-Analysis)」
「오이디푸스 콤플렉스의 해소(The Dissolution of the Oedipus Complex)」
「신경증과 정신병에 있어 현실감의 상실(The Loss of Reality in Neurosis and Psychosis)」

1925

『나의 이력서(*An Autobiographical Study*)』
「정신분석에 대한 저항들(The Resistance to Psycho-Analysis)」
「부정(Negation)」
「'신기한 글쓰기-판'에 대한 단상(A Note upon the 'Mystic Writing-

Pad'）」

1926

『금지, 증상, 그리고 불안(*Inhibition, Symptoms and Anxiety*)』
『비전문가의 분석 활동에 대한 의견(*The Question of Lay Analysis*)』
「정신분석(Psycho-Analysis)」

1927

『환상의 미래(*The Future of an Illusion*)』
「물신주의(Fetishism)」
「유머에 관하여(Humour)」
「도스토예프스키와 부친 살해(Dostoevsky and Parricide)」

1930

『문명과 불만족(*Civilization and Its Discontents*)』

1933

『새로운 정신분석 강의: 강의 24~35(*New Introductory Lectures on Psycho-Analysis: Lectures 24~35*)』

1936

「아크로폴리스에서 일어난 기억의 혼란(A Disturbance of Memory on the Acropolis)」

1937

「종결될 수 있는 분석과 종결될 수 없는 분석(Analysis Terminable and Interminable)」
「정신분석에서의 '구성'(Constructions in Analysis)」

1939

『모세와 일신론(*Moses and Monotheism*)』

1940

『정신분석 개요(*An Outline of Psycho-Analysis*)』

「방어 과정에 나타난 자아의 분열(Splitting of the Ego in the process of defence)」

◉ 저자소개

• 이창재(Lee ChangJae)

현재 '프로이트정신분석 원격평생교육원' 원장, 꿈분석가, 정신분석학자이다.
연세대학교 대학원에서 철학 박사 학위 후, 1997년 교육부 해외 포스트닥터로 시카고 대학교에 가서 원로 정신분석가 John Gedo를 만나 정신분석 이론과 관점을 습득하였다. 25년간 프로이드 정신분석 연구소와 학술 단체, 대학에서 정신분석-꿈해석 교육과 카우치 분석상담을 진행하였다. 2020년에 국내 최초 정신분석-꿈해석 전문 원격평생교육원을 설립해 25년간 축적한 정신분석 임상노하우를 심리상담사들에게 전수하며, 차세대 꿈해석상담사를 양성하고 있다.
저서로 『심연의 빛』(아를, 2022, 2022년 세종도서), 『신화와 정신분석』(아카넷, 2014, 우수성과사례 교육부장관상 수상), 『예술작품과 정신분석』(공저, 학지사, 2010, 문화부 우수도서 선정작), 『정신분석과 철학』(학지사, 2005), 『니체와 프로이트』(철학과 현실사, 2000)가 있으며, 주요 논문으로 「꿈의 기원과 의미에 대한 정신분석적 해석」(2007), 「의미의 기원에 대한 계보학적 고찰」(1996), 「도덕의 기원에 대한 탈이분법적 고찰」(1993) 등 학술등재지 논문 20편이 있다.

e-mail: freudphil@naver.com
프로이드정신분석 원격평생교육원: www.dreamfreud.com

프로이트와의 대화

2004년 11월 10일 1판 1쇄 발행
2023년 1월 20일 1판 13쇄 발행

지은이 • 이창재
펴낸이 • 김진환
펴낸곳 • (주) 학지사

04031 서울특별시 마포구 양화로 15길 20 마인드월드빌딩
대표전화 • 02)330-5114   팩스 • 02)324-2345
등록번호 • 제313-2006-000265호

홈페이지 • http://www.hakjisa.co.kr
페이스북 • https://www.facebook.com/hakjisabook

ISBN 978-89-5891-043-5 03180

정가 14,000원

저자와의 협약으로 인지는 생략합니다.
파본은 구입처에서 교환해 드립니다.

이 책을 무단으로 전재하거나 복제할 경우 저작권법에 따라 처벌을 받게 됩니다.

출판미디어기업 학지사

간호보건의학출판 학지사메디컬 www.hakjisamd.co.kr
심리검사연구소 인싸이트 www.inpsyt.co.kr
학술논문서비스 뉴논문 www.newnonmun.com
교육연수원 카운피아 www.counpia.com